GESTÃO POR PROCESSOS

• • •

José Osvaldo De Sordi

Consultor e Pesquisador em Gestão Empresarial
Docente-pesquisador da UNIFACCAMP e UNIFESP

GESTÃO POR PROCESSOS

6ª Edição

Uma abordagem da **Moderna Administração**

ALTA BOOKS
E D I T O R A

Rio de Janeiro, 2022

Dados Internacionais de Catalogação na Publicação (CIP) de acordo com ISBD

S713g   Sordi, José Osvaldo De

       Gestão por processos: uma abordagem da moderna administração / José Osvaldo De Sordi. – Rio de Janeiro : Alta Books, 2022.
       320 p. ; 17m x 24cm.

       Inclui índice.
       ISBN: 978-65-5520-874-0

       1. Administração. 2. Gestão. 3. Processos. I. Título.

2022-1229   CDD 658
                             CDU 65

Elaborado por Vagner Rodolfo da Silva - CRB-8/9410

Índice para catálogo sistemático:
1. Administração 658
2. Administração 65

Produção Editorial
Editora Alta Books

Diretor Editorial
Anderson Vieira
anderson.vieira@altabooks.com.br

Editor
José Rugeri
j.rugeri@altabooks.com.br

Gerência Comercial
Claudio Lima
claudio@altabooks.com.br

Gerência Marketing
Andrea Guatiello
andrea@altabooks.com.br

Coordenação Comercial
Thiago Biaggi

Coordenação de Eventos
Viviane Paiva
comercial@altabooks.com.br

Coordenação ADM/Finc.
Solange Souza

Direitos Autorais
Raquel Porto
rights@altabooks.com.br

Assistente Editorial
Henrique Waldez

Produtores Editoriais
Illysabelle Trajano
Paulo Gomes
Maria de Lourdes Borges
Thales Silva
Thiê Alves

Equipe Comercial
Adriana Baricelli
Daiana Costa
Fillipe Amorim
Heber Garcia
Kaique Luiz
Maira Conceição

Equipe Editorial
Beatriz de Assis
Betânia Santos
Brenda Rodrigues
Caroline David
Gabriela Paiva
Kelry Oliveira
Marcelli Ferreira
Matheus Mello

Marketing Editorial
Jessica Nogueira
Livia Carvalho
Marcelo Santos
Pedro Guimarães
Thiago Brito

Atuaram na edição desta obra:

Revisão Gramatical
Alessandro Thomé
Carolina Palha

Diagramação
Rita Motta

Capa
Marcelli Ferreira

Editora
afiliada à:

ASSOCIADO

Rua Viúva Cláudio, 291 — Bairro Industrial do Jacaré
CEP: 20.970-031 — Rio de Janeiro (RJ)
Tels.: (21) 3278-8069 / 3278-8419
www.altabooks.com.br — altabooks@altabooks.com.br
Ouvidoria: ouvidoria@altabooks.com.br

ALTA BOOKS
EDITORA

Aos professores e colegas do curso de Administração da Universidade Federal de São Paulo (UNIFESP), pelo espaço proporcionado à discussão da Gestão por Processos.

Agradecimentos

Passados 16 anos da primeira versão deste livro, são muitas as pessoas a agradecer, pessoas que de diferentes formas me auxiliaram na compreensão, exemplificação e apresentação dos conteúdos aqui descritos. Para não incorrer no risco de esquecer algum nome, manifesto aqui os meus mais sinceros agradecimentos a todas as pessoas que proporcionaram abertura, seja para discussões e exposições de assuntos, para o exercício de consultorias e atividades práticas, para o desenvolvimento de pesquisas, entre outras tantas atividades que contribuíram com o conteúdo presente nesta 6ª edição.

Sobre o autor

José Osvaldo De Sordi é pós-doutor em Administração de Empresas pela Faculdade de Economia, Administração e Contabilidade da Universidade de São Paulo (FEA-USP), doutor em Administração de Empresas na área de Sistemas de Informação pela Escola de Administração de Empresas de São Paulo da Fundação Getulio Vargas (FGV-EAESP), mestre em Gerenciamento de Sistemas de Informação pela Pontifícia Universidade Católica de Campinas (PUC-Campinas) e bacharel em Análise de Sistemas também pela PUC-Campinas. É docente-pesquisador do Programa de Mestrado e Doutorado em Administração do Centro Universitário Campo Limpo Paulista (UNIFACCAMP) e docente do curso de Administração da Universidade Federal de São Paulo (UNIFESP). Dedica-se há 35 anos ao desenvolvimento de pesquisas científicas e a projetos de consultoria associados ao tema "gestão da informação no contexto das organizações". Publicou dez livros e mais de sessenta artigos em revistas científicas nacionais e internacionais.

Sumário

Parte IV. O estágio atual da abordagem sistemática para a integração entre sistemas de informação no contexto brasileiro

Prefácio

Uma das principais qualidades de um livro de negócios, presente neste trabalho de José Osvaldo De Sordi, é proporcionar ao leitor temas para reflexão sobre sua realidade profissional e, por meio dela, possibilitar a geração de novas ideias para melhorar seu desempenho e, consequentemente, o de sua organização.

Nesta obra, De Sordi escolheu um tema bastante relevante para as organizações, a gestão por processos de negócios. Sejam empresas, entidades governamentais ou ONGs sem fins lucrativos, todas as organizações estão na busca incessante e continuada de melhoria de desempenho.

Diante do arsenal de conceitos, metodologias e sistemas tecnológicos disponíveis para que administradores possam utilizá-los na corrida por vantagens competitivas, o autor nos proporciona *insights* sobre a forma de estruturar as organizações. E é justamente na arquitetura empresarial que podemos obter um dos diferenciais competitivos mais difíceis de serem copiados.

Para apoiar os negócios geridos por uma estrutura organizacional redesenhada e orientada a processos, a tecnologia da informação é indispensável. Nesse contexto, é também fundamental operar sobre um novo paradigma para a arquitetura de sistemas e, em particular, para a integração entre eles. Para facilitar o entendimento desses conceitos, o autor nos guia, detalhadamente, por vários temas relacionados com o apoio tecnológico, necessário para a construção de um ambiente integrado de sistemas que permita a gestão por processos.

A área da tecnologia da informação tem sido uma pródiga criadora de siglas e expressões. Os temas "gestão por processos" e "integração entre sistemas" não passam ilesos. Em seu livro, De Sordi se concentra nesses temas e explica uma grande coleção de verbetes desse jargão de negócios. Forte em conceitos e rico em citações dos grandes mestres e gurus da administração, este livro torna-se um instrumento abrangente e útil, tanto aos iniciantes no tema quanto àqueles leitores conhecedores do assunto, em busca de uma compilação atualizada.

Dada a sua estrutura, este trabalho não precisa ser lido necessariamente na sequência em que os capítulos são apresentados. Muitos dos conceitos relevantes para o entendimento de processos de negócios e sua gestão estão concentrados na primeira parte. Os leitores familiarizados com o assunto podem se debruçar diretamente nos capítulos que relacionam a tecnologia da informação com a gestão por processos e, eventualmente, usar essa parte inicial como referência.

Luis Cesar Verdi
Presidente da SAP Brasil

Uma característica muito comum encontrada em diversas organizações é a estrutura organizacional concebida segundo o conceito de "silos funcionais", que executam e gerenciam um conjunto de atividades bastante específicas e especializadas. Esse modelo teve origem no início do século passado, quando os estudos de Frederick Taylor introduziram os conceitos de eficiência, especialização e medição do processo. A partir desses estudos, surgiram as atitudes administrativas de medir o desempenho das atividades e definir o perfil e as habilidades requeridas aos seus executores, culminando na especialização de atividades e profissionais. A especialização concentrou o domínio de determinada tecnicidade em torno de alguns profissionais, e desses, em áreas ou departamentos das empresas que, consequentemente, também eram especializadas na execução de determinadas funcionalidades do negócio.

Nas últimas décadas houve um movimento ainda maior para buscar a especialização das áreas funcionais em torno de suas competências básicas, evento motivado principalmente pela busca da qualidade total que fora absorvido pelo Ocidente na década de 1980 e fortemente adotado pelas organizações na década de 1990. A busca de excelência pelos "silos funcionais" resolvia problemas localizados, pois não abrangia as questões estruturais da organização. Observou-se que desempenhar diversas funções com excelência não implicava obrigatoriamente a satisfação do cliente final; muitos dos problemas residiam na comunicação e na interação de trabalho entre as diversas áreas funcionais, problemas apontados como "lacunas organizacionais" ou "áreas nebulosas" pouco compreendidas e gerenciadas pelas organizações.

A busca por soluções eficazes levou as empresas a rever suas estruturas organizacionais; passaram a arquitetá-las não mais a partir de agrupamentos de atividades a serem executadas, mas sob o ponto de vista do cliente. Ocorreu a alteração do foco administrativo, do fluxo de trabalho de áreas funcionais para processos de negócios da organização. Temos hoje três décadas decorridas desde a pioneira e ousada proposta de reengenharia total, *business process reengineering* (BPR), até os atuais e bem-sucedidos projetos de redesenho gradual e contínuo dos processos de negócios, denominados *business process design* (BPD). Essas propostas têm na sua essência o direcionamento da organização aos processos de negócios, diferenciando-se, basicamente, nas variáveis "escopo" e "velocidade". Nesse ínterim, surgiram diversos movimentos administrativos fundamentados em soluções ou práticas empresariais que, embora tivessem outros recursos como objetivo principal, acabaram por direcionar as organizações para uma estrutura organizacional voltada aos processos de negócios. Entre os exemplos de algumas dessas práticas estão o gerenciamento da cadeia de suprimentos, o gerenciamento do relacionamento com os clientes, o gerenciamento do ciclo de vida do produto, o alinhamento dos sistemas administrativos e financeiros por intermédio de sistemas de gestão integrada e muitas outras iniciativas.

Thomas Davenport e Michael Hammer foram alguns dos principais autores que, no início da década de 1990, auxiliaram a difundir os conceitos da gestão por processos de negócios. Ao contrário das empresas tradicionais, que tinham uma visão voltada para a própria realidade interna e, consequentemente, centrada em si mesma,[1] as empresas organizadas e gerenciadas por meio de processos de negócios passaram a priorizar o cliente final, com destaque para a valorização do trabalho em equipe, a cooperação e a responsabilidade individual. Para alcançar esse objetivo, a gestão por processos atua principalmente na redução de interferências e perdas decorrentes de interfaces entre organizações, áreas funcionais e níveis hierárquicos.

Seja em virtude do apelo de marketing, uma vez que se tornou moderno falar em serviços de consultoria, softwares e demais recursos orientados a processos de negócios, seja por convicção técnico-administrativa, a verdade é que muitas das recentes práticas empresariais implementadas nas organizações acabaram por direcioná-las aos processos de negócios. Essa diversidade de atitudes adotadas pelas empresas proporcionou inúmeros resultados, sendo hoje muito comum encontrarmos estruturas organizacionais híbridas do tipo função-processo.

Quase um século da administração voltada à estrutura funcional das organizações arraigou fortemente a filosofia de trabalho e de gerenciamento à cultura dos "silos funcionais", estando esta impregnada na cultura de seus profissionais, na estrutura dos softwares da corporação, nos procedimentos de trabalho, na estratégia e em todos os demais recursos que compõem a organização. Um forte conflito ocorre dentro das organizações entre a cultura tradicional de funções e a de orientação a processos de negócios, esta implementada paulatinamente nas últimas décadas. O principal meio para o alinhamento dessas diferentes propostas de estruturas organizacionais, mas não conflitantes, é o aculturamento não só das pessoas que hoje atuam nas organizações, mas também das que estão por ingressar nelas, como os estudantes universitários, nos conceitos e nas práticas relacionadas à gestão por processos de negócios. É dentro dessa proposta de trabalhar os conceitos e as técnicas da gestão por processos de negócios que este livro foi concebido.

Nossa atuação nas organizações, desenvolvendo pesquisas e realizando trabalhos de consultoria, evidenciou a dificuldade das pessoas em compreenderem os conceitos e as práticas da gestão empresarial direcionada a processos de negócios. A percepção dessa dificuldade, conjugada com a falta de literatura disponível sobre processos de negócios, com a tendência crescente de as organizações trabalharem adotando esse preceito, justificada por diversos movimentos organizacionais, como o crescimento dos ambientes colaborativos entre organizações, levou-nos a desenvolver um trabalho que apresentasse os conceitos básicos de processos de negócios e, ao mesmo tempo, instigasse pesquisadores e praticantes da administração de empresas a analisar conceitos e práticas de sua área de competência diante da visão de processos de negócios.

Este livro apresenta quatro objetivos principais: primeiro, colaborar para o entendimento e a difusão dos conhecimentos relativos à gestão por processos de negócios, resgatando seu histórico e discutindo seu estágio atual e suas tendências; segundo, apresentar e discutir a importância de diversas técnicas voltadas à gestão por processos; e terceiro, discutir novas tecnologias e arranjos com os demais recursos de sistema e tecnologia da informação, de modo que seja composta uma arquitetura de sistemas de informação que colabore com a gestão por processos de negócios; e, por fim, analisar o entendimento de praticantes e pesquisadores brasileiros quanto ao potencial de colaboração dos ambientes de integração entre sistemas de informação para a gestão por processos. Em relação à

---

[1]   GONÇALVES, J. E. L. Processo, que processo? *Revista de Administração de Empresas*, v. 40, nº 4, p. 10, 2000.

estrutura do livro, cada um desses objetivos é tratado por uma parte específica: a Parte I define os processos de negócios e sua gestão; a Parte II trata de algumas das diversas técnicas associadas com a eficácia da gestão por processos; a Parte III trata da importância da tecnologia da informação na gestão por processos de negócios; e a Parte IV aborda o estágio atual da abordagem sistemática para a integração entre sistemas de informação no contexto brasileiro. A seguir, eis a descrição dos capítulos de cada parte.

Parte I – Definição de processos de negócios e sua gestão

Capítulo 1 – Introdução à abordagem administrativa da gestão por processos

Evidencia a crescente inadequação da abordagem científica para a gestão das organizações, descrevendo a crescente complexidade dos ambientes de negócios nos quais nossas organizações estão inseridas ou que necessitam inserir-se. Nesse capítulo, procurou-se, também, resgatar as origens da abordagem administrativa da gestão por processos a partir da Teoria Geral dos Sistemas (TGS), descrevendo como seus precursores identificavam sua aplicação no contexto das organizações. Desde 1919, a TGS já era apresentada como alternativa aos problemas oriundos da gestão segmentada por departamentos ou áreas funcionais das organizações. Naquela época, já se propunha um modelo holístico de gestão, sendo o processo de negócio um habilitador para tal.

Capítulo 2 – Discernindo gestão funcional de gestão por processos

Para esclarecer ao leitor o tema central a ser discutido neste estudo, desenvolvemos nesse capítulo uma análise comparativa da gestão por processos de negócios com a prática de gerenciamento e estrutura organizacional mais difundida, aquela fundamentada em áreas funcionais. Esse estudo inicial permite que o leitor tenha um entendimento bastante claro da quebra de paradigma gerencial que ocorre nas organizações que partem do modelo tradicional, fundamentado em funções, para o modelo de gestão por processos de negócios.

Capítulo 3 – Importância do dialeto comum para a gestão por processos

O termo "processos de negócios" é empregado em diferentes contextos na organização, em decorrência de diferentes projetos e iniciativas ocorridos ao longo dos últimos anos nas organizações. Nesse capítulo, são apresentados os projetos e as práticas gerenciais fundamentadas direta ou indiretamente em processos de negócios. Com isso, nossa intenção é evidenciar ao leitor quanto o conceito de processos de negócios está incorporado às novas práticas administrativas e gerenciais, salientando a importância de ter um dialeto, o entendimento e a abordagem comum e integrada sobre processos de negócios na organização. Esse objetivo consiste em demonstrar a potencialidade da cultura comum de processos de negócios, seja na otimização dos investimentos em projetos, seja no desempenho da organização como um todo.

Capítulo 4 – Vocabulário técnico da gestão por processos

A gestão por processos de negócios apresenta um vocabulário bastante rico e específico. Apresentamos nesse capítulo a descrição desses diversos vocábulos.

Capítulo 5 – O papel de profissionais e áreas na gestão por processos

A gestão por processos de negócios implica uma nova organização dos recursos humanos da empresa, pois varia desde novos atores — por exemplo, o gestor de processos — até novas formas de organização de equipes de trabalho e de perfis de profissionais. Esse capítulo é dedicado à discussão dos recursos humanos aplicados à gestão por processos de negócios.

Capítulo 6 – Organização como processo

Para maior eficácia da gestão por processos, as organizações devem não apenas estar orientadas por processos ("*process-centric*"), mas ter como pensamento predominante os processos de negócio. Assim, esse capítulo volta-se à discussão e compreensão da organização como processo, tendo o *process-thinking* como elemento central do *mindset* organizacional.

Parte II – Técnicas aplicadas ao aprimoramento de processos de negócio

Capítulo 7 – Gestão por processo e a atratividade dos postos de trabalho

Abordam-se aspectos humanos associados à eficácia da gestão por processos. Ao seu término, o leitor deve ter maior conhecimento sobre como tornar os postos de trabalho mais atrativos às pessoas que os ocuparão. Trata-se de informação fundamental aos responsáveis pelo desenho ou redesenho de processos de negócio. Para tal discussão, são debatidas diversas técnicas motivacionais, desde as consideradas clássicas até as contemporâneas.

Capítulo 8 – Aplicação de arquétipos sistêmicos para análise de interdependência

Técnicas para análise e priorização de causas associadas a problemas são descritas. Utilizando-se de conceitos de arquétipos sistêmicos, evidencia-se a potencialidade de cada técnica em termos de analisar interdependência entre objetos. Com isto, observa-se que as técnicas, apesar de parecerem muito similares, são bastante distintas e aplicadas a contextos específicos. Evidencia-se a importância do domínio do pensamento sistêmico e de seus arquétipos pelos analistas de processo, inclusive para seleção e composição das técnicas mais apropriadas para cada demanda.

Capítulo 9 – Multifuncionalidade como instrumento para flexibilidade do processo

Discute-se a importância da multifuncionalidade para a competitividade das empresas, apresentando-a como instrumento de flexibilidade organizacional e fonte de motivação aos colaboradores. Desenvolve-se o contraste entre multifuncionalidade e polivalência como meio de compreender as diferentes percepções sobre a multifuncionalidade. Abordam-se as questões legais do direito trabalhista, que podem impactar na adoção da multifuncionalidade, bem como os aspectos tecnológicos necessários para a sua maior eficácia em apoio à abordagem da gestão por processos.

Capítulo 10 – Modelos de maturidade para análise de processos de negócios

Gerir o nível de maturidade dos processos de negócios é algo importante para a abordagem administrativa da gestão por processos, por exemplo, para acompanhar os resultados dos constantes projetos de melhoria contínua. Pela revisão da literatura, observaremos que os modelos de maturidade mais recentes se concentram na discussão de temas importantes para a elevação da qualidade dos processos de negócio, dando pouca ou nenhuma ênfase aos estratos de classificação de processos, ou seja, eles são mais descritivos do que prescritivos

Parte III – A importância da tecnologia da informação na gestão por processos de negócios

Capítulo 11 – Histórico da tecnologia da informação aplicada a processos

Nesse capítulo, são discutidos os desafios empresariais em sua ordem cronológica e como as diferentes gerações de sistemas de informação se propuseram a colaborar com eles. Ao término do capítulo, o leitor terá uma visão bastante abrangente das diferentes gerações de recursos de tecnologia da informação que compõem o atual portfólio de sistemas de informação das empresas.

Capítulo 12 – Tecnologia da informação para a gestão por processos de negócios

Diversas categorias de softwares foram criadas nos últimos anos com o objetivo de apoiar diferentes aspectos do negócio, que também são desafios para a abordagem da gestão por processos. Atualmente, temos uma integração e uma consolidação dessas categorias de software que já nos permitem falar em proposta de solução para a gestão por processos de negócios. Nesse capítulo, são descritas as principais características técnicas requeridas às soluções de software voltadas ao apoio da gestão por processos de negócios.

Capítulo 13 – Análise do potencial das soluções *business process management* (BPM) de promover a melhoria contínua dos processos de negócios

Utilizando a abordagem da gestão do conhecimento, discutimos nesse capítulo como as principais funcionalidades requeridas às soluções BPM podem contribuir significativamente para o desenvolvimento, a organização e a disseminação do conhecimento relacionado aos processos de negócios. Além disso, o capítulo mostra que o ambiente BPM é muito importante às empresas que pretendem desenvolver a excelência em seus processos de negócios.

Capítulo 14 – Análise dos componentes da tecnologia de *business process management system* (BPMS) sob a perspectiva de um caso prático

Nesse capítulo, discutem-se os diversos componentes dos softwares BPMS. Além de apresentar e discutir as arquiteturas ou *frameworks* BPMS, segundo diversos autores, apresenta-se um caso prático a fim de facilitar a descrição da funcionalidade de cada um destes componentes.

Capítulo 15 – Tratamento de processos conforme o contexto

A evolução dos ambientes de negócios para cadeias e arranjos organizacionais cada vez mais colaborativos e a necessidade de atender às especificidades de cada cliente, entre outras tendências do ambiente de negócios, impõem novos requisitos aos recursos de TI aplicados aos negócios. A título de exemplificação, para atender às especificidades

de cada cliente, precisamos ter processos de negócios flexíveis, capazes de se adequar a cada nova necessidade. Nesse contexto de atendimento da aleatoriedade dos processos, novas tecnologias, como os *web services*, corretados e contratados em tempo de execução, mostram-se bastante apropriados. Nesse capítulo, são discutidas as tendências de negócios e as tecnologias em desenvolvimento para atender a esses novos requisitos, mostrando que a evolução dos processos de negócios é cada vez mais dependente da TI.

Capítulo 16 – Introdução da abordagem sistemática para a integração entre sistemas de informação

Nesse capítulo, discute-se a importância de ter uma abordagem mais adequada à gestão das integrações entre sistemas de informação, considerando-se sua importância ao ambiente de negócios, sobretudo às organizações que estão estruturadas por meio de processos de negócios. Desse modo, discute-se também a abordagem sistemática para a integração entre sistemas de informação, comparando-a com a abordagem tradicional, que, embora não atendendo aos requisitos da gestão por processos, ainda é a predominante na maioria das organizações. Com isso, tem-se como objetivo evidenciar a evolução que representa a formação de ambientes específicos para a integração entre sistemas de informação.

Capítulo 17 – Tecnologias para a integração dos processos de negócios

Um pré-requisito comum ao desafio atual da TI aplicada aos processos de negócios, descrita no Capítulo 11, e às tendências para sua evolução, descritas no Capítulo 11, é a existência de um ambiente que seja capaz de integrar de forma eficiente os diversos sistemas de informação que compõem o ambiente colaborativo da empresa. Esses sistemas utilizam-se de diferentes recursos tecnológicos para se comunicar: troca de arquivos, utilização de banco de dados para acesso direto ou replicação, utilização dos recentes ambientes para troca de mensagens para composição de um barramento de comunicação ou para formação de um ambiente de corretagem, além das chamadas diretas a programas.

O sucesso das cadeias colaborativas e dos seus amplos e complexos processos de negócios depende cada vez mais da agilidade que as organizações têm de criar e evoluir conexões eficientes entre seus diversos sistemas de informação. A questão da integração dos softwares implica diretamente a capacidade de as empresas orquestrarem a sequência operacional e gerencial dos diferentes passos do processo de negócio.

Capítulo 18 – Estudo de caso em integração dos processos de negócios

Em virtude da importância estratégica do ambiente de integração entre sistemas para a implementação de soluções para a gestão por processos de negócios, e como esse é o próximo passo a ser dado pela maioria das organizações, incluímos nesse capítulo a descrição de uma experiência bem-sucedida de criação e disponibilização de um ambiente profissional para a integração entre sistemas.

Parte IV – O estágio atual da abordagem sistemática para a integração entre sistemas de informação no contexto brasileiro

Capítulo 19 – Abordagem para a implementação da gestão por processos

Nesse capítulo, são resgatados os métodos de trabalho propostos pelos principais autores da gestão por processos, complementando-os e adaptando-os a partir das mais recentes inovações da tecnologia da informação diretamente relacionadas ao tema, como os ambientes para integração entre sistemas de informação e os ambientes para gestão por processos de negócios (BPM).

Capítulo 20 – Percepção dos executivos de informática (CIOs)

Nesse capítulo, são apresentados e analisados os dados de uma pesquisa realizada com executivos de informática (CIOs) de grandes corporações brasileiras. Demonstram-se as tecnologias adotadas, as abordagens praticadas e a percepção da organização e de seus CIOs, entre outras informações relacionadas à constituição dos ambientes para a integração entre sistemas de informação (SI).

Capítulo 21 – Percepção da academia (pesquisadores)

Pesquisando os principais meios de publicação científica das academias de administração e ciência da computação, buscou-se identificar como a academia brasileira compreende os temas "gestão por processos" e "ambiente de integração entre sistemas de informação" e a relação entre eles.

Todos os capítulos do livro apresentam duas seções fixas. A primeira, denominada de "Textos complementares", dá algumas sugestões de leitura adicional ao assunto abordado no capítulo, e a segunda, "Questões para reflexão", é constituída por perguntas apropriadas para o desenvolvimento de discussões e análises sobre o tema.

PARTE

I

Definição de processos de negócios e sua gestão

PARTE I – Definição de processos de negócios e sua gestão

Para que o objetivo principal deste livro seja alcançado — compreender a gestão por processos enquanto abordagem administrativa —, é fundamental que o leitor tenha um bom discernimento de alguns conceitos administrativos: processos de negócios, princípios de sua gestão, instância de um processo, transação de negócio e fluxo de trabalho.

Como a experiência prática da maioria dos leitores — seja como profissional que atua nas organizações ou como clientes destas — decorre, predominantemente, de empresas organizadas por funções, e não por processos de negócios, iniciaremos esta primeira parte do livro diferenciando função de processos de negócios. Em seguida, nos Capítulos 2 e 3, serão apresentados, respectivamente, os conceitos básicos da gestão por processos e a importância do domínio do vocabulário específico por todos e dos princípios da gestão por processos. O vocabulário técnico da gestão por processos será apresentado no Capítulo 4, e nos Capítulos 5 e 6, serão discutidos os principais interlocutores e seus papéis na gestão por processos de negócios.

Capítulo 1

Introdução à abordagem administrativa da gestão por processos

1.1 Sua fundamentação teórica: a teoria geral dos sistemas

A abordagem administrativa da gestão por processos é também conhecida como abordagem sistêmica para gestão das organizações, em função da teoria utilizada para sua formulação e fundamentação: a Teoria Geral dos Sistemas (TGS). Assim, para o entendimento da abordagem administrativa da gestão por processos, é fundamental discorrer a respeito da TGS. Essa teoria surgiu em meados da década de 1920, quando o biólogo húngaro Ludwig von Bertalanffy estudou a autorregulação dos sistemas orgânicos. Estes foram entendidos como sistemas abertos, ou seja, interagindo com o meio ambiente, incorporando alterações benéficas e neutralizando as maléficas (autorregulação regenerativa dos sistemas).

A TGS surgiu como uma crítica à abordagem científica e reducionista predominante na época, que reduzia as entidades (por exemplo, um animal) ao estudo individual de suas propriedades e de suas partes ou elementos (órgãos ou células). A TGS direciona a análise do pesquisador para o todo, ou seja, para as relações entre as partes que se interconectam e interagem orgânica e estatisticamente.

A TGS aplicada à ciência da administração resultou em uma nova abordagem administrativa: a abordagem sistêmica para gestão das organizações. As abordagens administrativas anteriores não consideravam o lado externo da organização, trabalhavam com a especialização de assuntos internos de forma estanque, simplificavam as estruturas das empresas e, consequentemente, a gestão como um todo. Acabavam não auxiliando o gestor a entender e administrar toda a complexidade envolta nas organizações.

A partir da aplicação dos conceitos da TGS na gestão das organizações, passou-se a considerar sua complexidade crescente. A visão limitada e simplificada da escola científica da administração já era questionada no Ocidente desde 1918. A pesquisadora Mary Parker Follet insistia que os administradores deveriam considerar a empresa como um todo (modelo holístico), e não apenas seus indivíduos e grupos, mas, inclusive, os fatores ambientais, como política, economia e biologia.[1]

A abordagem sistêmica da administração está fundamentada em dois dos principais conceitos da TGS: a) interdependência das partes, e b) tratamento complexo da realidade complexa. O conceito de interdependência das partes refere-se à composição das entidades; o todo de uma entidade é composto por partes de outras, e estas são interdependentes com relação ao todo. O tratamento complexo da realidade complexa é a afirmação da grande dificuldade da sociedade moderna que exige técnicas específicas para lidar com esse tipo de pensamento.

---

[1] FOLLETT, M. P. *Mary Parker Follet: profeta do gerenciamento*. Org. Pauline Graham. Trad. de Eliana Hiocheti; Maria Luiza de Abreu Lima. Rio de Janeiro: Qualitymark, 1997.

Para exemplificar a ideia de interdependência entre as partes de um todo — o sistema — apresenta-se a seguir a transcrição de um texto que ilustra alguma das muitas inter-relações entre algumas das partes que compõem o sistema globo ocular humano:

> Na retina encontram-se dois tipos de células fotossensíveis: os cones e os bastonetes. Quando excitados pela energia luminosa, estimulam as células nervosas adjacentes, gerando um impulso nervoso que se propaga pelo nervo óptico.
>
> As pálpebras são duas dobras de pele revestidas internamente por uma membrana chamada conjuntiva. Servem para proteger os olhos e espalhar sobre eles o líquido que conhecemos como lágrima. Os cílios ou pestanas impedem a entrada de poeira e de excesso de luz nos olhos, e as sobrancelhas impedem que o suor da testa entre neles. As glândulas lacrimais produzem lágrimas continuamente. Esse líquido, espalhado pelos movimentos das pálpebras, lava e lubrifica o olho.[2]

Para os gestores empresariais, a organização autogerida, dentro do conceito da autorregulação regenerativa importada da TGS e incorporada à abordagem sistêmica de administração, é o estágio ideal, por implementar um sistema autorregulado cujo funcionamento é independente da substância concreta dos elementos que a formam, pois estes podem ser substituídos sem dano ao todo, em que o todo assume as tarefas da parte que falhou. Em outras palavras, a complexidade das partes que compõem um sistema deve ser conhecida, e esse conhecimento é fundamental para a definição e divisão das partes. Entre os principais aspectos a serem considerados quando da definição das partes de um sistema estão: a continuidade da operação do sistema e a facilidade de substituição de partes defeituosas ou problemáticas do sistema.

Exposta a importância da visão sistêmica, desenvolvem-se a seguir os conceitos de sistema, estímulo (evento de negócio), dado e informação.

Um sistema é um conjunto de elementos interconectados cuja transformação em uma de suas partes influencia todas as demais. Originário do grego, o termo "sistema" significa "combinar", "ajustar", "formar um conjunto". Pode-se afirmar que há uma relação causa-efeito entre as partes que compõem um todo (sistema). Retornando ao exemplo do globo ocular, identificam-se várias partes: íris, córnea, cristalino, nervo óptico, esclera, coroide, entre outras apresentadas na Figura 1.1.

Pode-se imaginar inúmeros sistemas de diferentes portes, desde o sistema solar até o sistema molecular. São exemplos de sistemas: hidráulico de um veículo, financeiro de um país, de transporte de uma cidade, respiratório de um ser humano e contábil de uma organização. Dentro de uma organização, há diversos sistemas em operação: planejamento e controle da produção, gestão de materiais, gestão dos recursos humanos, gestão das finanças, entre outros.

Um sistema deve responder a estímulos; no exemplo do globo ocular, a presença de luz estimula as células nervosas adjacentes do olho. No ambiente organizacional, há várias fontes de estímulos para os sistemas de informação (SI). A TGS recomenda que, para

---

[2] VILELA, A. L. M. Os sentidos: visão, audição, paladar e olfato. 2006. Disponível em: <http://www.afh.bio.br/sentidos/sentidos1.asp#olho>. Acesso em: ago. 2014.

análise e identificação de tais estímulos, se considere o macroambiente, ponderando ao máximo toda a grande complexidade dos atuais sistemas.

No ambiente de negócios, um estímulo é denominado "evento de negócio". Seguem alguns exemplos: recebimento de um pedido de compra, entrada de dinheiro em conta-corrente referente a um pagamento, recebimento de uma reclamação de cliente. Os eventos de negócios requerem ações por parte da organização, sendo estes, em sua grande maioria, percebidos e tratados por intermédio de SI.[3] É por essa razão que o termo "evento de negócios" será amplamente utilizado ao longo deste livro.

Figura 1.1 Partes que compõem o sistema globo ocular

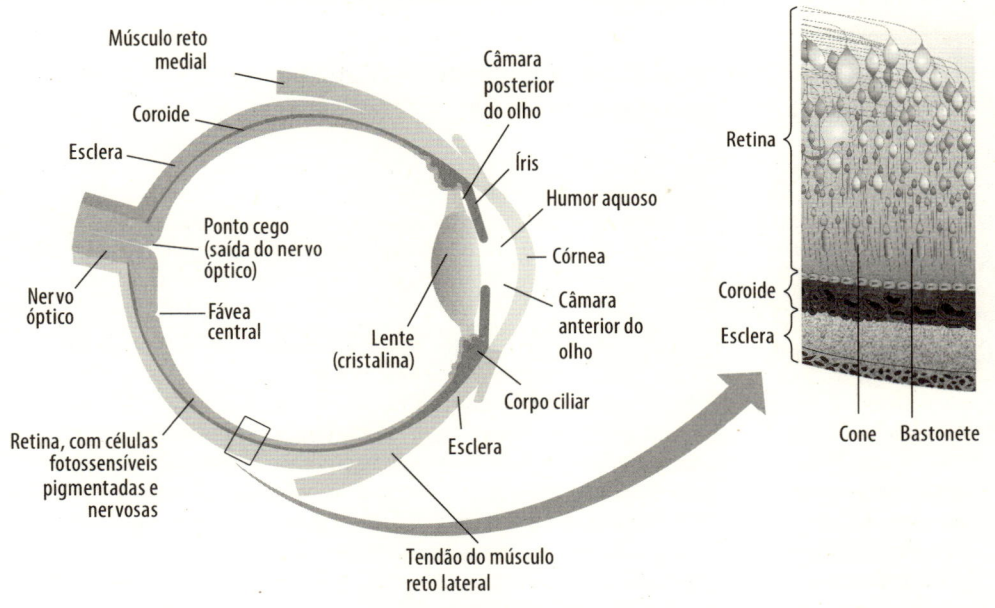

Fonte: GOWDAK; GOWDAK *apud* VILELA, 2006.

Uma das formas mais corriqueiras da percepção de um estímulo nas organizações é a chegada de dados que caracterizam um evento do ambiente de negócios. Imagine um ambiente de comércio eletrônico (e-commerce): o cliente fornece seus dados à organização vendedora por meio de uma das páginas da web que compõem a loja virtual. Dessa forma, o evento "pedido de compra" é caracterizado na organização pela chegada de um conjunto de dados: nome do cliente, número do cartão de crédito, data do pedido, produto solicitado, quantidade do produto, endereço para entrega, entre outros.

Conceitualmente, o termo dado é utilizado para caracterizar a simples observação de um estado, facilmente registrado por intermédio de atributos que o caracterizam. No exemplo citado, trata-se de um conjunto de atributos próprios de um "pedido de compra".

---

[3] O uso do termo "sistema de informação" ao longo deste texto refere-se àqueles habilitados pelo uso intensivo de recursos de tecnologia da informação: softwares, processadores, meios de armazenamento, rede de dados e profissionais da informática.

Quando se trabalha, interpreta e contextualiza um conjunto de dados com um propósito específico, gera-se a informação. No exemplo, as seguintes informações poderiam ser geradas a partir do total dos dados de pedidos de vendas acumulados: o total de pedidos de compras colocados na organização durante o mês, o total destes efetivados e quanto cada linha de produtos representa no total de pedidos do período.

É interessante observar que o SI acaba por tratar dados, seja criando, alterando, excluindo ou simplesmente lendo-os. Da análise dos dados, pode-se gerar a informação que apresenta o maior potencial de agregação de valor às organizações. Há diversas categorias de SI, e entre estas estão as direcionadas à realização de transações de negócios e as voltadas para análise das operações, ou seja, alguns tipos de SI lidam quase que exclusivamente com dados, enquanto outros são exclusivamente voltados para a geração de informação.

1.2 Seu desafio: Ser uma alternativa às limitações da abordagem científica no contexto das modernas organizações

A forte redução do tempo entre transações de negócios verificada a partir da última década do século XX provocou sensível diminuição de tempo e espaço entre a gestão das empresas e seu público consumidor e entre a gestão das empresas e seus parceiros e fornecedores, expondo as fragilidades dos modelos de gestão empresarial praticados até então, todos dotados de forte direcionamento e especialização às áreas funcionais das organizações (visão funcional).

Historicamente, o esforço das organizações na procura das melhores práticas de negócios teve sua origem em 1911, quando Frederick Winslow Taylor publicou a obra *Princípios da administração científica*, quase ao mesmo tempo em que Henry Ford revolucionava os processos de manufatura, inaugurando a sua linha de produção contínua. Taylor argumentava que a simplificação, os estudos de tempos e a experimentação sistemática eram as ferramentas indicadas para se encontrar o melhor caminho para executar uma tarefa, monitorá-la e avaliar seus resultados. "A publicação de Taylor tornou-se um best-seller internacional e fez com que muitos historiadores o apontassem como o pai da pesquisa operacional, um ramo da Engenharia que procura a eficiência e a consistência nos processos de trabalho."[4]

A evolução dos mercados de consumo e o implemento das tecnologias de produção provocaram o crescimento acirrado das organizações industriais depois da Segunda Grande Guerra, constituindo gigantescos conglomerados, estruturados verticalmente e suportados por amplas divisões funcionais, que operavam independentemente uma das outras. A verticalização, seguindo os princípios da Administração Científica, provocou a proliferação das estruturas organizacionais, nas quais a especialização dividiu o trabalho em funções, criando dutos verticais de gestão, que culminaram com o distanciamento das empresas dos seus objetivos de negócios. Gigantes multinacionais, como os conglomerados automobilísticos dos Estados Unidos, as grandes indústrias de alimentos europeias e a indústria petrolífera, constituem exemplos consequentes desse processo em que grandes estruturas organizacionais eram conduzidas por um número muito elevado de níveis

---

[4] HARMON, P. *Business process change:* a manager's guide to improving, redesigning, and automating processes. EUA: Morgan Kaufmann Publishers, 2003. p. 20.

hierárquicos, prevalecendo a especialização e o trabalho individual com foco intenso na busca da eficiência funcional e a perda da visão ampla e estendida do negócio.

A principal característica observada nessas organizações é a quebra das vias de comunicação entre departamentos com a criação de barreiras funcionais que isolam áreas multidisciplinares que atuam nos mesmos processos. A proliferação de níveis hierárquicos de gestão, por seu lado, estimula a criação de barreiras hierárquicas, em que supervisores só falam com supervisores, gerentes com gerentes, e diretores com seus pares. A projeção de uma matriz sobre a outra, conforme demonstrado na Figura 1.2, materializa o processo de obstrução da comunicação que se instaura em uma estrutura organizacional desse tipo.

Figura 1.2 Origens dos problemas de comunicação nas empresas que adotam a abordagem administrativa funcional

Fonte: PROBST; RAUB; ROMHARDT, 2002. p. 158.

A abordagem administrativa funcional é reducionista em termos de direcionar os gestores das organizações para seus segmentos, para indivíduos e atividades que estão agrupados em áreas funcionais. Por essa razão, a abordagem administrativa funcional é considerada um típico exemplo da abordagem científica reducionista. Ao longo deste livro, será utilizado apenas o termo "gestão funcional" para caracterizar essa abordagem administrativa.

A inadequação da gestão funcional ao modelo de organização de trabalho das organizações é um problema que tende a se agravar, considerando que cada vez mais organizações estão se direcionando ao modelo de trabalho organizado de forma intensiva. A Figura 1.3 apresenta as características de algumas tipificações de organização de trabalho segundo Bell e Kozlowski.[5] Segundo os autores, o modelo de organização intensiva está em expansão, em detrimento dos demais modelos.

---

[5] BELL, B.; KOZLOWSKI, S. J. A typology of virtual teams: implications for effective leadership. *Group & Organization Management*, Thousand Oaks, v. 27, nº 1, pp. 14–49, mar. 2002.

Figura 1.3 Algumas características dos diversos modelos de organização do trabalho

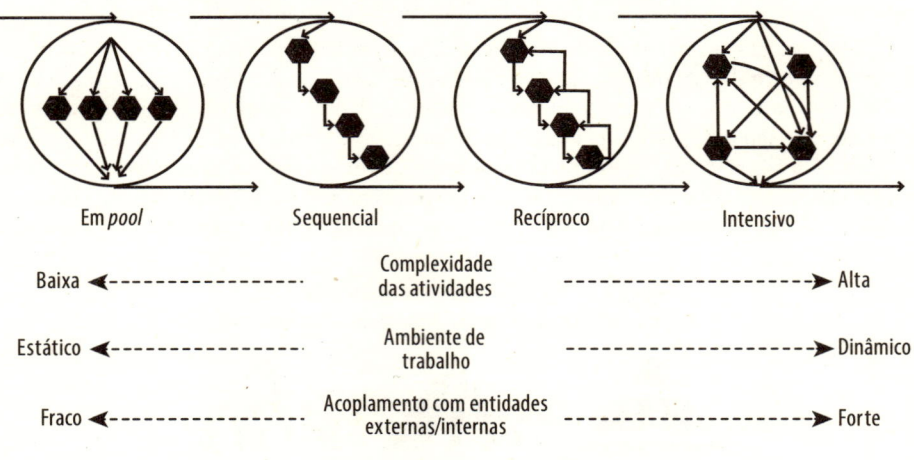

Fonte: Adaptado de Bell; Kozlowski, 2002.

A abordagem sistêmica para gestão das organizações, que compõem parte do objeto de estudo — embora muito superficialmente — das disciplinas de Teoria Geral da Administração (TGA) e Teoria das Organizações (TO), passou a ser também denominada, na década de 1990, abordagem administrativa da gestão por processos. Isso ocorreu, sobretudo, em função do movimento de reengenharia de processos do início da referida década. Ao longo deste livro, utilizaremos o termo "gestão por processos" para designar a abordagem administrativa objeto de estudo desta obra. Dessa forma, considere a gestão por processos como sinônimo de termos como: "abordagem administrativa da gestão por processos" e "abordagem sistêmica para gestão das organizações". Todas essas designações são encontradas na literatura disponível e em obras clássicas da administração escritas por autores-pesquisadores ligados à academia. Encontra-se, com maior frequência, o emprego do termo "abordagem sistêmica", enquanto nas obras mais recentes, em especial aquelas de autores com forte vínculo com o ambiente empresarial, emprega-se o termo "abordagem administrativa da gestão por processos".

1.3 Seu objeto de interesse: O processo de negócio

O termo "processo de negócio", embora abstrato, pode ser exemplificado de diversas formas. Uma definição bastante simplista e prática para entendê-lo é por meio da analogia com processos tangíveis, como os realizados nas linhas de produção, em que se pode verificar um trabalho sendo executado por meio de diferentes atividades sequenciais, que corroboram para a composição do produto final. Muitas das técnicas e dos conceitos aplicados à gestão por processos foram concebidas em áreas fora da Administração, sobretudo na Engenharia de Produção, mais especificamente nas práticas do gerenciamento operacional.[6]

---

[6]   ARMISTEAD, C.; HARRISON, A.; ROWLANDS, P. Business process re-engineering: lessons from operations management. *International Journal of Operations & Production Management*, Bradford, v. 15, nº 12, 1995.

O processo de negócio, assim como o processo produtivo, é composto por diversas etapas de produção ou atividades a serem executadas. Dessa forma, a sequência de atividades para vender um produto pode ser definida como processo de venda. A ideia de dividir o trabalho em atividades sequenciais surgiu em meados do século XVIII, no início da Revolução Industrial, quando a mecanização exigiu a divisão do trabalho. Exemplo clássico está no célebre *Inquérito sobre a natureza e as causas da riqueza das nações*, sólido livro em dois volumes com mais de mil páginas publicado em 1776 por Adam Smith[7] que relata a experiência da fabricação de alfinetes dividida em onze operações.

O conceito de divisão do trabalho em tarefas é o ponto de consenso entre os principais pensadores da administração contemporânea quanto à definição de "processo de negócio", conforme pode se observar nas definições a seguir:

» "Um conjunto de atividades cuja operação conjunta produz um resultado de valor para o cliente."[8]

» "Uma série de etapas criadas para produzir um produto ou serviço, incluindo várias funções e preenchendo as lacunas existentes entre as diversas áreas organizacionais, objetivando com isto estruturar uma cadeia de agregação de valor ao cliente."[9]

» "É o local onde os recursos e competências da empresa são ativados a fim de criar uma competência organizacional capaz de preencher suas lacunas a fim de gerar uma vantagem competitiva sustentável."[10]

» "Um grupo de tarefas interligadas logicamente, que utilizam os recursos da organização para geração de resultados predefinidos, visando apoiar os objetivos da empresa."[11]

» "Uma organização de atividades de trabalho, com início, fim e com entradas e saídas claramente definidas."[12]

Todos esses conceitos são importados da TGS e foram introduzidos na ciência da administração, que surgiu na década de 1950 e floresceu na década de 1960, com larga aplicação nas empresas mais evoluídas em seus aspectos organizacionais. Essa teoria embasou o início da informatização das empresas.

Da grande diversidade de conceitos para processos de negócio extraiu-se a essência comum à maioria das descrições, que possibilitou a definição adotada neste livro: processos de negócio são fluxos de trabalhos que atendem a um ou mais objetivos da organização e que proporcionam agregação de valor sob a óptica do cliente final.

Como características peculiares do processo de negócios, Smith destaca os seguintes aspectos:

» **Extensos e complexos:** Envolvem grande diversidade e quantidade de fluxos de informações entre empresas. Alguns exemplos destes fluxos seriam os relacionados a pagamentos, autorizações, movimentações de materiais, solicitações, notificações de recebimento, acates de pedidos e de comprometimento entre as empresas.

---

[7] SMITH, A. *Riqueza das nações*. Lisboa: Fundação Calouste Gulbenkian, 1993.

[8] HAMMER, M.; CHAMPY, J. *Reengineering the corporation*. Londres: Nicholas Brealey Publishing, 1997.

[9] RUMMLER, G.; BRACHE, A. *Improving performance*. San Francisco: Jossey-Bass, 1995.

[10] BERETTA, S. Unleashing the integration potential of ERP system. *Business Process Management Journal*, Bradford, v. 8, nº 3, pp. 254–277, 2002.

[11] HARRINGTON, J. H. *Business process improvement*. Nova York: McGraw-Hill, 1991.

[12] DAVENPORT, T. H. *Process innovation*. Boston: Harvard Business School Press, 1993.

» **Extremamente dinâmicos:** Requerem muita agilidade para responder às demandas de clientes e às mudanças de mercado.

» **Distribuídos e segmentados:** São executados dentro dos limites de uma ou mais empresas, por meio de diversas aplicações ou sistemas de informações, operando em diferentes plataformas tecnológicas e com diferentes configurações e especificações.

» **Duradouros:** A execução de uma transação simples, como uma solicitação de dinheiro, pode levar meses para ser efetivada.

» **Automatizados:** Pelo menos em parte. Atividades rotineiras são executadas por computadores, quando possível, visando obter velocidade e confiabilidade.

» **Dependentes de pessoas:** O julgamento e a inteligência de pessoas são constantemente requeridos, devido ao fato de as atividades não serem estruturadas o suficiente para se delegar a um SI, ou por requererem a interação de clientes.

» **Difícil compreensão:** Em muitas empresas, os processos não são mentalmente percebidos e explicitados; são organizações que trabalham sem documentação de processos.

Para fins de exemplificação do conceito, descreve-se a seguir a estrutura de processos de negócios da empresa Alcoa de acordo com as pesquisas de Armistead, Harrison e Rowlands (1995), que discutiam projetos de reengenharia de organizações. Observe que é descrita, também, a decomposição do processo de negócio Serviços a Clientes, bem como a decomposição de um processo dentro deste, o processo de Vendas:

» **Processo de negócio Administração**: Tem como objetivo assegurar apoio e desenvolvimento a todos os processos realizados na organização.

» **Processo de negócio Estratégia Empresarial**: Visa desenvolver estratégias que assegurem lucratividade no longo prazo e otimizar o desempenho da área tática do negócio.

» **Processo de negócio Produção**: Tem como objetivo assegurar apoio e desenvolvimento a todos os processos produtivos.

» **Processo de negócio Serviços a Clientes**: Visa responder efetivamente às necessidades dos clientes como um sistema de negócio amplo e integrado:

  ▪ Processo de Gerenciamento de Pedidos.

  ▪ Processo de Transportes.

  ▪ Processo de Vendas:

    ▫ Subprocesso Gerenciamento de Contas de Clientes.

    ▫ Subprocesso Processamento de Reclamações.

1.4 Sua introdução nas organizações

Nas últimas décadas, houve um grande movimento administrativo de se buscar a especialização das áreas funcionais em torno de suas competências básicas, evento motivado principalmente pela busca da qualidade total, que fora absorvida pelo Ocidente, na década de 1980, e fortemente implementada nas organizações na década de 1990. A busca de excelência pelos "silos funcionais" resolvia problemas localizados, não abrangendo as questões estruturais da organização. Observou-se que desempenhar diversas funções com excelência não implicava obrigatoriamente a satisfação do cliente final, pois muitos dos

problemas residiam na comunicação e na interação de trabalho entre as diversas áreas funcionais, problemas apontados como "lacunas organizacionais" ou "áreas nebulosas", pouco compreendidas e gerenciadas pelas organizações.

A busca por soluções eficazes levou as empresas a reverem suas estruturas organizacionais, arquitetando-as não mais a partir de agrupamentos de atividades em torno de suas áreas funcionais, mas sob a perspectiva do cliente. Ocorreu a alteração do foco administrativo, do fluxo de trabalho de áreas funcionais para processos de negócio da organização. Tem-se, hoje, uma década decorrida entre a pioneira e ousada proposta de reengenharia total, *business process reengineering* (BPR), até os atuais projetos de redesenho gradual e contínuo dos processos de negócio, denominados *business process design* (BPD). Essas propostas têm, na sua essência, o direcionamento da organização aos processos de negócio, diferenciando-se, basicamente, nas variáveis escopo e velocidade. Nesse ínterim, ocorreram diversos movimentos administrativos fundamentados em soluções ou práticas empresariais que, embora tivessem outros recursos como objetivo principal, acabaram por privilegiar e direcionar as organizações para uma estrutura organizacional voltada para processos de negócios. Exemplos de algumas dessas práticas são: a gestão de relacionamentos com clientes ou *customer relationship management* (CRM), a gestão da cadeia de fornecedores ou *supply chain management* (SCM) e o desenvolvimento colaborativo de produtos ou *product life-cycle management* (PLM).

Seja pelo apelo de marketing, uma vez que se tornou moderno falar em serviços de consultoria, softwares e demais recursos orientados a processos de negócio, seja por convicção técnico-administrativa, a verdade é que muitas das recentes práticas empresariais implementadas nas organizações acabaram por direcioná-las aos processos de negócio. Essa diversidade de atitudes empresariais adotadas pelas organizações proporcionou diversos resultados, sendo hoje muito comum encontrar estruturas organizacionais híbridas, parte organizada por função e parte organizada por processo. Dessa forma, os processos de negócio estão presentes de modo muito consistente nas novas organizações, aquelas constituídas na última década, compondo a própria estrutura gerencial e operacional e, também, cada vez mais presente nas grandes corporações tradicionais, à medida que elas adotam novas práticas fundamentadas em processos de negócio.

A introdução de processos de negócio nas organizações trouxe um novo desafio à administração: como administrar organizações orientadas por processos de negócio? A resposta da academia a esse questionamento proporcionou o desenvolvimento da gestão por processos (*business process management* ou BPM).

1.5 Sua essência como abordagem administrativa

DeToro e McCabe[13] conceituaram gestão por processos como:

> uma estrutura gerencial orientada a processos, em que gestor, time e executores do processo são todos executores e pensadores enquanto projetam seu trabalho, inspecionam seus resultados e redesenham seus sistemas de trabalho de forma a alcançar melhores resultados. Os times são agora responsáveis por atender às necessidades dos clientes, reduzindo tempo, reduzindo custo e aprimorando a consistência dos resultados.

[13] DeTORO, I.; McCABE, T. *How to stay flexible and elude fads. Quality Progress.* Milwaukee. v. 30, nº 3, pp. 55–60, 1997.

Lee e Dale escreveram:

> gestão por processos pode ser considerada uma metodologia para gerenciamento sistemático centrado no cliente, objetivando medição e melhoria de todos os processos da organização por meio de times multifuncionais e com delegação de autonomia aos funcionários (*empowerment*).[14]

Para Zairi[15] (1997), a gestão por processos está correlacionada aos aspectos principais da operação do negócio e apresenta grande potencial para agregação de valor e alavancagem do negócio. Isso ocorre devido às exigências da abordagem administrativa da gestão por processos:

» Requer que as atividades principais sejam mapeadas e documentadas.

» Cria foco nos clientes por intermédio de conexões horizontais entre atividades-chave.

» Emprega SI e documenta procedimentos para assegurar disciplina, consistência e continuidade de resultados com qualidade.

» Utiliza mensuração de atividades para avaliar o desempenho de cada processo individualmente e estabelece objetivos e níveis de entrega que podem incorporar objetivos corporativos.

» Emprega o método de melhoria contínua para a resolução de problemas e da geração de benefícios adicionais.

» Utiliza as melhores práticas para assegurar o alcance de altos níveis de competitividade.

» Emprega a mudança cultural, não se atendo apenas aos melhores SI e à estrutura organizacional mais adequada.

Ao contrário das empresas convencionais, "projetadas em função de uma visão voltada para a própria realidade interna, sendo centradas em si mesmas",[16] as empresas organizadas e gerenciadas por meio de processos de negócios priorizam o cliente final por meio da valorização do trabalho em equipe, da cooperação e da responsabilidade individual. Para alcançar essa proposição, a gestão por processos atua principalmente na redução de interferências e de perdas decorrentes de interfaces entre organizações, áreas funcionais e entre níveis hierárquicos,[17] principais problemas da gestão funcional.

[14] LEE, R.; DALE, B. Business process management: a review and evaluation. *Business Process Management Journal*; Bradford, v. 4, nº 3, pp. 214–225, 1998.

[15] ZAIRI, M. Business process management: a boundaryless approach to modern competitiveness. *Business Process Management*; Bradford, v. 3, nº 1, pp. 64–80, 1997.

[16] GONÇALVES, J. E. L. Processo, que processo? *Revista de Administração de Empresas*, v. 40, nº 4, pp. 8-19, 2000b.

[17] BALZAROVA, M. A.; BAMBER, C. J.; McCAMBRIDGE, S.; SHARP, J. M. Key success factors in implementation of process-based management: a UK housing association experience. *Business Process Management Journal*, Bradford, v. 10, nº 4, pp. 387–399, 2004.

Ostroff[18] apresenta um elenco de doze princípios fundamentais que caracterizam a abordagem administrativa da gestão por processos:

» Está organizada em torno de processos-chave multifuncionais, em vez de tarefas ou funções.

» Opera por meio de donos de processos ou gerentes dotados de responsabilidade integral sobre os processos-chave;

» Faz com que times, não indivíduos, representem o alicerce da estrutura organizacional e do seu desempenho.

» Reduz níveis hierárquicos pela eliminação de trabalhos que não agregam valor e pela transferência de responsabilidades gerenciais aos operadores de processos, os quais têm completa autonomia de decisão sobre suas atividades nos processos como um todo.

» Opera de forma integrada com clientes e fornecedores.

» Fortalece as políticas de recursos humanos, disponibilizando ferramentas de apoio, desenvolvendo habilidades e motivações, além de incentivar o processo de transferência de autoridade aos operadores de processos para que as decisões essenciais à performance do grupo sejam tomadas no nível operacional.

» Utiliza a tecnologia de informação (TI) como ferramenta auxiliar para chegar aos objetivos de performance e promover a entrega da proposição de valor ao cliente final.

» Incentiva o desenvolvimento de múltiplas competências de forma que os operadores de processos possam trabalhar produtivamente ao longo de áreas multifuncionais.

» Promove a multifuncionalidade, ou seja, a habilidade de pensar criativamente e responder com flexibilidade aos novos desafios impostos pela organização.

» Redesenha as funções de departamentos ou áreas de forma a trabalhar em parceria com os grupos de processos.

» Desenvolve métricas para a avaliação de objetivos de desempenho ao final dos processos, as quais são direcionadas pela proposição de valor ao cliente final, no sentido de medir a satisfação dos clientes, dos empregados e avaliar a contribuição financeira do processo como um todo.

» Promove a construção de uma cultura corporativa transparente, de cooperação e colaboração, com foco contínuo no desenvolvimento de desempenho e fortalecimento dos valores dos colaboradores, promovendo a responsabilidade e o bem-estar na organização.

A análise de abordagens administrativas não decorre exclusivamente da necessidade de ajustes do modelo organizacional vigente em atendimento às melhores práticas de negócios em exercício. Maximiano afirma que, "embora o processo administrativo seja importante em qualquer contexto de utilização de recursos, a razão principal para estudá-lo é seu reflexo sobre o desempenho das organizações".[19] Segundo esse mesmo autor, como quase todas as nossas necessidades são supridas por algum tipo de organização, o contexto em que vivemos se constitui, assim, em uma sociedade organizacional em contraste com as sociedades comunitárias do passado. Dessa forma, conceitos como administração científica, produção em massa, qualidade total, escola japonesa, escola humanista, enfoque sistêmico, administração estratégica, ética e responsabilidade social, administração

---

[18] OSTROFF, F. *The horizontal organization: what the organization of the future actually looks like and how it delivers value to customer.* Oxford University Press, 1999. p. 10-11. (Tradução nossa.)

[19] MAXIMIANO, A. C. A. *Teoria geral da administração:* da escola científica à competitividade em economia globalizada. São Paulo: Atlas, 1997.

participativa e reengenharia de processos constituem exemplos tentativos de entendimento e compreensão dos componentes que regem a administração de uma organização.

A percepção dos processos de negócios e os primeiros estudos por parte da academia da ciência da administração são anteriores aos trabalhos de Hammer[20] e Davenport.[21] Em 1976, Kast e Rosenzweig já os discutiam no contexto das organizações complexas da época.

> A estrutura hierárquica não está relacionada só com níveis organizacionais, fundamentando-se principalmente na necessidade de uma visão mais ampla ou de um conjunto de subsistemas que componha um sistema mais abrangente, para a coordenação das atividades e dos processos. Além da hierarquia estrutural, nas organizações complexas também se desenvolve certa hierarquia de processos.[22]

1.6 Fases e ativos organizacionais associados à sua prática

Desempenhar a gestão implica o comprometimento da empresa com a evolução de recursos importantes para a organização, e no caso da abordagem da gestão por processos, requer a atenção para com os processos de negócios. A gestão eficaz implica ater-se a todas as fases do ciclo de vida do processo de negócio: planejamento da sua utilização, projeto da sua estrutura operacional e gerencial, construção, disponibilização, utilização, monitoramento, identificação de oportunidades de melhoria e condução de ajustes para efetivar a melhoria. Essas fases são descritas no subtópico 1.6.1.

A Figura 1.4 descreve, além das fases do ciclo da gestão no contexto da abordagem da gestão por processos, os demais recursos organizacionais necessários. Observa-se que as empresas organizadas e geridas por intermédio de processos de negócios vinculam e direcionam para eles todos os demais recursos da empresa; o processo de negócio passa a ser o meio integrador dos ativos da organização. Os sete recursos organizacionais fortemente atrelados à abordagem da gestão por processos estão descritos no subtópico 1.6.2. Antes, porém, descreveremos brevemente cada uma das fases do processo da gestão por processos de negócio.

[20] HAMMER, M.; CHAMPY, J. *Reengenharia revolucionando a empresa*. 15. ed. Rio de Janeiro: Campus, 1994.

[21] DAVENPORT, 1993.

[22] KAST, F. E.; ROSENZWEIG, J. E. *Organização e administração:* um enfoque sistêmico. São Paulo: Pioneira, 1976. p. 137.

Figura 1.4 Fases e recursos organizacionais associados à gestão por processos de negócios

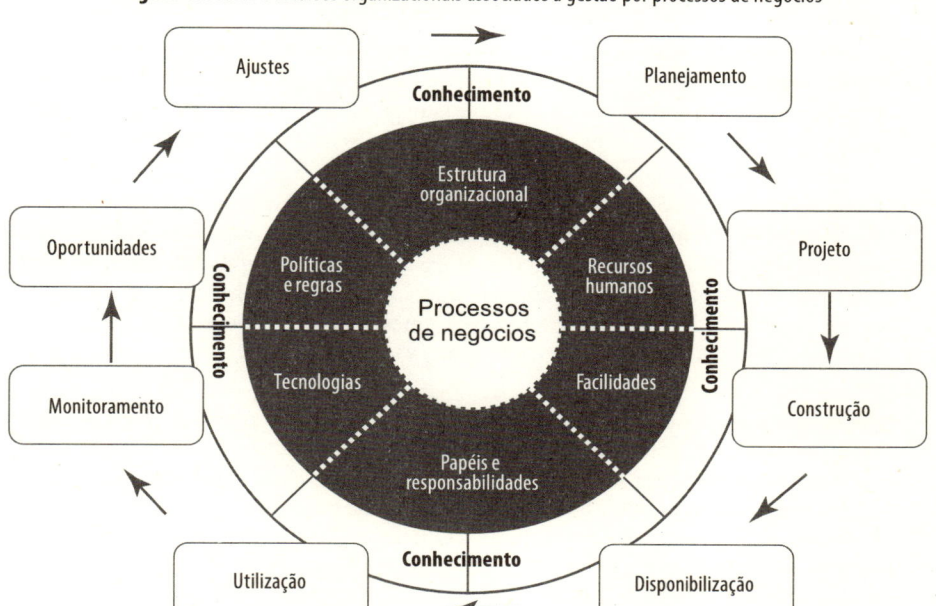

Fonte: Elaborado pelo autor.

1.6.1 Fases do processo de gestão por processos

Chountalas e Lagodimos (2019) observaram que os diversos métodos publicados para a gestão do ciclo de vida dos processos de negócio foram estruturados a partir das fases do ciclo PDCA de Deming (1994): *plan, do, check* e *act*. Chountalas e Lagodimos (2019) descrevem o método da gestão por processos composto por oito fases: descoberta, projeto, desenvolvimento, execução, monitoramento, interação, controle e análise. Broke e Rosemann (2010) também trabalharam com oito fases: entendendo a empresa, arquitetura e alinhamento, definição de projeto para o processo, entendimento do processo, renovação do processo, desenvolvimento de capacidades, implementação e melhoria contínua. Dumas *et al.* (2018) identificaram seis fases: identificação do processo, modelagem, descoberta, análises qualitativas e quantitativas, melhoria ou redesenho e implementação. Em uma ampla revisão da literatura sobre gestão por processos, Von Rosing (2014) identificou seis fases: análise, projeto, construção, implementação, execução/manutenção e melhoria contínua. Apresentamos a seguir o descritivo das fases presentes na Figura 1.4.

Planejamento: O plano implica em uma concordância da empresa com o que será realizado. Aqui cabe desde a aprovação de um novo processo de negócio até os ajustes de melhoria contínua de processos já existentes, sendo esta, obviamente, a ocorrência mais frequente. Nessa fase há o provisionamento de recursos, em especial dos recursos financeiros necessários, bem como a definição do valor e dos resultados a serem entregues pelo novo processo de negócio.

Projeto: Uma vez aprovado o desenvolvimento ou a alteração do processo de negócio, tem-se que estruturar as diversas frentes de trabalhos para a entrega do planejado. Aqui tem-se muitos aspectos a serem considerados dentro do projeto, com destaque para os recursos descritos na parte interior da Figura 1.4: os recursos humanos, os papéis e responsabilidades, a estrutura organizacional, as políticas e regras, as tecnologias da informação e comunicação, as facilidades e o conhecimento.

Construção: Nessa fase está o desenvolvimento dos trabalhos. Por exemplo, no tocante aos recursos humanos, temos as frentes de treinamento, requalificação e de contratação de pessoas. Na frente de tecnologias da informação e comunicação há demandas de especificação de sistemas de informação, desenvolvimento de software e/ ou configuração de sistemas prontos, treinamento, testes e operacionalização destes. Em suma, muitos projetos imbricados para a entrega do novo processo de negócio.

Disponibilização: As diversas frentes de trabalho (projetos) precisam ter as finalizações das diversas frentes de trabalho testadas e aprovadas (concordância de conclusão) não apenas em termos individuais de cada frente, mas principalmente de forma integrada, conforme a perspectiva planejada para o processo de negócio. Essa fase cuida das obrigatoriedades para as conclusões, tanto individuais quanto delas dentro do todo.

Utilização: O início de um novo processo ou de novo momento (nova fase) de um processo existente pode expor aspectos não pensados pela equipe de projeto, daí a importância de uma fase de acompanhamento do uso em cada início e reinício do processo de negócios ou de partes dele.

Monitoramento: Situações anômalas e exceções ocorrem naturalmente em função do ambiente dinâmico em que as organizações atuam. Os ambientes de negócio, bem como os processos de negócio, estão cada vez mais integrados e com muitos atores envolvidos, resultando em maiores dificuldades e demanda pelo monitoramento e identificação do inusitado. Desta forma, mensurações contínuas do processo de negócio são necessárias para se perceber o quanto antes as mudanças e adaptações necessárias ao processo de negócio.

Oportunidade: Por oportunidades entendem-se as alterações e manutenções não obrigatórias, diferentes daquelas impostas pela concorrência ou órgãos reguladores; são aquelas oriundas de análises e prospecções da empresa de forma proativa.

Ajustes: Podemos entender os ajustes como ações necessárias ou frentes de trabalho, decorrentes tanto da identificação de problemas quanto de decréscimos de produtividade, anomalias (ambas detectadas pela fase de monitoramento) ou oportunidades a serem exploradas. Essas frentes de trabalho precisam de aprovações, de provisionamento de verba e demais recursos necessários, daí a demanda pelo retorno à fase de planejamento. Esse retorno à primeira fase evidencia a recursividade das fases da abordagem gestão por processos, caracterizando os cuidados com o ciclo de vida dos processos de negócios.

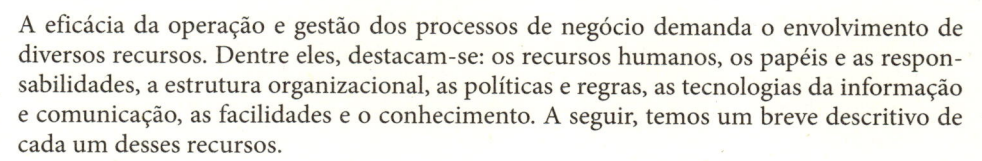

1.6.2 Ativos organizacionais atrelados à gestão por processos

A eficácia da operação e gestão dos processos de negócio demanda o envolvimento de diversos recursos. Dentre eles, destacam-se: os recursos humanos, os papéis e as responsabilidades, a estrutura organizacional, as políticas e regras, as tecnologias da informação e comunicação, as facilidades e o conhecimento. A seguir, temos um breve descritivo de cada um desses recursos.

Recursos humanos: Conforme se observará no Capítulo 5, as diversas áreas da organização colaboram com a operação e suporte dos processos de negócios. A gestão por processos de negócios implica conciliar os interesses e os momentos de interação e integração dessas áreas de forma a obter um bom desempenho do processo. Alguns desses recursos estão totalmente dedicados à gestão do processo de negócio, situação bem definida no papel do gestor de processos de negócios e profissionais de áreas afins com forte relação ao objetivo do processo de negócio, por exemplo, o recurso humano vendedor com relação ao processo de negócio Serviços a Clientes.

Papéis e responsabilidades: A arquitetura de negócios fundamentada em processos de negócios requer o fortalecimento da autonomia do agir e pensar dos funcionários, administrativamente rotulada como *empowerment* dos funcionários. A gestão por processos de negócios implica treinar funcionários para desempenhar múltiplos papéis e dar autonomia a eles para decidir quando desempenhar cada um. Imaginemos um supermercado que tenha um processo de negócio voltado ao atendimento a clientes; no momento de pico de seu movimento, quando começam a se formar filas nos caixas de pagamento, funcionários de outros setores podem se dirigir à frente da loja e abrir novos caixas de atendimento com a finalidade de aumentar e melhorar o atendimento ao cliente.

Estrutura organizacional: No exemplo do supermercado, os funcionários devem ser contratados e disponibilizados com base em papéis desempenhados, e não por posições funcionais ocupadas. No ambiente de gestão por processos de negócios, os funcionários da organização são compreendidos como nós de uma rede de trabalho, e não como um recurso pertencente a uma caixinha do organograma. A organização passa a operar não mais por intermédio de estruturas funcionais verticais, mas, sim, por meio de estruturas matriciais e equipes multifuncionais voltadas para os processos de negócios.

Políticas e regras: Servem para direcionar o comportamento e o desempenho dos recursos humanos dentro da organização e na sua interação sobre os processos de negócio. Alguns procedimentos não podem ser passíveis de interpretação ou objeto de decisão de cada indivíduo. Requerimentos regulatórios devem ser obedecidos, aspectos legais devem ser honrados, cálculos financeiros devem ser corretos e informações confidenciais não devem ser compartilhadas. Meios de controle precisos devem ser estabelecidos para acompanhar a obediência dessas obrigações do processo. Essas regras precisam ser endereçadas com absoluto rigor e, por essa razão, são mais bem implementadas utilizando-se de recursos tecnológicos, em especial os de tecnologia da informação.

Tecnologias da informação e comunicação: As tecnologias têm um papel fundamental nos extensos e complexos processos de negócios, sobretudo a tecnologia da informação e comunicação. Estas são empregadas para automação de regras e atividades, para monitoramento do desempenho e para a formação de ambientes colaborativos de trabalho. A infraestrutura computacional é essencial para a comunicação das pessoas e para a integração dos diferentes sistemas de informação envolvidos ao longo do processo.

Facilidades: Esse tópico inclui diversos outros recursos, além dos já citados, necessários para a operação e o gerenciamento dos processos de negócios: salas de reunião, ambientes de trabalho, máquinas, equipamentos e demais artefatos necessários. No cenário pós-pandemia, teremos ainda mais apelo aos recursos para a prática do *home office*, abrangendo questões como links de comunicação, processadores de dados (notebook, PC, entre outros equipamentos), espaço físico, iluminação, climatização, acústica, entre outros aspectos necessários para a qualidade de vida dos colaboradores.

Conhecimento: A capacidade da organização em realizar a gestão dos conhecimentos relativos a cada um dos recursos do processo já citados habilita-a para a evolução e o aprimoramento dos próprios processos de negócios. A operação diária do processo envolvendo facilidades, tecnologias, políticas e regras, estrutura organizacional, papéis, responsabilidades e recursos humanos proporciona um acúmulo de conhecimentos sobre estes, que, se capturados, analisados e compartilhados com a organização, proporciona o aprimoramento de todos os demais ativos do processo de negócio.

1.7 Falsos sinônimos: "Gestão de processo" e "gestão por processo"

A preocupação com problemas semânticos na área de processos, ocasionados por expressões administrativas com nomes muito semelhantes, porém com significados distintos, já foi objeto de pesquisa de alguns autores. Em 2000, a *Revista de Administração de Empresas* (RAE) publicou dois artigos conceituais sobre gestão por processos. No resumo do primeiro artigo foi caracterizada a dificuldade semântica que perdura até hoje: "Embora muito presente, o conceito de processo não tem uma interpretação única e a variedade de significados encontrados tem gerado inúmeros mal-entendidos."[23]

O entendimento mais comumente encontrado para o termo "gestão de processos" é o da engenharia operacional, oriundo do processo mecanicista derivado da Revolução Industrial. As origens do termo "gestão de processos" são de meados do século XVIII, no início da Revolução Industrial, por intermédio da divisão do trabalho em atividades sequenciais objetivando sua mecanização. Exemplo clássico está no célebre *Inquérito sobre a natureza e as causas da riqueza das nações,* sólido livro em dois volumes com mais de mil páginas publicados em 1776 por Adam Smith,[24] que relata a experiência da fabricação de

---

[23] GONÇALVES, J. E. L. As empresas são grandes coleções de processos. *Revista de Administração de Empresas*, v. 40, nº 1, pp. 6–19, 2000a.

[24] SMITH, 1993.

alfinetes dividida em onze operações. O termo "gestão de processos" continua sendo muito utilizado, ainda hoje, pelos profissionais da área de pesquisa operacional para o estudo de operações fabris e para os profissionais que atuam na automação de fluxos de trabalho (*workflow*), entre outras iniciativas.

O significado mais oposto ao da gestão de processos causa costumeiras confusões e mal-entendidos é o relativo ao seu uso para designar a abordagem administrativa da gestão por processos. Embora haja alguns pontos comuns, são objetos distintos: a gestão de processos se apresenta com uma abrangência muita reduzida em comparação com a gestão por processos; esta, uma abordagem administrativa; aquela, um estilo de organização e gerenciamento da operação de empresas.

Problema semântico similar enfrentam os autores que trabalham com a gestão do recurso competência. Nessa área do saber, muito frequentemente utiliza-se, indistintamente, os termos gestão de competências e gestão por competências. Carbone, Brandão, Leite e Vilhena[25] recorreram ao autor francês Guy Le Boterf[26] para explicar essas pequenas e importantes sutilezas semânticas dos idiomas originários do latim.

> Embora se utilize a expressão "gestão por competências" para denominar esse modelo de gestão, muitos autores adotam denominações diferentes para expressar concepções semelhantes. É comum na literatura sobre o assunto, por exemplo, a utilização de termos como "gestão de competências", "gestão de desempenho baseada em competências", "gestão de pessoal baseada em competências", que, apesar das diferenças de ordem semântica, representam essencialmente a mesma ideia. A opção é utilizar a denominação "gestão por competências" porque a partícula "por", quando utilizada na formação de adjunto, indica fim, propósito, destino, desejo. Assim, a expressão "gestão por competências" inspira a ideia de que o esforço gerencial tem como propósito alavancar, desenvolver, mobilizar competências, conforme sugerido por Le Boterf.

O valor semântico que se deseja atribuir na abordagem administrativa da gestão por processos é de prioridade, foco, desenvolvimento do processo de negócio, por essa razão utiliza-se a denominação "gestão por processo".

[25] CARBONE, P. P.; BRANDÃO, H. P.; LEITE, J. B. D.; VILHENA, R. M. P. *Gestão por competências e Gestão do conhecimento*. Rio de Janeiro: FGV, 2007. p. 41.

[26] LE BOTERF, G. *Desenvolvendo a competência dos profissionais*. São Paulo: Artmed e Bookman, 2003.

TEXTOS COMPLEMENTARES

A *Revista de Administração de Empresas* da FGV-EAESP publicou dois artigos sobre os conceitos da gestão por processos de negócios, ambos de autoria do professor José Ernesto Lima Gonçalves. O primeiro é denominado "As empresas são grandes coleções de processos", e o segundo, "Processo, que processo?" Nesses dois artigos há ótimas definições sobre os fundamentos da gestão por processos. Outras obras clássicas da literatura de gestão por processos são os textos de Davenport e Hammer, citados nas referências ao final do livro. São bastante esclarecedores para o propósito de distinguir organizações orientadas a funções daquelas orientadas a processos de negócios.

QUESTÕES PARA REFLEXÃO

1. Comente aspectos do processo de negócio que permitem caracterizá-lo como sistema.

2. Analise o sincronismo entre a importância atribuída à abordagem administrativa da gestão por processo e a evolução do ambiente de negócios.

3. Como a abordagem da gestão por processos reduz as interferências e perdas decorrentes de interfaces entre organizações, áreas funcionais e níveis hierárquicos?

4. Pessoas que empregam os termos "gestão de processos" e "gestão por processos" indistintamente provavelmente estão se referindo a qual conceito? Para responder, considere o conceito mais amplamente difundido, que pode ser entendido como o senso comum predominante.

Capítulo 2

Discernindo gestão funcional de gestão por processos

2.1 Características diferenciais entre as duas abordagens administrativas

Neste capítulo são analisadas e comparadas duas abordagens administrativas, a gestão funcional e a gestão por processos, considerando doze características presentes em abordagens administrativas: 1) alocação de pessoas; 2) autonomia operacional; 3) avaliação de desempenho; 4) cadeia de comando; 5) capacitação dos indivíduos; 6) escala de valores da organização; 7) estrutura organizacional; 8) medidas de desempenho; 9) natureza do trabalho; 10) organização do trabalho; 11) relacionamento externo; e 12) utilização da tecnologia. As subseções a seguir descrevem e analisam cada uma dessas características.

2.1.1 Alocação de pessoas: Representa a disposição do conjunto operacional humano que executa as tarefas dentro da organização

Na organização funcional, as pessoas são distribuídas por departamentos funcionais que se responsabilizam pelas tarefas daquele setor; na organização gerida por processos, as pessoas fazem parte de uma equipe responsável pelas tarefas de um processo multifuncional. Em outras palavras, na organização funcional, os profissionais são agrupados entre seus semelhantes ou pares em equipes com papéis muito bem delimitados, em que todos têm um mesmo conjunto de atividades a serem realizadas. Já na abordagem administrativa da gestão por processos, as equipes de trabalhos são formadas por profissionais de diferentes perfis e habilidades, em que cada um desempenha um papel e atividade diferentes, porém complementares.

O desenvolvimento dos profissionais nas organizações orientadas a processos cabe primordialmente ao próprio profissional, recebendo suporte de centros de excelência funcional, voltados à capacitação contínua dos profissionais essenciais aos processos da organização. Dessa forma, nas organizações orientadas a processos, os profissionais se vinculam a um ou mais processo de negócio, como profissional executor ou coordenador e, eventualmente, a centros de desenvolvimento de competências.[1]

2.1.2 Autonomia operacional: Aponta o grau de autonomia e controle que cada colaborador tem das tarefas sob sua responsabilidade

Na organização funcional, todas as tarefas são executadas sob rígida supervisão hierárquica, enquanto na organização gerida por processos, grande esforço é feito no sentido de fortalecer a individualidade, delegando-lhe autoridade para tomar decisões essenciais

---

[1] HAMMER, M. *Além da reengenharia*: como organizações orientadas para processos estão mudando nosso trabalho e nossas vidas. 3a ed. São Paulo: Campus, 1997; DAVENPORT, T.H. *Process innovation*. Boston: Business School Press, 1993.

ao cumprimento delas. Assim, nas organizações com a gestão direcionada aos processos de negócios há o fortalecimento e valorização do papel do funcionário,[2] característica amplamente difundida no meio acadêmico pelo termo utilizado na literatura anglo-saxônica: *empowerment*. A associação dos conceitos de Weber sobre "burocracia monocrática" com os princípios da Administração Científica de Taylor determinou a forma de gestão dos negócios até meados do século XX, em que a gestão do tipo comando-controle era a palavra-chave. Mintzberg chamou a isso de "burocracia mecânica", ou seja, um modelo de organização e gestão capazes de atingir os mais altos índices de produtividade nas organizações.[3]

A evolução da tecnologia de comunicação, o advento da internet e o fenômeno da globalização dos negócios, ocorridos no limiar do século XX, provocaram a reconfiguração das transações comerciais no mundo, em função principalmente da redução do tempo de execução dos processos. Empresas estruturadas verticalmente e geridas funcionalmente, demandando dos executores a obtenção de autorização dos níveis hierárquicos de supervisão para a condução dos processos, passam a operar com extrema dificuldade, tendo em vista a demanda atual de redução dos tempos de respostas, exigindo modelos mais flexíveis e descentralizados de gestão. A gestão por processos de negócios, por deslocar a gestão funcional — verticalizada — para uma administração direcionada ao cliente final e gerida por processos, cria princípios de autonomia gerencial nos executores dos processos, tornando-os mais produtivos, mais qualificados e com menores custos operacionais. Essa nova visão de gestão desloca o poder de decisão, dos tradicionais níveis hierárquicos (superiores) de supervisão e controle para os próprios executores dos processos de negócios. Na abordagem administrativa da gestão por processos, os operadores de processo e os "donos de processos" tornam-se responsáveis pela integral manutenção da produtividade e qualidade do processo como um todo. Dessa forma, na gestão por processo, atribui-se de forma diferenciada não apenas a "autonomia para", mas também a "responsabilidade por". Obviamente, isso implica um perfil diferenciado para o corpo de colaboradores da organização, aspecto analisado na descrição da característica "capacitação dos indivíduos".

2.1.3 Avaliação de desempenho: Descreve os critérios de valorização e promoção do trabalho dos indivíduos

Na organização funcional, as pessoas são avaliadas por seu desempenho funcional individual, enquanto na organização gerida por processos o que conta é o resultado final do processo. Um dos aspectos críticos para o sucesso da abordagem administrativa da gestão por processos é a avaliação das pessoas envolvidas, conforme salientou Davenport:

> As questões mais difíceis, enfrentadas por equipes organizadas para executar processos ou subprocessos, no longo prazo, giram em torno da relação entre os membros da equipe e a estrutura funcional da organização. Supondo-se que a estrutura funcional continua a existir, como existiu em todas as organizações que estudamos, um desses problemas é a questão de como e por quem os membros da equipe devem ser avaliados.[4]

---

[2] HAMMER, M.; CHAMPY, J. *Reengineering the corporation*. Londres: Nicholas Brealey Publishing, 1997.

[3] MINTZBERG, 1995 *apud* OSTROFF, F. *The horizontal organization:* what the organization of the future actually looks like and how it delivers value to customers. Oxford University Press, 1999. p. 74.

[4] DAVENPORT, 1993, p. 116.

Davenport também apontou alternativas para resolver a questão:

> Uma solução óbvia para o problema da ênfase é criar uma organização baseada em processos, quer seja isolada ou que trabalhe em conjunto com o órgão funcional, e dar aos representantes do processo um papel igual ao dos gerentes funcionais na avaliação e recompensa dos membros da equipe.[5]

2.1.4 Cadeia de comando: Identifica a cadeia de comando que supervisiona o trabalho operacional

Na organização funcional, todo o trabalho está estruturado funcionalmente sob forte supervisão de níveis hierárquicos superpostos, que comandam tanto a execução do trabalho quanto o desenvolvimento dos profissionais envolvidos. Na organização gerida por processos, apenas o processo de negócio é gerenciado pelos donos de processos, que direcionam suas atenções exclusivamente à constante agregação de valor ao produto ou serviço entregue. O gestor de processo ou "dono do processo" não é o chefe dos profissionais que atuam em seu processo, ele não pode mandar, tem que negociar e exercer influência. Dessa forma, a cadeia de comando na empresa orientada a processos não se baseia em comando e controle, mas em negociação e colaboração.[6] A figura típica do "chefe" desaparece na organização gerida por processos:

> Um "chefe" é uma criatura de pirâmide: uma única pessoa que está acima de você, lhe dizendo o que fazer e como fazê-lo. Em um ambiente orientado por processos, esse papel desaparece. Mais precisamente, fica disperso entre muitas pessoas, nenhuma das quais pode ser chamada precisamente de chefe.[7]

Do ponto de vista de gestão dos trabalhos, o foco dos gerentes altera-se de supervisão e controle de funcionários para a capacitação e motivação destes.

2.1.5 Capacitação dos indivíduos: Descreve o elenco de competências e o direcionamento da visão dos objetivos do trabalho operacional

Enquanto na organização funcional as pessoas são treinadas para se ajustar à função específica que desempenham, na organização gerida por processos a ampla abrangência, tanto dos processos de negócio quanto da autonomia e responsabilidade designada aos colaboradores (*empowerment*), implica a demanda de um amplo e contínuo processo de capacitação. Esse processo deve atender a múltiplas competências transdisciplinares requeridas ao longo de seu desenvolvimento.

Malone comenta que, nas suas palestras sobre novos modelos de organização, sempre inicia pela pergunta: "Qual a porcentagem da inteligência e criatividade das pessoas você imagina que a sua organização realmente faz uso?"[8] As respostas colhidas por ele

---

[5] DAVENPORT, 1993, p. 117.

[6] HAMMER, M.; STANTON, S. How process enterprises really work. *Harvard Business Review*, v. 77, nº 6, pp. 108–118, nov./dez. 1999.

[7] HAMMER, 1997, p. 111.

[8] MALONE, T. W. *The future of work:* how the new order of business will shape your organization, your management style, and your life. Boston: Harvard Business School Press, 2004. p. 153.

ficam normalmente em torno de 30% a 40%. Poucas pessoas declaram que a sua organização utiliza mais de 90%, e muitas respondem que o nível de utilização fica abaixo de 10%. Embora imaginários, esses números sugerem muito daquilo que todos nós vivenciamos: as organizações não se apropriam devidamente do verdadeiro potencial das pessoas. A Figura 1.2 demonstra, claramente, que as "ilhas isoladas de conhecimento" engessam a atividade dos colaboradores, não permitindo um aproveitamento integral do seu potencial criativo.

A gestão por processos, por outro lado, permite que a transparência do trabalho ao longo do processo, independentemente das cadeias funcionais da organização, traga um novo entendimento aos operadores, exigindo um *empowerment* que reflita a transfuncionalidade que o processo representa. Colaboradores flexíveis e dotados de múltiplas competências são os que se adaptam melhor a essa nova visão de gestão.[9] Peter Drucker, em seus estudos sobre as organizações, constatou que:

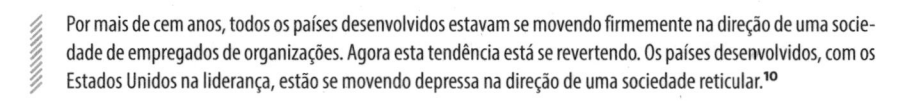

> Por mais de cem anos, todos os países desenvolvidos estavam se movendo firmemente na direção de uma sociedade de empregados de organizações. Agora esta tendência está se revertendo. Os países desenvolvidos, com os Estados Unidos na liderança, estão se movendo depressa na direção de uma sociedade reticular.[10]

Essa mudança, segundo Drucker, significa a reconceituação dos processos de relacionamentos entre empresas e empregados: a lealdade deixa de ser o objeto central, em detrimento da conquista da confiança; a força de trabalho passa a ser um produto a ser comercializado, e não um encargo trabalhista; os profissionais passam a gerir pessoalmente as próprias carreiras; "o que eu quero para mim?" deixa de ser a principal pergunta do trabalhador, dando lugar e vez ao questionamento "o que eles querem e quais são seus objetivos?" Isso significa marketing de relacionamento, que, em marketing, começa-se pelo cliente, e não pelo produto em si, ou seja, começa-se pelo desenvolvimento de relacionamento de confiança com a provável organização contratante de serviços profissionais.[11]

2.1.6 Escala de valores da organização: Refere-se aos valores cultuados pela organização no sentido de direcionar a movimentação comportamental dos empregados

Na organização funcional, grande incentivo é dado ao trabalho funcional, direcionado aos resultados do departamento, proliferando entre as áreas funcionais os sentimentos de desconfiança, insegurança no trabalho e atritos. As organizações geridas por processos, por outro lado, privilegiam a abertura da comunicação, a transparência no trabalho, o sentido de colaboração e cobrança mútua ao longo de todo o processo, o que facilita o desenvolvimento do trabalho participativo entre os executantes.

Observando-se a organização como uma extensão do ambiente socioeconômico em que opera, pode-se constatar que a sua administração sofre forte influência não só das forças internas, como das normas e dos comportamentos socioculturais da sociedade

---

[9] OSTROFF, 1999.

[10] Mudança no relacionamento predominante entre organizações e seus colaboradores, deslocando-se do conceito de "funcionários das organizações" para "trabalhar para as organizações". DRUCKER, P. F. *Administrando em tempos de grandes mudanças.* São Paulo: Pioneira Thomson Learning, 2002. p. 31.

[11] DRUCKER, 2002, p. 36.

mais ampla.[12] Esses autores argumentam que as pessoas procuram comportar-se dentro das expectativas do grupo social mais amplo, interiorizando os valores e as normas que, implícita ou explicitamente, o grupo lhes prescreve.

A abordagem administrativa da gestão por processos requer e incorpora outros valores à cultura das organizações. O amplo conjunto de entidades envolvidas e comprometidas com o processo de negócio, abrangendo clientes, fornecedores, parceiros e colaboradores da organização, cria uma expectativa de responsabilidade comum quanto aos comportamentos de transparência da informação, cooperação mútua, confiança e demais valores importantes para o trabalho em redes colaborativas.

2.1.7 Estrutura organizacional: O modelo organizacional sobre o qual a empresa está estruturada

Na organização funcional, a empresa é estruturada hierarquicamente, seus departamentos trabalham isoladamente, direcionados aos próprios objetivos, enquanto na organização gerida por processos, a hierarquia é reduzida. Nesta última, os níveis que não agregam valor aos resultados são eliminados em benefício de uma visão voltada à proposição de valor na entrega final do produto de cada processo.

Ostroff[13] comenta que o organograma de uma empresa é uma representação visual da sua estrutura, bastante útil para demonstrar os departamentos funcionais, os níveis hierárquicos de comando e a alocação de pessoas. Entretanto, pouco transmite a respeito dos processos de negócios que sustentam a organização como um todo e que perpassam diversos departamentos funcionais da organização. A abordagem administrativa da gestão por processos, por priorizar o processo em si, provoca várias alterações na estrutura organizacional, tais como: deslocamento de grande parte do processo decisório, que, antes, estava em mãos de superiores hierárquicos, para os "donos de processos" e operadores; eliminação das barreiras de comunicações hierárquicas e funcionais da organização; enxugamento dos níveis hierárquicos de decisão; reconfiguração das habilidades necessárias para o trabalho orientado a processos; fortalecimento de parcerias externas e terceirização de atividades não fundamentais para a organização, entre as mais importantes. Drucker[14] fortalece esse modelo de estrutura quando argumenta que "a maior parte das grandes empresas cortou em 50% o número de camadas hierárquicas, até mesmo no Japão. A Toyota desceu de mais de 20% para 11%. A GM veio de 28% para cerca de 19%. [...] As organizações irão se tornar cada vez mais planas".

Na literatura da área da Administração, temos alguns modelos de estruturas organizacionais bem definidas a partir de variações inter-relacionadas dos seus aspectos característicos: nível de especialização das atividades, grau de agrupamento do trabalho, cadeia de comando, amplitude de controle, nível de centralização do processo de decisão e nível de formalização das atividades a executar. Mintzberg (1980), por exemplo, identificou inicialmente cinco tipos de estruturas organizacionais: simples, burocracia de máquina, burocracia profissional, divisional e a adhocrática. Posteriormente, Mintzberg (1989) propôs uma ampliação dos seus estudos iniciais propondo outros tipos. Os modelos de estruturas organizacionais mais comuns, presentes em praticamente todas as tipologias, são três: a)

---

[12] KAST, F. E.; ROSENZWEIG, J. E. *Organização e administração*: um enfoque sistêmico. São Paulo: Pioneira, 1976. p. 27.

[13] OSTROFF, 1999, p. 74.

[14] DRUCKER, 2002, p. XVIII.

funcional, b) divisional e c) matricial. Discutiremos a seguir esses três tipos de estruturas organizacionais. A empresa tradicional é adepta da estrutura funcional, enquanto as empresas orientadas por processos, que praticam a abordagem do BPM, adotam, predominantemente, a estrutura organizacional matricial. Em função da comparação para o BPM ser centrada em torno desses dois tipos de estruturas organizacionais, exploraremos um pouco mais os contrastes entre esses dois tipos de estruturas.

A estrutura organizacional do tipo funcional é a mais antiga e difundida de todas. Ela predomina nas grandes organizações privadas, nos órgãos da administração pública e nas organizações militares e religiosas. Na estrutura funcional, o trabalho é agrupado normalmente com base em funções, considerando aspectos como proximidade e pertinência. Na estrutura funcional, há alto grau de divisão de trabalho e especialização, o que proporciona economia de escala e eficácia em função dos grandes volumes produzidos. A tomada de decisão é altamente centralizada, com a coordenação fundamentada na padronização dos processos de trabalho. Essas características trazem como principais dificuldades: tempo de resposta lento às mudanças ambientais, concentração das decisões na alta cúpula da empresa, proporcionando coordenação horizontal deficiente entre os departamentos, bem como dificultando a inovação e a percepção dos objetivos organizacionais. Resumidamente, as organizações com estrutura funcional são caracterizadas pela estrutura mecanicista, burocratizada e inflexível, com baixo potencial para personalizações e adequações a mudanças do meio ambiente. Exatamente o oposto da forma como se deve caracterizar as organizações contemporâneas, tendo como principais características a prontidão para a mudança, a adaptabilidade e a flexibilidade (Jones, 2010).

Já do outro lado da tipologia das estruturas organizacionais, daquelas mais adequadas ao BPM, temos a estrutura matricial. Na estrutura organizacional matricial cria-se uma dupla linha de autoridade, pela combinação da autoridade da área funcional à qual o profissional está vinculado com outra vertente gerencial de interesse, o processo ou processos de negócios os quais ele esteja cooperando. Essa segunda vertente é denominada na literatura como a área de interesse transversal da empresa, que envolve recursos de diversas áreas funcionais. Assim, a característica mais típica da estrutura matricial é romper com o conceito de unidade de comando. Os funcionários das empresas que adotam estrutura matricial têm dois chefes: o gestor da área funcional e o gestor da entidade de interesse transversal. Trata-se de uma estrutura muito comum em empresas intensivas em conhecimento, como as empresas de consultoria, construtoras, laboratórios de pesquisa, empresas da indústria aeronáutica e aeroespacial, entre outras.

Entre as peculiaridades da estrutura organizacional matricial temos (Wellman, 2007): a) funcionários e gestores respondendo e colaborando para com diversos gerentes; b) muitas vezes trabalha-se concomitantemente com objetivos concorrentes; c) gerentes precisam ter capacidade de influenciar, sem ter o poder formal; d) frequentemente ocorre responsabilização e cobrança, embora sem a possibilidade de controle direto dos recursos; e) alto nível de ambiguidade; f) reflexão contínua dos gestores quanto ao papel deles em certas situações; g) desenvolvimento de redes sociais colaborativas dentro da organização; h) tolerância à ambiguidade em função da possibilidade do duplo comando; i) habilidades interpessoais e gerenciais aos gestores para que possam se articular para a utilização dos diversos recursos necessários.

Entre os principais resultados da adoção da estrutura organizacional matricial temos (Robbins, 2010): a) agrupamento de especialistas, o que minimiza o número necessário

deles; b) compartilhamento dos recursos especializados entre os diversos, processos de negócio, projetos ou outras entidades de interesse transversal; c) utilização mais efetiva dos recursos humanos, considerando maior grau de especialização dos executores; d) maior integração e responsividade da organização; e e) maior equilíbrio entre os objetivos e a coordenação dos setores funcionais com a visão ampla dos processos de negócios, dos projetos ou outras entidades de interesse da organização.

2.1.8 Medidas de desempenho: Caracterizam as formas de avaliação do trabalho

Enquanto na organização funcional o trabalho é avaliado com foco no desempenho de trabalhos fragmentados das áreas funcionais, na empresa gerida por processos valoriza-se o desempenho de cada processo, de forma a manter uma linha de agregação constante de valor às suas propostas de entrega. Objetivos comuns e visíveis a todos os envolvidos com o processo proporcionam uma motivação maior destes, e, consequentemente, melhores resultados são alcançados, conforme destacou Hammer:

> Em uma organização orientada para tarefas, "desempenho satisfatório" era tudo o que se poderia esperar dos funcionários, e, na verdade, isso era tudo de que a empresa necessitava. Processos fragmentados homogeneizavam o trabalho individual de tal forma que o desempenho pessoal excelente inevitavelmente passava despercebido. O resultado final era apenas tão bom quanto o pior elo da cadeia que o havia gerado. Nesse contexto, fazer um grande esforço provavelmente seria um desperdício. Portanto, por que se preocupar? Era muito mais importante evitar os erros do que alcançar a excelência. Isso não ocorre nas organizações orientadas por processos. Os indivíduos que têm um excelente desempenho nos processos podem gerar um resultado de alto desempenho.[15]

Para certificar-se da apuração das corretas medidas de desempenho, ou seja, daquelas que realmente façam sentido do ponto de vista do processo de negócio como um todo, Burlton sugere concentrar-se a partir da coletividade de clientes do processo no sentido amplo da palavra (seus *stakeholders*):

> Relacione os processos com as suas razões de existência, inicie pela análise dos requerimentos e fatores críticos de sucesso do ponto de vista dos *stakeholders* do processo. Em seguida, examine os componentes da arquitetura do processo, buscando identificar seu nível de importância ou de contribuição potencial para geração de oportunidades para melhoria do desempenho do processo. Lembre-se de que alguns *stakeholders* podem ter importância maior do que outros, mas também seja cuidadoso em assegurar um correto balanceamento das perspectivas.[16]

2.1.9 Natureza do trabalho: Atinente às características das tarefas que requerem competências específicas para execução

Na organização funcional, prevalecem os conceitos da "Administração Científica" de Taylor, da "Teoria Clássica" de Fayol, da "Burocracia" de Weber, em que o máximo de trabalho deve ser executado no menor espaço de tempo, sendo as atividades fortemente

---

[15] HAMMER, 1997, p. 140.

[16] BURLTON, R. *Business process management: profiting from process*. Indianapolis: SAMS, 2001. p. 281.

estruturadas e especializadas com seus respectivos grupos de trabalho.[17] A natureza do trabalho desempenhado pelos profissionais nas organizações funcionais é repetitiva e com escopo bastante restrito em termos do que se faz. Nas organizações geridas por processos, a natureza do trabalho é bastante diversificada; um profissional pode desempenhar diversas atividades ao longo do processo de negócio, tanto de natureza operacional quanto de coordenação. Como salientou Hammer, as pessoas que atuam em organizações orientadas a processos deixam de ser empregadas e passam a ser profissionais; deixam de ter emprego e passam a administrar a carreira:

> Autonomia e responsabilidade são partes integrantes dos trabalhos orientados para processos. Os trabalhadores que apenas trabalham e os gerentes que apenas gerenciam condenam as empresas a organizações disfuncionais repletas de gerentes que não executam o trabalho real e de trabalhadores que não têm responsabilidades ou conhecimentos suficientes para fazer o trabalho da forma certa.[18]

2.1.10 Organização do trabalho: Identifica a forma como o trabalho operacional está organizado dentro da estrutura da empresa

Na organização funcional, cada área está estruturada por departamentos que operam isoladamente dos demais; na organização gerida por processos, o trabalho é organizado por processos multifuncionais. Na organização funcional há equipes de trabalho especializadas em um grupo específico de atividades correspondentes à abrangência de uma área funcional, enquanto na organização gerida por processos o trabalho está organizado por processos de negócios, de forma a prover sinergia e interação entre os profissionais de diferentes habilidades e competências necessárias aos extensos processos de negócios.

De acordo com Peter Drucker:

> Os departamentos tradicionais atuarão como guardiões de normas e padrões, como centros de treinamento e de distribuição de especialistas; não serão os pontos de realização do trabalho. Este será desenvolvido por meio de equipes concentradas em tarefas.
>
> Tais mudanças já se encontram em andamento no que costumava ser o mais bem delineado de todos os departamentos — o de pesquisa. Nos laboratórios farmacêuticos, nas empresas de telecomunicações e na indústria de papel, a sequência tradicional de pesquisa, desenvolvimento, fabricação e marketing está sendo substituída pela sincronia: especialistas de todas essas funções trabalham juntos, como equipe, do início da pesquisa até o lançamento do produto no mercado.[19]

2.1.11 Relacionamento externo: Com o mercado de consumo e com os fornecedores e clientes

Externamente, a organização funcional objetiva a competição por meio da pressão constante sobre clientes e fornecedores, enquanto a organização gerida por processos privilegia

---

[17] TORRES, J. B. Um modelo dinâmico de apoio à gestão organizacional baseado na modelagem de processos utilizando componentes de software. 2002. *Tese* (doutorado em engenharia da produção) — Universidade Federal de Santa Catarina (UFSC), Florianópolis, 2002.

[18] HAMMER, 1997, p. 38.

[19] DRUCKER, P. F. O advento da nova organização. In: *Harvard Business Review. Aprendizagem organizacional: os melhores artigos da Harvard Business Review*. São Paulo: Campus, 2006.

o processo colaborativo por meio de parcerias de negócios em que todos tenham a sua sustentabilidade assegurada.

Uma das maiores consequências do fenômeno da globalização foi consolidar o respeito à cultura local e ao meio ambiente como a forma mais correta de operacionalização dos negócios no mundo. Essa visão maior abriu o caminho para as *alianças de negócios*, permitindo que organizações do mundo inteiro somem conhecimentos e atuem em conjunto no mercado internacional. Drucker reforça essa ideia quando argumenta que:

> Entretanto, cada vez mais as alianças estão se tornando a forma dominante de integração econômica na economia mundial. [...] Como nos comércios estrutural e institucional, as empresas fazem pouca distinção entre parceiros domésticos e estrangeiros em suas alianças. Uma aliança cria um relacionamento de sistemas no qual não importa se um parceiro fala japonês, outro fala inglês, e o terceiro, alemão ou finlandês. E, embora as alianças gerem cada vez mais comércio e investimentos, elas não se baseiam em nenhum dos dois. Elas associam conhecimentos.[20]

2.1.12 Utilização da tecnologia: Trata do emprego dos recursos de tecnologia da informação (TI) no apoio à execução e ao gerenciamento de processos

Na organização funcional, as ferramentas de TI são representadas por sistemas de informação legados, limitados pela visão de áreas funcionais para as quais eles foram desenvolvidos. Na organização gerida por processos, os processos de negócios exigem cada vez mais interatividade entre diferentes áreas internas e externas à empresa:

> Os negócios atuais, no contexto de cadeias de valores, tornam-se mais interativos e colaborativos, envolvendo uma variedade de parceiros para entrega de produtos e serviços. Conectividade entre empresas (B2B), integração entre aplicações de empresas (EAI) e processos de negócios colaborativos estão se tornando mais críticos à eficiente gestão e operação das empresas.[21]

Assim, nas organizações orientadas a processos, há uma forte demanda por recursos tecnológicos específicos para integração entre sistemas de informação (*Enterprise Application Integration* — EAI), de forma a permitir a intercomunicação entre os diversos sistemas de informação das áreas funcionais (legados) conforme a dinâmica da ordem requerida pelos processos de negócios.

O gerenciamento, ou "orquestração", dos processos de negócios também passa a ser realizado por uma camada de software específica, denominado *Business Process Management System* (BPMS). Essa camada é constantemente informada pela camada EAI sobre o *status* de operação de cada instância do processo de negócio, independentemente de instituição e da plataforma computacional na qual esteja ocorrendo o processamento. Com os dados das instâncias em andamento ao longo do processo, o sistema BPMS é capaz de prover ao gestor do processo de negócio uma atualização contínua dos indicadores de desempenho, informando gargalos e o caminho crítico, ocorrências de exceções, entre outras informações importantes à gestão por processos de negócios. Assim, temos que, na

---

[20] DRUCKER, 2002, p. 100.

[21] ZHANG, L.; LONG, Y.; CHAO, T.; CHANG, H.; SAYAH, J. Adaptive integration activity management for on demand business process collaboration. *Information Systems and eBusiness Management*, Heidelberg, v. 2, nº 1, pp.149–166, abr. 2004.

arquitetura de TI das empresas que praticam a abordagem administrativa da gestão por processos, há dois componentes diferenciadores: o EAI e o BPMS.

2.2 Consolidação das características diferenciais entre as duas abordagens

O Quadro 2.1 apresenta em sua primeira coluna 12 importantes características de uma abordagem administrativa. Nas duas colunas seguintes, há o descritivo destas características segundo as duas abordagens administrativas estudadas: respectivamente, a gestão funcional e a gestão por processos. Esse quadro pode ser entendido como um modelo de interpretação que consolida os objetivos deste capítulo: discernir a gestão por processos da gestão funcional.

As reflexões sobre as características da abordagem administrativa da gestão por processos, presentes neste capítulo, podem ser utilizadas para explanação da ampla complexidade envolta nos processos de negócios das organizações, evitando iniciativas administrativas que abordem os processos de negócios de forma simplista ou parcial. O conhecimento apresentado pode se aplicar, por exemplo, para o planejamento de iniciativas de implementação de novos processos de negócios, para revisão e incremento de processos já existentes ou para valoração e comparação de processos existentes. Em suma, trata-se de conhecimento que colabora para o discernimento da complexidade relativa aos processos de negócios.

Quadro 2.1 Principais diferenças entre a gestão por processos e a gestão funcional

Características analisadas	Gestão funcional	Gestão por processos
Alocação de pessoas	Agrupadas junto aos seus pares em áreas funcionais.	Times de processos envolvendo diferentes perfis e habilidades.
Autonomia operacional	Tarefas executadas sob rígida supervisão hierárquica.	Fortalece a individualidade dando autoridade para a tomada de decisões.
Avaliação de desempenho	Centrada no desempenho funcional do indivíduo.	Centrada nos resultados do processo de negócio.
Cadeia de comando	Forte supervisão de níveis hierárquicos superpostos.	Fundamentada na negociação e colaboração.
Capacitação dos indivíduos	Voltada ao ajuste da função que desempenham/especialização.	Dirigida às múltiplas competências da multifuncionalidade requerida.
Escala de valores da organização	Metas exclusivas de áreas geram desconfiança e competição entre elas.	Comunicação e transparência no trabalho gerando clima de colaboração mútua.
Estrutura organizacional	Estrutura hierárquica, departamentalização/vertical.	Fundamentada em equipes de processos/horizontal.
Medidas de desempenho	Foco no desempenho de trabalhos fragmentados das áreas funcionais.	Visão integrada do processo de forma a manter uma linha de agregação constante de valor.
Natureza do trabalho	Repetitivo e com escopo bastante restrito/mecanicista.	Bastante diversificado, voltado ao conhecimento/evolutivo-adaptativo.
Organização do trabalho	Em procedimentos de áreas funcionais/mais linear.	Por meio de processos multifuncionais/mais sistêmicos.
Relacionamento externo	Pouco direcionado, maior concentração no âmbito interno.	Forte incentivo por meio de processos colaborativos de parcerias.
Utilização da tecnologia	Sistemas de informação com foco em áreas funcionais.	Integração e "orquestração" dos sistemas de informação.

Fonte: Adaptado de MONTEIRO, 2005.

2.3 Arquitetura de negócio segundo a abordagem administrativa adotada

O conceito de função empresarial é bastante antigo na administração de empresas: suas origens são da década de 1920, quando Frederick Taylor estudou a complexidade dos processos a partir da análise sistemática dos procedimentos de trabalho, introduzindo os conceitos de eficiência, especialização e medição do processo. Desses estudos derivaram as atitudes administrativas de medir o desempenho do processo e definir perfis e habilidades requeridas aos executores, ou seja, a especialização de atividades e profissionais. A especialização levou à concentração do domínio de determinada tecnicidade em torno de alguns profissionais, e destes, em áreas ou departamentos das empresas, que também eram especializadas na execução de determinadas funcionalidades do negócio.

A especialização dos profissionais da organização em torno de algumas competências, ou melhor, nas suas funções de trabalho, colaborou para a consolidação de áreas funcionais nas quais os especialistas permaneciam lotados. Grande parte das empresas continua organizada e administrada segundo a visão das funções empresariais, operando com "silos funcionais". Para termos visibilidade das funções empresariais desempenhadas pelas empresas, basta analisarmos seu organograma. A maioria das áreas ou "caixinhas organizacionais" declaradas representa um núcleo forte de atividades e de profissionais especializados em torno de um objeto ou entidade. Entre os exemplos típicos de áreas funcionais das empresas estão: produção, recursos humanos, finanças, gestão de materiais, engenharia de produto e vendas.

Na última década, ocorreu a aplicação contínua de novas teorias e práticas administrativas, como a reengenharia, equipes multifuncionais de trabalho, *benchmarking*, indicadores de desempenho, entre outras. Esse movimento importou vários conceitos, técnicas e ferramentas de outras ciências, principalmente da engenharia, mais especificamente das práticas de gerenciamento operacional oriundas da engenharia de produção. Ele foi uma resposta das organizações às novas demandas do negócio, impostas pelo movimento de globalização e forte competitividade entre as organizações. Um dos grandes resultados desse movimento foi a introdução do conceito de processos de negócios como forma de estruturar e gerenciar as empresas. Os processos de negócios são fluxos de atividades de diferentes áreas funcionais ou mesmo de diferentes empresas, que geram algo de valor para seus clientes.

As empresas que estruturaram sua gestão e operação por meio de processos de negócios passaram a ser rotuladas como empresas "orientadas a processos", enquanto as tradicionais, apenas gerenciando e operando por meio de áreas funcionais, passaram a ser denominadas como "baseadas em funções". As organizações tradicionais de grande porte "orientadas a processos" não deixam de ter suas áreas funcionais, embora objetivos, produtos e serviços, métricas, fluxo de atividades e demais aspectos gerenciais sejam definidos e analisados dentro da visão de processos de negócios. Apenas algumas poucas empresas conseguiram alterar completamente seu estilo de gerenciamento por meio de processos de negócios. A maioria das corporações opera a partir de uma estrutura "função-processo", na qual prevalece a estrutura de "silos funcionais", que dão apoio à operação dos diversos processos de negócios.[22]

---

[22] HAMMER, M. How process enterprises really work, 1999. Disponível em: <http://www.hammerandco.com>. Acesso em: 15 ago. 2014.

Há situações gerenciais importantes, cujo tratamento mais apropriado ocorre por meio da estrutura funcional de especialização do trabalho e dos profissionais. Apenas para citar algumas situações de controle funcionais, temos a atualização técnica dos profissionais de compras ou vendas que atuam junto aos diversos processos de negócios, a discussão de questões salariais e de benefícios específicos desses grupos e as regras e os procedimentos específicos que devem representar o padrão e a cultura da empresa quanto à sua atuação em compras e vendas. Todos esses aspectos ficam mais fáceis de ser discutidos, analisados e gerenciados quando se olha para o total de trabalho e de pessoas que desempenham a função objeto da questão.

Douglas Lambert[23] desenvolveu estudos sobre a redução de interferências e barreiras da estrutura funcional na operação dos processos de negócios. Na Figura 2.1 pode-se notar a visão do autor sobre a participação operacional e estratégica das diversas áreas funcionais nos processos de negócios de uma empresa manufatureira que trabalha com uma grande rede de fornecedores e com ampla comunidade de clientes.

A forma pela qual as atividades operacionais e gerenciais estão organizadas define a arquitetura de negócios da empresa. De acordo com o que já foi apresentado, podemos discernir pelo menos três propostas de arquitetura: estruturada em funções do negócio, em processos de negócios ou um misto dessas duas, a qual denominamos arquitetura função-processo. Nas seções a seguir serão discutidas as diversas arquiteturas de negócios, além dos meios empregados pelas organizações para aprimorar suas arquiteturas correntes ou mesmo os meios para transformá-las em uma nova.

23   LAMBERT, D. M.; ROGERS, D. S.; CROXTON, K. L.; DASTUGYE, S. J. The supply chain management processes. *International Journal of Logistics Management*, Ponte Vedra Beach, v. 12, no 2, pp. 13–36, 2001.

Figura 2.1 Participação das áreas funcionais nos processos de negócios de uma empresa manufatureira

Típico silo funcional →

Processo de negócio →

Processo de negócio	Marketing	Pesquisa e desenvolvimento	Logística	Produção	Compras	Finanças
Gerenciamento do relacionamento com os clientes	Gerenciamento de conta	Definir requerimento	Definir requerimento	Estratégia de produção	Estratégia de insumos	Lucratividade dos clientes
Gerenciamento de serviços a clientes	Gerenciamento de conta	Serviço técnico	Especificidade de desempenho	Coordenação de execução	Avaliação de prioridades	Custo de servir
Gerenciamento da demanda	Planejamento de demanda	Requerimento de processo	Previsão	Planejamento de capacidade	Fontes	Análise de negociação
Acato de ordens de clientes	Ofertas especiais	Requerimento de ambiente	Planejamento de rede	Direcionamento da planta	Seleção de fornecedores	Custo da distribuição
Gerenciamento do fluxo produtivo	Especificidade do empacotamento	Estabilidade do processo	Critério de priorização	Planejamento de produção	Fornecimento integrado	Custo da manufatura
Gerenciamento do relacionamento com fornecedores	Registro de pedidos	Especificidade de materiais	Fluxo dos movimentos	Planejamento integrado	Gerenciamento de fornecedores	Custo dos materiais
Gerenciamento e comercialização de produtos	Plano de negócio	Projeto do produto	Requerimento de movimentação	Especificidade do processo	Especificidade dos materiais	Custo de P&D
Gerenciamento das devoluções	Ciclo de vida produto	Projeto do produto	Logística reversa	Remanufaturamento	Especificidade dos materiais	Custo e lucratividade

Fonte: LAMBERT *et al.*, 2001.

2.3.1 Histórico evolutivo das arquiteturas de negócios

Há uma profunda mudança evolucionária que vem ocorrendo nas organizações e nos próprios administradores que comandam os negócios. A forma mais macro de analisarmos essas mudanças na administração é por meio do estudo da própria arquitetura de negócios. Periodicamente, o mundo empresarial muda seus paradigmas e, por conseguinte, a forma de realizar negócios. Poderíamos analisar a evolução das arquiteturas de negócios por diversos ângulos: poder político, poder econômico, poder social, recursos estratégicos, estrutura empresarial, controle gerencial, infraestrutura empregada, entre outras formas.

A primeira estrutura empresarial teve início com o surgimento das indústrias no período da Revolução Industrial inglesa, ocorrida no final do século XIX. A arquitetura de negócios inicial das indústrias operava por meio da integração entre áreas verticais: da aquisição da matéria-prima à linha de produção, desta para a distribuição e depois para o cliente final. A Ford é o exemplo universal desse modelo, que foi denominado arquitetura de negócios vertical e estava fundamentado em divisões especializadas de mão de obra maciça, com uma estrutura rígida de comando, similar aos modelos militares adotados na Primeira e na Segunda Guerra Mundial. Esse tipo de arquitetura predominou até o final da década de 1980.

Essa arquitetura especializou-se no início do século XX, durante as décadas de 1920 e 1930. As empresas verticalizadas expandiram muito quando as mesmas atividades eram executadas em diferentes áreas geográficas. Produziam-se as mesmas coisas, mas em maior quantidade, e eram entregues a uma base maior de clientes, geralmente por meio de redes de lojas (movimento *chain-store*). Esse tipo de arquitetura de negócios horizontal ficou bem caracterizado pela rede de lojas Sears, com sua operação centrada em uma cadeia de lojas, considerada o marco da integração horizontal.

Após a Segunda Guerra Mundial, na era Pax Americana, a indústria norte-americana apresentou forte crescimento. A arquitetura empresarial era muito simples, e as empresas atuavam isoladamente como um manufatureiro completo, tanto no mercado local quanto no externo. A estratégia para a redução de custos era realizar uma guerra de preços entre seus fornecedores, o que gerou falta de capital para a modernização e a incapacidade de competir na economia globalizada.

Nesse mesmo período, o Japão vinha desenvolvendo e aprimorando sua indústria com uma arquitetura de negócios estruturada a partir do conceito vertical-horizontal *keiretsu*. Na estrutura horizontal estavam as grandes empresas manufatureiras, também conhecidas como "companhias-mãe", e na estrutura vertical, as empresas que prestavam serviços a uma, e somente uma, das grandes manufatureiras. Os grandes grupos da estrutura horizontal davam segurança e estabilidade às pequenas e médias empresas da estrutura vertical. Pesquisas mostram que, historicamente, os pequenos fornecedores japoneses da estrutura vertical apresentam mais de 90% de chances em prorrogar o contrato com as grandes manufatureiras, o que incentiva o plano de investimento de longo prazo dessas pequenas empresas nos ativos customizados (investimentos associados ao relacionamento) e a inovação constante na otimização do fluxo de produção de bens ou serviços. Isso permite que as grandes empresas compartilhem seus custos com as empresas menores. As empresas membros do *keiretsu* colaboram na produção e no desenvolvimento de produtos, entregando novos produtos em intervalos de tempo bem menores do que os alcançados pelas empresas verticalizadas norte-americanas e europeias que atuavam de forma bastante independente de seus fornecedores.[24]

Na década de 1980, a arquitetura de negócio estruturada no conceito vertical-horizontal *keiretsu* levou o Japão ao posto de maior produtor de bens manufaturados, sobretudo na indústria automobilística, com ótimos resultados comerciais. O *keiretsu* é um modelo de relacionamento secular do Japão feudal e, por essa razão, foi naturalmente incorporado à realidade do mundo dos negócios. Na segunda metade da década de 1980, a General Motors (GM) iniciou um processo de automação com o objetivo de obter a flexibilidade do modelo japonês, mas as metas não foram alcançadas. Estudos posteriores mostraram uma ênfase em investimentos muito concentrados em tecnologia, com trabalho insuficiente na reestruturação dos processos.[25] Nessa mesma linha de raciocínio, Venkatraman comentou a estratégia do emprego da tecnologia pelas organizações, que, segundo ele, deveria ser: "explorar suas capacidades de criar novos e efetivos processos de negócios, em vez de meramente automatizar funções empresariais desatualizadas."[26]

O sucesso da indústria japonesa motivou uma onda de estudo e análise da arquitetura de negócios utilizada por essas empresas, o que colaborou para que norte-americanos e europeus analisassem o modelo de negócios praticado por eles. Essas indústrias deslocaram-se de um modelo verticalizado e independente para um modelo de trabalho em rede e colaborativo. Utilizando os conceitos do *keiretsu*, desenvolveu-se uma cultura de aliança cooperativa entre manufatureiros, pesquisadores, fornecedores e financiadores. Esse modelo de arquitetura de negócios recebe diferentes denominações; a maioria dos pesquisadores e praticantes destaca nesse novo modelo o ambiente colaborativo e os processos em rede; por essa razão, o denominamos arquitetura de negócios por meio de processos colaborativos. Apresentamos a seguir algumas características desse modelo de arquitetura de negócios:

» Pesquisa e desenvolvimento por meio de consórcios entre empresas pares para a obtenção de tecnologias a serem empregadas em produtos distintos.

» Financiamentos provenientes das empresas que coordenam a cadeia de fornecedores, permitindo que Fornecedores estratégicos e empresas recém-constituídas (*startups*) trabalhem com tecnologias promissoras.

» Engenharia concorrente desenvolvida por parceiros que operam por meio de alianças confiáveis e organizadas.

» Produção distribuída em diferentes continentes utilizando contratos com fornecedores estratégicos e globais.

A estruturação da arquitetura de negócios por meio de processos colaborativos ocorreu na década de 1990, marcada pela economia global e extremamente informatizada pela introdução dos recursos da internet. A característica principal dessa era pós-industrial é de companhias multinacionais que operam sem considerar fronteiras ou países e

---

[24] TARGOWSKI, A. S.; CAREY, T. A. Shifting paradigms: the new informated business architecture, *Journal of End User Computing*, Hershey, v. 12, nº 1, p. 37, jan./mar. 2000.

[25] AKABANE, G. K. Enfoque japonês na administração da tecnologia. São Paulo: Fundação Getulio Vargas/Escola de Administração de Empresas de São Paulo, 1990. *Dissertação de Mestrado*.

[26] VENKATRAMAN, N. IT induced business reconfiguration. In: *The corporation of the 1990's*. Nova York: Oxford University Press, 1993, pp. 122–158.

competem com produtos e serviços por meio de fatores como inovação, preço e tempo. Essa arquitetura de negócios foi moldada com o objetivo de atender às demandas de cooperação e parcerias entre empresas pares, centros de pesquisas e fornecedores em que o principal requisito é operar por meio do emprego de poucos níveis hierárquicos, com uma cadeia de comunicação orientada a resultados de suas equipes de trabalho. Os processos de negócios colaborativos são a estrutura principal para operação e gerenciamento dessa nova arquitetura dos negócios.

Independentemente do nome que se dê a esse novo momento da economia mundial, seja "era pós-industrial", "sociedade do conhecimento" ou outros rótulos, o importante é reconhecermos que os imperativos dos negócios atuais são outros. Eles demandam um novo ambiente e uma nova postura das empresas, entre os quais a própria arquitetura de negócios por meio de processos colaborativos. Apresentamos a seguir algumas características desse novo ambiente de negócios, conforme descrito por Targowski e Carey:[27]

» De um grupo específico de interessados, normalmente restrito aos proprietários, passa-se para um grupo maior, composto por vários acionistas e demais *stakeholders*.

» Ação local, mas com o objetivo de pensar e lucrar globalmente.

» Os clientes, e não os executivos, dirigem o negócio.

» Conhecimento é um recurso estratégico tão importante quanto o capital da empresa.

» Cooperar para competir utilizando alianças e aprendendo com os outros.

» *Lead time*, inovação, qualidade e utilidade são requisitos para satisfazer o cliente.

» Cultura de medição com base em resultados é mais efetiva do que objetivos orientados a tarefas.

» Não se deve separar o "fazer" do "pensar".

» Estruturas de rede, e não hierárquicas, dão flexibilidade ao negócio.

» A teleinformática e a democracia tornaram a geografia menos restritiva do ponto de vista do negócio.

» Integração das ilhas de automação formam uma infraestrutura empresarial de excelência.

2.3.2 Iniciativas para alteração das arquiteturas de negócios das empresas

Alterar estruturas funcionais de grandes organizações tradicionais para processos de negócios não é uma atividade fácil. Impõe muitos riscos e requer muito trabalho e dedicação da organização. Na década de 1990, os projetos de *business process reengineering* (BPR) eram o caminho natural para as empresas dispostas a correr os altos riscos e se candidatar a uma melhora radical do seu desempenho. Segundo Hammer e Champy,[28] a proposta BPR é fundamentalmente o repensar e o redesenho radical do conjunto de processos de negócios da empresa, pois visam atingir melhorias significativas nos indicadores de desempenho contemporâneos: custo, qualidade, serviço e habilidade. Resumindo, a proposta BPR é uma mudança rápida e radical sem se prender aos processos atuais, ou seja, parte de uma "folha em branco", que dá liberdade total à inovação.

Muitos pesquisadores consideram o movimento de implementação de BPR, ocorrido durante a década de 1990, um grande fracasso, caracterizado por adoção limitada e resultados questionáveis. Não é nosso objetivo analisar a validade ou não da prática de

---

[27] TARGOWSKI; CAREY, 2000, p. 35.

[28] HAMMER; CHAMPY, 1997.

BPR, mas descrever sua colaboração no desenvolvimento de pesquisas e de divulgação dos conceitos relacionados à gestão por processos de negócios. O movimento de BPR foi um dos principais fóruns para discussão e alerta aos administradores da importância de realizar o gerenciamento de processos de negócios, e não mais de áreas funcionais. O novo ambiente de negócios requeria muito mais do que áreas funcionais com bom desempenho. Seus conceitos e demais aspectos positivos estimularam o desenvolvimento de novas propostas menos radicais e mais adequadas para a implementação de processos de negócios, como foi a proposta de redesenho gradual e contínuo dos processos de negócios, ação denominada *business process design* (BPD).

O contingente crescente de processos de negócios multifuncionais hoje disponíveis nas organizações é decorrente de diversas ações empresariais, entre as quais:

» Novas empresas projetadas e constituídas já dentro do conceito e das práticas para a gestão por processos de negócios.

» Ações pontuais das empresas em redesenhar seus processos de negócios utilizando a proposta BPD.

» Implementações de soluções de sistemas de informação corporativos que sensibilizaram a empresa para reorganizar com o intuito de usufruir de algumas das melhores práticas disponíveis nos algoritmos de softwares.

» Da execução de projetos de BPR.

A totalidade dessas iniciativas acabou por criar uma cultura e uma prática de orientação a processos nas modernas organizações. Após mais de uma década da filosofia de processos de negócios, o senso comum do momento é o de que as empresas com base nas funções são obsoletas, hierárquicas e resistentes a mudanças e ao crescimento. Ao contrário destas, as empresas orientadas a processos são vistas como modernas, fortes e orientadas ao desenvolvimento do negócio. O próprio entendimento dos executivos contemporâneos sobre a operação do negócio se alterou profundamente. Em vez de entender os processos de negócios como um conjunto de unidades distintas, com fronteiras bem definidas, eles passaram a compreendê-los como um agrupamento de fluxos de trabalho e informação interconectados que cruzam as estruturas da organização e têm como objetivo final o cliente que está na ponta do processo de negócios.

O convívio e a combinação de processos de negócios com as áreas funcionais, segmentadas e necessárias à execução das diversas atividades que integram os processos de negócios, podem criar conflitos de interesse no ambiente organizacional: processos horizontais puxam os funcionários para uma direção, enquanto a estrutura gerencial das áreas verticais puxa-os para outra. Esse desafio é denominado pelos pesquisadores como "conflito função-processo". Estudos mostram que não há solução simples para ele, pois os trabalhos BPD são úteis para o planejamento de estruturas de novos processos de negócios. Isso leva à situação inicial de sobreposição entre áreas funcionais e processos de negócios, possivelmente com diferentes níveis de conflitos função-processo a serem administrados. Um caminho que vem sendo utilizado pelas empresas para dirimir, ou mesmo reduzir, esses conflitos é o desenvolvimento e a implementação gradual da arquitetura de negócios por meio de processos colaborativos. Implementam-se ou se redesenham processos de negócios a partir da proposta BPD e se realiza seu gerenciamento diário por meio da solução de gestão por processos de negócios ou *business process management* (BPM). O BPM é um dos temas centrais deste livro e será discutido e analisado ao longo de diversos capítulos.

A Figura 2.2 descreve as principais ações empresariais em termos de alteração da sua arquitetura de negócios. Observe que as ações que realmente alteram a arquitetura são duas: o BPR, que se propõe a uma ampla alteração de todas as funções de negócios por meio de um projeto, e o BPD, uma ação pontual que pode ocorrer para um ou mais processos de negócios da organização em momentos diferentes. A ação BPM, como veremos ao longo dos capítulos, é um bom meio tanto para evitar a tendência de a empresa retornar aos seus modos operantes anteriores quanto de aprimoramento contínuo dos processos de negócios. Ainda com relação à Figura 2.2, fizemos questão de citar as ações de *business process improvement* (BPI) devido às frequentes confusões que giram em torno dos conceitos BPI e BPR.

Figura 2.2 Ações empresariais e seus impactos na arquitetura de negócios

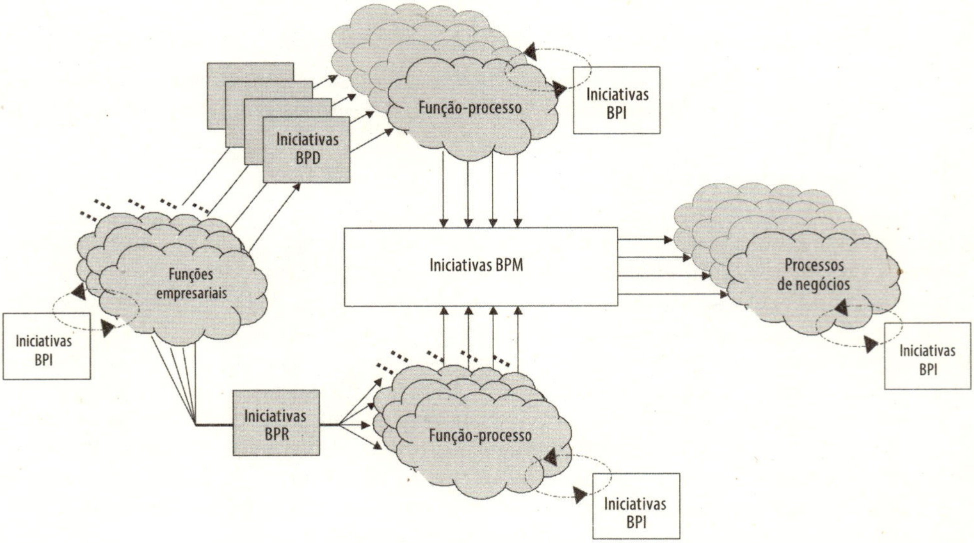

Fonte: Elaborado pelo autor.

As ações BPI correspondem a programas de melhoria contínua nas organizações; são especializações dos princípios do *total quality management* (TQM) da área de gerenciamento da operação voltados para processos de negócios. Os projetos de BPI se propõem a realizar melhorias contínuas e graduais nos processos de negócios existentes, apresentam baixo risco e escopo restrito a uma ou mais áreas funcionais, são de curta duração e bastante voltados às atividades operacionais do dia a dia da empresa. Utilizando ferramentas de controle estatístico e de mudança de comportamento e cultura da organização, os projetos BPI incorporaram como maior benefício à prática da gestão por processos o conceito da eliminação de perdas e da melhoria da qualidade dos processos. Além das técnicas TQM, a prática BPI incorpora diversas outras técnicas de outras práticas da área de qualidade, como Seis Sigma (6σ), *lean manufacturing*, Kanban e Malcolm Baldrige.

As ações BPI podem ser aplicadas independentemente de falarmos de uma arquitetura de negócios baseada em funções empresariais ou fundamentada em processos de negócios ou, ainda, em uma arquitetura híbrida função-processo. O conceito existente por trás dessas ações é o de almejar sempre o aprimoramento contínuo da operação, independentemente da arquitetura de negócios. Ao longo deste livro, notaremos que o BPM engloba todas as técnicas, as ferramentas e os conceitos do BPI, mas a título de entendimento da arquitetura de negócios baseada em processos de negócios, é importante reconhecermos as diferenças dessa diversidade de ações ou práticas gerenciais.

Outro exemplo de ações de porte significativo que ocorre nas organizações e que auxilia no redirecionamento da estrutura funcional para processos de negócios são os projetos de implementação de sistemas de informação corporativos. A implementação de muitos desses sistemas de informação pode ser originada ou motivada a partir de projetos de BPD em uma área ou objeto de negócio específico, mas em muitos casos ocorre o inverso: a empresa busca uma melhor ferramenta para o apoio de suas operações. O processo de aquisição e implementação de softwares corporativos a partir de metodologias abrangentes acaba por questionar a própria estrutura funcional da empresa, direcionando-a para uma proposta mais próxima de processos de negócios. Essas abordagens mais abrangentes envolvem trabalhos de discussão dos processos da empresa, por meio do entendimento da situação atual (*as-is*), o confronto dessa realidade com as melhores práticas habilitadas pelo futuro sistema de informação, para posterior decisão sobre o modelo final de configuração do sistema a ser implementado (*to-be*). Quando bem implementado, há um trabalho de mudança organizacional (*change management*) que ocorre paralelamente aos trabalhos de tecnologia da informação e de discussão dos processos, com o objetivo de assegurar que a operação diária pós-implementação não relutará na nova proposta, evitando o retorno aos módulos operantes da estrutura funcional.

Podemos dizer que a maioria das implementações dos mais recentes sistemas de informação corporativos é também um meio de incorporar conceitos e práticas da gestão por processos de negócios. As iniciativas empresariais na área de softwares corporativos são muitas. Entre elas estão:

> » *Customer relationship management* (CRM).
>
> » *Supplier relationship management* (SRM).
>
> » *Employee relationship management* (ERM).
>
> » *Product life-cycle management* (PLM).
>
> » *Supply chain management* (SCM).
>
> » *Enterprise resource planning* (ERP).
>
> » *E-procurement*.
>
> » *E-sourcing*.

Não faz parte dos objetivos deste livro a descrição de metodologias, técnicas e ferramentas para transformar e reorganizar a empresa em torno de processos de negócios. Essa informação pode ser obtida em livros e artigos que discutem redesenho (BPD) ou reengenharia (BPR) de processos de negócios. O conhecimento importante para quem gerencia ou participa ativamente da gestão por processos é o discernimento das iniciativas BPD, BPR, BPM e BPI. Esse conhecimento é útil em várias situações: para melhor entendimento do histórico do processo de negócios em que estamos envolvidos, na interação com iniciativas de montagem de novos processos de negócios, na busca de aprimoramento dos seus resultados já disponíveis ou mesmo no aprimoramento da gestão destes.

TEXTOS COMPLEMENTARES

 A *Revista de Administração de Empresas* (RAE), da Fundação Getulio Vargas, publicou em 2000 o artigo "Processo, que processo?", de autoria do professor José Ernesto Lima Gonçalves (já comentado no capítulo anterior). Esse artigo, além de resumir as principais diferenças entre as organizações tradicionais e as empresas estruturadas por processos, mostra os principais estágios em que as empresas podem estar no seu caminho em direção a organizações por processos e como identificar em qual deles uma empresa está.

QUESTÕES PARA REFLEXÃO

1. Após dez anos do movimento de BPR, qual é o posicionamento atual das empresas que deliberadamente o praticaram na íntegra?

2. Quais movimentos estão ocorrendo nas organizações que demandam, de forma direta ou indireta, processos de negócios e a abordagem administrativa orientada para eles?

3. As empresas líderes em seus segmentos estão estruturadas por meio de processos de negócios?

4. Os estudantes universitários dos cursos de administração de empresas, engenharia de produção, análise de sistemas, entre outros, nos quais o conceito de gestão por processos é amplamente aplicável, estão sendo formados considerando-se organizações com arquiteturas fundamentadas em processos de negócios ou funções?

Capítulo 3

A importância do dialeto comum para a gestão por processos

Nas duas últimas décadas do século passado, diversas práticas administrativas surgiram com o objetivo de melhorar a competitividade das empresas, todas tendo como fundamento principal a melhoria de alguns atributos de processos de negócios, como custo, qualidade, velocidade ou flexibilidade. Essas práticas são aplicadas nas grandes corporações de forma bastante abrangente, envolvendo desde empresas líderes em seus segmentos que queiram permanecer nessa posição, até empresas extremamente enfraquecidas, nas quais os riscos de uma reengenharia total de seus processos é uma das poucas alternativas. Apresentamos na Tabela 3.1 as práticas administrativas mais difundidas entre as grandes organizações internacionais. Nos parágrafos a seguir, há uma breve descrição de como cada uma dessas práticas corroborou para o aprimoramento da gestão por processos.

A especialização dos princípios TQM para processos de negócios ocorreu após o surgimento dos programas de melhoria de processos, também conhecidos como práticas de *business process improvement* (BPI). Projetos BPI se propõem a realizar melhorias contínuas e graduais nos processos de negócios existentes, apresentam baixo risco e escopo restrito a uma ou mais áreas funcionais, são de curta duração e bastante voltados às atividades operacionais do dia a dia da empresa. Utilizando ferramentas de controle estatístico e de mudança de comportamento e de cultura da organização, os projetos BPI incorporaram como maior benefício à prática de gestão por processos o conceito da eliminação de perdas e da melhoria da qualidade dos processos. Além das técnicas TQM, a prática BPI incorpora diversas outras técnicas de outras práticas da área de qualidade, como: Seis Sigma (6σ), *lean manufacturing*, Kanban e Malcolm Baldrige.

Tabela 3.1 Práticas administrativas fundamentadas no estudo de processos

Prática administrativa (Fundamentada em processos)	Nome mercadológico (Empregado por consultores e praticantes)
Melhoria de processos	Business process improvement (BPI)
Reengenharia de processos	Business process reengineering (BPR)
Apuração de custos com base em atividades	Activity-based cost management (ABC)
Indicador de desempenho	Balanced scorecard (BSC) business performance management (BPM)
Gestão do conhecimento	Knowledge management (KM)
Automação de processos	Process automation, workflow
Terceirização de processos	Business process outsourcing (BPO)
Integração de processos	Business process integration

Fonte: Elaborado pelo autor.

Ao contrário dos projetos BPI, as iniciativas de reengenharia de processos, ou *business process reengineering* (BPR), são projetos de longa duração, de escopo amplo e que envolvem os principais processos de negócios da organização. Eles implicam uma mudança radical, partem da "estaca zero" ou, como se diz na gíria dos consultores, partem de uma "folha em branco", sem preocupação com relação à preservação ou melhoria do processo existente. Pelo alto impacto das mudanças, são projetos de alto risco e requerem um envolvimento total do comitê diretivo da empresa. Pelas características intrínsecas de projetos dessa natureza, podemos concluir que não são projetos que ocorrem com muita frequência, mas raros, e que se aplicam a momentos bastante específicos das organizações. A colaboração dos projetos BPR à gestão por processos foi decisiva; foi dele que se originou a visão do processo voltado aos clientes, também denominado processo de negócios ou processo horizontal. Podemos afirmar que os fundamentos básicos da gestão por processos são oriundos dos conceitos BPR.

Projetos de custo com base em atividades, *activity-based cost management* (ABC), envolvem técnicas contábeis que permitem à organização determinar o custo atual associado a cada um de seus produtos e serviços, sem restrições ou distorções provocadas pela estrutura organizacional. As técnicas ABC auxiliam a organização a entender melhor os custos, o tempo e a qualidade de suas atividades e, consequentemente, de seus processos. Essas informações são vitais para o bom andamento das atividades de uma empresa; por exemplo, para uma prática eficaz de melhoria contínua dos processos de negócios. O principal incremento do ABC à gestão por processos está na cultura, nas técnicas e nos conceitos para a apuração de custos atrelados ao processo de negócios.

No início da década de 1990, Robert Kaplan e David Norton apresentaram uma nova abordagem para o gerenciamento estratégico, o *balanced scorecard* (BSC). Fundamentado em indicadores de desempenho, o BSC requer uma visão clara sobre a estratégia empresarial e o que a empresa deve mensurar. Essa abordagem é muito mais do que um meio de medição dos negócios, é um sistema gerencial que auxilia as organizações a discutir e a analisar sua visão e estratégia, convertendo-as em ações. O BSC fornece informações sobre as diferentes perspectivas dos processos de negócios e é uma ferramenta importante para a implementação da estratégia de melhoria contínua da empresa. Há diversos rótulos e designações aplicados a essa abordagem. Além de BSC, podemos encontrar denominações como *business performance management*. A prática BSC sedimentou o vínculo entre processo de negócios e estratégia empresarial não apenas em termos de processos de negócios concebidos em concordância com a estratégia empresarial, mas principalmente em assegurar que sua operação diária esteja alinhada e compatível com os interesses da organização.

A prática de gestão do conhecimento ou *knowledge management* (KM) pode ser aplicada com o objetivo de atender a diferentes propósitos organizacionais. Um dos grandes benefícios dessa prática é explicitar os conhecimentos tácitos empregados na operação de determinado processo, tornando-os de posse da organização (conhecimento organizacional), e não mais de uma competência individual. Há diversas técnicas empregadas na KM que favorecem a obtenção, a estruturação, a distribuição e a utilização dos conhecimentos estratégicos para a operação e o gerenciamento do processo de negócios. Um benefício bastante evidente da KM aplicada à gestão por processos é a difusão das melhores práticas entre os membros da equipe. Pode-se afirmar que a KM torna o processo de negócios mais eficiente à medida que captura o que há de melhor em termos de conhecimento prático, tendo como objetivo sua disseminação e aplicação.

O aprimoramento do processo de negócios por meio da gestão do conhecimento deve ocorrer não apenas pela sua aplicação direta na evolução do ativo "políticas e regras", conforme exemplo citado, mas também na adequação constante dos demais ativos envolvidos na operação e na gestão por processos de negócios: recursos humanos, papéis e responsabilidades, estrutura organizacional, facilidades, tecnologias da computação e comunicação. A discussão e análise da utilização desses ativos na operação diária do processo de negócios geram conhecimentos organizacionais rotulados como "lições aprendidas", dos quais esse é o principal elemento para a alavancagem do processo de negócios, conforme podemos notar no esquema representado na Figura 3.1. É por essa importância estratégica do conhecimento sobre os demais ativos do processo de negócios que, na Figura 1.4, o ativo "conhecimento" está representado como um elemento que abrange todos os demais ativos.

Figura 3.1 Alavancagem do processo de negócios pela aplicação da prática de KM

Lições aprendidas internamente

Lições aprendidas externamente

KM e a adequação do processo pela aplicação do conhecimento gerado

Estrutura organizacional

Papéis e responsabilidades

Tecnologias

Facilidades

Recursos humanos

Políticas e regras

Oportunidades de negócio

Operação do processo de negócios

Resultados para o negócio

Fonte: BURLTON, 2001.

Muitas soluções foram implementadas tendo em vista a automação de processos de negócios, e a mais difundida entre as empresas foi a *workflow*. O grande problema encontrado pelas empresas para a aplicabilidade dessa solução foi na integração com os sistemas de informação já existentes na organização (sistemas legados). Processos de negócios são amplos, pois passam por diversas áreas que têm vários softwares específicos para o apoio às suas atividades, ou seja, é inviável automatizar um processo de negócios sem integrar os sistemas de informação já empregados em sua operação. Não atender a esse requisito significaria, comparativamente, codificar todos os algoritmos de softwares já empregados dentro da solução *workflow*.

Devido à dificuldade de integração dos softwares existentes em torno de uma camada de gerenciamento e controle, as soluções *workflow* acabaram sendo aplicadas pontualmente na automação de pequenos fluxos de trabalho, restritos a uma área ou a um conjunto de atividades muito específicas. O exemplo típico de aplicação *workflow* é o tratamento de protocolos nas empresas. A demanda gerada pelo cliente é satisfeita pelo encaminhamento do processo protocolado por meio das diversas unidades organizacionais da empresa, das quais cada uma utiliza seus softwares especializados para atender à demanda. O *workflow* apenas faz o papel de ponteiro do estágio do protocolo e do registro inicial da solicitação do cliente ao parecer de cada área por onde o processo passa; ele indica a posição e o local em que o processo está.

Embora a prática de automação de processos por meio da solução *workflow* tenha sido bastante simples e modesta, ela foi útil para apontar aspectos críticos a serem tratados para a automação de processos de negócios. Ao estudarmos, no Capítulo 7, as atuais soluções propostas para a gestão por processos de negócios (*business process management*), veremos que muitos dos requerimentos dessas soluções foram obtidos a partir da experiência das soluções *workflow*. Podemos dizer que, entre as grandes contribuições da solução *workflow* para a gestão por processos, estão:

» Apontar aspectos importantes de serem tratados por soluções de automação de processos de negócios; por exemplo, integrar os diversos softwares já empregados na operação dos processos de negócios.

» Sedimentar e difundir conceitos abstratos, como regra e evento de negócio.

A ação de contratar uma empresa para executar atividades de responsabilidade da empresa é denominada terceirização. Contratações dessa natureza ocorrem há muito tempo e abrangem conjuntos de atividades especializadas que a empresa entende como de baixo impacto na operação de seu negócio. Entre as terceirizações mais frequentes estão: processamento da folha de pagamento, armazenagem de produtos, arquivo de documentos, verificação de crédito de clientes, treinamento, contabilidade, limpeza e segurança. Nos últimos anos, popularizou-se a rotina de transferir para terceiros não apenas um conjunto de atividades específicas, mas todo o gerenciamento do recurso envolvido. A ideia é terceirizar todo um processo de negócios. Por exemplo, em vez de transferir apenas as atividades relacionadas ao processamento da folha de pagamento, contratar a gestão completa dos recursos humanos, com todas as responsabilidades inerentes ao processo. Pode-se encontrar serviços BPO nas diversas competências requeridas: gestão contábil e financeira, gestão da cadeia logística, entre outras.

A prática de terceirização de processos de negócios é denominada *business process outsourcing* (BPO). Os principais motivadores observados para esse movimento são:

» O desejo de as empresas se concentrarem nos processos de negócios que compõem a essência de seu negócio (*core business*), deixando as demais atividades para as empresas especializadas, que tenham altos níveis de desempenho e competência no atendimento de determinado processo de negócios.

» O alto valor agregado pelas empresas de BPO ocorre devido à redução de custos em função de o prestador de serviço conseguir gerar economia de escalas ou operar em localidades de baixo custo, à atualização tecnológica, com as empresas de BPO realizando investimentos tecnológicos nas suas especialidades, e à *expertise* na área, ressaltado, por exemplo, pela aplicação das melhores práticas.

A BPO também colabora para a cultura da gestão por processos. Podemos entendê--la como um dos meios para o administrador conseguir aprimorar, ou mesmo redesenhar completamente, um processo de negócios. Isso pode ser feito de forma rápida e segura, uma vez que essas empresas já têm toda a infraestrutura disponível e são altamente especializadas nos processos de negócios que compõem a atividade principal de sua operação.

Diversos movimentos empresariais indicam a tendência de distribuição e fragmentação dos processos entre as empresas. Entre esses movimentos estão as estratégias para aproximação e o envolvimento dos clientes, que, por meio da prática de gerenciamento do relacionamento com os clientes (*customer relationship management* — CRM), envolve o cliente final ao longo do processo. Dentro da mesma ideia de envolver entidades externas à empresa, podemos citar os movimentos de gerenciamento do relacionamento com os fornecedores (*supplier relationship management* — SRM), gerenciamento da cadeia de suprimentos (*supply chain management* — SCM), gerenciamento do ciclo de vida do produto (*product life-cycle management* — PLM), o processo de terceirização de processos não críticos ao negócio (*business process outsourcing* — BPO), entre outras tendências administrativas.

A diversidade de empresas envolvidas na operação do processo de negócios cria uma diversificação de softwares e plataformas tecnológicas que devem interagir durante a operação do processo. Há fases e entendimentos distintos do desafio da integração entre sistemas de informação dentro das organizações. A primeira percepção, e a mais compreendida pelas empresas, é a necessidade de integração interna, dentro do próprio ambiente computacional da empresa, denominada integração entre aplicações, ou simplesmente A2A (*application-to-application*); a segunda é a integração entre empresas, denominada B2B (*business-to-business*). A visão macro desses desafios, que abrange tanto integração interna quanto externa à empresa, é designada como iniciativas EAI (*enterprise application integration*), dentro de uma visão restritamente tecnológica. As preocupações com os aspectos tecnológicos de integração entre sistemas de informação, agregadas aos aspectos de negócio, especificamente aqueles relacionados a integrações e abstrações de regras de negócio possíveis de serem feitas a partir de seu gerenciamento, caracterizam a proposta para a integração de processos ou *business process integration*.

Esses movimentos gerenciais auxiliaram as empresas a desenvolver uma nova cultura e um dialeto específico sobre processos de negócios. Novas técnicas, metodologias, ferramentas e soluções estruturadas em processos de negócios foram trazidas ao ambiente organizacional por meio de projetos. Estes acabaram por agregar à cultura dessas empresas diversos conceitos e práticas, tanto operacionais quanto gerenciais, fundamentados em processos de negócios. Termos como regra de negócio, fator crítico de sucesso, transação de negócio, evento de negócio, indicador de desempenho, agente, entidade externa, cliente e produto são alguns exemplos de vocabulários relativos a processos de negócios empregados na comunicação diária das grandes organizações.

Independentemente do setor ou da área de atuação, todo funcionário que atua hoje nas grandes organizações está inserido, em maior ou menor grau, nesse novo contexto de processos de negócios. O profissional — por exemplo, da área financeira ou de recursos humanos — em alguns momentos precisará discutir uma nova regra de negócio ou acompanhar os indicadores de desempenho de sua área ou interagir com outro gestor do processo para verificar sua participação e seu apoio em outros processos. Essa situação não ocorre apenas nas grandes organizações; os movimentos de terceirização e desenvolvimento de cadeias colaborativas propõem a otimização das grandes empresas por meio do desenvolvimento de outras pequenas e médias empresas que colaboram na sua operação. Assim, as pequenas e as médias operam cada vez mais próximas das grandes e de sua cultura, tornando-se obrigatório a estas cooperarem de forma harmônica na operação e no gerenciamento dos processos de negócios.

A diversidade de iniciativas relacionadas a processos traz alguns desafios às organizações quanto à administração desse novo acervo cultural e intelectual referente aos processos de negócios. Vejamos alguns exemplos de conflitos a serem gerenciados:

- » Comunicação organizacional confusa: interpretações distintas entre áreas para um termo amplamente utilizado na organização.
- » Capital intelectual subutilizado: dificuldade de entendimento de diagramas, painéis ou textos gerados a partir de técnicas e ferramentas muito específicas de alguma área da empresa.
- » Ocorrência de retrabalho: duas ou mais áreas gerando e/ou administrando o mesmo conteúdo informacional de processos de negócios.
- » Perda de oportunidade: incapacidade de derivar outras informações a partir das informações já disponíveis em áreas ou de responsabilidades distintas.

Há uma forte demanda nas organizações para a divulgação e a homogeneização das diferentes iniciativas voltadas à *gestão por processos de negócios*, de modo que sejam consolidadas as melhores práticas e os melhores conceitos em torno de uma cultura organizacional única para o gerenciamento de processos. Este livro tem como objetivo abordar o gerenciamento de processos de negócios dentro de um aspecto organizacional, discutindo e consolidando conceitos, técnicas e metodologias direcionados a processos, empregados nas diferentes áreas que têm algum interesse em processos, como: qualidade, custos, informatização, automação, organização e métodos, demanda por recursos humanos, entre outras.

 Não há literatura sobre problemas específicos de comunicação sobre o vernáculo da gestão por processos. A sugestão é que o leitor procure observar durante sua leitura de textos técnicos a utilização de abstrações e conceitos da gestão por processos presentes nos textos provenientes de diferentes áreas e profissionais, identificando as dificuldades da comunicação organizacional relacionada a processos de negócios.

QUESTÕES PARA REFLEXÃO

1. A existência de um glossário de termos organizacionais colaboraria para a homogeneização do linguajar técnico? Quem deveria se responsabilizar por essa base de termos: a administração de dados, a bibliotecária ou as próprias áreas usuárias?

2. Quais são os homônimos a que devemos nos ater durante a comunicação?

3. Quais são os termos sinônimos empregados pelas diversas áreas ou profissionais?

Capítulo 4

Vocabulário técnico da gestão por processos

A partir da conceituação adotada para processos de negócios, composições de atividades que visam atender a um ou mais objetivos predefinidos, trabalharemos as demais definições necessárias para o entendimento e diálogo em torno da gestão desses processos. Assim, o primeiro termo a ser trabalhado é "atividade", que está descrito na própria definição de processos de negócios. Para facilitar a comunicação, utilizaremos a palavra "processo", em vez do termo "processo de negócios", uma vez que são frequentemente utilizadas como sinônimos.

4.1 Atividade

Uma "atividade" corresponde a uma unidade lógica de trabalho executada dentro de um processo. Essa atividade pode ser totalmente manual ou automatizada e utilizar recursos tecnológicos, como por meio do emprego de softwares. Como sinônimo de atividade também são empregados os termos "processo elementar" ou "tarefa". Para uma boa compreensão inicial do significado de "atividade", é importante termos pleno domínio do conceito de decomposição da teoria de sistemas. A resposta à tradicional pergunta "Até que ponto devemos decompor um processo?" está no contexto do negócio, ou seja, até o ponto em que seja satisfatório para atender às demandas gerenciais e operacionais do processo. A definição de limites lógicos entre atividades que compõem um processo é regida com base em diferentes fatores, como grupos executores, distanciamento de tempo, ponto de tomada de decisão, produtos gerados, entre outros.

Ao realizar a decomposição do processo, criamos seus níveis de detalhamento. Há as atividades que compõem o último nível da decomposição, aquele em que não há mais necessidade de subdivisão e que representa a menor unidade lógica para o entendimento do processo; todos os demais níveis são considerados processos. Não há necessidade de termos o mesmo nível de decomposição para cada um, é tudo uma questão de conveniência para quem o está modelando, decompondo-o até o ponto em que se julgar necessário. Na Figura 4.1 temos atividades declaradas, tanto no terceiro quanto no quarto nível de decomposição. O nome mais encontrado nas metodologias para essa técnica é "diagrama de decomposição". Os softwares que se propõem a ser ferramentas especializadas na implementação do diagrama de decomposição de processos oferecem diferentes recursos para visualização e análise: abrir um diagrama de decomposição a partir de determinado processo, ou seja, ver apenas seus filhos em tela, sem exibir as camadas de processo superior ou, ainda, não exibir processos ou atividades que estão abaixo de determinado nível, isto é, um corte na parte inferior de determinado processo. Esses recursos são úteis para concentrar a atenção do analista ou modelador apenas nos aspectos de interesse para o momento.

Alguns autores e algumas metodologias definem nomes diferenciados conforme o nível do processo dentro da decomposição, como macroprocesso ou funções de negócio para os mais abrangentes, isto é, aqueles que estão no alto ou no início da decomposição.

Para fins práticos e também didáticos, chamaremos todos de processos, sem fazer nenhuma diferenciação. Assim, a única que temos até aqui é para atividades, que não são decompostas e representam o menor nível de decomposição do processo.

Figura 4.1 Exemplo de diagrama de decomposição de processos

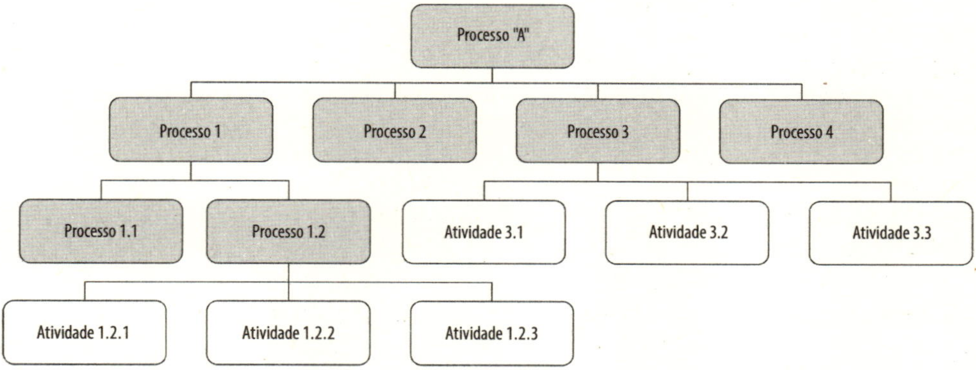

Fonte: Elaborado pelo autor.

4.2 Escopo do processo e gestão do ciclo de vida do recurso associado ao processo

Os profissionais que trabalham com a gestão do processo de negócios têm diferentes visões dele conforme o interesse e o propósito do trabalho a ser desenvolvido. As formas de análise podem variar desde a visão mais abrangente do processo de negócios até uma visão restrita, limitando-se apenas a um conjunto de atividades de um trabalho específico. A essa variação do ângulo de visão do processo de negócios, atendo-se a determinado nível de detalhamento entre o mais geral e o mais específico, denominamos *escopo de análise do processo*. Utilizando os processos de negócios da Alcoa, apresentados no Capítulo 1, para exemplificar o conceito de escopo, temos de, ao fazer referência ao processo de negócios Serviços a Clientes, subentender de forma direta todos os processos subordinados a este, ou seja, falamos de Gerenciamento de Pedidos, Vendas e Transportes.

Montar um diagrama de decomposição de um processo de negócios nem sempre é uma tarefa trivial; dependerá muito do conhecimento que o grupo detém do processo e da capacidade de abstração e aplicação das técnicas específicas para tal. Uma técnica bastante útil é a relacionada à *gestão do ciclo de vida do recurso* em análise, aquele que é a razão da execução do processo em análise. Os recursos da empresa, como os funcionários, os equipamentos, as finanças, o capital intelectual, os produtos ou os clientes, apresentam um ciclo de vida que requer processos de aquisição, uso, controle e descarte, conforme descrito na Figura 4.2. A título de exemplificação, por meio do recurso "equipamento", a empresa tem diversos processos e atividades relacionados à aquisição destes, como a especificação das características técnicas, a avaliação e seleção de fornecedores e a compra. Em seguida, há processos específicos para a utilização: planejamento, operação e manutenções; além de diversos processos voltados ao controle, como: consumos, falhas, produtividade e custos; e, finalmente, o descarte, que pode acontecer pelos processos de depreciação, venda e sucateamento.

Identificadas e declaradas as atividades que descrevem um processo, há a necessidade de entender a lógica que define a operação e a interação entre elas. Para a análise e a descrição da lógica do processo, diversos conceitos são empregados: fluxo de trabalho, evento de negócio, regra e estados são alguns deles. Comentamos a seguir nossa interpretação desses conceitos.

Figura 4.2 Ciclo de gestão de recursos a ser considerado para a decomposição de processos

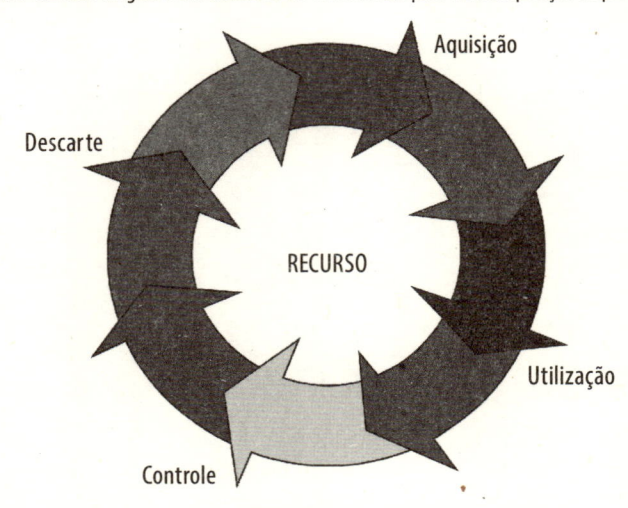

Fonte: Elaborado pelo autor.

4.3 Fluxo de trabalho, evento de negócio e estados que o caracterizam

O fluxo de trabalho do processo descreve a sequência de execução das diversas atividades que o compõem, indicando a atividade ou as atividades possíveis de execução após a conclusão de cada uma de suas atividades. A complexidade aumenta à medida que há blocos de atividades que são executados em paralelo, o que gera uma relação de dependência entre o resultado obtido dessas atividades e a decisão sobre o caminho a ser seguido para a continuação do fluxo de trabalho do processo. A técnica mais empregada no atendimento dessa necessidade da gestão por processos é o "diagrama de fluxo de trabalho". Um exemplo desse diagrama é mostrado na Figura 4.3. É interessante notar que deve haver o entendimento sobre o acionador do processo, isto é, os eventos possíveis que acionam a execução de determinado processo. Na Figura 4.3, o evento acionador está descrito pela circunferência com a denominação "E1".

Figura 4.3 Exemplo de diagrama de fluxo de trabalho

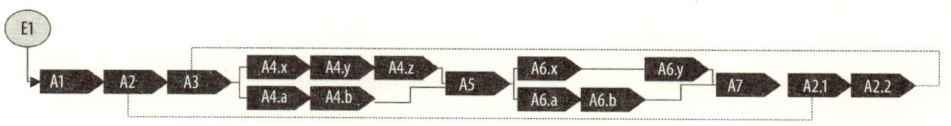

Fonte: Elaborado pelo autor.

O evento de negócio abrange uma grande diversidade de ocorrências que podem acionar um processo de negócios. Pode ser o alcance do décimo dia útil do mês, que dispara o processo "pagar funcionários", a chegada de um pedido de cotação pela internet, que dispara o processo "atender à solicitação de proposta comercial", ou, ainda, diversos outros mecanismos de disparo de processos. Esses tipos de eventos podem ser classificados como:

» **Temporal:** Após o alcance de um período de tempo preestabelecido; por exemplo, o décimo dia útil do mês.

» **Com base em ação específica:** Quando um evento definido e preestabelecido ocorre, como o recebimento de um pedido de cotação para a área de vendas.

» **Com base em regras:** Combina a ocorrência de dois ou mais eventos como os descritos acima em uma operação lógica.

Em geral, são bastante diversificados os eventos de negócio a serem tratados por um processo de negócios. O estudo desses eventos é fundamental para entendermos toda a complexidade do processo de negócios. Uma boa técnica para a análise de eventos desse tipo é o diagrama de transição de estado. O estado é uma abstração dos valores de atributos de determinada entidade relacionada ao processo ou de associações criadas entre entidades. Quanto ao conceito de entidade, nesse momento basta compreendermos que ela é a abstração lógica de um recurso físico ou abstrato relacionado ao processo de negócios. Para o exemplo de mudança de estado que analisaremos a seguir, utilizaremos as entidades cliente, compra, cobrança e autorização de cancelamento.

Na Figura 4.4, é mostrada a mudança de estado da entidade "cobrança". Para fins de apresentação do conceito, declaramos apenas dois dos diversos eventos possíveis. O primeiro evento de negócio da Figura 4.4, o "E1", mostra a transição de estado de "previsto" para "atrasado", motivado por um evento temporal — "no alcance do prazo de 15 dias após a data de pagamento previsto". Esse evento não apenas altera o estado da entidade "cobrança", mas também dispara o processo "notificar clientes com prestação em atraso". O segundo evento, o "E2", é baseado em regras e combina a ocorrência de um evento temporal, mais de 365 dias, a um evento de ação específica; nesse caso, teremos uma "autorização de cancelamento" emitida. Conforme veremos na ficha de descrição da entidade "cobrança", há a possibilidade de ela estar associada a uma ocorrência da entidade "autorização de cancelamento". É a averiguação da existência do relacionamento entre essas duas entidades que assinala como verdadeira a segunda parte da operação lógica.

Figura 4.4 Diagrama de transição de estado da entidade "cobrança"

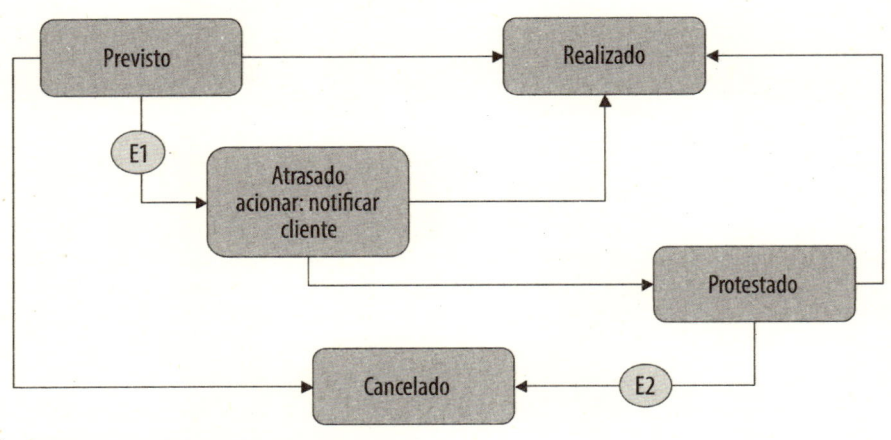

E1 = [(data atual - data de vencimento) > 14 dias]

E2 = [(data atuala - data de vencimento) > 365 dias + existência de relacionamento com [autorização de cancelamento]

Fonte: Elaborado pelo autor.

O diagrama de transição de estado das principais entidades envolvidas no processo é uma ferramenta útil não apenas para ajudar a definir e a descrever os eventos de negócio que acionam processos, mas também para validar a completude do diagrama de decomposição de processos, ou seja, se estamos considerando todas as atividades necessárias para a gestão de um processo de negócios.

4.4 Dado, conhecimento e capital intelectual

Os diversos dados manipulados durante a operação de um processo devem ser bem descritos e documentados. Muitas vezes eles são utilizados como parâmetros nas operações lógicas que compõem regras decisórias para o encaminhamento do fluxo de atividades do processo. No exemplo do diagrama de estado, temos a descrição da regra que caracteriza a ocorrência do evento temporal "E1". Observe que a operação ocorre entre o parâmetro "data atual", ou seja, a data do sistema operacional, subtraída da "data de vencimento", um dos atributos que descrevem a entidade "cobrança". Atributo é qualquer unidade de informação que auxilia na descrição de uma entidade; por exemplo, a entidade "cliente" pode ser descrita pelos atributos: nome, endereço, telefone, entre outros.

A prática mais adequada para a descrição de atributos está na modelagem de dados, como nas técnicas de modelo entidade-relacionamento e nas fichas de descrição de entidade e atributo. A título de exemplo, apresentamos a seguir a ficha de descrição da entidade "cobrança":

Ficha de descrição da entidade: *Cobrança*

Descrição: entidade que descreve os valores a receber de nossos clientes em decorrência de transações de vendas ocorridas.

Atributos:

<1,1> Código (ID)

<1,1> Nome do cedente

<1,1> Nome do sacado

<1,1> Valor

<1,1> Data de vencimento

<0,1> Multa

<1,1> Valor percentual

<1,1> Unidade de cobrança

Relacionamentos com outras entidades:

Cobrança (é cancelada por) <0,1> Autorização de cancelamento

Autorização de cancelamento (cancela o pagamento de) <1,1> cobrança

O atributo *Código* é capaz de identificar uma cobrança, e, portanto, não haverá dois títulos em cobrança com um mesmo código; dizemos que esse é um atributo identificador (ID) da entidade "cobrança". Como nem todas as cobranças têm *Multa*, esse atributo está assinalado como opcional e pode não ter um valor assinalado ou ter, no máximo, um valor atrelado a esse atributo, representado pelo texto *<0,1>*, que também pode ser entendido como *<ocorrência mínima, ocorrência máxima>* para determinado atributo.

A descrição detalhada de um atributo envolve informações como: descrição, formato, tamanho e valores possíveis de serem assumidos. Como exemplo, apresentamos a seguir a ficha descritiva do atributo *Unidade de Cobrança*.

Atributo: *Unidade de Cobrança*

Descrição: Determina o período de tempo no qual o valor percentual da multa será aplicado: se ao dia, ao mês ou ao ano

Formato: Alfanumérico

Tamanho: Quatro caracteres

Valores possíveis: a.d./a.m./a.a.

Saber o que fazer com os dados, como processá-los definindo as combinações de operações aritméticas e lógicas a realizar, a ordem destas e, principalmente, o que fazer com as informações geradas por esse processamento e qual objetivo está por trás disso caracterizam o que denominamos *conhecimento*. A aplicação do conhecimento ao processo de negócios pode ocorrer deliberadamente de forma estruturada, por meio dos algoritmos de softwares, manuais de instrução ou outros meios que sejam capazes de auxiliar, ou mesmo deliberar, no processo de tomada de decisão. Esse tipo de conhecimento estruturado é denominado explícito; seu oposto, aquele não estruturado e que reside na mente e na prática de cada profissional envolvido com o processo, é denominado conhecimento tácito.

A gestão por processos de negócios implica considerar os conjuntos de conhecimentos, sejam eles tácitos ou explícitos, também denominados *capital intelectual* atrelado ao processo. O verbo "considerar" significa fazer a gestão do conhecimento (*knowledge management*): criar, capturar ou comprar conhecimentos, armazená-los no formato e no local adequado, distribuí-los ou disponibilizá-los, utilizá-los, aprendê-los e desenvolvê-los por meio de seu uso diário.

4.5 Regra de negócio e suas exceções

O entendimento das abstrações de eventos, estados, entidades e atributos é fundamental para a compreensão de um dos principais conceitos relacionados a processos de negócios, a *regra de negócio*. Esse termo é frequentemente utilizado com diferentes significados. Podemos defini-lo como a declaração de políticas e práticas que determinam o que é possível, desejável ou mesmo impossível na operação do negócio. O conjunto das regras de negócio deve ser compreendido no todo; muitas vezes elas devem ser lidas conjuntamente para determinar a prática ou a política a ser aplicada para cada caso específico.[1] Vejamos um exemplo: imagine uma instituição de ensino onde há dois alunos que não se matriculam há mais de 24 meses, dos quais um deles pagou todas as mensalidades e o outro tem uma pendência financeira com a instituição, uma mensalidade não paga do último ano que ele cursou. Diante das regras de negócio da instituição descritas a seguir, qual procedimento deve ser tomado:

> **Primeira regra de negócio:**
> "Todo aluno que não se matricula há mais de dois anos deve ser assinalado e tratado como aluno inativo."
> Segunda regra de negócio:
> "Todo aluno com pendência financeira, seja ela de crédito ou débito, deve permanecer ativo."

Se analisarmos isoladamente apenas a primeira regra de negócio, os dois alunos seriam assinalados e tratados como alunos inativos. Considerando-se a interdependência das duas regras de negócio, o tratamento operacional dado tem de ser diferente: o aluno com pendência financeira permanece ativo, enquanto o outro é assinalado como inativo.

Os eventos estão declarados nos textos "há mais de dois anos" e "com pendência financeira", ambos eventos temporais, o primeiro explícito, e o segundo implícito por meio de uma provável terceira regra: "Alunos que não pagarem a mensalidade até o décimo dia após a data de vencimento devem ser assinalados como devedores." As entidades relacionadas às regras de negócio são: aluno, matrícula e pagamento; os atributos destas são: data da última matrícula, condição acadêmica do aluno, situação financeira do aluno e data do último pagamento. Os estados possíveis são "ativo" e "inativo" para a condição acadêmica do aluno, e "pendente" ou "sem restrições" para a situação financeira do aluno.

---

[1] SHAO, J.; POUND, C. Extracting business rules from information systems. *BT Technology Journal*, Londres, v. 17, nº 4, p. 179, out. 1999.

A implementação de uma regra de negócio pode se dar por meio de documentos utilizados na operação do processo ou pela tecnologia, mais especificamente por meio dos algoritmos de softwares utilizados pelo processo. Implementadas via tecnologia ou documentos, as regras de negócio representam limitações desejáveis no comportamento humano ou no dos sistemas de informação (softwares), permitindo que a organização atenda aos requisitos da legislação, de órgãos ou entidades reguladoras, às políticas da empresa e aos demais procedimentos que a empresa tenha de seguir.

As regras de negócio podem ser classificadas como restritivas, estruturais e comportamentais. As restritivas estabelecem situações válidas para que determinada ação possa ser executada, como: "Apenas os gerentes podem dar descontos" e "O aluno deve ter um, e somente um, registro acadêmico." Da mesma forma, elas podem ser entendidas como a especificação das situações que não devem gerar nenhuma ação. As regras comportamentais estão relacionadas a algum aspecto dinâmico do negócio: "Quando os pagamentos em atrasos são liquidados, alterar a condição do aluno para inativo." O comportamento destacado nesse caso foi "a ocorrência da execução de um pagamento pelo cliente", estabelecendo o que deve ser realizado em resposta a esse comportamento percebido como um evento de interesse para o negócio. As regras estruturais definem as principais entidades do negócio: "A matrícula vincula o aluno ao curso" e "O valor da mensalidade é obtido a partir do valor para crédito-padrão multiplicado pelo número de créditos nos quais o aluno está matriculado".

As regras de negócio recebem cada vez mais atenção de acadêmicos e praticantes. Ronald Ross é um dos grandes pesquisadores nesse assunto. No seu recente livro, *Principles of the business rule approach*, há uma ampla discussão do tema, a partir da qual são derivados dez princípios básicos para sua correta compreensão e utilização:[2]

» Regras de negócio devem ser escritas e publicadas de forma explícita.

» Regras de negócio devem ser expressas em linguagem simples.

» Regras de negócio devem existir independentemente de fluxo de trabalho e procedimento.

» Regras de negócio devem ser construídas a partir de fatos; fatos devem ser construídos em conceitos e representados por termos.

» Regras de negócio devem guiar ou influenciar o comportamento no caminho desejado.

» Regras de negócio devem ser motivadas por importantes e identificáveis fatores.

» Regras de negócio devem ser acessíveis às partes autorizadas.

» Regras de negócio devem ter apenas uma fonte.

» Regras de negócio devem ser especificadas diretamente por aqueles que têm conhecimento relevante para tal.

» Regras de negócio devem ser gerenciadas.

Entre as diversas contribuições do trabalho de Ross, destacamos seu direcionamento em evidenciar aos profissionais de TI que as regras de negócio representam lógica de negócio, e não lógica de programação ou software. Suas pesquisas contribuem também com a área de negócios, ao dizer que as regras não são fluxos e procedimentos de trabalho, mas sua inteligência; é o conhecimento que dá o direcionamento aos fluxos. A ideia principal

---

[2] ROSS, R. G. *Principles of the business rule approach*. Boston: Addison Wesley, p. 8, 2003.

está no gerenciamento de um banco de regras de negócio, de fácil acesso e interpretação, cujo valor aumenta à medida que elas são compartilhadas e reutilizadas por um número maior de processos de negócios.

Durante a operação de um processo de negócios, pode-se ter a ocorrência de uma situação não prevista pelas descrições de suas regras de negócio. Essa situação caracteriza o que denominamos *exceção*. Com o dinamismo dos ambientes de negócios, as exceções estão cada vez mais inseridas no dia a dia dos processos e das organizações. Há pesquisas que demonstram alta taxa de utilização de importantes recursos da organização apenas para o tratamento das exceções. Se não há meios de prever a ocorrência de uma exceção, o que caracteriza sua própria essência, os gestores do processo de negócios devem dispor de mecanismos ao longo do processo que permitam a identificação e o tratamento do surgimento dessas ocorrências.

As soluções atuais para a gestão por processos de negócios consideram as exceções um objeto a ser gerenciado. O simples fato de uma exceção ser algo não previsto não significa que sua ocorrência não necessite ser tratada pelo ambiente de gestão por processos. Nas propostas atuais de gerenciamento de processos de negócios há pelo menos um ponto de saída do processo para qualquer alternativa que seja diferente das alternativas previstas; pode-se entendê-la como uma regra de negação a todas as demais regras previstas, ou seja, "não satisfazendo nenhuma das alternativas anteriores, faça...". Em termos de notação para a descrição de processos de negócios, esse recurso se denomina evento de exceção, que geralmente resulta em uma notificação ao gestor do processo ou a uma entidade competente. A indicação da exceção serve não apenas para que a instância do processo não fique parada e que alguém dê o encaminhamento necessário, mas também para a gestão do conhecimento das regras de negócio, muitas vezes proporcionando a inclusão de uma nova regra ou a alteração de outras já existentes.

4.6 Unidade organizacional, área funcional e seus papéis em relação aos processos

Outra abstração importante de ser considerada na gestão por processos é a identificação das áreas envolvidas e do papel que elas desempenham. Os *papéis* retratam o grau de envolvimento da área com a atividade ou com o processo de negócios. Eles podem ser representados em diferentes níveis de detalhamento; um bastante adequado ao atendimento de diversas necessidades da gestão por processos compreende os papéis de execução, apoio e gerenciamento. As áreas envolvidas com o processo de negócios podem ser representadas por diferentes abstrações; por exemplo, o emprego de conceitos de unidade organizacional e áreas funcionais. A *unidade organizacional* representa cada uma das áreas da organização explicitadas no organograma da empresa, podendo ser diretoria, gerência, departamento, área operacional ou de assessoria. A *área funcional* é uma abstração lógica que agrega setores da empresa com base na similaridade de funções, independentemente de sua classificação em termos de organograma. A área funcional "lojas" pode consolidar o entendimento das diversas lojas de uma empresa. O mesmo princípio se aplicaria à unidade funcional "produção", congregando todas as plantas produtivas.

A matriz de associação é uma das técnicas empregadas para relacionar os papéis desempenhados pelas unidades organizacionais ou áreas funcionais em relação ao processo e suas atividades. As células da matriz, formadas pelo cruzamento entre áreas ou unidades com processos ou atividades, são utilizadas para a descrição dos papéis. Na Figura 4.5 há um exemplo de matriz de associação que descreve o relacionamento de atividades com unidades organizacionais. Observe que a letra "E" representa o papel de executor; a letra "A", a atividade de apoio; e a letra "G", a atividade de gerenciamento.

Figura 4.5 Matriz de associação de "papéis" entre atividades e unidades organizacionais

	Atividade "1"	Atividade "2"	Atividade "3"	Atividade "4"	Atividade "5"	Atividade "6"	Atividade "7"	Atividade "8"
Unidade organizacional "A"	G			A		A		A
Unidade organizacional "B"		E	E	G			G	E
Unidade organizacional "C"	E	E	A	E	A	G	E	
Unidade organizacional "D"		G			E	E	E	G
Unidade organizacional "E"		A	E	G	E	E		E
Unidade organizacional "F"	A	E	E			A	A	

A = Apoio   E = Execução   G = Gerenciamento

Fonte: Elaborado pelo autor.

Na gestão por processos, há diversos momentos em que é necessário conhecer a unidade organizacional envolvida em determinada atividade ou processo cujo objetivo é auxiliar em análises sobre diferentes pontos de vista. Por exemplo, para entender o fluxo de dados da organização, pode-se utilizar as mesmas informações da Figura 4.5, mas diagramadas de forma diferente, dando ênfase não aos papéis desempenhados, mas à colaboração entre áreas. Para isso, imagine um diagrama no qual as unidades organizacionais são representadas por grandes quadrados conectados por linhas que interligam processos ou atividades, com esses diagramados no interior dos grandes quadrados (unidades organizacionais). As conexões respeitam a sequência lógica descrita no fluxo de trabalho. Essa é uma forma bastante útil de analisar a interdependência entre unidades. As diversas linhas que conectam as unidades organizacionais podem subsidiar a análise de disposição física das unidades, a análise de soluções de comunicação, entre tantos outros usos na gestão por processos.

Observe que o principal recurso são as informações que temos do processo, normalmente armazenadas em algum banco de dados. Veremos no Capítulo 7 a importância de termos uma base de dados central que gerencie os dados do processo de negócios. A partir desse modelo lógico, podemos aplicar diferentes softwares especializados em diferentes tarefas necessárias à gestão por processos.

Devido à ampla abrangência dos processos de negócios, em termos de unidades organizacionais envolvidas, a gestão por processos trabalha com equipes multifuncionais e representa cada uma das principais competências requeridas. Assim, embora haja um profissional nomeado como gestor do processo de negócios, as principais atividades e deliberações da gestão por processos ocorrem por meio de uma equipe multifuncional.

Outro aspecto importante sobre o entendimento do processo é a *localização física* da execução, do apoio ou do gerenciamento de uma atividade ou processo. Há também interesse em se conhecer a localização física de unidades organizacionais. Para o conceito de área funcional, não há vínculo com a localização física, por tratar-se de agrupamento lógico de diversas entidades físicas com endereços distintos. O fato de se conhecer o local físico é muito importante para a gestão por processos; ele pode ser empregado para a apuração de custos com base em localidades, a reorganização física de áreas com base na complementaridade funcional, a análise e otimização de tempos de um fluxo de trabalho e tantas outras necessidades da gestão por processos.

O gestor do processo deve ter facilidade para associar localização física com atividades, processos e unidades organizacionais. Essa informação deve ser apresentada de diferentes formas: matriz de associação, diagramas ou relatórios, dependendo da necessidade momentânea do gestor.

4.7 Colaboradores e suas competências

Na organização estruturada a partir de processos de negócios, funcionários e demais colaboradores do processo participam de diversas atividades ao longo de sua execução e gerenciamento. Referir-se à maioria das organizações, que vivenciam uma estrutura função-processo, significa dizer que os recursos humanos apresentam alta mobilidade interfuncional ou interáreas. Isso leva a uma crescente demanda por colaboradores polivalentes, que inviabiliza o modelo de RH tradicional, com base na descrição de funções bastante específicas para cada área funcional.

As funções desempenhadas pelos colaboradores nas empresas estruturadas por função-processo e, principalmente, nas estruturadas por processos de negócios são cada vez mais fluidas e menos estratificadas, apresentando uma forte tendência de serem substituídas por objetivos, por serem mais abrangentes do que as funções e por permitirem a criação de mecanismos mais flexíveis para a gestão das pessoas, bem como uma ligação mais direta entre a estratégia da empresa e o desempenho de cada colaborador.[3]

Assim, em vez de trabalhar com cargos e suas descrições funcionais, a gestão de RH em uma empresa estruturada por processos se dá por meio de colaboradores e suas competências. Os colaboradores são profissionais da organização ou terceiros envolvidos na execução e no gerenciamento do processo, enquanto as competências são modalidades de ação específicas requeridas para um conjunto de colaboradores, em um dado contexto, suscetíveis de serem observadas e validadas por resultados mensuráveis. Não existe competência desvinculada da ação, pois não se considera competência o conhecimento do indivíduo ou o potencial de desempenho se esse conhecimento ou potencial não se transformar em ações, cujo resultado é mensurável e compatível com os objetivos da organização.

A gestão por processos de negócios implica o gerenciamento das competências, ou seja, a descrição e a concretização da existência de modalidades de ação nos comportamentos profissionais dos seus colaboradores, tornando a competência uma preocupação crítica da gestão dos recursos humanos dessas empresas.

---

[3] NORONHA, J.; MAGALHÃES, R.; VIEIRA, F. Da gestão por funções à gestão por competências. *Agora, economia, política, sociedade*, Maputo, nº 10, mai. 2001.

4.8 Transação de negócio

Transação de negócio é a representação lógica de um negócio realizado entre duas ou mais entidades. A transação pode estar em andamento ou concluída, sendo esse último estado alcançado quando todas as partes envolvidas estão satisfeitas, ou seja, não aguardam mais nenhuma resposta ou reação de qualquer uma das partes envolvidas.[4] O termo "transação de negócio", de forma genérica, aplica-se a transações concluídas; caso contrário, qualifica-se a transação de negócio com a palavra "pendente", "em aberto" ou "em andamento". Do ponto de vista da auditoria, a transação de negócio é o registro documental, na forma digital ou em papel, de um evento de negócio executado pela empresa. Como exemplo de transações de negócio, podemos citar uma venda, uma contratação de funcionário ou um pagamento efetuado.

4.9 *Throughput, lead time* e outros indicadores de desempenho

Na gestão por processos, a quantidade de transações de negócio realizadas em um período de tempo é denominada *throughput* do processo. Nos dicionários, encontramos as seguintes definições para *throughput*:

» A quantidade total de alguma coisa, como dados ou matéria-prima, que é processada em determinado período de tempo.

» Ponto do processo em que as entradas são convertidas em saídas.

» Saídas geradas por um ambiente de produção — por exemplo, de um software — em um período de tempo.

» A taxa de medição do desempenho de um microprocessador expressa em instruções por segundo ou trabalhos por hora ou outra unidade de medida.

Throughput é um conceito bastante empregado na ciência da computação e na engenharia de produção. Ambas a empregam para a mesma finalidade: indicar a quantidade de resultados ou saídas geradas por um período. Assim, quando dizemos que o *throughput* do processo de venda via internet está em dezessete transações por hora, isso significa que a empresa está realizando dezessete transações de vendas por hora. Um conceito que muitos confundem com *throughput* é o *lead time*; este representa o tempo médio total necessário para a execução completa de uma transação de negócio. Quando falamos que o *lead time* da transação de venda via internet é de sete minutos, isso quer dizer que, desde o processo de iniciar a navegação na solução de *e-commerce* da empresa, pesquisar e selecionar produtos, digitar dados pessoais e demais confirmações necessárias, até a emissão de um comprovante eletrônico enviado ao endereço eletrônico (e-mail) do cliente, levam-se sete minutos em média. Nos dicionários encontramos as seguintes definições para *lead time*:

» O tempo entre o início de um processo ou projeto e a aparição dos seus resultados.

---

4 OASIS (Organization for the Advancement of Structured Information Standards). Glossary: technical architecture team, Organization for the Advancement of Structured Information Standards, maio 2001. Disponível em: <http://www.ebxml.org/specs/ebGLOSS_print.pdf>. Acesso em: 31 jul. 2017.

» O tempo necessário para se fazer alguma coisa, mensurado do seu início ao seu fim, como o período entre o projeto e o início da produção ou o tempo entre colocar um pedido em uma empresa comercial e receber essa mercadoria no local de entrega.

Throughput e *lead time* são algumas variáveis importantes para o acompanhamento do desempenho do processo. Há diversos outros parâmetros que podem ser empregados no monitoramento do desempenho do processo de negócios que são genericamente denominados *indicadores de desempenho* ou KPI (*key performance indicators*). Entre os indicadores mais utilizados para monitorar o desempenho do processo estão:

» Indicadores econômicos e financeiros (custo, faturamento gerado, lucratividade, retorno gerado, ativos empregados etc.).

» Indicadores de produtividade e qualidade (*throughput, lead time*, erros e defeitos gerados, tempo para reconfiguração de produto ou serviço, satisfação dos clientes etc.).

» Indicadores sociais e ambientais (profissionais alocados no processo, categorizações de clientes atendidos etc.).

» Aprendizado e conhecimento (evolução do banco de ideias, recebimento e catalogação de sugestões, aplicação prática das sugestões etc.).

Um dos desafios das organizações orientadas a processos é ter indicadores de desempenho eficientes que as tornem aptas a perceber com rapidez as condições que estão começando a afetar seus processos de negócios e a organização. Dessa maneira, as organizações podem realizar quanto antes os ajustes necessários em seus processos de negócios com o propósito de obter os resultados esperados.

Cada processo de negócios tem suas especificidades em termos de pontos críticos para sua operação; a esses aspectos denominamos *fatores críticos de sucesso* ou CSF (*critical success factors*). Os fatores críticos de sucesso podem ser entendidos como aquelas poucas coisas que obrigatoriamente precisam ocorrer sem falhas ou problemas para que o processo de negócios seja bem-sucedido em sua operação. Para cada fator crítico de sucesso, precisamos ter um ou mais indicadores de desempenho associados.

4.10 Melhores práticas e *benchmarking*

O processo de negócios é estruturado a partir de modelos gerenciais e operacionais que abrangem técnicas e métodos de trabalho. Muitos modelos se tornam referência devido aos bons resultados gerados em alguma empresa ou conjunto de empresas. Esses modelos bem-sucedidos para determinada atividade são rotulados como melhores práticas, o que, para um processo de negócios, também pode ser entendido como um processo de negócios com padrão de desempenho classe mundial. Quando comparamos os valores alcançados pelos indicadores de desempenho do processo de negócios de nossa responsabilidade com os valores alcançados pelos processos de negócios de classe mundial, estamos exercitando a prática do *benchmarking*. O processo de *benchmark* adota medidas de desempenho relacionadas a melhores práticas, comparando-as com processos similares, com o objetivo de emular e atingir desempenho similar. *Benchmarking* pode motivar a inovação e proporcionar foco renovado em áreas que necessitam de aprimoramento e de um alvo de excelência a ser perseguido.

4.11 Produtos e clientes

Dois outros conceitos totalmente relacionados à gestão por processos são: *produto* e *cliente*. Eles constituem a própria essência do processo de negócios, que é gerar algo de valor para aqueles que necessitam e reconhecem a importância do que está sendo entregue. A esse público denominamos clientes do processo de negócios. O produto pode ser entendido como o resultado final gerado pelo esforço físico de máquinas ou pessoas, assim como o trabalho lógico desempenhado por um software ou pelo trabalho intelectual de uma pessoa e que na visão do cliente incorpore o conceito de valor agregado. Essa definição ampla de produto abrange não apenas os produtos físicos, mas também os serviços.

A própria conceituação de processo de negócios, caracterizado como um recurso limitado na organização, somando-se algumas poucas unidades dentro de toda a organização, mostra-se, via de regra, como um somatório de diversos trabalhos lógicos e intelectuais e atividades produtivas. Ao darmos referência a produtos de um processo de negócios, subentende-se que também haja serviços envolvidos nesse contexto.

O gestor e a equipe diretamente relacionada ao processo de negócios devem estar constantemente atentos às necessidades dos clientes dos processos, fornecendo para isso um canal de comunicação direto para a coleta de *feedbacks*, além de especificar e implementar indicadores de desempenho em níveis de utilização dos recursos, níveis de satisfação dos clientes e outras métricas importantes no relacionamento com os clientes. Essas são algumas das atitudes que permitem manter os processos de negócios direcionados aos seus clientes. As recentes soluções para a gestão por processos de negócios estudadas neste livro possibilitam diversas facilidades de monitoramento e interação dos clientes com os processos de negócios.

Os clientes, cada vez mais, assumem um papel interessante e complexo com relação aos processos de negócios; não só consomem seus produtos e serviços, mas estão cada vez mais inter-relacionados e participativos; por exemplo, atuando diretamente na definição e especificação final dos produtos e serviços gerados pelo processo. Assim, eles passam a ser considerados não apenas consumidores, mas também parte da própria operação do processo de negócios. Como exemplo de interação direta do cliente com o produto, pode-se destacar a interação do cliente na seleção de cor, tamanho, opcionais e outras características do produto final a ser fabricado. Em termos de serviços, podemos imaginar o cliente definindo opções de pagamento, local de entrega ou mesmo características que definem a atividade principal do serviço.

4.12 Perdas do processo

A citação a processos de negócios com geração de produtos de valor agregado implica a entrega de benefícios aos seus clientes. A situação inversa obviamente existe, ou seja, a existência de trabalhos que não agregam valor aos clientes, os quais denominamos desperdícios, ou *perdas*, do processo de negócios. A perda é um sintoma dos processos de negócios ineficientes que acarreta a elevação de custo e tempo do processo e está presente na maioria dos fluxos de trabalho. O combate às perdas dos processos de negócios é uma atividade constante da equipe de gestão por processos, uma vez que os processos de negócios são muito dinâmicos.

Taiichi Ohno descreveu os sete tipos de perdas mais comuns nas empresas manufatureiras:[5]

» Perda de produção em excesso.

» Perda de correção.

» Perda de movimentação de material.

» Perda de processamento.

» Perda de inventário.

» Perda de tempo.

» Perda de movimentação física diversa.

A essas perdas, Prasad acrescentou mais uma: a perda relativa à movimentação de informação, englobando conversão de formatos, baixa quantidade de informações, recuperação e geração de arquivos e notificações desnecessárias, entre outros movimentos que podem caracterizar perda informacional. Embora o estudo das perdas desenvolvido por Taiichi Ohno seja voltado para o contexto do ambiente da produção, podemos transpô-lo quase na íntegra para a realidade dos processos de negócios.

⁵ OHNO, T. In: PRASAD, B. Hybrid reengineering strategies for process improvement. *Business Process Management Journal*, v. 5, nº 2, pp. 178–197, 1999.

TEXTOS COMPLEMENTARES

 As definições dos conceitos apresentados podem ser facilmente encontradas em quantidade e qualidade nas obras sobre engenharia da produção e sobre administração de empresas. Dicionários técnicos dessas áreas são boas fontes de consulta para os conceitos apresentados neste capítulo.

QUESTÕES PARA REFLEXÃO

1. Quais as associações existentes entre os diversos objetos estudados: evento, atividade, regra de negócio, transação de negócio, entre outros, principalmente associações do tipo "compõe" e "é composto por"?

2. Quantas transações de negócio podem ser necessárias para a conclusão de uma instância de um processo de negócios?

3. Qual é o momento de parar a decomposição de um processo de negócios? Quais são os diferentes nomes aplicáveis a esses diferentes níveis de decomposição/detalhamento do processo?

Capítulo 5

O papel de profissionais e áreas na gestão por processos

5.1 Gestor do processo de negócios

O aspecto mais visível de diferenciação entre as organizações tradicionais estruturadas por funções empresariais e as empresas orientadas a processos de negócios é a existência do gestor, o dono do processo de negócios (em inglês, *process owner*). Como afirma Hammer, os gestores do processo são a encarnação viva do comprometimento da organização com os processos de negócios.[1] Fazendo uma analogia com a empresa orientada por funções empresariais, os gestores do processo de negócios equivaleriam aos diretores das áreas funcionais. Assim como eles, os gestores do processo de negócios são poucos dentro da organização, um profissional para cada processo de negócios que a empresa tem. Outra semelhança é a ampla experiência profissional requerida para esses profissionais: o gestor deve ter o perfil de um gerente sênior (*senior management*). Sua posição não é temporária, como gerentes de projetos, cujo papel se extingue com a conclusão dos projetos. Gestores do processo são papéis perenes na organização, uma vez que os processos de negócios necessitam evoluir para atender às demandas competitivas do mercado e seu gestor é responsável por direcionar os trabalhos evolutivos.

O gestor do processo deve ter plena responsabilidade e autoridade sobre seu processo de negócios, e isso engloba:

- » Assegurar os recursos necessários para atender às demandas do processo de negócios conforme seu projeto em vigor.
- » Realizar a medição contínua do desempenho de aspectos críticos do processo.
- » Assegurar a capacitação dos profissionais que cooperam com o processo por meio de programas de treinamento.
- » Definir e coordenar as alterações necessárias para a evolução contínua do processo.

Operar e gerir a organização via processos de negócios significa romper com os costumes e os hábitos gerenciais das organizações. Na abordagem tradicional de funções empresariais, os gerentes funcionais têm controle total do trabalho e das pessoas que o realizam, enquanto na abordagem de processos de negócios o gestor do processo controla apenas a gestão e a operação do processo. Como os gerentes de áreas funcionais são os responsáveis pelo gerenciamento dos profissionais de suas áreas, também são eles que executarão as diversas atividades requeridas ao longo de um processo de negócios. Na Figura 2.1 citamos algumas das diversas áreas de apoio à operação e à gestão por processos de negócios. Cabe ao gestor do processo projetar, acompanhar e analisar o envolvimento

---

[1] HAMMER, M. *How process enterprises really work*. Hammer and Company, 1999. Disponível em: <http://www.hammerandco.com/>. Acesso em: 22 jul. 2017.

e o desempenho desses diversos profissionais e áreas funcionais na operação e na gestão de seu processo de negócios, mas não faz parte de suas atribuições a gestão direta dos recursos.

Como o cenário função-processo é o predominante na grande maioria das organizações, há uma zona de conflito bem definida: de um lado, a estrutura vertical de funções empresariais; de outro, a estrutura horizontal de processos de negócios, com ambas disputando os mesmos recursos. Isso nos permite afirmar que, entre as habilidades requeridas ao gestor do processo de negócios está a capacidade de administrar conflitos. Entre outras habilidades importantes ao gestor do processo estão:

» Bom relacionamento com as áreas funcionais da organização; são profissionais dessas áreas que vão compor sua equipe de trabalho.

» Comunicação efetiva com os membros da equipe, sabendo, sobretudo, utilizar os recursos de TI disponíveis.

» Ter experiência no gerenciamento de equipes multifuncionais, uma vez que sua equipe é composta por pessoas de diferentes perfis e organizações e que participam de outros grupos de trabalho, por exemplo, de outros processos de negócios.

» Grande capacidade de coordenação, a fim de harmonizar os trabalhos dos diversos intervenientes que participam do processo de negócios.

» Boa articulação junto às organizações que cooperam com o processo de negócios. Questões não previstas, como o surgimento de oportunidades e problemas, são uma constante no dia a dia dos processos de negócios; a atenção a esses aspectos imprevistos implica mobilizar pessoas das diversas organizações.

» Ótimo entendimento da área de negócio no qual seu processo atuará, uma vez que ele será o responsável por definir produtos e serviços, a estratégia para agregação de valor e diferenciação, objetivos a serem alcançados, bem como os meios para isso.

» Domínio da principal entrega e das áreas diretamente envolvidas na execução do seu processo de negócios e pelo menos bons conhecimentos gerais das diversas áreas funcionais que apoiarão seu processo.

» Conhecimento dos termos e das técnicas administrativas aplicáveis à gestão por processos; por exemplo, os conceitos e recursos básicos empregados na modelagem de processos, na medição de desempenho ou ainda na definição da estratégia.

Com exceção do gestor do processo, todos os demais profissionais participantes da gestão por processos de negócios já existem nas organizações tradicionais orientadas a funções empresariais. O grande desafio é fazer com que profissionais de diferentes áreas, organizações e perfis, que desempenham diferentes papéis, interajam com interesse e motivação para superar obstáculos e identificar oportunidades com o propósito de conseguir entregar produtos e serviços de maior valor agregado a seus clientes finais.

Há diversos estudos realizados sobre trabalho em equipes, com características semelhantes às das empregadas para gestão por processos. Muitos pesquisadores trabalham com o tema "equipe virtual", e outros, com "equipes multifuncionais". Para nossa finalidade de estudo, nós a denominaremos "equipe de gestão por processos de negócios". As peculiaridades dessa equipe serão discutidas na seção a seguir.

5.2 Equipe de gestão por processos de negócios

Apesar da crescente adoção dos processos de negócios pelas organizações e, consequentemente, da instituição de equipes para a gestão por processos de negócios, pouco se sabe sobre as melhores práticas para a organização e o gerenciamento dessas equipes de trabalho. Para analisar os papéis assumidos e as responsabilidades da equipe de gestão por processos, deve-se ter uma visão bastante clara de seu trabalho; para isso, recorreremos ao estudo de equipes virtuais e formas de organização de trabalho desenvolvido por Bradford Bell. No Capítulo 1, mais especificamente na Figura 1.3, representaram-se algumas formas distintas de organização de trabalho, bem como algumas características específicas de ambientes de trabalho organizados dessa maneira.[2]

Os membros da equipe de processos de negócios devem identificar, diagnosticar e tratar problemas e oportunidades, bem como colaborar entre si na condução dos trabalhos diários, o que caracteriza uma organização de trabalhos de forma intensiva. Em concordância com a Figura 1.3, isso implica dizer que processos de negócios são mais complexos, dinâmicos e com maior dependência de entidades externas e internas do que os demais processos; por exemplo, os tradicionais processos funcionais organizados de forma não intensiva.

Muito do trabalho relacionado a processos de negócios se dá pelo emprego de equipes virtuais, seja pela disposição física distribuída de seus membros, seja pela não dedicação exclusiva destes ao processo, compartilhando seu tempo com outros processos ou outras atividades. Pesquisas têm sido realizadas para indicar o perfil mais apropriado de profissionais que atuam em equipes virtuais, nas quais destacam-se as seguintes características:[3]

- » Disciplinado, uma vez que não há uma supervisão forte e direta no ambiente colaborativo.
- » Orientado a objetivos, de forma que direcione seu trabalho aos aspectos relevantes, independentemente de ter ou não uma orientação mais próxima.
- » Flexível, para dar a agilidade necessária ao tratamento de exceções e adequar os novos procedimentos comuns aos processos de negócios competitivos.
- » Colaborativo e confidente com os demais envolvidos no processo de negócios.
- » Desejoso em compartilhar informações.
- » Aberto aos *feedbacks*, a mudanças, a diferentes pessoas, culturas e formas de pensamento.
- » Comprometido e conectado à empresa e aos negócios.
- » Competente no uso dos recursos de TI que compõem o principal ambiente de trabalho.

Independentemente do nível de virtualidade da equipe de gestão por processos de negócios, há alguns pontos de atenção gerencial básicos a todos os trabalhos de formação e gerenciamento de equipes de trabalho, como orientação da equipe, comunicação com a equipe e desenvolvimento do senso de trabalho em conjunto. Descreveremos a seguir essas demandas que comentam as especificidades relativas à gestão por processos de negócios.

---

[2] BELL, B.; KOZLOWSKI, S. J. A typology of virtual teams: implications for effective leadership. *Group & Organization Management*, Thousand Oaks, v. 27, n° 1, pp. 14–49, mar. 2002.

[3] THOMPSEN, J. A. Effective leadership of virtual project teams. *Futurics*, St. Paul, v. 24, n. 3/4, pp. 85–90, 2000.

Comunicação eficaz: Encontros presenciais para a comunicação com a equipe devem ser realizados sempre que necessário e conforme a viabilidade, lembrando-se de que os processos de negócios envolvem profissionais de diferentes organizações que muitas vezes estão distantes geograficamente, o que torna inviável a realização de reuniões presenciais, por demandarem muito tempo e dinheiro. Por isso, a equipe deve ter à sua disposição um meio simples, direto e fácil para atender às suas necessidades de comunicação. A interatividade entre os membros da equipe de gestão, que ocorre por meio de recursos tecnológicos, principalmente os disponibilizados pela tecnologia da informação, é altamente desejável.

Muitas pesquisas têm sido desenvolvidas para analisar a relação entre a tecnologia empregada e o desempenho na comunicação das equipes distribuídas. Baker analisou o impacto das novas tecnologias colaborativas na comunicação entre os participantes de 64 equipes virtuais. As empresas selecionadas foram as que tiveram suas estruturas organizacionais modificadas para atender às necessidades específicas da ação global, por meio da instituição de equipes virtuais de trabalho, compostas por profissionais distribuídos em diferentes espaços e períodos. O estudo resultou da análise de quatro meios de comunicação apoiados por tecnologias colaborativas: apenas texto, somente áudio, texto-vídeo e áudio-vídeo. O objetivo era investigar duas habilidades desses meios de comunicação, sua capacidade de tornar a comunicação concorrente apta entre o maior número de pessoas possível e estimular o *feedback* delas. As principais conclusões obtidas foram: a) não há diferenças na qualidade da tomada de decisão quando se compara uma tecnologia exclusiva de texto com uma restrita a áudio, mas a adição de vídeo ao áudio, ou seja, b) a tecnologia áudio-vídeo resulta em significativo aprimoramento do processo de comunicação e de tomada de decisão da equipe.[4]

Nos capítulos destinados à discussão das tecnologias da informação aplicadas à gestão por processos de negócios, veremos que as ferramentas de comunicação disponíveis são muito mais abrangentes do que as analisadas na pesquisa de Baker. As soluções de gerenciamento de processos de negócios, denominadas *business process management system* (BPMS), fazem uso intensivo não apenas dos recursos multimídia da internet (texto, áudio e vídeo), mas principalmente de diagramas interativos capazes de comunicar diferentes aspectos do processo que possam ser de interesse do gestor ou de qualquer outro membro da equipe de gestão por processos de negócios. Eis alguns exemplos de abstrações lógicas que podem ser visualizadas pelos diversos intervenientes do processo de forma colaborativa:

» Caminho crítico ou processo crítico.

» Fluxo dos processos que compõem o processo de negócios.

» Ocorrência de exceções e soluções adotadas.

» Desempenhos de processos, pessoas ou de outros recursos envolvidos.

» Versão atual e versões anteriores do processo de negócios; quantas instâncias estão em processamento para cada versão.

A importância da equipe de gestão por processos de negócios para a organização representa simplesmente a própria essência da empresa. A forte demanda de comunicação interativa entre os membros da equipe torna crítica e imprescindível a disponibilidade

---

4 BAKER, G. The effects of synchronous collaborative technologies on decision making: a study of virtual teams. *Information Resources Management Journal*, Hershey, v. 15, nº 4, pp. 79–93, out./dez. 2002.

de soluções eficazes de comunicação. As modernas soluções BPMS devem ser vistas não como um aprimoramento da gestão por processos, mas como um recurso indispensável.

Orientação da equipe: O gestor do processo de negócios deve dar diretrizes à equipe, reforçando os objetivos a serem alcançados, os princípios, os valores e as atitudes a serem enaltecidos. No ambiente dos processos de negócios, que envolvem diversos profissionais distantes geograficamente e que trabalham em turnos diferentes, a interatividade digital é fundamental para a orientação da equipe. Fóruns de discussão eletrônica, facilidades para ressaltar uma instância do processo como exemplo ou vincular a ela comentários e incluir novas normas e procedimentos com destaques nos diagramas e demais objetos virtuais utilizados como ferramenta de trabalho são alguns dos facilitadores.

Retornando um pouco no tempo das grandes empresas, ou mesmo na realidade atual de muitas empresas de administração atrasada, tem-se como método de divulgação de novas normas de trabalho a realização de treinamentos presenciais, o envio de novos manuais de procedimentos ou de folhas a serem substituídas nos manuais já existentes e outras estratégias difíceis de serem implementadas nos processos de negócios colaborativos. A expansão dos sistemas de informação por meio dos ambientes de negócios, conciliada com a orquestração destes por meio de camadas de softwares, permitem um ambiente simples e direto para orientar a equipe de forma uniforme, rápida e eficaz. As facilidades podem ser desde uma informação genérica a todos por meio do portal de acesso para a operação dos processos, até uma nota ou link para um teste obrigatório no diagrama específico para determinada atividade ou envio de uma mensagem de treinamento virtual obrigatório para o painel de mensagens de um grupo de funcionários, entre tantas outras facilidades possíveis de serem aplicadas em um ambiente de trabalho virtual.

Senso de equipe: Permitir que os participantes tenham os objetivos do processo de negócios como parte de seus próprios objetivos profissionais. A utilização de soluções específicas para a gestão por processos, como os sistemas BPMS, auxilia na criação da identidade do grupo. Eis alguns exemplos de como essas tecnologias colaboram nesse sentido:

> » Facilitam a visualização, a comunicação e o entendimento do processo de negócios como um todo, utilizando gráficos e diagramas interativos que acionam os sistemas de informação utilizados no apoio à operação do processo e permitindo que os profissionais compreendam como seu trabalho agrega ao todo do trabalho, seja nas atividades precedentes, seja nas posteriores à sua.

> » Proporcionam meios para a identificação de oportunidades e problemas, bem como para o encaminhamento destes para a análise de terceiros, gerando maior envolvimento e participação das pessoas no aprimoramento do processo e criando um ambiente colaborativo.

5.3 Áreas de apoio à gestão por processos

Independentemente da natureza e da atividade principal dos processos de negócios, há um conjunto de atividades organizacionais que dão apoio à operação e ao contínuo desenvolvimento daqueles. Na Figura 5.1 são descritas as principais áreas e alguns dos seus objetos de trabalho diretamente relacionados à gestão por processos de negócios. Nos parágrafos a seguir, comentamos a interação dessas áreas na gestão por processos de negócios.

Figura 5.1 Áreas e atributos envolvidos no contexto da gestão por processos

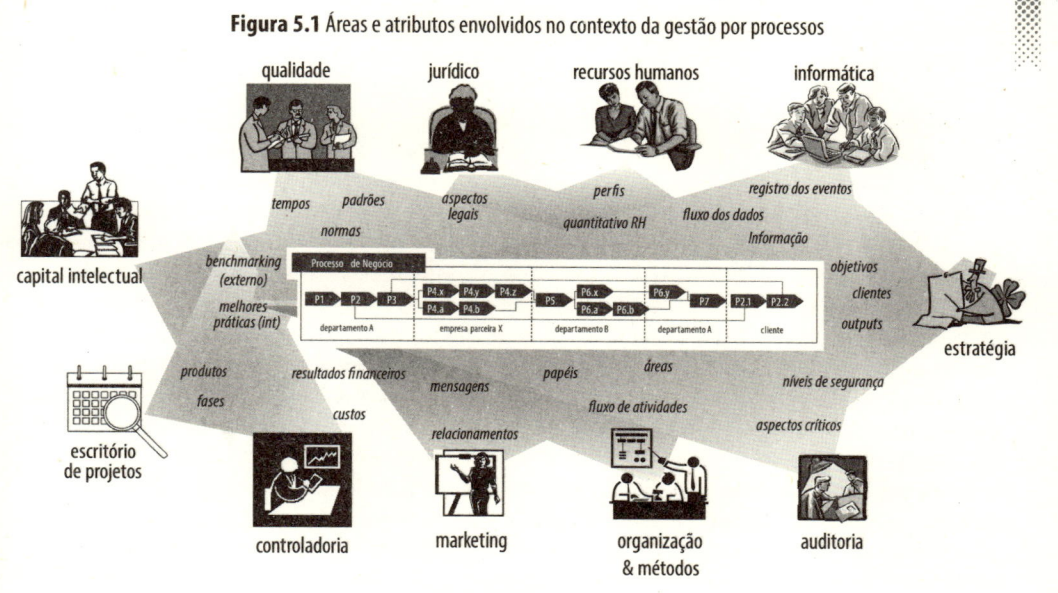

Fonte: Elaborado pelo autor.

Qualidade: As medições da área de qualidade são extremamente úteis para a gestão por processos de negócios; elas ampliam o conhecimento e a estruturação do processo ao se discutir os medidores necessários a eles, ao mesmo tempo em que auxilia na sua evolução ao fornecer dados constantes do desempenho do processo de negócios. As práticas de questionamento da realidade na busca contínua do aprimoramento são bastante apropriadas ao ambiente inconstante dos extensos e complexos processos de negócios.

Jurídico: A amplitude dos processos de negócios inevitavelmente os leva a possíveis zonas de conflito de interesses, as quais devem ser cuidadosamente analisadas diante da ótica das leis. Direito do consumidor, convenções coletivas de trabalhadores, acordos regionais, constituição de países, contratos de parcerias e cooperação entre empresas são alguns dos conjuntos informacionais que devem ser estudados e observados na estruturação e na evolução dos processos de negócios.

Recursos humanos: Pessoas são envolvidas ao longo de toda a extensão do processo de negócios. Ter pessoas em quantidade, com o perfil adequado e motivadas a cooperar na execução de cada processo de negócios, não é uma demanda simples de ser atendida, uma vez que há vários processos de negócios que utilizam recursos específicos e outros compartilhados. Atender a esses requerimentos implica a eficiência operacional das diversas funções de RH: especificar perfis e quantidades, selecionar, contratar, avaliar e desenvolver recursos humanos. O conceito de *empowerment* dos funcionários associados à gestão por processos de negócios já é suficiente para tornar todas as funções de RH citadas anteriormente muito mais críticas.

Informática: As ferramentas na forma de software são componentes indispensáveis para a gestão por processos de negócios pelo simples fato de automatizarem muitas de suas atividades. Estão cada vez mais relacionadas à essência do processo, por exemplo, ao conectar os diversos softwares empregados ao longo do processo de negócios por meio de

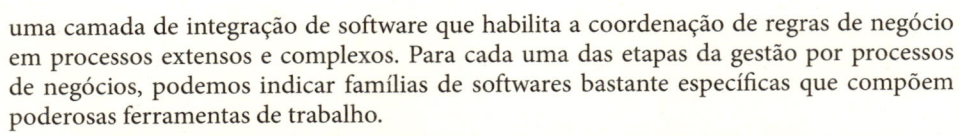

uma camada de integração de software que habilita a coordenação de regras de negócio em processos extensos e complexos. Para cada uma das etapas da gestão por processos de negócios, podemos indicar famílias de softwares bastante específicas que compõem poderosas ferramentas de trabalho.

Capital intelectual: Processos de negócios são caracterizados por pessoas e áreas de interesse distribuídas em diferentes localidades e tempos. Nesse cenário, aumenta-se o potencial de agregação de valor das práticas aplicadas da gestão do conhecimento. O simples fato de melhorar a captura e a distribuição dos acervos intelectuais tácitos já eleva a capacidade produtiva dos grupos e das equipes de trabalho envolvidos com o processo de negócios.

Estratégia: Os objetivos estratégicos dos processos de negócios diretamente relacionados às atividades fins da organização estão muito próximos da própria estratégia da organização. A definição de aspectos críticos, oportunidades, resultados esperados e outros elementos de planejamento é importante para a organização definir sua estratégia empresarial e também para direcionar o planejamento dos processos de negócios.

Organização e métodos: A especificação do fluxo de atividades e as regras de negócio que o coordenam, os papéis desempenhados por cada profissional envolvido e os produtos gerados são algumas das informações relativas à especificação do processo de negócios desenvolvida e mantida pela área de organização e métodos. Quanto mais complexo o ambiente, mais necessárias e úteis são essas informações.

Auditoria: Todos os mecanismos de segurança, como trilha de auditoria e atividades compensatórias, são mais difíceis de serem implementados no ambiente de processos de negócios; a integração das diversas atividades e de seus softwares ao longo de extensos fluxos de trabalho aumenta a complexidade e o risco dessas operações. Envolver mais entidades, geograficamente dispersas, com culturas diferentes, regimentos e instrumentos legais variados são alguns dos motivos que tornam necessária uma forte participação do grupo de auditoria na construção e na operação dos processos de negócios.

Marketing: Um processo de negócios tem muitos clientes e colaboradores internos e externos. O gerenciamento dos padrões de comunicação que mais se adaptam a cada um desses grupos, bem como as diferenças da percepção de valores destes com relação aos produtos e serviços do processo, é um dos desafios que a área de marketing pode dividir e cooperar com o gestor do processo de negócios.

Controladoria: Uma importante forma de medição dos processos de negócios são seus resultados financeiros. A utilização de diferentes recursos de várias empresas ao longo do processo de negócios eleva a diversidade de unidades de custo, unidades para apuração de resultado e métodos a serem aplicados. A apuração de custos e resultados é muito importante para a gestão por processos em ambientes complexos e deve ser realizada por áreas especializadas.

Escritório de projetos: Um processo de negócio abrange um grande conjunto de processos, atores, regras e demais entidades, que demandam alterações contínuas para atender as demandas do ambiente. Conforme destacado na subseção 1.6, a abordagem BPM tem a fase identificação de oportunidades que é processada continuamente, que aciona a fase seguinte de realizar os ajustes necessários. Assim, há demanda para adoção de técnicas, ferramentas, abordagens e competências (profissionais) disponibilizados pelos escritórios de gestão de projetos.

TEXTOS COMPLEMENTARES

A literatura de gestão da mudança (*change management*) é a mais apropriada para temas relacionados aos desafios do componente humano para a gestão por processos. Os clássicos da BPR, como Davenport e Hammer, abordam superficialmente tais questões.

QUESTÕES PARA REFLEXÃO

1. Em termos da cadeia de comando, qual é o principal desafio dos funcionários que atuam em organizações estruturadas em função-processo?

2. Identifique nas organizações estruturadas em função-processo grupos de profissionais que atuem especificamente em áreas funcionais e outros que atuam mais direcionados para processo de negócios.

3. Quais são as habilidades e os comportamentos requeridos aos profissionais que venham a atuar em uma abordagem de gestão por processos?

Capítulo 6

Organização como processo

A compreensão de algo em termos de como a descrevemos, seja uma entidade física ou abstrata, caracteriza-se como um desafio ontológico. A ontologia é a ciência que estuda a descrição dos seres em termos de suas propriedades, ou seja, abrange não apenas a forma de compreensão, mas principalmente a descrição da entidade. Assim, neste capítulo temos como foco central a discussão ontológica de como os praticantes (gestores) e os estudiosos da Administração (pesquisadores) compreendem e descrevem a organização orientada por processos que é conduzida por intermédio da abordagem BPM. Em outras palavras, qual deve ser o pensamento predominante daqueles que trabalham em organizações orientadas a processos (*process-centric*), em termos de ter um *mindset* adequado, que possa ser caracterizado por um pensamento centrado em processos (*process-thinking*).

A literatura atual não descreve a perspectiva dos praticantes sobre o que seja uma organização como processo, porém apresenta artigos e livros que exploram as perspectivas ontológicas dos pesquisadores. Dessa forma, utilizaremos esses textos para discutir a percepção de organização dentro do contexto da abordagem da gestão por processos, mais especificamente o entendimento de organização como um processo. Tor Hernes (2008; 2014) é um dos acadêmicos que mais se dedicou ao tema "organização como processo". Seidl (2009), ao analisar e comentar o primeiro livro de Hernes (2008), exaltou o paradoxo entre a compreensão ontológica do que seja uma organização para os cientistas e o contexto em que ela opera, segundo os próprios pesquisadores. Descreveremos separadamente esses dois aspectos para facilitar a explicitação da incongruência.

Quanto à compreensão ontológica da organização pelos pesquisadores, tem-se que estes a consideram como um conjunto de (SIDL, 2009, p. 124, grifo nosso):

> "Coisas", por exemplo, posições, regras, estratégias, cultura, identidade, desempenho. Consequentemente, processo [organizacional] é entendido como o movimento de um conjunto de "coisas" para outro; entretanto, com base nessa suposição, o movimento como tal não pode ser compreendido de maneira apropriada. **O movimento é geralmente tratado simplesmente como uma sucessão de estágios distintos.**

Quanto ao ambiente das organizações, o segundo aspecto, tem-se que as organizações atuam cada vez mais em ambientes incertos e em plena mudança, enfrentando continuamente novos desafios e problemas. Assim, as Organizações devem estar prontas para a mudança, ou seja, ter flexibilidade e adaptabilidade, como características intrínsecas e necessárias às empresas contemporâneas (JONES, 2010).

Segundo Seidl (2009) o paradoxo está na estrutura conceitual do que seja Organização, um conjunto de coisas que simplesmente se sucedem ao longo do tempo, ou seja, concebendo-a como uma série de imobilidades. Desta forma, o conceito de Organização contradiz a caracterização necessária de transformação contínua da empresa contemporânea, ou seja, a flexibilidade e prontidão para a mudança. A incoerência se resume na definição de Organização que não se caracteriza pela mudança, que a nega (embora característica essencial), apresentando-a como uma mera transição de estado ao longo do tempo.

Chia *et al.* (2004) apresentam a perspectiva tradicional e predominante de processo nas organizações como sendo a "visão fraca", em que os processos são considerados como importantes, mas, em última análise, estão subordinados e são redutíveis às ações das "coisas" que são as prioridades. Eles destacam a importância da inserção da "visão forte" de processo, da "Organização como Processo". Nesta, o processo é o ponto de partida, e as "coisas" são abstrações conceituais secundárias, à medida que são produtos dos processos, em vez de existirem antes deles. Nesta concepção, o processo dá a perspectiva de movimento e de mudança, sendo compreendido como condição essencial da própria organização, sendo as demais "coisas" secundárias. Estabelece-se dessa forma o pensamento dominante do *process- -thinking* que "envolve considerar os fenômenos dinamicamente — em termos de movimento, atividade, eventos, mudança e evolução temporal" (Langley (2007, p. 271).

Nos subcapítulos a seguir são discutidas questões relevantes para termos o *process- -thinking* como elemento constituinte do que possa ser considerado como o pensamento predominante (*mindset*) entre as pessoas de uma organização.

6.1 Técnicas para estruturação de organizações

Para a concepção de novos negócios, muitas das abordagens empregadas para discussão e elaboração da empresa nascente já propõem o emprego de técnicas que encaminhem a discussão de processos como uma entidade importante, porém secundária. Nesta subseção, exploraremos como isso ocorre em duas abordagens bastante difundidas, a considerada a mais tradicional e difundida e a outra sendo a mais discutida recentemente. A mais tradicional é a abordagem denominada Estratégia Competitiva (Porter, 1985), cujos princípios estão presentes até hoje em muitas das abordagens contemporâneas. A mais recente, já dentro do conceito de modelos ontológicos para modelagem de negócios ou *Business Model Ontology* (Osterwalder, 2004), é a abordagem *Business Model Canvas* (BMC).

A Estratégia Competitiva de Porter (1985) pede aos que concebem e planejam uma empresa que a insiram no contexto do ambiente, para isso projetando-a segundo o mapa denominado Cadeia de Valor Genérica (*the generic value chain*), daqui para frente denominado apenas como CV. Nesse mapa, há a indicação dos fornecedores à esquerda e dos clientes à direita, sendo que no meio dessas estão declaradas as atividades primárias. Aplica-se, portanto, o conceito básico da Teoria Geral de Sistemas composto por entrada, processamento e saída. Embora Porter tenha generalizado o processo de negócio, quebrando-o em cinco atividades bastante genéricas do segmento industrial (logística de entrada, operação, logística de saída, marketing & vendas, e serviços), o leitor percebe nitidamente um processo de negócio central e estruturante da empresa.

Elaborações de desenhos de CV podem ser concebidas tanto na visão funcional (gestão de processos) quanto na perspectiva de processos de negócios (gestão por processos), tudo dependerá das intenções e do *mindset* daqueles que definem e estruturam a organização. Como exemplo de CV concebida para uma organização orientada a processos de negócios, Dumas *et al.* (2018) apresentaram a CV da empresa que opera o transporte público de Viena, decomposta em quatro processos de negócios e indicando os seus principais processos: a) Gestão de relacionamento com clientes (contatar clientes, gerir vendas, e promover relacionamentos); b) Operar veículos (planejar e comprar veículos, manutenir veículos, averiguar veículos); c) Transportar clientes (planejar os transportes de clientes, transportar clientes, avaliar transporte realizado); e d) Prover infraestrutura (planejar infraestrutura, construir infraestrutura, manutenir infraestrutura, avaliar infraestrutura).

Já na abordagem BMC, abordam-se nove tópicos que estão distribuídos em quatro temas. Os quatro temas são: Infraestrutura (ou "Como?"), Oferta (ou "O quê?"), Clientes (ou "Para quem?") e Finanças (ou "Quanto?"). O tema infraestrutura é decomposto em (Osterwalder, 2004):

» **Atividades-chave**: As atividades mais importantes para executar a proposição de valor da empresa.

» **Recursos-chave**: Os recursos que são necessários para criar valor para o cliente. São considerados ativos da empresa e são necessários para manter e dar suporte ao negócio. Esses recursos podem ser humanos, financeiros, físicos ou intelectuais.

» **Rede de parceiros**: As alianças de negócios que complementam os outros aspectos do modelo de negócio.

As atividades-chave são os processos de negócio, ou seja, aquelas que entregam o valor ao cliente, valor esse declarado no tema Oferta. Os recursos-chave do BMC são aqui análogos às "coisas" descritas por Hernes (2008). Esses dois temas são tratados concomitante e igualmente dentro da abordagem BMC, sendo que essa igualdade por si só, assim como ocorre com a técnica Estratégia Competitiva, não assegura uma orientação da organização a processos no sentido de constituir um *mindset* que possa ser denominado de *process-thinking*.

Embora a aplicação de técnicas como a CV, o BMC, entre outras, seja bastante útil para a discussão e estruturação de novos negócios, inclusive na perspectiva da BPM, auxiliando na compreensão dos processos de negócio da organização, elas são apenas parte do contexto necessário. Elas sozinhas não asseguram que a organização será concebida dentro de uma perspectiva *process-centric*, conforme requerido pela BPM. Essas técnicas ou ferramentas apenas implementam, auxiliam na operacionalização das intenções daqueles que estão definindo e/ou ajustando a forma de condução dos negócios de uma organização. As técnicas por si só não são o suficiente, demandam outras ações ou competências anteriores ao momento da aplicação delas.

Essa percepção das técnicas como parte da solução BPM é importante de ser observada para evitar ações BPM de forma simplista, pautadas fortemente por investimentos em tecnologias (metodologias e técnicas automatizadas por softwares). Davenport (2002) denominou esse tipo de política empresarial como utopia tecnológica, sendo o seu maior problema o desvio de atenção dos gestores dos aspectos prioritários. No caso do ambiente BPM adequadamente planejado, temos o domínio dos conceitos e das premissas para adoção da abordagem BPM, abrangendo, entre outras coisas, a compreensão da cultura organizacional necessária e as políticas para tal, como precedendo a aplicação dessas técnicas.

6.2 Recursos-chave como substantivos (entidades) estáveis

A crítica de Hernes (2008) para a forma como pensamos e concebemos as organizações, inclusive nas duas abordagens comentadas, é a de darmos prioridade e foco para as "coisas", ou seja, para os substantivos. Tomando como exemplo a técnica da cadeia de valor de Porter (1985), boa parte da discussão a partir do desenho inicial da cadeia é por intermédio de nomes de áreas ou departamentos funcionais. Cada área volta-se para um recurso ou coisa importante, e todos os processos giram em torno dele. O ciclo de gestão descrito na Figura 4.2 é inspirado e definido a partir das coisas tidas como centrais e importantes à organização. Assim, a área de gestão de pessoas desenvolverá uma série de processos pensando na aquisição, utilização, controle, aprimoramento e descarte de pessoas. Já na abordagem do BMC, as próprias definições apresentadas por Osterwalder (2004) para atividades-chave e recursos-chave declaram o aspecto mais importante: os recursos-chave "são considerados ativos da empresa", enquanto as atividades-chave são "importantes para executar a proposição de valor da empresa". Em suma, as atividades-chave não são ativos, mas o meio para entregar o principal valor, processando os recursos-chave, estes considerados como os principais ativos da organização.

A crítica da concepção da empresa e do que seja a organização a partir do pensamento centrado em "coisas" é a de que elas promovem um pensamento estático, como já dito, oposto ao ambiente dinâmico de negócios atual, que demanda mudanças constantes. Sem querer entrar na discussão filosófica que Hernes (2008; 2014) elaborou, ao comparar a concepção de organização segundo o teórico organizacional Karl Weick com a concepção do filósofo Alfred North Whitehead, o questionamento principal gira em torno de o gestor priorizar e dar maior ênfase às coisas (substantivos), mais estáveis e menos sujeitas a mudanças, do que às ações (verbos) da empresa, mais dinâmicas e mutáveis.

Discussão similar em termos de status polares, de estática à agilidade de alteração de estado, ocorre em outros contextos de forma bastante similar. No contexto mais técnico, da engenharia de software, reconhece-se que os sistemas centrados em dados (*data-centric*) demandam menos alterações evolutivas do que os sistemas centrados em processos (*process-centric*), estruturados a partir das dinâmicas regras de negócios (Dias *et al.*, 2015). Dessa forma, tem-se aqui uma linha de pensamento que corrobora e justifica a concepção de Hernes, de termos o processo de negócio como sendo o componente mais importante ou pelo menos em igualdade de importância em relação às outras "coisas" que configuram e constituem uma organização.

6.3 Entificação e o balanceando entre verbos (processos) e substantivos ("coisas" ou entidades)

A teoria de processo desenvolvida por Hernes (2008; 2014) traz como principal ganho aos pesquisadores e praticantes a importância do balanceamento entre substantivos e verbos. Os substantivos são representações linguísticas de entidades físicas ou abstratas, enquanto os verbos são representações linguísticas de resumos temporais do que ocorre com as entidades ao longo do tempo (Bakken e Hernes, 2006). Para isso, ele propõe tratar as coisas que envolvem a organização como entidades manipuladas pelos processos, ação denominada por ele de entificação (do inglês *entification*).

A entificação não deve ser confundida com o conceito de entidade que conhecemos das técnicas de modelagem de dados: "uma entidade é uma 'coisa' que pode ser distintivamente identificada. Uma pessoa específica, empresa ou evento é um exemplo de entidade" (Chen, 1976, p. 10); "algo que existe física ou virtualmente, identificável unicamente por intermédio de suas características (seus atributos)" (De Sordi, 2019, p. 23). O termo "entificação" supera a divisão entre processo e entidade, entre verbo e nome. Em vez de perguntar se algo é um processo ou se é uma entidade, deve-se perguntar como ele assume determinadas propriedades, e, por sua vez, como essas propriedades alimentam os processos.

Hernes (2008, p. 30) definiu entificação da seguinte forma:

> Por "entificação", quero dizer a medida em que algo é visto se desenredando de modo a ser visto como reentrando no processo. Uma entidade não deve ser considerada análoga a um objeto físico, embora também possa ser um objeto físico. Entidade é algo que é delimitado e reconhecido como algo do qual se pode falar, como um conceito, uma empresa, uma tecnologia, uma pessoa ou um grupo de pessoas. Uma entidade pode ser considerada um rótulo. (Weick, 1995a)

Assim, a forma como a própria organização é compreendida, seja como uma entidade marcada por sua estabilidade (substantivos) ou por ações (verbos) que estão em mudança contínua, influencia a compreensão de como os gestores mantêm as regras, as rotinas e as práticas, bem como a forma com que eles produzem novas regras ao mesmo tempo que desempenham suas atividades (Hussenot e Missonier, 2015). Não se trata apenas de uma questão de compreensão, mas de percepção e de atitudes que resultam em comportamentos organizacionais.

6.4 Técnicas que balanceiam e integram processos e dados

Apresentamos, na segunda parte desse livro, com início no próximo capítulo, apenas algumas das muitas técnicas utilizadas para a implementação da abordagem de gestão por processos, com a finalidade de evidenciar aos gestores a importância do arcabouço de técnicas para implementação e operacionalização da abordagem da gestão por processos. Lembrando que esse livro tem por objetivo a concepção estratégica e gerencial do emprego da abordagem da gestão por processos, ele não se propõe a ser um guia para técnicos e especialistas quanto à sua implementação. Posto isso, temos que o conjunto de técnicas apresentadas na segunda parte não é exaustiva e completa, longe disso. As técnicas apresentadas servem como meio para discutir a transição entre a concepção e a implementação da gestão por processos, além de sensibilizar os gestores da necessidade de investimento em um arcabouço de técnicas, na forma de método e softwares. Apesar desse espectro reduzido em termos de descrição de técnicas, temos conceitos e exemplos suficientes para evidenciar como a ideia de entificação da organização se concretiza em termos de integração de diferentes técnicas comumente empregadas na gestão por processos.

Hussenot e Missonier (2015), ao discutirem a importância de compreendermos a empresa como um conjunto de integrado processos e entidades, sem ser algo centrado em dados ou centrado em processo, mas tendo os dois como uma só coisa, destacou o evento ou cenários como um conector lógico para essa conjunção. Nesse sentido, a subseção "4.3 Fluxo de trabalho, evento de negócio e estados que o caracterizam" traz elementos importantes para a abordagem de gestão por processos. A ideia central é a de eventos que disparam processos e que alteram os estados das entidades. Uma técnica importante nesse contexto é o diagrama de transição de estado (como exemplo, ver Figura 4.4), cujos eventos também estão ligados a processos (ver Figura 4.3). Outra técnica é o Diagrama de Eventos (ver Figura 16.2) que conecta os eventos em cadeia, dentro de uma perspectiva maior de processo.

Na Engenharia da Informação (EI), há muitos procedimentos que integram as abstrações presentes nas técnicas de modelagem de processo com as abstrações presentes nas técnicas de modelagem de dados (Martin, 1990). Vamos citar aqui duas dessas integrações:

» Para os fluxos de dados, recomenda-se que haja visões dos conjuntos de dados associados a eles. Assim, cada fluxo de dados tem um nome (identificador), e para cada um desses há um modelo entidade-relacionamento (M-E-R) associado. Essa visão do M-E-R apresenta apenas as entidades e aqueles atributos dessa entidade estritamente necessários de serem entregues para a atividade seguinte (aquela para a qual a ponta da seta do fluxo de dados aponta).

» Para cada atividade elementar, recomenda-se associar uma matriz CRUD (acrônimo dos verbos, em inglês, *create, read, update, delete*), que indica quais associações são estabelecidas entre aquela atividade com as entidades de dados.

Ter essa perspectiva de integrar processos da empresa com as entidades manipuladas tem o apelo de valorizar o processo de negócio, a "fazedoria" como recurso principal da empresa, a organização como ator principal e agente de mudança. Obviamente essa abordagem não tem somente ganhos, mas é a mais apropriada para aqueles que estão gerindo suas organizações dentro da abordagem da gestão por processos. Essa concepção da junção entre verbo e substantivo é importante não apenas do ponto de vista estratégico e gerencial, de compreensão do que seja uma organização, mas também para a perspectiva das técnicas utilizadas para projetar, operar e evoluir os processos da empresa. A ideia central aqui é ter uma estrutura dinâmica, flexível e projetada para alterações constantes, para que ela possa acompanhar a dinâmica de adaptações necessárias para a manutenção de sua competitividade no atual ambiente de negócios.

6.5 Treinamento em BPM

Thennakoon *et al.* (2018, p. 478) fez uma ampla revisão da literatura sobre treinamentos voltados ao BPM e destacou haver "um amplo reconhecimento de que treinar pessoas de todos os níveis da organização em atividades de gerenciamento por processos e *process-thinking* é um grande contribuidor tanto para o sucesso quanto para o fracasso da sustentabilidade de iniciativas de BPM". Desta forma, o uso do treinamento em BPM, embora importante para ao desenvolvimento do *mindset* corporativo em direção ao *process-thinking*, deve ser considerado com muito cuidado.

Os fracassos, ou melhor, a não geração de alto retorno sobre o investimento foi apontada nas pesquisas de Thennakoon *et al.* (2018) para as ações de treinamento centradas em ferramentas e técnicas para melhoria de processos. Aqui os autores relatam pesquisas de terceiros que relatam mais foco e ações em aspectos operacionais (centrado em ferramentas e técnicas) do que de cunho estratégico ou voltados à formação de uma cultura organizacional centrada em processos. Ao abordar o tópico cultura na discussão de Modelos de Maturidade para Processos de Negócios (MMPN), Rosemann e vom Brocke (2015) destacaram que a cultura muitas vezes é menosprezada pelas organizações como um "fator leve", embora as pesquisas evidenciem forte impacto da cultura nos resultados das ações da BPM.

Quanto aos resultados positivos do treinamento BPM, Thennakoon *et al.* (2018) identificaram ganhos para o estabelecimento da cultura do *process-thinking* nos seguintes contextos:

a. Ter as pessoas da organização engajadas na criação de conhecimento.

b. Diminuição da resistência à mudança.

c. Aumento dos níveis de prontidão das pessoas para a reengenharia de processos de negócios.

d. Melhora na atitude das pessoas para a mudança.

e. Incorporação de valores culturais de BPM na organização.

6.6 Cultura organizacional

Revisões das literaturas científicas apontam que o tema cultura para gestão por processos é pouco pesquisado (vom Brocke e Sinnl, 2011). Entre as poucas pesquisas, Schmiedel *et al.* (2013) utilizaram-se do método Delphi para a obtenção de consenso entre especialistas para identificar os temas considerados como relevantes para a cultura organizacional em apoio ao BPM. Os quatro temas identificados pelo grupo de treze gestores e quatorze pesquisadores foram:

> » **Orientação para o cliente**: Refere-se à atitude proativa e responsiva em relação às necessidades dos destinatários da saída do processo, ou seja, dos clientes.

> » **Excelência**: Refere-se à orientação para a melhoria contínua e inovação para alcançar desempenho superior para o processo.

> » **Responsabilidade**: Refere-se ao compromisso com os objetivos do processo e a responsabilidade pelas decisões relacionadas ao processo.

> » **Trabalho em equipe**: Refere-se à atitude positiva em relação à colaboração multifuncional.

Mais recentemente, Raczyńska e Krukowski (2019), ao discutirem as características da cultura de BPM para organizações públicas, apontaram quatro aspectos da cultura BPM destacados por Schmiedel *et al.* (2013), mas também destacaram os apontamentos de Zairi (1997) desenvolvidos no final do século XX. Apesar de mais antigos, os tópicos abordados por Zairi (1997) continuam válidos e caracterizam bem o avanço tímido ocorrido nessa temática. Destaca-se que os sete tópicos apontados por Zairi (1997) abrangem três dos quatro tópicos identificados mais recentemente por Schmiedel *et al.* (2013). Os sete pontos identificados por Zairi (1997) são:

> » Orientação para as inter-relações funcionais, ou seja, foco nos processos, em vez de nos departamentos funcionais.

> » Orientação para o cliente como destinatário dos resultados da conclusão do processo.

> » Qualidade como excelência e desempenho ideal do processo.

> » Foco na eficácia do processo.

> » Melhoria permanente como uma forma de pressão na revisão constante das condições e processos para eliminar quaisquer deficiências potenciais.

> » Inovação como introdução de mudanças criativas, que têm um efeito fundamental na renovação de processos e/ou nos seus efeitos.

> » A responsabilidade de focar o comprometimento.

O tema cultura organizacional adequada à abordagem BPM será retomado e discutido em mais detalhes no primeiro capítulo da parte IV, denominado "abordagem para a implementação da gestão por processos". Nele, temos uma subseção específica para tratar da cultura, denominada "Desenvolvimento da cultura de gestão por processos de negócios". Por ora, o importante é percebemos que os processos de negócio da organização são definidos pelas pessoas que configuram as transações de negócio automáticas e que decidem pelo encaminhamento das transações inusitadas (exceções). Com isso, temos que a cultura arraigada na equipe é fator decisivo e crítico para uma organização orientada a processos de negócios. A visão de organização como processo é sobretudo uma compreensão, um entendimento de seus comandantes e da cultura destes.

TEXTOS COMPLEMENTARES

Para mais informações sobre o conceito de "Organização como Processo", recomendo a leitura dos dois primeiros capítulos do livro de Hernes (2008): Capítulo 1, *"Organization in a tangled world"*; e Capítulo 2, *"Process views of organization"*.

QUESTÕES PARA REFLEXÃO

Considere o contexto de uma empresa que você conheça bem e faça uma reflexão da relevância dos processos para ela, a partir das seguintes questões:

1. Quais são o status e a importância atribuídos aos processos de negócio do mais alto nível dessa organização em termos de planejamento, acompanhamento e controle?

2. Há similaridades entre o nível de atenção e dedicação organizacional para as "coisas" (finanças, pessoas, equipamentos, intangíveis...) e a dedicação para os processos de mais alto nível?

PARTE > II

Técnicas aplicadas ao aprimoramento de processos de negócio

PARTE II – Técnicas aplicadas ao aprimoramento de processos de negócio

Esta parte do livro tem por objetivo discutir algumas técnicas direcionadas ao aprimoramento de processos de negócio. O foco é destacar as técnicas menos utilizadas pelas abordagens Seis Sigma (6σ) e *total quality management* (TQM) e que são pertinentes às demandas da gestão por processos, evidenciando que o universo de técnicas é bastante amplo — algumas aparentemente são similares, porém entregam resultados bastante distintos. Não se objetiva proporcionar uma discussão ampla e variada das técnicas como ocorre, por exemplo, em livros voltados às abordagens 6σ ou TQM, cujas técnicas se aplicam ao contexto da melhoria contínua ou radical dos processos de negócio.

Ao término da leitura dos capítulos desta parte, o leitor deverá perceber que não há um método rígido e universal para o aprimoramento de processos de negócio, mas que o *pot-pourri* de técnicas disponíveis deve ser compreendido para se selecionar e combinar as mais apropriadas para cada demanda específica. Dentro deste propósito, dois grupos de técnicas são descritos: primeiro, as associadas a questões humanas de motivação do executor e dos demais envolvidos na operação do processo de negócio; segundo, as associadas à análise de interdependência entre entidades com o objetivo de priorização das mesmas. Estes dois níveis de discussão ocorrem por intermédio de dois capítulos específicos, descritos nos parágrafos a seguir.

Após a leitura do primeiro capítulo desta parte, o leitor deverá ter aperfeiçoado seus conhecimentos sobre como tornar os postos de trabalho mais atrativos às pessoas que atuarão junto aos processos de negócio da organização. Trata-se de informação fundamental aos responsáveis pelo desenho ou redesenho de processos de negócio. Algumas técnicas motivacionais são apresentadas e discutidas, desde as consideradas clássicas até as contemporâneas. Para o pleno discernimento das técnicas motivacionais, desenvolvem-se textos que abordam o conceito de competência, desdobrando-a em conhecimento, habilidade e atitude. Também são abordados alguns pontos de atenção ao processo de implantação da multifuncionalidade, para que a empresa não incorra em riscos legais de âmbito trabalhista.

No segundo capítulo são apresentadas e discutidas algumas técnicas voltadas à análise e priorização de causas associadas a problemas. As técnicas, apesar de parecerem muito similares, são bastante distintas e aplicadas a contextos específicos, por exemplo, quanto ao nível de complexidade do problema em questão. Além do conhecimento das técnicas, evidencia-se a importância do domínio do pensamento sistêmico e de seus arquétipos pelos analistas de processo.

Capítulo 7

Gestão por processo e a atratividade dos postos de trabalho

7.1 O desafio da "atitude" na empresa moderna

A Revolução Industrial teve início na Inglaterra, em meados do século XVIII, tendo entre seus impulsionadores a invenção do motor a vapor e a acumulação de capital. Sua ampla expansão, em escala global, ocorreu no século seguinte e provocou profundas mudanças na ordem social estabelecida durante séculos de era agrícola. Com o advento da internet e a conectividade virtual entre os diversos atores da sociedade, ocorrida a partir do final do século XX, uma nova realidade social começou a se instaurar, denominada era da informação e do conhecimento.

A Figura 7.1 descreve a alteração de foco da sociedade ao longo dessas três eras, em termos de valoração de quatro recursos: trabalho, terra, conhecimento e capital. Cada uma dessas distintas eras trouxe consigo muitos impactos, inclusive na forma de administrar as sociedades empresariais. Na atualidade, vivenciamos o momento de transição entre a sociedade industrial e a sociedade do conhecimento, com as empresas mais competitivas e modernas já inseridas nesta nova era.

Analisando o indivíduo perante essas três eras, temos: a predominância do trabalho escravocrata da era agrícola, tão importante quanto possuir o recurso terra; na era industrial, o indivíduo continua valorizado pela sua ação física, porém trabalhador livre e remunerado, contexto que valoriza o recurso capital; e na era do conhecimento, o indivíduo é valorizado não por suas capacidades físicas, mas principalmente pelas cognitivas e intelectuais.

Figura 7.1 A importância atribuída pelas diferentes eras sociais aos recursos terra, trabalho, capital e conhecimento

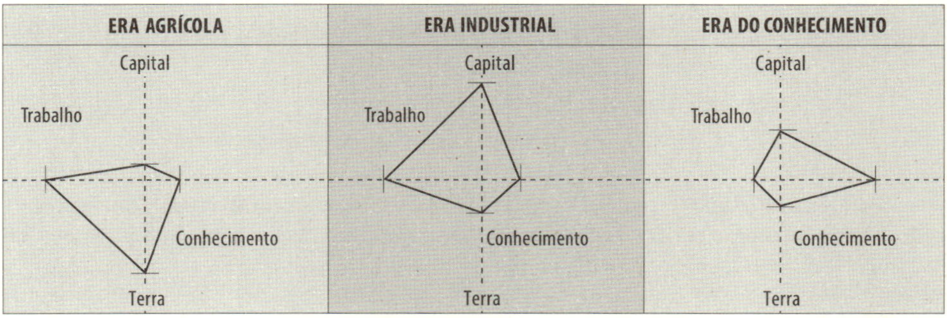

Fonte: Adaptado de GOREY; DOBAT, 1996.

As práticas de gestão de pessoas evoluíram acompanhando essas transformações sociais. Nas décadas de 1970 e 1980, a ênfase das organizações era em qualificar pessoas, ou seja, prover conhecimentos e habilidades necessários à operação de modernos equipamentos e ao exercício de suas funções. Na década de 1990, observou-se que não bastava ter funcionários qualificados, era fundamental ter indivíduos com atitude para colocar em prática seus conhecimentos e suas habilidades nas diversas situações vivenciadas, muitas não estruturadas e imprevistas. Observa-se que este momento coincide com o desenvolvimento da abordagem da gestão por processos, que requer atitude de seus funcionários para que eles possam, por exemplo, exercitar a sua autonomia operacional, que é concedida para que possam atuar na diversidade de atividades imprevistas e não estruturadas.

Na era industrial, de muito controle e supervisão, prevaleceu a gestão funcional; na era do conhecimento, atrelada à autonomia e liberdade, passa a prevalecer a abordagem da gestão por processos. As principais diferenças da organização do trabalho entre essas duas abordagens foram descritas no Quadro 2.1. Tais diferenças também são úteis ao entendimento e à diferenciação da natureza do trabalho entre a era do conhecimento e a era industrial.

A atenção das organizações ao vetor *atitude* dos funcionários, dando-lhe o mesmo *status* e atenção gerencial concedidas aos vetores conhecimento e habilidade, já anteriormente considerados pelo movimento de qualificação, proporcionou o que hoje denominamos gestão por competências. Entre os profissionais da área de gestão de pessoas emprega-se o termo "chá", referência ao acrônimo (C-H-A), derivado das iniciais das palavras que referenciam os três vetores centrais da gestão por competências: conhecimento, habilidade e atitude.

Há muitas variações de análises de competência no contexto das organizações.[1] Prahalad e Hamel (1990), por exemplo, desenvolveram uma taxonomia de competência composta por competência essencial e competência organizacional. Outra dicotomia no estudo de competências está no entendimento do objeto central ao qual ela está vinculada, se ao indivíduo ou se ao posto de trabalho ou cargo. Essa ideia, porém, é contestada e descartada pela administração contemporânea, que entende competência de forma mais ampla: como um conjunto de realizações associadas ao que as pessoas provêm, desenvolvem e entregam em termos de valor agregado à organização, a elas próprias e ao meio onde estão inseridas.[2]

Segundo Fleury e Fleury (2000), a competência do indivíduo é o "saber agir responsável e reconhecido que implica mobilizar, integrar, transferir conhecimentos, recursos e habilidades que agreguem valor econômico à organização e valor social ao indivíduo".[3] Considera-se ainda que os elementos constituintes da competência são:

a. O "saber", referente aos *conhecimentos* formais do indivíduo.

b. O "saber-fazer", que se refere às suas *habilidades* e destrezas.

c. O "saber-ser" ou "saber-agir", relacionado a suas *atitudes* e seus comportamentos.[4]

Para Zarifian[5] (2001), os trabalhadores cada vez mais se confrontam com o inesperado, com o inusitado no dia a dia de trabalho; o imponderável e a exceção passam a ser

[1] PRAHALAD, C. K.; HAMEL, G. The core competence of the corporation. *Havard Business Review*, v. 68, nº 3, pp. 79–91, maio/jun., 1990.

[2] LE BOTERF, G. *Desenvolvendo a competência dos profissionais*. São Paulo: Artmed e Bookman, 2003.

[3] FLEURY, A.; FLEURY, M. T. L. *Estratégias empresariais e formação de competências*. São Paulo: Atlas, 2000.

[4] RUAS, R. Desenvolvimento de competências gerenciais e contribuição da aprendizagem organizacional. In: FLEURY, M. T. L.; OLIVEIRA Jr., M. M. (Orgs.). *Gestão estratégica do conhecimento: integrando aprendizagem, conhecimento e competências*. São Paulo: Atlas, 2001.

[5] ZARIFIAN, P. *Objetivo competência:* Por uma nova lógica. São Paulo: Atlas, 2001.

parte integral do trabalho na era do conhecimento. Dessa forma, torna-se impossível determinar todo o conjunto de tarefas e atividades que o trabalhador terá de executar. Os desafios de lidar com o imponderado, de aprender e inovar, é tão significativo para as organizações contemporâneas, que Le Boterf[6] (2003) sugeriu um quarto elemento constituinte de competência: o "saber-aprender", que consiste em saber tirar lições de experiências.

Os elementos "conhecimento" e "habilidades" pertencem às pessoas. Assim, a preocupação dos gestores das organizações é assegurar que o conhecimento e as habilidades dos funcionários estejam em conformidade com os desafios que lhes serão entregues. Além disso, os gestores têm como responsabilidade auxiliar essas pessoas a aperfeiçoarem seu conhecimento e suas habilidades para se adaptarem às novas demandas. O elemento atitude é mais circunstancial, depende, sobretudo, da *motivação* da pessoa em utilizar seu potencial cognitivo para análise da situação inusitada e da aplicação do conhecimento e das habilidades mais adequados a cada circunstância. Para as organizações, é mais fácil tratar e gerenciar os elementos conhecimento e habilidade por meio de treinamentos, simuladores, exercícios práticos e demais ferramentas. A atitude representa um desafio maior e mais recente em termos de interesse das organizações e da sociedade e, portanto, ainda pouco desenvolvido. Essa é uma das razões que explicam um ditado muito comum entre os praticantes da gestão de pessoas: "as pessoas são contratadas pelos seus conhecimentos e habilidades e são demitidas pelas suas atitudes."

A importância do domínio da gestão por competências para implementação plena e eficaz da abordagem da gestão por processos pode ser abordada de diferentes formas. Neste capítulo, essa associação será discutida a partir da motivação, mais especificamente sobre como projetar postos de trabalhos que sejam mais motivadores e atraentes às pessoas, que deem ânimo a estas para colocarem seus conhecimentos e habilidades em prol de seus clientes, da empresa e da sociedade como um todo. Para essa discussão, primeiro evidencia-se o pouco exercício prático das organizações e da academia em aplicar teorias motivacionais na abordagem da gestão por processos. Na sequência, serão abordadas as teorias motivacionais clássicas — de pouca serventia — e as contemporâneas, de muito valor para os atuais desafios organizacionais. Por fim, apresentam-se duas formas de interação positiva entre as práticas motivacionais contemporâneas e a eficácia da gestão por processos.

7.2 Práticas motivacionais e seus efeitos na atitude

O conceito da gestão por processos como abordagem administrativa é algo recente. Sua difusão nas organizações, como prática de gestão, ocorreu de forma mais intensa durante a última década do século XX, em consonância com ações de substituições de sistemas de informação computadorizados a fim de evitar o problema do bug do milênio.[7] Essas ações

---

[6] LE BOTERF, G. *Desenvolvendo a competência dos profissionais*. São Paulo: Artmed e Bookman, 2003.

[7] Nos sistemas de informação computadorizados desenvolvidos durante as três primeiras décadas da indústria de software (1950, 1960 e 1970), as datas em termos de ano eram representadas por apenas dois dígitos, os programas assumiam o número "19" na frente para formar o ano completo. Desta forma, ao ser alcançado o ano de 2000, o computador iria entender "19" acrescido de dois zeros ("00"), ou seja, entenderia o ano como sendo 1900. Os sistemas de informação mais contemporâneos, com tecnologias mais modernas, não apresentariam tal problema. Com essa situação de erro, ocorreriam situações indesejadas, como aplicações apresentando juros negativos, credores passariam a ser devedores, emissão de boletos de cobrança considerando cem anos de atraso, entre outros problemas.

enfatizaram, sobretudo, desafios tecnológicos — substituição de softwares corporativos —, e suas iniciativas concentraram-se mais em torno de questões operacionais, como: (re) desenho de fluxos de trabalho, interface homem-máquina, expansão da rede de dados, introdução de novos processadores/computadores. Aspectos humanos foram contemplados de forma superficial, abrangendo revisão do perfil quantitativo e qualitativo da força de trabalho, incluindo aspectos como: perfil de acesso para grupos de usuários do novo sistema de informação e necessidade de treinamento conceitual e operacional.

De forma geral, os projetos de introdução da gestão por processos nas organizações, muitas vezes denominados projetos de (re)desenho de processos ou reengenharia de processos, não contemplaram ou consideraram muito superficialmente as teorias referentes à motivação dos colaboradores. Mais de duas décadas depois da implantação desses projetos e, considerando-se o contínuo avanço das práticas empresariais e das pesquisas científicas em torno dos temas gestão por processos e teorias motivacionais, pode-se discutir com maior clareza e discernimento, tanto conceitualmente quanto de forma prática, o potencial colaborativo entre a gestão por processos eficaz e a aplicação das teorias motivacionais contemporâneas.

A análise do contexto empresarial e das publicações científicas aponta para um baixo vínculo associativo entre a abordagem da gestão por processos e as teorias e práticas motivacionais. No primeiro semestre de 2011, constatou-se essa percepção por intermédio de pesquisas realizadas junto a mais de duas mil revistas científicas da área de gestão, disponíveis nas bases de dados ProQuest e EBSCO. Essas bases de dados disponibilizam um grande volume de artigos, de importantes revistas científicas, em especial dos países ocidentais. Nas pesquisas realizadas, procurou-se por artigos que apresentassem alguns termos específicos, o primeiro associado à gestão por processos, *business process* ou *business process management*, acompanhado de pelo menos um de uma lista de termos pertinentes com teorias motivacionais contemporâneas a serem analisadas neste capítulo: *job characteristic, job motivation, job design, theory of goal setting* e *goal-setting theory*.

7.2.1 Teorias motivacionais: Clássicas e contemporâneas

Entre as teorias motivacionais clássicas destacam-se: hierarquia das necessidades humanas, de Maslow;[8] Teoria X e Teoria Y, para distinção do ser humano, de McGregor;[9] teoria dos dois fatores, para demonstrar que o oposto de satisfação não é insatisfação, de Herzberg;[10] e teoria das necessidades humanas predominantes, de McClelland.[11] Tais teorias foram aceitas e amplamente difundidas em função de serem intuitivamente lógicas e bastante convincentes. Apesar de compreendidas e aceitas pelos praticantes (gestores), apresentaram pouco resultado prático, devido à dificuldade de operacionalização, seja como prática ou técnica aplicada no contexto das organizações.[12]

---

[8] MASLOW, A. H. A Theory of Human Motivation. *Psychological Review*, n° 50, pp. 370–396, 1943. Disponível em: <http://psych-classics.yorku.ca/Maslow/motivation.htm >. Acesso em: 6 mar. 2011.

[9] McGREGOR, D. The Human Side of Enterprise. *Proceedings of the Fifth Anniversary Convocation of the School of Industrial Management*, Massachusetts Institute of Technology, abr. 1957.

[10] HERZBERG, F. *The motivation to work*. Nova York: Wiley, 1959.

[11] McCLELLAND, D. C. Power: *The inner experience*. Nova York: Irvington Publishers, 1975.

[12] ROBBINS, S. P.; JUDGE, T. A.; SOBRAL, F. *Comportamento organizacional*. 14ª ed. São Paulo: Pearson, 2010.

Embora atendessem a alguns princípios das teorias de qualidade, como a simplicidade e a generalidade, essas teorias motivacionais clássicas não conseguiram atender a um importante pré-requisito da teoria de qualidade: a precisão. As pesquisas empírico-científicas realizadas demonstraram que, em muitas condições e situações analisadas, as afirmações das teorias motivacionais clássicas não se sustentavam. A título de exemplificação, a teoria da hierarquia das necessidades humanas de Maslow[13] não respondeu, coerentemente com as suas premissas, a muitos questionamentos, entre eles:

d. As necessidades ainda não atendidas de fato motivam as pessoas?

e. Uma necessidade atendida ativa um movimento de desejo em direção ao nível seguinte da hierarquia?

f. As necessidades são organizadas dentro das dimensões ou hierarquias propostas por Maslow?

Do ponto de vista epistemológico, as teorias motivacionais clássicas são provenientes de um período com predominância do conhecimento científico positivista, suas afirmações eram amplas e genéricas, porém com baixa precisão. Por baixa precisão entende-se que em algumas situações observa-se o resultado esperado conforme o modelo, em outros momentos não, ou seja, o modelo não é preciso e eficaz (teoria que nem sempre funciona). O conhecimento científico desenvolvido atualmente, denominado abordagem pós-positivista, é mais específico e pontual, porém preciso. Embora o conhecimento científico pós-positivista possa ser considerado menos abrangente e genérico, ele apresenta-se bem respaldado pelas pesquisas empírico-científicas. O escopo mais restrito e fidedigno do conhecimento científico pós-positivista está bem representado nas afirmações de Langley: "As teorias simples, com bom poder explicativo, são preferidas em relação às complexas, que explicam um pouco mais; como afirma Daft (1983), a boa pesquisa está mais para um poema do que para um romance."[14]

Das teorias de motivação contemporâneas, não tão genéricas e simples quanto às clássicas, porém mais precisas e válidas, optou-se por descrever algumas que trabalham e desenvolvem características organizacionais, também preconizadas como relevantes e necessárias ao contexto da gestão por processos de negócios. A seguir, descrevem-se a teoria do planejamento do trabalho[15] e a teoria da fixação de objetivos.[16]

A teoria do planejamento do trabalho propõe que o projeto dos cargos de trabalho siga as recomendações do modelo de características do trabalho proposto por Hackman e Oldham.[17] Nesse modelo, todo trabalho ou função pode ser descrito em termos de cinco dimensões essenciais: variedade de habilidades, identidade da tarefa, significância da tarefa, autonomia e *feedback* (descritas no Quadro 7.1). Trabalhos que ofereçam variedade de habilidades, identidade da tarefa, significância da tarefa e autonomia e que recebam *feedback* contínuo influenciam diretamente em três estados psicológicos do colaborador: conhecimento dos seus resultados, experiência de ser responsável e de exercer um trabalho

---

[13] MASLOW, 1943.

[14] LANGLEY, A. Strategies for Theorizing from Process Data. *Academy of Management Review*, v. 24, nº 4, pp. 691–710, 1999.

[15] HACKMAN, J. R.; OLDHAM, G. R. Motivation Through the Design of Work: Test of a Theory. *Organizational Behavior and Human Performance*, v. 16, pp. 250–279, ago. 1976.

[16] LOCKE, E. A.; LATHAM, G. P. *A Theory of Goal Setting and Task Performance*. Englewood Cliffs (NJ): Prentice Hall, 1990.

[17] HACKMAN; OLDHAM, 1976.

importante e significativo. Esse estado psicológico intensifica a energia dos colaboradores para o desenvolvimento de suas tarefas, os mantêm motivados, com melhor desempenho e maior satisfação com a organização. Pesquisas indicam que esse estado afeta diretamente as variáveis independentes de interesse da gestão de pessoas como: maior produtividade (quantidade entregue), melhor produtividade (qualidade da entrega), redução dos níveis de absenteísmo, melhor adequação ao comportamento esperado e menor rotatividade de funcionários (*turnover*).

Quadro 7.1 As cinco dimensões do modelo de características do trabalho

Dimensão	Descrição
Variedade de habilidades	Nível/grau de habilidades requeridas para desempenhar determinado cargo/função.
Identidade da tarefa	Nível/grau de percepção para conclusão de uma tarefa no seu todo.
Significância da tarefa	Nível/grau de percepção do impacto sobre a vida e/ou trabalho de outras pessoas.
Autonomia	Nível/grau de liberdade para que o colaborador possa planejar e determinar os procedimentos para execução do seu trabalho.
Feedback	Nível/grau de informação direta e clara referente ao desempenho do colaborador com relação ao trabalho de sua responsabilidade.

Fonte: Adaptado de Hackman; Oldham, 1976.

Para análise do potencial motivador (PM) de um cargo, Hackman e Oldham (1976) propuseram o seguinte indicador:

$$M = \frac{v + i + s}{3}\, a^* f$$

Em que:　　v = variedade

i = identidade

s = significância

a = autonomia

f = feedback

A teoria da fixação de objetivos[18] fundamenta-se na seguinte premissa: as pessoas respondem melhor a objetivos específicos, difíceis e definidos por consenso. O desempenho nessas situações é significativamente melhor do que em situações de não existência de objetivo, de objetivos fáceis ou genéricos, como a diretriz "faça o seu melhor".[19] De forma geral, a teoria da fixação de objetivos afirma que a *motivação dos funcionários*, descrita, por exemplo, pela variável dependente (Y) *produtividade*, é afetada pela variável independente (X) *objetivo válido*, descrita, por exemplo, pelas variáveis *nível de clareza* e *nível de dificuldade*. Considerando-se os perigos de amplas generalizações, na epistemologia pós--positivista, opta-se por reduzir as características de generalização e simplicidade, em prol

---

[18]　LOCKE; LATHAM, 1990.

[19]　MELLALIEU, S. D.; HANTON, S.; O'BRIEN, M. The effects of goal setting on rugby performance. *Journal of Applied Behavior Analysis*, v. 39, nº 2, pp. 257–261; verão 2006.

da característica precisão. Assim, ocorre a variação e especialização de modelos iniciais, pela introdução, por exemplo, de variáveis intervenientes (Z), resultando em muitas, importantes e pontuais variações do modelo ou do conhecimento científico acerca da teoria da fixação de objetivos. No exemplo citado, a *produtividade* pode depender também de outras variáveis intervenientes, por exemplo, *tipo de cultura* e *distanciamento do poder*. Seguem algumas derivações do modelo geral em função destas variáveis intervenientes:

» Tipo de cultura: Objetivos estabelecidos por grupo são mais eficientes em culturas coletivistas (China, Cuba) que em culturas individualistas (EUA, Brasil).

» Distanciamento do poder: Em culturas coletivistas e com grande distanciamento do poder, os objetivos moderadamente difíceis podem ser mais motivadores do que os difíceis.

7.2.2 Aspectos convergentes entre gestão por processos e teorias motivacionais contemporâneas

Há muitos pontos convergentes entre os dois conjuntos teóricos, que configuram oportunidades de interação capazes de tornarem a gestão por processos uma abordagem mais eficaz. Destacam-se, a seguir, duas situações identificadas como pertinentes, a primeira referente ao design de postos de trabalhos mais atrativos e que motivam os colaboradores, a segunda associada à manutenção de desafios que inspirem e motivem os colaboradores.

7.2.2.1 *Criação de posições de trabalho atrativas e que motivam os colaboradores*

Quanto à motivação dos colaboradores envolvidos com processos de negócios, ou seja, na prática da gestão por processos, Hammer[20] destaca a redução de trabalhos burocráticos, permitindo aos profissionais concentrarem-se em atividades que lhes sejam naturalmente atrativas, como as associadas diretamente a sua formação e à tecnicidade da sua posição. Segundo Hammer, isso é viabilizado por duas características da gestão por processos:

a. Redução das barreiras verticais da organização, pela menor estrutura de níveis hierárquicos ("achatamento da pirâmide organizacional").

b. Redução das barreiras horizontais da organização, pela predominância de equipes multifuncionais que extrapolam e reduzem a estrutura tradicional das áreas funcionais (trabalho como ato *continuum*). Observa-se que, para Hammer, a motivação é derivada, resultante da implantação da gestão por processos, e não parte das atividades necessárias para sua implementação.

Burlton[21] apresenta em seu livro um capítulo específico sobre mudança. A motivação é discutida em termos de superação de barreiras para implementação da gestão por processos na organização, apresentada em um *framework* voltado especificamente para a adoção da prática da gestão por processos (*Concerns Based Adoption Model* — CBAM). Burlton não aborda a motivação do colaborador na operação diária do processo de negócio, apenas no processo de implantação do processo de negócio. Os estágios de preocupações possíveis do colaborador ao longo da implementação e evolução do processo de negócio é comparado por Burlton ao nível de hierarquia das necessidades de Maslow, apresentando, inclusive, a tradicional figura da pirâmide dos níveis hierárquicos de

---

[20] HAMMER, M. *Além da reengenharia:* como organizações orientadas para processos estão mudando nosso trabalho e nossas vidas. 3ª ed. São Paulo: Campus, 1997.

[21] BURLTON, R. *Business Process Management: Profiting from Process*. Indianapolis: SAMS, 2001.

Maslow. Desta forma, Burlton não trata a motivação do colaborador que atua no processo de negócio nem mesmo como um subproduto do processo, e aborda a motivação apenas como parte da metodologia para implantação de processos de negócio.

Um dos maiores benefícios das teorias comportamentais à gestão por processos, mais especificamente quanto ao aspecto da motivação do colaborador que atua no processo de negócio, seria a inserção de conceitos e técnicas derivadas das teorias motivacionais contemporâneas. A teoria do planejamento do trabalho, com o modelo de características do trabalho proposto por Hackman e Oldham,[22] pode ser um importante constructo teórico a embasar as atividades de (re)desenho de cargos (*job design*). Ao término da definição do novo processo, espera-se que os postos de trabalho, tanto os revistos quanto os novos, ofereçam aos seus ocupantes: autonomia, *feedback*, identidade, significância e variedade. A partir da revisão, análise e consolidação de pesquisas científicas recentemente publicadas (2001–2011) em periódicos científicos relevantes (de alto impacto), identificaram-se as características motivacionais consideradas essenciais para a motivação dos colaboradores na era da informação. Essas características, descritas no Quadro 7.2, são úteis para o analista de negócio ou analista de processo que discute a criação ou redesenho de processos nas organizações. Caracterizam-se como subsídios importantes ao desenvolvimento de ambientes eficazes que demandam profissionais motivados. Por essa razão, essas características identificadas são apresentadas como *template* para sugestão e discussão de possíveis aspectos motivadores de postos de trabalho em criação ou em redesenho.

---

[22] HACKMAN; OLDHAM, 1976.

Quadro 7.2 *Template* para sugestão e discussão de possíveis aspectos motivadores de postos de trabalho

DIMENSÕES DOS POSTOS DE TRABALHO				
Autonomia	Feedback	Identidade	Significância	Variedade
Para julgar e resolver problemas.	Feedback do superior.	Deve abranger uma parte completa do trabalho.	Trabalho que permite influenciar na vida de outros (beneficiários).	De atividades.
Para escolha de procedimentos e atividades a realizar.	Feedback de colegas de trabalho (dos pares).	Deve abranger mais de uma parte completa de trabalho.	Trabalho que permite ter contato com os beneficiários.	De habilidades.
Para escolha da grade e programação de trabalho.	Feedback de outros membros da organização, além do superior.	Permitir visualizar as outras partes que compõem o trabalho como um todo.	Permite perceber o impacto na vida dos beneficiários.	De conhecimentos.
Para definir o horário do trabalho.	Reconhecimento formal ou institucional.	Realizar o trabalho independentemente de outros.	Permitir estabelecer relações informais com outras pessoas da empresa.	De equipamentos e ferramentas.
Para definir o ritmo no qual o trabalho será realizado.	O retorno é dado de forma respeitosa.	Perceber o resultado final do trabalho.	Permitir conversar com outros durante o trabalho.	De desafios e complexidade do trabalho.
Para escolha dos equipamentos e ferramentas.	O retorno dado é concebido de forma justa.		Demanda interação com pessoas.	
Para escolha do método de trabalho.	A qualidade do retorno dado pela organização.			
Para escolha de critérios de avaliação do trabalho.				
Para tomar as decisões necessárias.				
Para definir quando realizar atividades pessoais .				
Para definir os objetivos do trabalho.				
Para definir o escopo do trabalho.				
Para realizar o trabalho independentemente de outros .				
Para controlar as condições físicas do ambiente de trabalho (luminosidade, temperatura etc.).				

7.2.2.2 Manutenção dos desafios que inspiram e motivam os colaboradores

A literatura da gestão por processos enfatiza a entidade objetivo do processo de negócio, salientando a necessidade de este estar atrelado a questões relevantes à organização. Algumas definições de processo de negócio enfatizam este vínculo; Harrington,[23] por exemplo, definiu como: "um grupo de tarefas interligadas logicamente, que utilizam os recursos da organização para geração de resultados predefinidos, visando apoiar os objetivos da empresa." A literatura sobre gestão por processos amplia este conceito ao mencionar a importância de todos os colaboradores envolvidos com o processo de negócio conhecerem e compartilharem desse mesmo objetivo, com indicadores de desempenho pessoais atrelados ao alcance deste objetivo.

Na teoria da fixação de objetivos,[24] almejam-se objetivos específicos, difíceis e definidos por consenso. O termo "específico" é conceituado como oposto a genérico, ou seja, deve acrescentar algum significado ou mensagem específica. Posto isso, entende-se que há alguns benefícios a serem alcançados para associar conceituação e prática da gestão por processos com a teoria da fixação de objetivos. Um primeiro benefício é justificar a importância de pensar e trabalhar o objetivo do processo de negócio, não apenas no primeiro momento de sua estruturação e implementação, mas no dia a dia da operação do processo de negócio. Isso assegura o comprometimento e o entendimento do objetivo por todos os envolvidos com o processo, bem como a revisão e busca contínua da manutenção de bons níveis de dificuldade, o que ajuda a aumentar a motivação dos colaboradores, que resulta em maior eficácia do processo de negócio.

Com a avaliação de desempenho dos colaboradores associada ao objetivo do processo de negócio e o objetivo atrelado aos interesses do cliente final, cresce a probabilidade de os postos de trabalho atenderem à dimensão "significância" proposta pelo modelo de características do trabalho. Segundo este modelo da teoria do planejamento do trabalho, o executor deve perceber o impacto do seu trabalho na vida e/ou no trabalho de outras pessoas; neste caso, a conexão ocorre por intermédio do próprio cliente final do processo de negócio. Com isso, identifica-se uma complementaridade das duas teorias motivacionais (fixação de objetivos e planejamento do trabalho), a fim de melhorar a eficácia da gestão por processos.

7.2.3 Reflexões sobre práticas motivacionais e gestão por processos

As literaturas científicas que abordam o modelo de gestão organizacional e a motivação nas organizações não se referenciam, ou seja, são tratadas como assuntos desassociados ou com conexões muito superficiais. A mesma realidade se observa nas literaturas técnico-comercial, voltadas aos gestores praticantes da administração, literatura denominada por muitos como livros de "autoajuda ao gestor".

O fato de haver baixa associação entre as teorias e práticas empresariais de motivação com as teorias e práticas do modelo de gestão por processos é algo compreensível, considerando-se a possibilidade de pesquisar e trabalhar (praticar) a motivação nas organizações sem a obrigatoriedade de se alterar o modelo de gestão da empresa, ou mesmo

---

[23] HARRINGTON, 1991.
[24] LOCKE; LATHAM, 1990.

sem ter que implementar processos de negócios. O fato mais relevante a ser observado é a baixa aderência entre as literaturas e práticas referentes à gestão por processos com as literaturas e práticas de motivação organizacional. Isso em função de as características da posição de trabalho com alto potencial motivacional — segundo as teorias e práticas motivacionais — estarem implicitamente ou superficialmente descritas no conjunto de características desejadas ao trabalho no contexto da gestão por processos de negócios. Dessa forma, seria de esperar que o conjunto de características organizacionais proporcionadas pelas teorias motivacionais contemporâneas fosse um subgrupo das características organizacionais preconizadas pelas teorias e práticas da gestão por processos. Em suma, há perda de eficácia da abordagem de gestão por processos quando não se aplicam técnicas voltadas aos fatores motivacionais.

Na era industrial, o planejar e monitorar a operação de processos de negócios ocorreu dentro de uma perspectiva da engenharia de operações, da ciência exata, da organização mecanicista. Trabalhavam-se, predominantemente, variáveis objetivas como tempo de processo (*lead time*) e produção do processo (*throughput*). A era da informação enfatiza aspectos mais subjetivos, considerando a própria natureza intangível da informação e do conhecimento. Trabalha-se, por exemplo, a percepção de qualidade e a motivação dos colaboradores, dentre outros aspectos da gestão orgânica. Assim, não é estranho que as literaturas e as práticas administrativas, concebidas durante a era industrial, apresentem pouca atenção aos aspectos mais subjetivos da gestão por processos. Há a necessidade de evoluir as teorias e abordagens que tratam da gestão por processos para o contexto atual da sociedade da informação, utilizando-se, por exemplo, de técnicas e procedimentos fundamentados nas teorias motivacionais contemporâneas.

7.3 Desafios para a implementação das práticas motivacionais no contexto da gestão por processos

Neste capítulo evidenciou-se a importância de os funcionários atuarem em um conjunto de atividades que permita a percepção de identidade do trabalho. Para tal, mais habilidades são requeridas, e a autonomia deve existir para que eles possam decidir sobre quais atividades exercer em cada momento. Embora todas essas condições sejam totalmente coerentes com a abordagem da gestão por processos, no contexto do Brasil, mais especificamente da legislação trabalhista, há riscos a serem considerados. A multifuncionalidade exercida pelos funcionários no contexto dos processos de negócios pode ser interpretada pela justiça do trabalho como desvio de função ou duplicidade de função se alguns cuidados não forem observados, por exemplo, com relação à atribuição de nomes aos cargos.

Como amostra da multifuncionalidade na prática, descrevem-se a seguir dois casos famosos do contexto brasileiro, um do setor público e outro do privado. Uma empresa de distribuição de energia elétrica tinha equipes de manutenção de rede de fornecimento compostas por três funcionários: um dirigia a viatura, um subia no poste para realizar os serviços e outro dava apoio em solo, como segurar escada e entregar ferramentas. Depois do redesenho do processo, a mesma tarefa passou a ser realizada por um funcionário, que dirigia a viatura, colocava a escada, subia com um kit de ferramentas já adequado à tarefa e realizava os serviços necessários. Uma grande empresa de distribuição de mercadorias para pequenos varejistas tinha duas estruturas: uma para visitas de vendas, outra para entrega de mercadorias. Após o redesenho, o motorista que realizava as entregas passou também a acatar pedidos de compras dos clientes. Nas duas situações, os trabalhos passaram a requerer mais habilidades de seus executores e a ter mais identidade;[25] o primeiro trabalho deixou de ser apenas dirigir viaturas e mudou para restaurar fornecimento de serviços ao cliente; no segundo caso, de entregar mercadorias para relação e atendimento das necessidades dos clientes.

Em qual risco trabalhista essas empresas incorreram? Como um juiz trabalhista entenderia a situação de um motorista que por mais de dez anos em uma função específica passou a realizar vendas ou a realizar manutenção na rede elétrica? Seria entendido como duplicidade de função?

Há dificuldades na legislação trabalhista brasileira em termos de compatibilização simples e direta com o que recomenda as modernas práticas administrativas. A base da legislação brasileira sobre salários e jornada de trabalho foi instituída em 1943, inspirada nos códigos trabalhistas de Mussolini. Trata-se de um código voltado às necessidades típicas da estruturação da era industrial, vivenciadas em meados do século XX. Pires[26] descreve o emaranhado de códigos e leis brasileiras que regulam questões trabalhistas, bem como reitera o conflito entre modernidade, competitividade empresarial e leis trabalhistas.

> Os economistas e as agências de desenvolvimento no *mainstream* compartilham a percepção de uma incompatibilidade inevitável entre a ampliação da regulamentação trabalhista e a capacidade das empresas de competir em mercados cada vez mais globalizados.[27] Por exemplo, no Brasil — um dos mercados de trabalho mais regulados do mundo,[28] onde as empresas têm de cumprir 922 artigos do código trabalhista, além de 46 artigos da Constituição Federal, 79 convenções da Organização Internacional do Trabalho (OIT), 30 normas de saúde e segurança (que somam mais de 2 mil itens), e muitos outros atos administrativos e decisões judiciais, que acrescentam um encargo trabalhista de até 103% sobre o salário —, aqueles que compartilham da percepção de que tal incompatibilidade é inevitável defendem a redução do nível de regulamentação ("flexibilização") e a diminuição da carga tributária sobre as empresas como as maneiras mais efetivas de atrair investimentos, promover a competitividade das empresas e gerar emprego. Godoy sugere a modernização das leis trabalhistas brasileiras a fim de atender a nova realidade da sociedade. Entre as propostas está a flexibilidade na organização do trabalho ou flexibilidade funcional. Enfatiza ainda que a lei deve permitir a "flexibilidade de gestão, quer dizer, a possibilidade de a empresa dispor de seus recursos (inclusive humanos) a fim de ajustar-se às mudanças (tecnológicas, institucionais e do mercado) no ambiente de seu negócio".[29]

A reforma das leis trabalhistas brasileiras não é o único caminho para que se possa implementar a abordagem da gestão por processos sem incorrer em riscos trabalhistas. Pires comenta que há "margem de manobra", ainda pouco explorada, para conciliar direito

---

[25] HACKMAN; OLDHAM, 1976.

[26] PIRES, R. Compatibilizando direitos sociais com competitividade: fiscais do trabalho e implementação da legislação trabalhista no Brasil. *Instituto de Pesquisa Econômica Aplicada*, Rio de Janeiro, Texto para Discussão nº 1354, ago. 2008, p. 7. Disponível em: <http://desafios2.ipea.gov.br/sites/000/2/publicacoes/tds/td_1354.pdf>. Acesso em: 1º jul. 2011.

[27] JOHNSON; KAUFMANN; ZOIDO-LOBATON, 1998; SCHNEIDER; ENSTE, 2000; FRIEDMAN et al., 2000; BATRA, KAUFMANN; STONE, 2003; PERRY *et al.*, 2007.

[28] BOTERO *et al.*, 2004; DOING BUSINESS, 2006; ALMEIDA; CARNEIRO, 2007.

[29] GODOY, D. L. A Lei Geral das Micro e Pequenas Empresas e a flexibilização da legislação trabalhista — o que falta avançar. *Âmbito Jurídico*, Rio Grande, v. 84, jan. 2011. Disponível em: <http://www.ambito-juridico.com.br/site/index.php?n_link=revista_artigos_leitura&artigo_id=8889>. Acesso em: 10 jul. 2011.

trabalhista e competitividade empresarial, sem necessidade de reforma legal. A solução está no ato da implementação da legislação trabalhista, que ocorre por intermédio dos reguladores da linha de frente, ou seja, por intermédio dos fiscais do trabalho. A ideia é instituir os fiscais de autonomia para que possam interpretar as situações reais caso a caso. Pires destaca os aspectos positivos da discricionariedade delegada aos fiscais do trabalho, bem como seus riscos:

> [...] a mesma autonomia que permite que agentes públicos atuem de modo criativo, adaptando exigências legais a situações reais, cria oportunidades para baixa responsividade, resistência à mudança, propensão à fragmentação organizacional e à corrupção.[30]

Dentro desse cenário descrito por Pires, os fiscais trabalhistas são assessorados por técnicos que os auxiliam no discernimento dos pontos críticos. Os fiscais também trabalham junto às demais esferas públicas, no sentido de realizar toda intermediação burocrática a fim de desenvolver acordos pontuais para problemas específicos de comum acordo entre empregadores e empregados.

A "margem de manobra" para alinhar a gestão por processos com as leis trabalhistas, ainda pouco explorada pelas organizações, é mais bem trabalhada pelas grandes empresas que têm recursos jurídicos para melhor entender à lei, inclusive seus aspectos menos perceptíveis. Outro fator favorável à grande empresa é o seu capital intelectual em termos de relação com a sociedade e com o ambiente externo; há mais reconhecimento social e recursos humanos especializados para o diálogo com associações de classes, sindicatos e demais entidades da sociedade. Dentro desse cenário, cabe uma ressalva à gestão por processos no contexto das micro e pequenas empresas, descrita na seção a seguir.

7.3.1 Multifuncionalidade no contexto das micro e pequenas empresas

Micro e pequenas empresas familiares apresentam maior facilidade para perceber e praticar a multifuncionalidade. O maior interesse e motivação pelo bem comum da família, a empresa, torna esse processo quase natural. O contexto mais desafiador para a prática da multifuncionalidade ocorre entre as micro e pequenas empresas não familiares. Essas organizações não têm a motivação e os laços de confiança existentes entre os membros de uma família, como também não têm os recursos e o reconhecimento social (níveis de institucionalização) da grande e média empresa que lhes permitam ousar no desenvolvimento de novos processos de negócios. Nas micro e pequenas empresas não familiares, quando há o exercício da multifuncionalidade, podem gerar altos riscos e custos com ações trabalhistas, motivados por queixas referentes a desvio de função, acúmulo de função, entre outros questionamentos junto à justiça trabalhista. São situações decorrentes da má implementação e da falta de acordos necessários para a ocorrência legal da multifuncionalidade nas micro e pequenas empresas. Esse cenário é uma das razões para a baixa competitividade e os altos níveis de encerramento precoce das micro e pequenas empresas não familiares.

A situação em questão torna-se mais crítica ao imaginarmos que ela também passa a prejudicar e limitar a capacidade de crescimento das micro e pequenas empresas

---

[30] PIRES, 2008, p. 12.

familiares. Essas, para progredir, necessitam buscar mão de obra no mercado, ou seja, passam a contratar funcionários que não são membros da família. Esse é um dos fatores que explicam o complexo de Peter Pan em muitos dos micro e pequenos empresários: "antes ser pequeno e feliz que grande e com muitos aborrecimentos."

A partir desse cenário de muitas dificuldades para os micro e pequenos empresários, muitas sugestões foram feitas em termos de adaptações legais. Seguem algumas dessas proposições:

> Para o Ministro Gelson Azevedo, do Tribunal Superior do Trabalho (TST), "deveria ser criada uma lei [...] dizendo que, ressalvadas as hipóteses de segurança física e mental do trabalhador, repouso semanal remunerado, férias, insalubridade e periculosidade, e ressalvados interesses de terceiros, INSS, IR, FGTS, as demais vantagens trabalhistas são derrogáveis ou revogáveis, ou ainda negociáveis pela vontade coletiva do trabalhador".
>
> Hélio Zylberstajn, professor da USP, sugere que, em vez de um modelo único, inviável para um país com as características do nosso, pense-se em vários "pacotes" menos pretensiosos que a CLT, mas mais indutores da negociação. A empresa teria de escolher um deles ou cair num "default"; ou poderia, ainda, propor outro "pacote", a ser negociado com alguma forma de representação dos empregados.
>
> E José Pastore propõe que "a exemplo do que já fizeram outros países, a legislação trabalhista brasileira precisa ser adaptada às pequenas e microempresas, por meio de uma espécie de 'simples trabalhista', a exemplo do Programa do Simples Tributário" (agora incorporado ao Estatuto[5]).
>
> Para ele, "o Brasil teria de considerar a ideia de modificar o artigo 7º da Constituição Federal (direitos sociais) para assegurar um mínimo de direitos inegociáveis e abrir o campo para a negociação de vários outros direitos que hoje fazem parte de um bloco rígido", resolvendo, para tanto, a polêmica em torno da natureza de cláusula pétrea, à luz do artigo 60, § 4º, da Constituição.[31]

---

[31] GODOY, 2011, p. 5.

TEXTOS COMPLEMENTARES

 Em termos de motivação nas organizações, uma obra que proporciona um bom entendimento geral do assunto, tanto das abordagens clássicas quanto das contemporâneas, é o livro de Robbins, Judge e Sobral.[32] Informações e exemplos do conceito de competência, abrangendo o desdobramento em conhecimentos, habilidades e atitudes, estão disponíveis em De Sordi e Azevedo.[33]

QUESTÕES PARA REFLEXÃO

1. Por que as teorias e práticas da gestão por processo não respaldam e justificam muitas de suas recomendações com os conhecimentos científicos provenientes das teorias motivacionais contemporâneas? Há um desconhecimento das teorias contemporâneas ou preconceito com relação às teorias motivacionais, em função das dificuldades com as teorias motivacionais clássicas?

2. Quais as características e subcaracterísticas dos postos de trabalho? O analista de negócio ou de processo, que (re)desenha o processo, deve estar atento a fim de projetar postos de trabalhos mais atrativos e motivantes?

3. Quais os cuidados necessários na implantação da multifuncionalidade a fim de reduzir possíveis riscos trabalhistas? Por que as micro e pequenas empresas estão mais sujeitas a tais riscos?

[32] ROBBINS, S. P.; JUDGE, T. A.; SOBRAL, F. *Comportamento organizacional*. 14a ed. São Paulo: Pearson, 2010.

[33] DE SORDI, J. O.; AZEVEDO, M. C. Análise de competências individuais e organizacionais associadas à prática de gestão do conhecimento. *Revista Brasileira de Gestão de Negócios*, São Paulo, v. 10, n° 29, p. 391–407, 2008.

Capítulo 8

Aplicação de arquétipos sistêmicos para análise de interdependência

O portfólio de técnicas possíveis de serem aplicadas pelo analista de processos é muito amplo, sendo que algumas são bastante similares quanto ao objetivo e propósito. Neste capítulo evidencia-se essa situação, tomando como exemplo técnicas para análise e priorização de causas e problemas: índice de influência líquida, mapa causal e matriz GUT, todas aparentemente similares quanto ao objetivo de priorizar entidades, porém com resultados totalmente distintos. O objetivo desta discussão é evidenciar o amplo e valioso portfólio de técnicas disponíveis aos analistas de processo, que devem ser selecionadas com muito discernimento das características de cada uma, alinhadas com a demanda do processo em questão. Para que se possa ter uma breve noção da amplitude e diversidade de técnicas, recomenda-se a leitura do artigo de Kettinger, Teng e Guha.[1]

Além de evidenciar a complexidade das técnicas possíveis de serem aplicadas à gestão por processos, este capítulo dá continuidade aos fundamentos da teoria geral de sistemas abordado no primeiro capítulo, ao descrever e exemplificar os arquétipos sistêmicos, conceitos essenciais ao analista de processos.

8.1 Divulgação e aplicação do pensamento sistêmico na gestão

Oswick, Fleming e Hanlon[2] identificaram a influência bastante significativa da abordagem sistêmica no ensino e pesquisa em administração. A partir da análise de conteúdo de quatro livros-textos e de dois *handbooks* de teoria das organizações, eles identificaram 47 teorias aplicadas aos estudos organizacionais. Cada teoria transformou-se em um código de análise para a etapa seguinte da pesquisa, que analisou a quantidade de citações a essas teorias nas principais revistas de administração elencadas no *Social Sciences Citation Index*. Das 47 teorias pesquisadas, a teoria geral de sistemas foi a 15ª mais citada pelas revistas científicas da área de administração. Na terceira etapa, eles pesquisaram o quanto as 15 teorias mais citadas em administração são utilizadas pelas demais áreas da ciência, a fim de averiguar se essas teorias se desenvolveram na própria área de administração ou se eram procedentes de outras áreas. Para isso, eles analisaram as citações em todas as revistas indexadas no repositório ISI *Web of Science*. Das 15 teorias mais citadas pela área de administração, a teoria geral de sistemas é a 6ª mais citada considerando-se todas as áreas da ciência.

Apesar do amplo uso e da disseminação da abordagem sistêmica na academia, de sua generalidade e ampla aplicação, observa-se dificuldade no processo de aprendizagem e na aplicação dos princípios sistêmicos por discentes e gestores da área organizacional.

---

[1] KETTINGER, W. J.; TENG, J. T. C.; GUHA, S. Business process change: A study of methodologies, techniques, and tools. *MIS Quarterly*, v. 21, nº 1, pp. 55–80, 1997.

[2] OSWICK, C.; FLEMING, P.; HANLON, G. From Borrowing to Blending: Rethinking the processes of organizational theory building. *Academy of Management Review*, v. 36, nº 2, pp. 318–327, 2011.

Entende-se que isso se deve à dificuldade destes em lidar com a abstração e pelo maior interesse no âmbito das técnicas e práticas aplicadas, em detrimento ao desenvolvimento da capacidade analítica e da reflexão.[3]

Em termos de ensino e divulgação dos fundamentos e princípios sistêmicos, pouco ocorreu no contexto brasileiro nos últimos anos. Na própria academia científica brasileira, há baixa utilização da abordagem sistêmica. Para averiguar o quanto a teoria geral de sistemas é utilizada pelos docentes-pesquisadores brasileiros, realizou-se pesquisa no maior repositório de artigos científicos brasileiros, o *Scientific Electronic Library Online* (SciELO). Os critérios de busca foram: a presença do termo teoria geral de sistemas ou de suas variações, como teoria geral dos sistemas, teoria de sistemas abertos, teoria dos sistemas abertos, arquétipo sistêmico ou arquétipos sistêmicos no título ou no resumo. Repetiu-se a mesma pesquisa em um repositório específico de revistas da área de administração: *Scientific Periodicals Electronic Library* (Spell). Este repositório oferece adicionalmente a opção de pesquisa por palavras-chave, assim, os mesmos termos pesquisados no SciELO foram pesquisados para os campos: título, resumo e palavras-chave.

No SciELO, a pesquisa resultou em trinta artigos associados a revistas de diferentes áreas. Destes, dois são da área de negócios e finanças: Gergull[4] e Holanda.[5] A pesquisa realizada no Spell retornou apenas dois artigos: Kich *et al.*[6] e Lobo.[7] Assim, a pesquisa nesses dois repositórios indicou que a teoria geral de sistemas foi aplicada a quatro artigos em publicações específicas da área de administração. A leitura e a análise do conteúdo desses quatro artigos evidenciaram a utilização da teoria geral de sistemas essencialmente para explanar e caracterizar sistemas abertos, nenhum deles explorou o conceito de arquétipos sistêmicos para trabalhar uma situação empresarial ocorrida ou proposta a título de exploração de conceitos. Observou-se, também, que três desses artigos abordam a teoria geral de sistemas no campo contábil, de autoria de discentes do programa de mestrado e doutorado em Controladoria e Contabilidade da Universidade de São Paulo (FEA/USP). Assim, a utilização da teoria geral de sistemas pelos pesquisadores brasileiros da área de administração pode ser considerada como bastante pontual e incipiente.

8.2 Arquétipos sistêmicos

O pensamento sistêmico é holístico, derivado do grego *hólos*, que significa "todo". Na medicina e na psicologia, o adjetivo holístico é associado à compreensão do indivíduo como um todo, ou seja, ele não se explica apenas pela soma de suas partes, mas pelo entendimento da sua integridade. Nas ciências sociais e humanas, a abordagem holística está associada à compreensão integral dos fenômenos, e não à análise isolada de partes associadas ao evento. Apenas analisar as partes constituintes não permite identificar e compreender a complexidade e as características construtivas do sistema. O conceito de

---

[3] CAMARGOS, M. A.; CAMARGOS, M. C. S.; MACHADO, C. J. Análise das preferências de ensino de alunos de um curso superior de administração de Minas Gerais. *Revista de Gestão USP*, v. 13, nº 2, p. 1-14, 2006.

[4] GERGULL, A. W. Uma reflexão acerca do núcleo fundamental da teoria contábil. *Caderno de Estudos*, v. 9, nº 15, pp. 1–13, 1997.

[5] HOLANDA, V. B. Contabilidade: a cibernética empresarial. *Revista Contabilidade & Finanças*, v. 12, nº 25, pp. 42–59, 2001.

[6] KICH, J. I. D. F. *et al.* Planejamento estratégico: Uma abordagem sistêmica. *Reuna*, v. 15, nº 2, pp. 27–40, 2010.

[7] LOBO, H. A. S. Princípios de incerteza, estado estacionário e evolução espaço-temporal na análise sistêmica das relações socioambientais no turismo. *Revista Brasileira de Pesquisa em Turismo*, v. 6, nº 1, pp. 95–108, 2012.

sistema, segundo a teoria geral de sistema, abrange o entendimento das partes e as relações entre estas. Como destacado por Bertalanffy,[8] um bom aforismo para teoria geral de sistema é a expressão: "o todo é mais que a soma das partes."

Segundo Morin, a teoria geral de sistemas é genérica em termos de ser um modo de pensar que se aplica de forma geral, mas não deve ser compreendida como teoria ampla e de aplicação geral. Ela é útil à estruturação e fundamentação de teorias, considerando que "a dimensão sistêmica organizacional deve estar presente em todas as teorias".[9] Ela traz para análise a dinâmica em circuito em termos de complementação, concorrência e antagonismo. Isso é fundamental, principalmente ao recordar do pensamento científico predominante quando da formulação da teoria geral de sistema: abordagens mecanicistas que trabalhavam os fenômenos como "elementos independentes e cadeias causais, enquanto as inter-relações eram deixadas de lado".[10]

Para exemplificar a aplicação de princípios sistêmicos em teorias administrativas, toma-se como modelo a teoria da contingência estrutural. A estrutura lógica abrange três conjuntos de variáveis: estruturais, de contexto do ambiente e de desempenho.[11] As variáveis estruturais são referentes aos aspectos da gestão que o administrador pode escolher e intervir, como centralizar ou descentralizar, formalizar ou deixar informal, executar internamente ou terceirizar, ou escolher entre as diversas opções de estratégia empresarial. As variáveis ambientais são referentes ao contexto da organização, como: número de funcionários, tempo médio da alta gerência da empresa ou o nível de atualização tecnológica empregada na produção ou operação. As variáveis de desempenho indicam os resultados alcançados pela organização com aqueles aspectos estruturais, naquele contexto empresarial, pode ser o faturamento, a quantidade de clientes ou a percepção dos clientes da qualidade de produtos ou serviços. O princípio sistêmico associado à teoria da contingência estrutural está na amplificação do desvio positivo e desejado das variáveis de desempenho a partir de decisões adequadas acerca das variáveis estruturais, naquele contexto específico caracterizado pelas variáveis ambientais. O objetivo é a adequação (*fit*) da variável de desempenho trabalhando com as relações entre as variáveis estruturais e as do ambiente.[12]

No campo mais pragmático da administração, por exemplo, entre as práticas de gestão (métodos administrativos), a teoria geral de sistemas é amplamente aplicada e muitas vezes destacada como elemento essencial das práticas. Um exemplo é a abordagem para o desenvolvimento das *learning organizations* (organizações que aprendem). No livro *A quinta disciplina*, Senge[13] explora cinco disciplinas necessárias para aprendizagem no contexto das organizações: pensamento sistêmico, domínio pessoal, modelos mentais, visão compartilhada e aprendizagem em equipe. Segundo Senge,[14] o pensamento sistêmico é a mais importante para o processo de aprendizagem das organizações, por isso o destaque

---

[8] BERTALANFFY, L. V. *Teoria geral dos sistemas*. 4ª ed. Petrópolis: Editora Vozes, 2008.

[9] MORIN, E. *Ciência com consciência*. 8ª ed. Rio de Janeiro: Bertrand Brasil, 2005.

[10] BERTALANFFY, 2008.

[11] DRAZIN, R.; VAN DE VEN, A. H. Alternative Forms of Fit in Contingency Theory. *Administrative Science Quarterly*, v. 30, nº 4, pp. 514–539, 1985.

[12] QIU, J.; DONALDSON, L.; LUO, B. The Benefits of Persisting with Paradigms in Organizational Research. *Academy of Management Perspective*, v. 26, nº 1, p. 93–104, 2012.

[13] SENGE, P. M. *A Quinta Disciplina — Arte, teoria e prática da organização de aprendizagem*. 4ª ed. São Paulo: Best Seller, 1990.

[14] SENGE, 1990.

no título para uma das disciplinas: a quinta disciplina, menção ao pensamento sistêmico. Essa obra, apesar de não demonstrar matematicamente os arquétipos sistêmicos, apresenta definições e exemplos de dois arquétipos denominados *feedback* de reforço e *feedback* de equilíbrio.

O arquétipo sistêmico, de forma mais ampla, é compreendido como um modelo pelo qual se faz uma obra material ou intelectual. Cientificamente, os arquétipos representam uma tentativa de classificar as estruturas do sistema e de seus comportamentos; em particular, dos comportamentos contraintuitivos.[15] Para a prática da gestão, os arquétipos são modelos que devem auxiliar o administrador a vislumbrar possíveis cenários a serem considerados em suas análises. A partir da observação inicial das variáveis organizacionais e da dinâmica entre estas, o gestor utiliza-se do seu modelo mental, mais especificamente da dinâmica de arquétipos sistêmicos que ele domina, e delineia as ações mais pertinentes. Lane e Smart[16] destacam a importância dos arquétipos sistêmicos para a elaboração de um resumo convincente de *insights* associados ao objeto de análise, seja a partir da perspectiva de um problema ou de uma oportunidade.

Internacionalmente, há ampla tradição da aplicação de arquétipos sistêmicos para o ensino no campo da administração. Bardoel e Haslett,[17] por exemplo, demonstraram como os arquétipos sistêmicos podem ser utilizados em sala de aula com discentes da área de administração para explorar os dilemas éticos. Miller e Friesen[18] identificaram e descreveram arquétipos associados a padrões comuns de transição organizacional, tendo como foco a adaptação organizacional caracterizada pelas interações sistêmicas entre as partes ambientais, estruturais e estratégicas. Os exemplos de teorização com apresentação de arquétipos embasados na teoria geral de sistemas são muitos, nas diferentes subáreas da administração.

Os primeiros empregos da teoria geral de sistemas em produções científicas ocorreram na década de 1950; no campo da administração, a primeira publicação com aplicação dessa teoria é da década de 1970.[19] O desenvolvimento de arquétipos para a área de administração ocorreu um pouco mais tarde, em meados da década de 1980, quando um grupo de pesquisadores da escola sistêmica desenvolveu um conjunto de oito arquétipos para auxiliar os gestores na modelagem matemática computacional na representação da dinâmica de sistemas.[20] Segundo Bardoel e Haslett,[21] a divulgação efetiva do conceito de arquétipos sistêmicos na área de administração ocorreu com a publicação do livro *A quinta disciplina*, de autoria de Senge.[22]

[15] WOLSTENHOLME, E. F. Towards the definition and use of a core set of archetypal structures in system dynamics. *System Dynamics Review*, v. 19, nº 1, pp. 7–26, 2003.

[16] LANE, D.; SMART, C. Reinterpreting "generic structure": Evolution, application and limitations of a concept. *System Dynamics Review*, v. 12, nº 2, pp. 87–120, 1996.

[17] BARDOEL, E. A.; HASLETT, T. Exploring ethical dilemmas using the "drifting goals" archetype. *Journal of Management Education*, v. 30, nº 1, pp. 134–148, 2006.

[18] MILLER, D.; FRIESEN, P. Archetypes of Organizational Transition. *Administrative Science Quarterly*, v. 25, nº 2, pp. 268–299, 1980.

[19] OSWICK; FLEMING; HANLON, 2011.

[20] SENGE, P. M. et al. *The fifth discipline fieldbook*. Nova York: Bantam Doubleday Dell, 1994.

[21] BARDOEL, 2006.

[22] SENGE, 1990.

Dois dos arquétipos descritos por Senge[23] foram denominados anteriormente no trabalho seminal de Bertalanffy[24] como crescimento e competição. Independentemente da denominação, o aspecto central é o discernimento da lógica desses arquétipos. Os parágrafos a seguir descrevem esses arquétipos, denominados aqui como *loop* de amplificação de desvios e *loop* de limitação de desvios. Há ainda o *loop* explosivo, caracterizado por dois ou mais *loops* de amplificação de desvios inter-relacionados.

8.2.1 *Loops* de amplificação de desvios

Quando duas variáveis têm impactos causais uma na outra, dizemos que há a formação de um *loop*, palavra inglesa que sugere circularidade. Os *loops* ocorrem quando uma variável influencia outra, que, por sua vez, exerce influência recíproca. Os *loops* estão por toda parte e influenciam a vida e os sistemas, seja para o bem ou para o mal. Os *loops* mais fáceis de reconhecer são os de amplificação de desvios. Ocorre um *loop* de amplificação de desvio em duas situações:

1. Quando o aumento de uma variável leva ao aumento de outra, e vice-versa.
2. Quando a diminuição de uma variável leva à diminuição da outra, e vice-versa.

Os *loops* de amplificação são facilmente reconhecidos pelas consequências frequentemente espetaculares que causam em termos de impacto.

Rogério tem problemas no trabalho que o levam a beber para esquecer. Isso reduz o desempenho de Rogério, acarreta mais problemas no trabalho, e assim por diante. Esse é um exemplo de um *loop* de amplificação de desvio clássico. Outro *loop* de amplificação muito comum é: Maria não tem dinheiro para pagar suas compras à vista, o que a leva a realizá-las a prazo. Maria tem que pagar juros nas compras a prazo, isso significa que ela passa a ter menos dinheiro. Em consequência, ela faz um percentual maior de compras a prazo. Por isso, ela paga mais juros e tem menos dinheiro, e assim por diante. No linguajar popular brasileiro, o *loop* de amplificação pode ser exemplificado pelo dilema da propaganda de bolachas: "vende mais por que é fresquinho ou é fresquinho por que vende mais?"

Os *loops* de amplificação de desvio ocorrem para situações boas e ruins. Seguem alguns exemplos de situações positivas que tendemos a não enxergar com tanta facilidade: Frederico corre todos os dias. Isso acelera o metabolismo, e ele perde peso. Com menos gordura, correr fica mais fácil, pois há menos peso para movimentar, e Frederico corre mais.

Os *loops* não são virtuosos só para a vida pessoal, eles são o fundamento da maioria das vantagens competitivas. O Walmart vende mais barato que os concorrentes e por isso vende mais. Como vende mais, ele consegue comprar em quantidades maiores. Por isso consegue descontos de volume dos seus fornecedores. E por isso ele pode vender mais barato. A Elma Chips vende muitas batatas. Por isso, faz mais entregas que os seus concorrentes. Com entregas mais frequentes, suas batatas são mais frescas, por isso vendem mais e as entregas são mais frequentes, e assim se estabelece o *loop* de amplificação de desvio positivo.

---

[23] SENGE, 1990.
[24] BERTALANFFY, 2008.

8.2.2 *Loops* de limitação de desvios

Nem todo *loop* amplifica os desvios. Alguns tendem a equilibrar-se com o tempo. Embora não produzam resultados tão visíveis, são também importantes. O termostato é o *loop* de limitação de desvio clássico. Quando o metal do termostato esquenta, ele se expande e faz contato elétrico, que liga o ar-condicionado. À medida que o ambiente esfria, o metal contrai, quebrando o contato elétrico, e o ar-condicionado desliga. Assim, o desvio — o aumento de temperatura acima do desejado — é limitado.

Loops que limitam os desvios não estão restritos a instrumentos mecânicos, nos ambientes de negócios eles também são muito comuns. Quanto mais pacientes tem um médico, menos tempo ele tem para atender a cada um. Daí perde pacientes para médicos com mais tempo para um atendimento mais completo. Dessa forma, o médico passa a ter mais tempo para atender pacientes e volta a ganhar mais pacientes. O fato de uma variável abaixar enquanto a outra sobe tende ao equilíbrio. A presença de um *loop* de limitação de desvio nos leva sempre de volta ao princípio importantíssimo de buscar o equilíbrio entre forças conflitantes. O médico com boa percepção sistêmica evitará conviver com todos os contratempos de ganhar e perder pacientes, ele escolhe bem o seu preço e o tempo de atendimento para determinar um número razoável de pacientes, resguardando sua reputação e maximizando seus honorários. O médico que não observa essa dinâmica sofre oscilações danosas em termos de reputação e de contingentes de pacientes.

8.2.3 *Loops* explosivos (pacotes explosivos)

É muito importante para o gestor identificar os *loops* presentes no seu negócio. Não entender ou descuidar dos *loops* de limitação leva a ciclos erráticos e desgastantes de movimentos de expansão e contração. Não entender ou descuidar dos *loops* de amplificação pode significar perder as vantagens competitivas. Mais perigosos que os *loops* simples de amplificação ou de limitação são os *loops* de amplificação que se cruzam, denominados pacotes ou *loops* explosivos. Por exemplo, considere a análise cruzada entre quatro causas: pobreza, doença, amontoação de moradias (favelas) e uso de drogas. A pobreza provoca amontoação de moradia, que provoca doenças, que provocam mais pobreza. Pobreza também provoca uso de drogas, que provoca outros crimes e mais pobreza. O uso de drogas também provoca doenças. A matriz de associação entre as causas (mapa causal) para as especulações do exemplo citado apresenta sete das doze possíveis interações (dezesseis associações possíveis — matriz quadrada quatro por quatro — deduzidas as quatro autoassociações). A alta densidade da rede aumenta a probabilidade de interação entre os *loops* de amplificação, o que levaria a constituição de um *loop* explosivo.

O *loop* explosivo tem potencial para consumir todos os recursos e rapidamente destruir os sistemas. Matematicamente, reflete o mesmo processo que acontece em uma detonação nuclear. As partículas soltas da quebra de um núcleo detonam outros núcleos, e assim por diante, até ser consumido todo material possível. Nos reatores nucleares, o processo de quebra é moderado por barras de grafite que absorvem algumas partículas, que de outra forma, detonariam todos os núcleos. Pode-se imaginar que as organizações precisam de dispositivos análogos às barras de controle dos reatores nucleares para evitar processos destrutivos desenfreados que possam comprometer a sua própria existência. Esses dispositivos de proteção são denominados na gestão fatores críticos de sucesso (*critical success factor* — CSF), ou seja, os ativos ou competências organizacionais que não podem faltar ou falhar para que a organização mantenha sua competitividade e alcance seus objetivos.[25]

8.3 Mapa causal e a externalização dos arquétipos sistêmicos

O mapa causal é uma representação matemática de relações causais entre variáveis. No campo da ciência da administração, o mapa causal foi utilizado inicialmente para estudar padrões de cognição nas organizações[26] e, posteriormente, como ferramenta para análise e diagnóstico de problemas organizacionais.[27]

Como ferramenta de apoio à gestão, o mapa causal é uma técnica que permite associar causas identificando a interferência entre elas. Ele é composto de uma matriz quadrada que associa todas as causas entre si, por isso provê análises abrangentes. O mapa causal permite que os membros da organização comuniquem o entendimento de problemas complexos de forma clara e, por intermédio de algoritmos matemáticos, possam indicar as causas com potencial para geração de problemas mais graves, como os *loops* explosivos.

A atividade de análise de causas é bastante comum nas organizações. Considerando duas situações típicas, destacam-se as atividades ocorridas em ações de melhoria de processos e as de planejamento. Em projetos de melhoria de processos, a análise de causa é empregada para prevenção ou correção de aspectos indesejados.[28] Nas ações de planejamento, a discussão de causas é importante para a identificação de fatores críticos de sucesso, para os quais a empresa deve realizar acompanhamento e controle.[29]

Pesquisadores e praticantes da gestão variam um pouco nos seus métodos de construção do mapa causal, mas todos executam os passos básicos descritos a seguir. Para melhor compreensão, os exemplos são apresentados dentro do contexto da gestão, mais especificamente associados a algumas ações de melhoria de processos e outras de planejamento estratégico.

8.3.1 Identificação de causas associadas ao problema

Imagine um cenário em que um grupo de melhoria de processo necessite resolver um problema associado a um defeito do processo. Primeiro, juntam-se algumas pessoas que conheçam bem o contexto do problema para montar uma lista de possíveis causas. Neste ponto, normalmente se utilizam técnicas como o diagrama de causa e efeito para geração de ideias.[30] O próximo passo consiste em reduzir o tamanho da lista a um número limitado, normalmente de oito a doze fatores. Inclua primeiro os fatores que todos mencionaram e depois considere a eliminação de fatores mencionados por uma só pessoa ou que

[25] AAKER, D. A. *Strategic Marketing Management*, 7ª ed. Hoboken (NJ): Wiley, 2005.

[26] BUGON, M.; WEICK, K.; BINKHORST, D. Cognition in organizations: An analysis of the Utrecht Jazz Orchestra. *Administrative Science Quarterly*, v. 22, nº 4, p. 606–639, 1977.

[27] NELSON, R. E.; MATHEWS, K. M. Cause maps and social network analysis in organizational diagnosis. *The Journal of Applied Behavioral Science*, v. 27, nº 3, p. 379–397, 1991.

[28] KETTINGER; TENG; GUHA, 1997.

[29] AAKER, 2005.

[30] KETTINGER; TENG; GUHA, 1997.

sejam sinônimos. Se o número ainda for grande, considere eliminar as causas mencionadas mais tarde, em detrimento daquelas identificadas no início da sessão de trabalho.

É importante, nesse momento de escolha de causas, assegurar que os fatores causais estejam claramente definidos, isto é, não há duplicação em função de nomes semanticamente similares (falsos antônimos). Por exemplo, uma pessoa pode mencionar velocidade, e outra pode falar em prazo para terminar. Indagando com cuidado, pode-se descobrir tratar-se do mesmo fenômeno. Causas que possam parecer idênticas, porém distintas na essência (falsos sinônimos), devem ser registradas de forma a externalizar aspectos singulares de cada uma. Atraso do cliente e atraso do funcionário são causas similares, mas não idênticas.

Se a lista não foi desenvolvida na presença de todos, é importante que seja repassada a definição das causas para que todos possam analisar e comentar. Depois de definida a lista de causas, elabora-se uma matriz quadrada associando todas as causas entre si, ou seja, as linhas apresentam todas as variáveis causais, repetindo o processo para as colunas.

8.3.2 Identificação de influências entre causas

As pessoas envolvidas na análise do problema devem identificar qual relacionamento existe entre cada par de variáveis, se é que existe algum. Um relacionamento causal positivo leva o número 1 (um), o negativo leva -1 (menos um), e a inexistência de relacionamento indica-se com o valor 0 (zero). Como exemplo, considere a análise cruzada das causas *funcionário desmotivado*, *equipamento quebrado no aguardo de manutenção* e *funcionário ausente*. As perguntas para análise de interferência entre causas são elaboradas da seguinte maneira: a ocorrência da variável *funcionário desmotivado* (variável descrita na primeira linha) aumenta, diminui ou mantém inalterada a variável *equipamento quebrado no aguardo de manutenção* (variável descrita na segunda coluna)? A resposta a essa pergunta é a inserção de um número (0, 1 ou -1) na célula constituída pelo cruzamento da linha que descreve a primeira causa com a coluna que descreve a segunda causa. Para essa pergunta, a resposta indicada pelo grupo foi 1, conforme se observa na Tabela 8.1, indicando que funcionários desmotivados proporcionam mais quebra de equipamento, e, consequentemente, há maior frequência da causa *equipamento quebrado no aguardo de manutenção*.

Tabela 8.1 Exemplo de mapa causal

	1. Funcionário desmotivado	2. Equipamento quebrado	3. Funcionário ausente
1. Funcionário desmotivado	0	1	1
2. Equipamento quebrado no aguardo de manutenção	1	0	0
3. Funcionário ausente	0	0	0

No mapa causal do exemplo, a segunda pergunta associará a primeira linha de causa com a terceira coluna de causa, ou seja, a variável *funcionário desmotivado* aumenta, diminui ou mantém inalterada a variável *funcionário ausente*? A resposta a essa pergunta será registrada na célula constituída pela intersecção da primeira linha com a terceira coluna. As análises cruzadas são feitas sucessivamente para cada linha que se associa a todas as colunas, excetuando a coluna da própria variável, ou seja, a diagonal descendente permanece com valor 0. Assim, prossegue-se até o preenchimento de todas as células da matriz, o que resultará em uma matriz quadrada, assimétrica, com zeros nas células da diagonal descendente da matriz.

A leitura de um mapa causal pode ser feita de duas formas, iniciando pela leitura da linha ou pela coluna. Ao iniciar a leitura pelo texto da causa descrita na linha, a lógica de leitura deve ser: esta causa descrita na linha *influencia* a causa descrita na coluna. Ao iniciar pelo texto da causa descrita na coluna, a lógica de leitura deve ser: esta causa descrita na coluna *é influenciada* pela causa descrita na linha. A influência pode ser positiva, no sentido de motivar a causa descrita na coluna, indicada pelo 1; pode ser negativa, no sentido de desmotivar e reduzir a causa descrita na coluna, indicada pelo -1; ou pode ser neutra, indicada pelo 0.

8.3.3 Identificação das causas que mais influenciam o sistema

Para ilustrar outros aspectos do mapa causal é necessário um exemplo mais complexo. Para isso, recorreu-se aos dados da pesquisa de Nelson.[31] A Tabela 8.2 apresenta as causas identificadas para o contexto de um cartório de registro de imóveis, mais especificamente, para o defeito *demora no atendimento*.

O somatório de valores absolutos dos valores do mapa causal informa para cada causa o quanto ela interfere em outras (somatório da linha) e o quanto ela é influenciada pelas outras causas (somatório da coluna). A soma das linhas, ou seja, a influência de uma causa em outras causas, é denominada pelas técnicas de análise de redes *outdegree*, ou grau de saída, e a soma das colunas é denominada *indegree*, ou grau de entrada.[32] Os valores da variável *outdegree* para as dez causas do mapa estão descritos na última coluna, os valores para a variável *indegree* estão na última linha. A variável *outdegree* para a causa 6, *indisponibilidade de especialistas*, apresenta valor igual a 7, indicando que ela influencia outras 7 causas do mapa.

Subtraindo os graus de entrada (*indegree*) dos graus de saída (*outdegree*) obtém-se o índice de influência líquida, ou seja, quais variáveis têm maior influência nas causas descritas no mapa, descontando a medida que essas são influenciadas por outras variáveis.[33] Para as dez causas descritas no exemplo da Tabela 8.2, calculou-se o índice de influência líquida, descrito na Tabela 8.3. Esse índice é útil para localizar quais causas têm maior potencial para melhorar o desempenho organizacional com o mínimo de esforço. No caso do exemplo descrito na Tabela 8.2, as duas causas que mais impactam são, respectivamente: a causa 6, *indisponibilidade de especialista*, e a causa 8, *inabilidade em estimar prazo de pesquisa*.

---

[31] NELSON, R. E. *Organizational troubleshooting*. New Haven: Quorum, 1997.

[32] WASSERMAN, S.; FAUST, K. *Social Network Analysis*. Cambridge: Cambridge University Press, 1994.

[33] NELSON; MATHEWS, 1991.

Tabela 8.2 Mapa causal para o problema *demora no atendimento do cartório*

	1. Volume de transações a processar	2. Tempo de processamento	3. Registros incorretos	4. Insatisfação do cliente	5. Multas decorrentes de erros	6. Indisponibilidade de especialista	7. Dificuldade de comunicação	8. Inabilidade em estimar prazo de pesquisa	9. Funcionários desmotivados	10. Falta de contato com o cliente	Outdegree (Σ valores absolutos da linha)
1. Volume de transações a processar	0	-1	-1	0	1	-1	0	1	0	-1	6
2. Tempo de processamento	1	0	-1	1	1	0	0	0	1	0	5
3. Registros incorretos	1	-1	0	1	-1	0	0	0	1	0	5
4. Insatisfação do cliente	1	0	0	0	0	0	0	0	1	0	2
5. Multas decorrentes de erros	0	0	0	1	0	0	0	0	-1	0	2
6. Indisponibilidade de especialista	1	1	1	1	-1	0	0	1	1	0	7
7. Dificuldade de comunicação	1	0	0	1	-1	0	0	0	1	0	4
8. Inabilidade em estimar prazo de pesquisa	1	1	1	1	-1	0	0	0	1	0	6
9. Funcionários desmotivados	1	0	1	1	-1	0	1	0	0	0	5
10. Falta de contato com o cliente	1	0	0	1	0	0	1	0	0	0	3
Indegree (Σ valores absolutos coluna)	8	4	5	8	7	1	2	2	7	1	45

Tabela 8.3 Índice de influência líquida para as causas do problema *demora no atendimento*

	1. Volume	2. Tempo	3. Registros	4. Insatisfação	5. Multas	6. Indisponibilidade	7. Dificuldade	8. Inabilidade	9. Funcionários	10. Falta
Outdegree (grau de saída)	6	5	5	2	2	7	4	6	5	3
Indegree (grau de entrada)	8	4	5	8	7	1	2	2	7	1
Índice de influência líquida	-2	1	0	-6	-5	6	2	4	-2	2

A causa 6, *indisponibilidade de especialista*, é a que apresenta o índice de influência líquida mais forte. Ela influencia sete variáveis e é influenciada por somente uma. Ou seja, para mudar a causa 6, precisa-se mexer pouco com outras causas, porém uma melhora nessa causa acarretará benefícios junto a muitas outras causas no sistema. Essas estatísticas básicas podem ajudar a decidir onde e quando agir para melhorar o desempenho do sistema. Mais importante que a identificação da causa com maior índice de influência líquida é a identificação das variáveis que influenciam reciprocamente em movimento sistêmico denominado *loop*.

8.3.4 Identificação de *loops* sistêmicos

O benefício mais importante do mapa causal é a capacidade de identificar os *loops*, em especial os *loops* explosivos do sistema. É um diagnóstico simples que consome pouquíssimos recursos, mas pode identificar problemas subjacentes muito perigosos à organização que dificilmente seriam vistos de outra forma. Identifica-se o *loop* examinando-se simultaneamente fileiras e colunas com o objetivo de encontrar causalidade recíproca. Em termos matemáticos, procura-se a presença de um efeito causal mútuo na célula Cij e na célula Cji da matriz. A existência de causas nas duas células indica a presença de um *loop*. Se ambas têm o mesmo sinal (seja positivo ou negativo) há um *loop* de amplificação de desvios; se os sinais são diferentes, há um *loop* de limitação de desvios.

Para ilustrar o diagnóstico de *loops*, será utilizado o mapa causal descrito na Tabela 8.4, que aborda quatro causas associadas à análise de estratégia de ações públicas. Por ser um mapa causal de tamanho reduzido, é mais apropriado para exemplificação das operações matemáticas associadas ao algoritmo para identificação de *loops*.

Tabela 8.4 Exemplo de mapa causal relacionado a problemas sociais

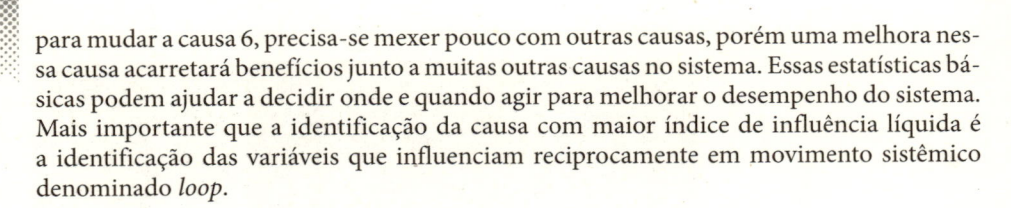

	1. Pobreza	2. Amontoação	3. Doença	4. Uso de drogas
1. Pobreza	0	1	1	1
2. Amontoação	0	0	1	0
3. Doença	1	0	0	0
4. Uso de drogas	1	0	1	0

A busca de *loops* sistêmicos no mapa causal descrito na Tabela 8.4 implica na averiguação de interferência mútua entre cada variável causal da matriz. Por exemplo, na fileira 1, coluna 2, observa-se que a pobreza aumenta a amontoação. No entanto, na fileira 2, coluna 1, há um 0, indicando que a amontoação não aumenta a pobreza. Portanto, não há *loop* nessa combinação de variáveis causais. Na fileira 1, coluna 3, vemos que a pobreza aumenta a doença, e na fileira 3, coluna 1, vemos que a doença aumenta a pobreza. Entre essas duas variáveis causais, identifica-se um *loop* de amplificação. Quanto mais pobre, mais doente fica; quanto mais doente, mais pobre fica.

A busca por *loops* realizada dessa forma — analisando-se os valores para cada par de variáveis causais — é lenta, cansativa e sujeita a erros. Operações matriciais simples podem realizar rapidamente essa atividade. As operações envolvem a multiplicação de elemento a elemento (*hadamard product*) entre a matriz original (A) do mapa causal e sua matriz transposta (A^T). A matriz resultante (AoA^T) é uma matriz simétrica, conforme pode ser observado na Figura 8.1.

Os dados da matriz resultante (AoA^T) são transportados para a matriz de *loops*, e os valores das colunas são totalizados, gerando o indicador total de *loops*, conforme descrito na Tabela 8.5. Esse novo mapa é a matriz de *loops*, que identifica todos os *loops*. A análise dos sinais indica quais são de amplificação e quais são de limitação de desvios. No exemplo, há dois *loops* de amplificação de desvios: entre a célula da linha 1, coluna 3, com a célula da linha 3, coluna 1; entre a célula da linha 1, coluna 4, com a célula da linha 4, coluna 1. Respectivamente, pobreza gerando doença, e vice-versa; pobreza gerando uso de drogas, e vice-versa. Os dois *loops* são de amplificação, considerando não haver números negativos.

Figura 8.1 Operações matriciais para a identificação de *loops*

$$
\begin{array}{c} A \\ \begin{bmatrix} 0 & 1 & 1 & 1 \\ 0 & 0 & 1 & 0 \\ 1 & 0 & 0 & 0 \\ 1 & 0 & 1 & 0 \end{bmatrix} \end{array}
\; 0 \;
\begin{array}{c} A^T \\ \begin{bmatrix} 0 & 0 & 1 & 1 \\ 1 & 0 & 0 & 0 \\ 1 & 1 & 0 & 1 \\ 1 & 0 & 0 & 0 \end{bmatrix} \end{array}
\; = \;
\begin{array}{c} A \circ A^T \\ \begin{bmatrix} 0 & 0 & 1 & 1 \\ 0 & 0 & 0 & 0 \\ 1 & 0 & 0 & 0 \\ 1 & 0 & 0 & 0 \end{bmatrix} \end{array}
$$

Tabela 8.5 Exemplo de matriz de *loops* relacionados a problemas sociais

	1. Pobreza	2. Amontoação	3. Doença	4. Uso de drogas
1. Pobreza	0	0	1	1
2. Amontoação	0	0	0	0
3. Doença	1	0	0	0
4. Uso de drogas	1	0	0	0
Total de *loops*	2	0	1	1

Para verificar se há a presença de *loops* explosivos no mapa causal em análise, basta averiguar se há algum indicador total de *loops* com valor superior a 1. No exemplo descrito na Tabela 8.5, há uma situação que se enquadra nessa condição, a primeira coluna referente à causa pobreza. A matriz indica que os fatores pobreza, doença e uso de drogas estão interligados por *loops* de amplificação de desvio, caracterizando um *loop* explosivo, um verdadeiro problema sistêmico. No exemplo, a matriz de *loop* também sugere que a causa *amontoação* não faz parte do pacote, o que permite a um gestor inferir que erradicar favelas não seja tão importante quanto combater o tráfico de drogas, doenças e o desemprego.

A Tabela 8.5 não contém números negativos, *loop* que limita os desvios, o que faz dela uma tabela perigosa. É importante destacar que a presença de números negativos na matriz de *loop* anula os números positivos, criando um sistema de limitação dos *loops* de desvios e evitando a ocorrência de *loops* explosivos, daí a importância da soma das colunas da matriz de *loops* em não trabalhar com valores absolutos.

Retomando o exemplo do problema *demora no atendimento do cartório*, a matriz de *loop* é apresentada na Tabela 8.6. Observa-se, pelo indicador total de *loops*, que há duas causas que se destacam: a causa 9, *funcionários desmotivados*, e a causa 1, *volume de transação a processar*. A causa 9, *funcionários desmotivados*, é a mais preocupante, pois cria um *loop* explosivo trabalhando em conjunto com as causas 3, 4, 5 e 7, respectivamente, *registros incorretos, insatisfação do cliente, multas decorrentes de erros* e *dificuldade de comunicação*. A melhor atitude gerencial é aprimorar a motivação dos funcionários, e, para isso, é fundamental trabalhar a redução de *registros incorretos* (causa 3), que dificultam o trabalho de pesquisa do funcionário e ao mesmo tempo os desmotivam, bem como melhorar o *processo de comunicação com os clientes* (causa 7). Melhorando a motivação dos funcionários, a *insatisfação dos clientes* (causa 4) e a *ocorrência de multas* (causa 5), que estão também no contexto do *loop* explosivo, se reduzem.

Tabela 8.6 Matriz de *loops* para o problema *demora no atendimento do cartório*

	1. Volume de transações a processar	2. Tempo de processamento	3. Registros incorretos	4. Insatisfação do cliente	5. Multas decorrentes de erros	6. Indisponibilidade de especialista	7. Dificuldade de comunicação	8. Inabilidade em estimar prazo de pesquisa	9. Funcionários desmotivados	10. Falta de contato com o cliente
1. Volume de transações a processar	0	-1	-1	0	0	-1	0	1	0	-1
2. Tempo de processamento	-1	0	1	0	0	0	0	0	0	0
3. Registros incorretos	-1	1	0	0	0	0	0	0	1	0
4. Insatisfação do cliente	0	0	0	0	0	0	0	0	1	0
5. Multas decorrentes de erros	0	0	0	0	0	0	0	0	1	0
6. Indisponibilidade de especialista	-1	0	0	0	0	0	0	0	0	0
7. Dificuldade de comunicação	0	0	0	0	0	0	0	0	1	0
8. Inabilidade em estimar prazo de pesquisa	1	0	0	0	0	0	0	0	0	0
9. Funcionários desmotivados	0	0	1	1	1	0	1	0	0	0
10. Falta de contato com o cliente	-1	0	0	0	0	0	0	0	0	0
Total de *loops*	-3	0	1	1	1	-1	1	1	4	-1

Quanto maior a quantidade de variáveis e a densidade do mapa causal, maior a dificuldade em identificar *loops* e maior a importância da aplicação do algoritmo apresentado, que pode ser resumido em sete atividades:

1. Identificar as causas associadas ao problema.
2. Criar matriz quadrada (mapa causal) para todas as causas identificadas como pertinentes.
3. Identificar as influências entre causas (preenchimento do mapa causal).

4. Gerar a matriz transposta do mapa causal.

5. Realizar multiplicação elemento a elemento (*hadamard product*) entre a matriz do mapa casual e a matriz transposta, gerando a matriz de *loops*.

6. Somar as colunas da matriz de *loops*, gerando o indicador total de *loops* para cada causa da matriz.

7. Priorizar a análise para as causas que apresentam maior valor para o indicador total de *loops*.

É importante observar que as atividades descritas no tópico 8.3.3, Identificação das causas que mais influenciam o sistema, que geraram o índice de influência líquida, não estão inclusas nas sete atividades do resumo do algoritmo para identificação de loops sistêmicos. A importância de calcular e destacar o índice de influência líquida é para ressaltar que a causa mais importante a ser trabalhada nem sempre é a de maior influência. No exemplo do cartório, as duas causas de maior importância à resolução do problema, as que apresentam maior indicador total de *loops*, causa 9 e 1, apresentam baixo índice de influência líquida, -2 (menos dois) para ambas. Isso é facilmente observável ao comparar o total de *loops* da Tabela 8.6 com o índice de influência líquida da Tabela 8.3. Esse exemplo caracteriza bem o princípio de Bertalanffy,[34] que diz que a soma das partes é mais importante e significativa que a análise isolada de cada uma delas.

8.4 Importância da visão holística na seleção de técnicas aplicadas à gestão por processos

A técnica de mapa causal, descrita e exemplificada por intermédio de alguns cenários do contexto da gestão empresarial, é o elemento central deste capítulo. As atividades da abordagem apresentada evidenciam a lógica do pensamento sistêmico, assim como seus arquétipos, e a diferença dos resultados obtidos entre o emprego do bom senso e o emprego da abordagem sistêmica por intermédio da técnica de mapa causal. Os cenários empresariais contraintuitivos explorados evidenciam que, para situações complexas, o bom senso quase sempre não é suficiente, sendo necessários o discernimento e o domínio de arquétipos sistêmicos pelos analistas de processos. Em uma análise mais rápida e simplista, poder-se-ia aplicar apenas técnicas mais simples que não analisassem as interdependências entre causas, como a técnica de índice de influência líquida ou a matriz GUT no contexto da análise de problemas. Os caminhos mais comumente empregados para análise de problemas de processos recomendam o diagrama de causa e efeito, mais conhecido como diagrama de Ishikawa, para identificação das causas, e a matriz GUT (acrônimo de Gravidade, Urgência e Tendência) para priorização de problemas e causas. Não há recomendações para análise de interdependência entre problemas ou entre causas.

É importante destacar que a abordagem utilizada para discutir e apresentar a teoria geral de sistemas fundamenta-se em um artefato: o mapa causal. Observa-se no processo de formação de bacharéis do ensino brasileiro, já há algumas décadas, a predileção dos discentes pela aplicação de novos artefatos e instrumentos tecnológicos que possam ser utilizados como instrumentos no exercício da profissão. Em contrapartida, observa-se uma profunda apatia desses com relação às disciplinas e atividades mais reflexivas que

---

[34] BERTALANFFY, 2008.

exijam interpretação, análise e discussão de conteúdo.[35] Esse contexto, extrapolado para os jovens analistas de processos, indica uma possível resposta mais positiva com relação à abordagem proposta para a aprendizagem da teoria geral de sistemas e de seus arquétipos.

Apesar da universalidade e da importância dos fundamentos da teoria geral de sistemas à formação e prática de profissionais das diversas áreas da ciência,[36] a literatura disponível para o ensino e discussão da teoria geral de sistemas é conceitual e fortemente concentrada em atividades de leitura, análise e reflexão. A técnica de análise causal apresentada neste capítulo é uma forma diferenciada de apresentar e praticar os fundamentos da teoria geral de sistemas. A aplicação de artefato — o mapa causal — torna a abordagem de ensino proposta mais atraente ao perfil de analistas de processos e discentes contemporâneos, pois permite a eles vislumbrarem a aplicação dos conceitos e das teorias sistêmicas em suas atividades profissionais.

Ao longo do texto, evidenciou-se uma abordagem analítica composta pela técnica do mapa causal e pelo método abrangendo sete atividades necessárias para a análise das inter-relações entre causas. Apesar da discussão da abordagem amparar-se em exemplos de situações práticas do contexto da gestão, como as associadas à melhoria de processos, tomou-se o cuidado de não concentrar-se excessivamente no artefato, em termos de priorizar conhecimentos meramente pragmáticos e instrumentais. A discussão foi centrada na conceituação e exemplificação de três arquétipos sistêmicos que remetem à importância do domínio dos fundamentos da teoria geral de sistemas pelo administrador.

A ênfase deste capítulo — não apenas no mapa causal, mas na dinâmica sistêmica, em termos de estrutura de arquétipos — apresenta a abordagem sistêmica como paradigma de pesquisa para a geração de novas teorias. O paradigma é muito mais global que uma teoria, fornece uma estrutura ao pesquisador ou profissional eficiente, abrangendo leis, aplicações, método, instrumento, grupo aceito de teorias, maneiras de definir dados e outros aspectos.[37] Para o analista de processos ou discente em formação no campo da gestão, a abordagem sistêmica como paradigma é mais relevante, pois a partir dela pode-se imaginar e analisar situações de interação entre variáveis nas diferentes subáreas da administração. Trata-se de um nível de generalidade apropriado para a apresentação da teoria geral de sistemas, independentemente da área do saber (medicina, administração, direito) ou de suas subáreas (gestão da logística, de finanças, de pessoas).

---

[35] CAMARGOS; CAMARGOS; MACHADO, 2006.

[36] OSWICK; FLEMING; HANLON, 2011.

[37] QIU; DONALDSON; LUO, 2012.

TEXTOS COMPLEMENTARES

 Para uma forma alternativa de apresentar os conceitos de arquétipos sistêmicos, sem necessidade de recorrer à álgebra, recomenda-se a leitura do livro *A quinta disciplina*, de Senge.[38] Para que se possa ter uma breve noção da amplitude e diversidade de técnicas disponíveis aos analistas de processos, recomenda-se a leitura do artigo de Kettinger, Teng e Guha.[39]

QUESTÕES PARA REFLEXÃO

 1. A técnica selecionada para análise de alguma entidade associada ao processo de negócio se aplica, instância por instância, considerando-as como parte de um todo de forma sistêmica e integrada?

2. Caso as análises abranjam instância por instância, isoladamente, deveria haver uma análise cruzada de interdependência entre essas, como no exemplo estudado neste capítulo?

---

[38] SENGE, 1990.
[39] KETTINGER; TENG; GUHA, 1997.

Capítulo 9

Multifuncionalidade como instrumento para flexibilidade do processo

A demanda administrativa pela multifuncionalidade evidenciou-se mais intensamente com a reestruturação das organizações promovida na última década do século XX, de estruturas funcionais para estruturas orientadas a processos de negócios. Nas empresas, esse movimento foi denominado reengenharia organizacional, com o objetivo de gerar organizações menos verticalizadas ou hierárquicas, ou seja, habilitando as empresas planas (*flat organizations*), também denominadas organizações flexíveis.[1] As áreas funcionais das organizações hierárquicas aglutinam as pessoas em função da similaridade de suas habilidades, proporcionando um alto nível de flexibilidade funcional em decorrência do elevado nível de redundância de habilidades. Isso, por exemplo, reduz os impactos do absenteísmo no ambiente de trabalho. As novas organizações flexíveis ou orientadas por processo, sem a presença de agrupamentos funcionais ou de formas similares de organização da mão de obra, passam a demandar a multifuncionalidade de seus funcionários com o propósito de preservar os níveis de redundância de mão de obra para execução das funções do trabalho e, consequentemente, ter o nível de flexibilidade organizacional necessário.[2] Desta forma, tem-se a multifuncionalidade como um dos recursos importantes à competitividade das organizações.

A multifuncionalidade, apesar da sua importância para as modernas organizações, também é alvo de questionamentos, inclusive de pesquisadores da área da Administração, conforme podemos observar no texto de Beukel e Molleman:

> À primeira vista, a multifuncionalidade, de fato, parece ter impacto na dimensão variedade de habilidades, uma das principais dimensões do modelo de características do trabalho de Hackman e Oldham (1976), podendo também afetar positivamente outras dimensões importantes do modelo (isto é, identidade da tarefa, significado da tarefa, autonomia e *feedback)*, o que, por sua vez, leva a aumentos na satisfação e motivação para o trabalho. Neste trabalho, no entanto, examinamos mais de perto a relação entre a multifuncionalidade e a qualidade da vida profissional e sugerimos que **a multifuncionalidade não implica necessariamente em uma experiência positiva para todos os trabalhadores**.[3] [grifo nosso]

Beukel e Molleman não são os únicos a questionar os efeitos da diversidade de atividades e de habilidades em termos de proporcionar incremento da satisfação e da motivação dos funcionários, conforme previsto pelo modelo de características do trabalho

---

[1] OSTROFF, F. *The horizontal organization*: what the organization of the future actually looks like and how it delivers value to customers. Nova York: Oxford University Press, 1999; HAMMER, M.; CHAMPY, J. *Reengineering the corporation*. Londres: Nicholas Brealey Publishing, 1997.

[2] MOLLEMAN, E.; SLOMP, J. Functional flexibility and team performance. *International Journal of Production Research*, v. 37, nº 8, pp. 1.837–1.858, 1999.

[3] BEUKEL, A. L.; MOLLEMAN, E. Too little, too much: Downsides of multifunctionality in team-based work. *Personnel Review*, v. 31, nº 4, p. 482–495, 2002.

de Hackman e Oldham,[4] já descrito no Capítulo 6. Como acontece em muitos modelos e teorias compostos por várias dimensões, deve-se considerar o efeito sistêmico entre as próprias dimensões estruturais do modelo de características do trabalho como condição para o alcance do desempenho organizacional almejado, nesse caso, a motivação e a satisfação dos funcionários. Um estudo apurado de interdependências entre variáveis estruturais para o alcance de determinado desempenho administrativo foi publicado uma década depois da publicação do modelo de Hackman e Oldham, quando da apresentação do terceiro estágio evolutivo do paradigma da teoria da contingência estrutural (descrita na próxima seção), rotulada como teoria da contingência estrutural do tipo sistêmica.[5] Trata-se de análise de interdependência totalmente pertinente com o modelo de características do trabalho de Hackman e Oldham: a variável de desempenho desejável é a motivação e satisfação no trabalho; as variáveis estruturais com interdependência entre si são as caracterizadas pelas dimensões: autonomia, *feedback*, identidade, significância e variedade.

Neste capítulo, discute-se como os postos de trabalho, que atendem exclusivamente à dimensão variedade (de atividades e de habilidades), podem levar a resultados distintos do previsto pelo modelo de características do trabalho. Para essa discussão, descreveremos os aspectos distintivos entre polivalência e multifuncionalidade. Destacaremos que a multifuncionalidade deve ser compreendida como um conjunto de concessões, tanto do trabalhador para a empresa, desenvolvendo múltiplas funções, quanto da empresa para o trabalhador, concedendo-lhe autonomia. As percepções negativas sobre a multifuncionalidade, como as estudadas por Beukel e Molleman (2002), geralmente estão atreladas a um contexto bem diferente da multifuncionalidade, que se configura como polivalência do trabalhador. Assim, um aspecto importante para discussão neste capítulo é discernir a polivalência da multifuncionalidade. Para isso, iniciaremos destacando a importância da multifuncionalidade à competitividade das organizações. Discutiremos as diferentes interpretações para multifuncionalidade identificadas a partir da revisão da literatura científica nacional e internacional, desenvolvendo sua conceituação a partir do contraste com o termo polivalência. Aplicando a técnica de análise de conteúdo aos artigos identificados na literatura, utilizaremos as três dimensões da Teoria da Contingência Estrutural (contexto, estrutura e desempenho) como unidades para análise dos textos. Os resultados dessa análise serão utilizados para contrastar os dois termos, multifuncionalidade e polivalência, segundo as diferentes áreas da ciência de formação dos autores dos artigos, bem como das áreas da ciência de interesse das revistas científicas que os publicaram.

---

[4] HACKMAN, J. R.; OLDHAM, G. R. Motivation through the design of work: test of a theory. *Organizational Behavior and Human Performance*, v. 16, pp. 250–279, ago. 1976.

[5] VAN DE VEN, A. H.; DRAZIN, R. The concept of fit in contingency theory. In: CUMMINGS, L. L.; STAW, B. M. *Research in organizational behavior*, pp. 333–365. Greenwich, CT: JAI Press, 1985.

9.1 Multifuncionalidade no contexto da literatura científica e das leis brasileiras

Em termos de adoção da multifuncionalidade pelas empresas brasileiras, em maio de 2016, o Senado Federal brasileiro iniciou o trâmite para a coleta de emendas ao projeto de Lei n. 190, que objetiva definir e caracterizar as situações em que o trabalho multifuncional é considerado aceitável dentro do contexto das organizações que operam em território nacional. Reproduzimos a seguir um trecho da seção de justificativa desse projeto de lei:

> O projeto de lei que ora oferecemos à análise do Senado Federal vem atender a necessidade de **regulação de atividade multifuncional, exercida por inúmeros empregados** em face da nova organização do trabalho contemporâneo.
>
> [...]
>
> É comum nos dias atuais, a título de exemplo, a função da secretária que não é só secretária, pois atende as ligações da empresa, serve cafezinho e ainda dá suporte à equipe, sem que isso gere qualquer discriminação ou tratamento desigual entre os trabalhos, nem desmereça nenhuma dessas funções.
>
> No entanto, segundo nossa legislação, o empregado não pode ser contratado para ficar a [sic] mercê do empregador, devendo ser contratado para exercer determinadas atividades de acordo com sua qualificação profissional. Ocorre que a **insegurança jurídica decorrente da ausência de previsão legal da multifuncionalidade** em nosso ordenamento pode gerar retração de emprego, tendo em vista a aversão ao risco por parte do empregador.[6] [grifo nosso]

Conforme destacado na justificativa do projeto de lei, a multifuncionalidade hoje já ocorre em muitas organizações brasileiras. A grande maioria delas fica exposta aos riscos de sanções da justiça trabalhista brasileira, em especial a penalidades associadas ao "desvio de função" e ao "acúmulo de função" de seus colaboradores. Os poucos segmentos de negócios e organizações profissionais que conseguiram mitigar tais riscos desenvolveram um trâmite longo e dispendioso de discussões com a sociedade com o propósito de criar leis específicas às suas demandas quanto à multifuncionalidade, por exemplo, as leis voltadas especificamente aos radialistas e aos trabalhadores portuários. A lei de regulamentação da profissão de radialista[7] (Brasil, 1978) descreve, além das funções técnicas, também as funções administrativas e comerciais geralmente desempenhadas por esses profissionais no âmbito das empresas de radiodifusão. O trabalho multifuncional nos portos foi regularizado pela Lei de Modernização dos Portos[8] (Brasil, 2013), desenvolvida com o objetivo de compatibilizar a mão de obra às novas tecnologias e aos processos de manipulação de cargas nos modernos ambientes portuários.

A adoção da multifuncionalidade pelas organizações brasileiras tende a crescer em função da sua melhor caracterização legal e, consequentemente, da redução da sua

6   BRASIL. *Projeto de Lei do Senado n. 190*, de 3 de maio de 2016. Acrescenta o art. 442-B à Consolidação das Leis do Trabalho e altera seu art. 468 para dispor sobre o trabalho multifuncional, Brasília, DF, 2016. Disponível em: <http://www.senado.leg.br/atividade/rotinas/materia/getPDF.asp?t=192271&tp=1>. Acesso em: 14 jul. 2016.

7   BRASIL. Lei da regulamentação da profissão de Radialista, no 6.615, 16 dez. 1978. *Diário Oficial da União*, 1978. Disponível em: <http://www.planalto.gov.br/ccivil_03/leis/L6615.htm>. Acesso em: 14 jul. 2017.

8   BRASIL. Lei dos Portos, n. 12.815, de 5 de junho de 2013. *Diário Oficial da União*. Seção 1, edição extra, p. 1, 2013. Disponível em: <http://www.planalto.gov.br/ccivil_03/_ato2011-2014/2013/Lei/L12815.htm>. Acesso em: 14 jul. 2017.

insegurança jurídica. No âmbito internacional, desde o último quartil do século XX, buscam-se meios para incorporar às grandes empresas a agilidade das pequenas, onde se exercita mais corriqueiramente a multifuncionalidade (poucos trabalhadores, muitas vezes membros de um mesmo grupo familiar). Esse movimento incorporou ações de reestruturação organizacional delegando maior autonomia aos seus funcionários e o redirecionamento da gestão por processos de negócios, demandando a redução de níveis hierárquicos, bem como de áreas funcionais.[9] Esse novo contexto de trabalho, orientado a processos, gerou funcionários multifuncionais, com a capacidade de fazer a leitura do processo e ter atitude para selecionar e executar as funções mais apropriadas do momento (*on demand*), considerando as múltiplas instâncias em execução no processo de negócio.

Considerando a multifuncionalidade como uma tendência organizacional, temos um amplo conjunto de aspectos no âmbito da gestão a serem considerados pelas organizações, em especial para as organizações brasileiras, em função da regulamentação legal da multifuncionalidade em trâmite. Entre esses aspectos, tem-se a necessidade de gestores competentes na compreensão, implementação, operacionalização e gerenciamento da multifuncionalidade nas organizações. Sendo o conhecimento um dos aspectos centrais do indivíduo competente,[10] torna-se necessário questionar a abrangência e a atualidade das literaturas sobre multifuncionalidade. Para isso, realizamos uma pesquisa nos repositórios de artigos científicos voltados à área de Administração, tanto os nacionais (SciELO e Spell) quanto os internacionais (EBSCO, JStor e ProQuest). Com a pesquisa do tipo *scanning*[11] nesses repositórios, identificamos os artigos que apresentam o termo multifuncionalidade/*multifunctionality* no atributo título, palavra-chave ou resumo. Para os artigos resultantes, realizamos a leitura rápida do tipo *skimming*,[12] observando se os textos abordavam o trabalho nas organizações, organização do trabalho ou de pessoas nas organizações. Essa pesquisa resultou em treze artigos, descritos no Apêndice A, e evidenciou dois problemas aos que necessitam compreender a multifuncionalidade: a) diferenças significativas na definição do termo multifuncionalidade, destacadas inclusive em um dos textos identificados; b) dicotomia entre as percepções dos pesquisadores com relação à aplicação da multifuncionalidade nas organizações, destacada também em um dos artigos da amostra: "É surpreendente difícil de acreditar que a literatura apresente uma imagem bastante positiva do uso da multifuncionalidade."[13]

A observação dessas divergências estabeleceu um vínculo entre esses artigos: o desacordo e a construção da discórdia. Essa constatação evidenciou uma oportunidade de contribuição científica, explorada neste capítulo, que é a análise da incoerência intertextos.[14] Para abordar essa situação, analisamos e discutimos a literatura sobre multifuncionalidade, observando os diferentes aspectos de interesses da multifuncionalidade nas organizações, segundo as diversas áreas da ciência envolvidas, tanto de formação dos autores

---

[9] HAMMER, M.; Champy, J. *Reengineering the corporation*. Londres: Nicholas Brealey Publishing, 1997; DAVENPORT, T. H. *Reengenharia de processos*: como inovar na empresa através da tecnologia de informação. 5ª ed. Rio de Janeiro: Campus, 1994.

[10] LE BOTERF, G. *Desenvolvendo a competência dos profissionais*. São Paulo: Artmed e Bookman, 2003.

[11] DE SORDI, J. O. *Elaboração de pesquisa científica*: seleção, leitura e redação. São Paulo: Editora Saraiva, 2013.

[12] DE SORDI, 2013.

[13] BEUKEL; MOLLEMAN, 2002, p. 482, tradução nossa.

[14] LOCKE, K.; GOLDEN-BIDDLE, K. Constructing opportunities for contribution: Structuring intertextual coherence and "problematizing" in organizational studies. *Academy of Management Journal*, v. 40, nº 5, pp. 1.023–1.062, 1997.

dos artigos da amostra quanto de orientação das revistas científicas que, respectivamente, discutiram e publicaram os artigos. Muitos dos artigos da amostra abordam experiências organizacionais com a multifuncionalidade trabalhando de forma explícita ou implícita com as três dimensões da Teoria da Contingência Estrutural: a) contexto das empresas associadas à multifuncionalidade; b) estrutura adotada pelos gestores para implementação e/ou operação da multifuncionalidade nas empresas; e c) desempenho resultante da ação associada à multifuncionalidade. Assim, neste capítulo contrastaremos a literatura sobre multifuncionalidade segundo as diferentes áreas da ciência, observando e discutindo suas características essenciais, seus aspectos distintivos e comuns, bem como os possíveis pontos de conflito, a partir das três dimensões da Teoria da Contingência Estrutural.

Na revisão da literatura internacional, observamos que os textos não definem multifuncionalidade, utilizando a palavra como um termo de senso comum entre os leitores. Na revisão da literatura nacional, observamos a conceituação do termo, na maioria das vezes sobrepondo-o e associando-o com o termo "polivalência". Há autores que os tratam como sinônimos, outros apresentam a multifuncionalidade como mais abrangente, e outros, como mais restritiva que polivalência. A percepção dessa confusão terminológica também foi destacada por Agra (2000). Em função disso, desenvolveremos a conceituação do termo "multifuncionalidade", contrastando-o com o termo "polivalência".

Outro tema a ser conceituado nessa seção é a Teoria da Contingência Estrutural, empregada em muitos dos artigos que abordam a multifuncionalidade. Em função disso, utilizamos suas três dimensões — contexto, estrutura e desempenho — como códigos para as análises de conteúdo dos artigos associados à multifuncionalidade e à polivalência. Assim, essa seção é decomposta em duas partes: a primeira aborda o termo "multifuncionalidade", contrastando-o com o termo "polivalência", e a segunda conceitua a Teoria da Contingência Estrutural.

9.1.1 Multifuncionalidade e polivalência

Para a conceituação do termo "multifuncionalidade", trabalharemos em conjunto com a definição do termo "polivalência", já que os dois termos, conforme identificado na literatura nacional, sobrepõe-se. Assim, para o propósito exclusivo de conceituação do termo "multifuncionalidade", estendemos as pesquisas dos artigos nacionais presentes nos repositórios SciELO e Spell para o termo "polivalência". Para isso, adotou-se os termos "polivalência/polivalente" como critérios de pesquisa para os metadados: palavras-chave, resumo e título. Na pesquisa inicial do tipo *scanning*, bastava a presença de um dos termos pesquisados em qualquer um dos três metadados. Na fase seguinte, da análise de pertinência dos artigos (*skimming*), observou-se que os textos abordavam o trabalho nas organizações, a organização do trabalho ou de pessoas nas organizações. Essas atividades resultaram em sete artigos, descritos no Apêndice B, totalizando quatorze artigos nacionais, igualmente distribuídos entre multifuncionalidade e polivalência. Nesses artigos, encontramos sete definições para o termo "multifuncionalidade" e cinco para o termo "polivalência", conforme quadro analítico no Apêndice C. Dois artigos não conceituaram nenhum dos dois termos,[15] dois artigos os conceituaram como sinônimos,[16] e um artigo conceituou distintivamente os dois termos.[17]

Na análise morfológica dos termos "multifuncionalidade" e "polivalência", temos os prefixos "multi" e "poli" como sinônimos, exprimindo a noção de grande número, de pluralidade. Os substantivos "função" e "valência" são termos distintos. Função, no contexto jurídico, significa "o conjunto dos direitos, obrigações e atribuições de uma pessoa em sua atividade profissional específica",[18] enquanto valência significa "validade, utilidade, serventia".[19] Desta forma, tem-se que a polivalência indica as múltiplas serventias (atribuições) do funcionário, enquanto a multifuncionalidade indica não apenas as múltiplas atribuições, mas também os múltiplos direitos e obrigações associados ao profissional que desempenha as funções. O termo "multifuncionalidade" é mais abrangente que o termo "polivalência", pois vai além das atribuições do funcionário, abrangendo os seus deveres e direitos.

Todos os quatorze artigos da amostra nacional mencionam o termo "polivalência", sendo que apenas cinco deles o conceitua, ou seja, os autores de nove artigos o consideram termo de senso comum entre os leitores da revista. Observou-se esse procedimento em revistas de diferentes áreas: quatro de administração, uma de educação, duas de engenharia, uma de planejamento urbano, e uma de sociologia, conforme destacado na quarta coluna do quadro presente no Apêndice C. Dos cinco textos que definem polivalência, quatro caracterizam o funcionário polivalente como aquele capaz de executar atividades além das previstas e dimensionadas para o seu posto ou ocupação específica,[20] conforme definições presentes na terceira coluna do quadro do Apêndice C. Apenas um dos cinco artigos, Pereira e Silva,[21] não adotou essa definição, definindo polivalência como mobilidade do funcionário, no caso, das secretárias para a execução das mesmas atividades de secretariado, para diferentes gestores em diferentes departamentos e localizações físicas.

Os sete artigos da amostra associados ao termo "multifuncionalidade" o definem, enquanto apenas um dos outros sete artigos associados ao termo "polivalência" descreve a multifuncionalidade como sinônimo de polivalência. Dois dos sete artigos identificados a partir do termo "multifuncionalidade" apresentam definições equivocadas, enfatizando

[15] RACHID, A.; BRESCIANI FILHO, E.; GITAHY, L. Relações entre grandes e pequenas empresas de autopeças e a difusão de práticas de gestão da produção. *Gestão & Produção*, v. 8, nº 3, p. 319-333, 2001; ROESCH, S. M. A.; ANTUNES, E. D. O just-in-time e a emergência de um novo cargo: o operador multifuncional. *Revista de Administração*, v. 25, nº 4, pp. 44–53, 1990.

[16] LONGHI, J. *et al*. Os benefícios da multifuncionalidade. *Revista de Carreiras e Pessoas*, v. 5, pp. 2–16, 2015; GÓES, A. O. S.; SOUZA, M. E. A. A transformação da prática do bancário e a exigência de múltiplas competências. *RAC-Eletrônica*, v. 2, pp. 123–140, 2008.

[17] REIS, G. F.; GUTIERREZ, A. Desenvolvimento de competências multifuncionais na hotelaria. *Revista Acadêmica do Observatório de Inovação do Turismo*, v. 3, nº 2, pp. 1–24, 2008.

[18] FERREIRA, A. B. H. *Médio dicionário Aurélio*. São Paulo: Nova Fronteira, 1980, p. 827.

[19] FERREIRA, 1980, p. 1.724.

[20] REIS; GUTIERREZ, 2008; GÓES; SOUZA, 2008; MOREIRA, K. D.; OLIVO, L. C. C. O profissional de secretariado executivo como mediador de conflitos. *Revista de Gestão e Secretariado*, v. 3, p. 30-53, 2012; RABELO, F. M.; BRESCIANI FILHO, E.; OLIVEIRA, C. A. B. Treinamento e gestão da qualidade. *Revista de Administração de Empresas*, v. 35, nº 3, p. 13-19, 1995.

[21] PEREIRA, K. A.; SILVA, M. R. A atuação do secretário executivo no terceiro setor na cidade de Aracaju. *Revista de Gestão e Secretariado*, v. 5, pp. 104–130, 2014.

o conjunto de atividades a executar,[22] ou seja, confundem-na com o termo "polivalência". Outros dois desses sete artigos apresentam definições com parte do mesmo constructo teórico que está sendo explicado,[23] ou seja, empregam definições tautológicas. Outros dois artigos são muito abrangentes, pois trabalham conceitos da multifuncionalidade a partir da definição de múltiplas tarefas da polivalência. Isso ocorre com a definição de Agra[24] (2000), que colabora com a definição de multifuncionalidade ao indicar os diferentes papéis assumidos pelo trabalhador, e com a definição de Carrion,[25] que aborda as múltiplas habilidades necessárias ao trabalhador multifuncional. Por fim, a definição de Reis e Gutierrez[26] caracteriza as atividades dos multifuncionais como mais amplas que as executadas pelos polivalentes, abrangendo tanto tarefas complexas quanto especializadas, como também as padronizadas.

O Quadro 9.1 apresenta seis características identificadas como distintivas entre os termos multifuncionalidade e polivalência, obtidas a partir dos quatorze textos da amostra e de referências citadas nesses artigos. Apesar de os dois termos serem empregados de formas muito diversas pelos diversos autores, a análise de conteúdo concentrou-se nos aspectos singulares quanto à forma de atuação e gestão dos trabalhadores. Essa conceituação é necessária, em especial aos pesquisadores, praticantes e futuros gestores (discentes da área de gestão), que necessitam discutir a adoção da multifuncionalidade no ambiente organizacional. Essa demanda pelo correto discernimento dos dois termos deve se intensificar em função da perspectiva de aprovação da lei em trâmite no Senado brasileiro, que caracterizará as situações em que o trabalho multifuncional é considerado aceitável dentro do contexto das leis trabalhistas brasileiras. O discernimento desses dois termos colaborará com os gestores, em particular na descrição mais específica e adequada para os grupos de profissionais ou de postos de trabalho da empresa.

[22] RODRIGUES, M. B. Trajetórias de vida e de trabalho flexíveis: o processo de trabalho pós-Braverman. *Cadernos EBAPE.BR*, v. 12, no 4, pp. 770–788, 2014; ROBERTT, P. Reestruturação negociada e flexibilização em uma empresa industrial uruguaia. *Caderno CRH*, v. 20, no 51, p. 479–495, 2007.

[23] LOMBARDI, M. R. Reestruturação produtiva e condições de trabalho: percepções dos trabalhadores. *Educação & Sociedade*, v. 18, no 61, pp. 64–87, 1997; LONGHI, J. *et al*. Os benefícios da multifuncionalidade. *Revista de Carreiras e Pessoas*, v. 5, p. 2-16, 2015.

[24] AGRA, 2000.

[25] CARRION, R. M. Reestruturação econômica, relações do trabalho e qualificação na indústria petroquímica no Rio Grande do Sul. *Organizações & Sociedade*, v. 9, no 23, pp. 1–31, 2002.

[26] REIS, G. F.; GUTIERREZ, A. Desenvolvimento de competências multifuncionais na hotelaria. *Revista Acadêmica do Observatório de Inovação do Turismo*, v. 3, no 2, pp. 1–24, 2008.

Quadro 9.1 Contrastes entre o trabalho multifuncional e o polivalente

	Polivalência	Multifuncionalidade
Execução das atividades	Estruturada, predefinida e predominantemente em série/linear (não concomitantes). (Molleman; Slomp, 1999)	Em série ou em paralelo (concomitante), conforme a percepção do executor do contexto do momento (sob demanda). (Zarifian[1], 2001)
Quantidade e diversidade das atividades	Muitas, porém próximas em termos de sequenciamento: todas horizontais/operacionais ou todas verticais/administrativas. (Molleman; Slomp, 1999; Rodrigues, 2014)	Muitas, predominantemente mistas: tanto horizontais/operacionais quanto verticais/administrativas. (Agra, 2000; Grayson, 1982; Roesch; Antunes, 1990)
Competências exigidas do trabalhador	Conhecimento e habilidades para realizar as diversas ações do roteiro predefinido. (Zarifian[27], 2001; Góes; Souza, 2008)	Valorização das competências comportamentais, além do conhecimento e habilidades, também a atitude para alternar para outra ação conforme a percepção da demanda. (Carrion, 2002; Góes; Souza, 2008)
Objetivo da abordagem	Aditivo: no conjunto de atividades a serem executadas pelo profissional. (Nembhard; Bentefouet, 2014; Lombardi, 1997)	Integrativo: nos papéis a serem assumidos pelo trabalhador dentro do processo. (Salerno, 1994; Sampaio, 1993)
Aspectos mais perceptíveis ao trabalhador	Intensificação do ritmo de trabalho em função da execução de múltiplas atividades. (Lombardi, 1997)	Autonomia para decidir o que é mais importante de ser feito. (Zarifian, 2001)
Resultados organizacionais mais perceptíveis	Menos funcionários, resultando em otimização e mais lucro à empresa. (Agra, 2000; Molleman; Slomp, 1999)	Redução de níveis hierárquicos, maior flexibilidade para decisões e ações sob demanda, resultando em maior qualidade e satisfação do funcionário. (Agra, 2000; Huang et al., 2010)

9.1.2 Teoria da Contingência Estrutural

A Teoria da Contingência Estrutural é a sexta teoria mais citada pelas revistas científicas da área da Administração, considerando as descritas no *Social Sciences Citation Index*. Dentre as quinze teorias mais citadas pela área da Administração, considerando-se todas as demais áreas da ciência, a Teoria da Contingência Estrutural é a nona mais citada, tendo como base de cálculo as citações em todas as revistas indexadas no repositório ISI Web of Science. Além da sua ampla aplicação, a Teoria da Contingência Estrutural é uma das poucas teorias administrativas com origem na própria área de administração, ou seja, os trabalhos seminais, desenvolvidos em meados do século XX são de autoria de pesquisadores da área.[28]

A Teoria da Contingência Estrutural, em sua apresentação mais ampla e atual, abrange três conjuntos de atributos. O principal deles, objeto central da teoria e citado no título desta, abrange os atributos estruturais. A seguir, os três conjuntos de atributos são descritos: os estruturais, os de contexto do ambiente e os de desempenho:[29]

---

[27] Apesar de Zarifian utilizar o termo "polivalência", ele define a competência do trabalhador polivalente como aquele que vai além do "saber" e do "saber-fazer", incluindo o "saber-ser".

[28] OSWICK, C.; FLEMING, P.; HANLON, G. From Borrowing to Blending: Rethinking the processes of organizational theory building. *Academy of Management Review*, v. 36, nº 2, pp. 318–327, 2011.

[29] DRAZIN, R.; VAN DE VEN, A. H. Alternative Forms of Fit in Contingency Theory. *Administrative Science Quarterly*, v. 30, nº 4, pp. 514–539, 1985.

1. **Atributos estruturais:** referem-se aos aspectos da gestão que o administrador pode alterar e intervir na organização, como centralizar ou descentralizar, formalizar ou deixar informal, executar internamente na empresa ou terceirizar, implementar ou não a multifuncionalidade, selecionar uma dentre as diversas opções de estratégias, entre tantas outras decisões estruturais que podem ser feitas no ambiente organizacional. Por ser o atributo central da Teoria da Contingência Estrutural, citado inclusive no nome desta, esse é o conjunto de atributos sobre o qual recai a maior atenção e dedicação do pesquisador que aplica a Teoria da Contingência Estrutural.

2. **Atributos de contexto do ambiente empresarial:** referem-se ao contexto da organização; como o número de funcionários, tempo de trabalho na empresa de funcionários da alta gerência, ou o nível de atualização tecnológica da produção ou da operação. Os atributos de contexto são inerentes ao ambiente no qual a organização está estabelecida, e são de difícil alteração pela ação gerencial. Como o nome indica, esses atributos dão o contexto da pesquisa e servem para especificar e delimitar o tipo de ambiente organizacional (sociedade) para o qual se aplica a teoria obtida pela aplicação do paradigma da Teoria da Contingência Estrutural.

3. **Atributos de desempenho:** abordam os resultados alcançados pela organização em decorrência da adoção e aplicação de determinados aspectos estruturais, em dado contexto empresarial. Esses atributos de desempenho podem ser, por exemplo, o faturamento, o tempo de permanência dos funcionários na organização (*turnover*), a quantidade de clientes ou a percepção que eles têm quanto à qualidade de produtos ou serviços. As ações gerenciais são intencionais, ou seja, há uma expectativa de resultado a ser alcançado. Os atributos de desempenho caracterizam, dentro do contexto da Teoria da Contingência Estrutural, a mensuração dos objetivos intencionados, segundo a seleção e operacionalização das variáveis estruturais dentro de um contexto empresarial específico.

Para o exercício da gestão, pode-se considerar a Teoria da Contingência Estrutural sob uma perspectiva pragmática, em que a "efetividade oriunda da estrutura orienta uma atitude prescritiva aos administradores".[30] Os modelos e teorias resultantes da aplicação da Teoria da Contingência Estrutural podem ser aplicados por gestores como ferramenta de apoio às análises e tomadas de decisão quanto a questões (variáveis) estruturais da empresa, tendo como objetivo determinado desempenho, segundo o contexto em que a empresa atua. Esse modelo lógico permite pensar e discutir a multifuncionalidade como uma variável estrutural da empresa, abordando as suas diferentes formas de estruturação, bem como suas possíveis inter-relações com os diversos atributos de contexto e de desempenho. Daí a importância da compreensão da Teoria da Contingência Estrutural para se desenvolver uma revisão e análise mais pragmática dos textos nacionais e internacionais que abordam a multifuncionalidade.

9.2 Análise de procedência dos artigos identificados na literatura

A leitura rápida dos treze artigos sobre multifuncionalidade (descritos no Apêndice A) pode transmitir ao leitor a percepção de posicionamentos distintos e até mesmo contraditórios em termos da opinião dos membros da academia científica com relação à prática da multifuncionalidade nas organizações. Uma análise mais detalhada evidencia que não se trata de falta de consenso entre os membros da academia, mas de diferentes perspectivas de análise em função das diferentes áreas da ciência envolvidas, conforme observa-se no Quadro 9.2. As revistas científicas da área da Administração e da Engenharia desenvolvem

---

[30] DONALDSON, L. Teoria da Contingência Estrutural. In: CLEGG, S. R.; HARDY, C.; NORD, W. (Orgs.). *Handbook de estudos organizacionais*, v. 1, pp. 104–131. São Paulo: Atlas, 1999.

análises predominantemente a partir do âmbito de negócios, de cunho empresarial, tendo como foco as organizações. Estas tendem a ter uma opinião mais positiva da multifuncionalidade. Revistas científicas voltadas ao trabalhador que atua nas organizações ou em sociedade, como as revistas das áreas da Psicologia, Sociologia e Educação, tendem a adotar a perspectiva do executor do trabalho multifuncional com uma percepção mais negativa da adoção da multifuncionalidade nas organizações.

Quadro 9.2 Características dos textos nacionais e internacionais sobre multifuncionalidade

Fonte	Autoria do artigo	Área da ciência[31]	Percepção multifun.[32]	Perspectiva analítica	Discerni. multifunc. e polivale.	
		da revista	formação 1º autor			
Internacional	Beukel e Molleman (2002)	PSI	ADM	− 1	Do executor	Não há[33]
	Huang, Kristal e Schroeder (2010)	ENG	ENG	+ 1	Empresarial	
	Iravani, Kolfal e Van Oyen (2007)	ADM	ENG	+ 1	Empresarial	
	Molleman e Slomp (1999)	ENG	PSI	+ 1	Empresarial	
	Nembhard e Bentefouet (2014)	ENG	ENG	0	Empresarial	
	Raskas e Hambrick (1992)	ADM	PSI	+ 1	Empresarial	
Nacional	Agra (2000)	PLA	ADM	− 1	Do executor	Superficial
	Carrion (2002)	ADM	SOC	±	Empresarial	Inexistente
	Lombardi (1997)	EDU	SOC	− 1	Do executor	Superficial
	Longhi et al. (2015)	ADM	ADM	+ 1	Empresarial	Superficial
	Reis e Gutierrez (2008)	ADM	ADM	+ 1	Empresarial	Superficial
	Robertt (2007)	SOC	SOC	− 1	Social	Superficial
	Rodrigues (2014)	ADM	PSI	− 1	Histórica	Inexistente

No âmbito internacional, predominam os textos das áreas da Administração e da Engenharia, apresentando pareceres mais positivos e favoráveis à multifuncionalidade. Beukel e Molleman (2002) são os autores do único artigo internacional de área distinta a essas, publicado em uma revista de Psicologia, e mostraram-se surpresos com a perspectiva mais positiva da multifuncionalidade em âmbito internacional. A literatura nacional disponível sobre o termo "multifuncionalidade" é mais diversificada em termos de áreas discutindo o tema, apresentando perspectivas e percepções igualmente mais diversas que a internacional com relação à multifuncionalidade no contexto das organizações. Os trechos de textos dos artigos (unidades de contexto) que respaldaram as classificações sobre a percepção dos autores sobre a multifuncionalidade, presentes na quinta coluna do Quadro 9.2, foram identificados pela aplicação da técnica de análise de conteúdo e estão descritos no Quadro 9.3.

---

[31] Áreas da ciência = ADMinistração, EDUcação, ENGenharia, PLAnejamento urbano, PSIcologia, SOCiologia.

[32] Percepção da multifuncionalidade = +1 Positiva −1 Negativa ± Ambivalente 0 Neutra.

[33] Artigos abordam apenas multifuncionalidade.

A análise de conteúdo dos textos dos 13 artigos da amostra, considerando as três dimensões da Teoria da Contingência Estrutural como unidades de registros, resultou na identificação de: 13 itens associados ao contexto das empresas, indicados na primeira coluna do Quadro 9.4; 21 itens associados à estrutura da organização, descritos na segunda coluna do Quadro 9.4; e 12 itens associados ao desempenho da organização, presentes na terceira coluna do Quadro 9.4.

Quadro 9.3 Unidades de contexto referentes à percepção sobre a multifuncionalidade

Agra, 2000, percepção negativa: "Este artigo trata da gênese do trabalho multifuncional em três unidades operacionais de uma empresa do setor petroquímico brasileiro e das respectivas consequências para os profissionais envolvidos" (Agra, 2000, p. 1, grifo nosso). Concluiu-se para o contexto estudado que "o trabalho multifuncional é organizado com o objetivo maior de reduzir os custos com a mão de obra empregada" (Agra, 2000, p.1).

Carrion, 2002, percepção ambivalente: evidencia as situações extremas em termos de resultados da aplicação da multifuncionalidade, de funcionários *multiskil* a *multitask*: "Quando o tema é a multifuncionalidade, a polissemia não é menos intensa. Condição fundamental ao sucesso da estratégia do JIT (Watanabe, 1996), a multifuncionalidade pode dar origem tanto à multiqualificação, ilustrativa do trabalhador *multiskill*, como à *multitask*, que corresponde à imagem do trabalhador 'multitarefeiro'" (Watanabe, 1996, p. 9, grifo nosso).

Lombardi, 1997, percepção negativa: nas empresas pesquisadas, a multifuncionalidade "se transformou em 'multitarefa', ou seja, acrescentou um novo rol de tarefas às que o operador já fazia" (Lombardi, 1997, p. 84, grifo nosso).

Longhi *et al.*, 2015, percepção positiva: no "Quadro 1 — Vantagens da multifuncionalidade" (Longhi *et al.*, 2015, p. 13, grifo nosso), os autores descrevem duas vantagens da multifuncionalidade para as empresas e oito vantagens para os empregados.

Reis e Gutierrez, 2008, percepção positiva: "[...] sendo o desenvolvimento das competências multifuncionais, por meio dos colaboradores dos hotéis, na execução dos trabalhos, vital para o bom desenvolvimento do hotel e para a garantia de sua continuidade no mercado" (Reis; Gutierrez, 2008, p. 2, grifo nosso).

Rodrigues, 2014, percepção negativa: define-a como sinônimo de multitarefa, associando-a ao aumento de tarefas manuais e ao cansaço. "A demanda por multifuncionalismo e multiqualificação (*multitasking* e *multiskilling*) coloca no..." (idem, p. 775, grifo nosso). Duas páginas depois, a mesma analogia: "... introduz conceitos como multifuncionalidade (*multitasking*), multiqualificação (*multiskilling*) e trabalho em grupos ou células de produção (*teamworking*)" (Rodrigues, 2014, p. 777, grifo nosso).

Robertt, 2007, percepção negativa: ao conceituar multifuncionalidade, o autor adota uma definição que a associa a postos de trabalho com poucas funções, não especializado e predominantemente braçal: "a multifuncionalidade indica aumento no número de tarefas realizadas por cada trabalhador e implica capacidade de uma pessoa para conhecer e ocupar vários postos de trabalho" (Robertt, 2007, p. 488, grifo nosso).

Beukel e Molleman, 2002, percepção negativa: "In this article we argue that multifunctionality also has its downsides and propose a framework in which multifunctionality is associated with ineffective utilisation of human resources" (Beukel; Molleman, 2002, p. 482, grifo nosso).

Huang, Kristal e Schroeder, 2010, percepção positiva: "[...] researchers recognize that multifunctionality increases the diversity of jobs performed by individual employees, provides employees with opportunities to integrate and create new knowledge through job enrichment, and hence enhances the flexibility of the workforce" (Huang; Kristal; Schroeder, 2010, p. 517, grifo nosso).

Iravani, Kolfal e Van Oyen, 2007, percepção positiva: "We propose a new approach to analyzing flexibility arising from the multifunctionality of sources of production" (Iravani; Kolfal; Van Oyen, 2007, p. 1.102, grifo nosso).

Molleman e Slomp, 1999, percepção positiva: "Two interactions between these three independent variables also prove to be statistically significant: the interactions of multifunctionality with absenteeism and redundancy/demand with absenteeism" (Molleman; Slomp, 1999, p. 1.850, grifo nosso).

Nembhard e Bentefouet, 2014, percepção neutra: caracterizada como uma variável para estudar as políticas, "while addressing the magnitude of cross-training, the level of multifunctionality, and how these factors impact workforce selection and assignment policies" (Nembhard; Bentefouet, 2014, p. 4.786, grifo nosso).

Raskas e Hambrick, 1992, percepção positiva: "Advocates of multifunctional managements development (MFD) abound, citing important advantages of managerial breadth and versatility" (Raskas; Hambrick, 1992, p. 5, grifo nosso).

Quadro 9.4 Unidades de registro identificadas para as três dimensões
da Teoria da Contingência Estrutural junto aos treze artigos da amostra

	Contexto (C)	Estrutura (E)	Desempenho (D)
Artigos internacionais		E1 — Equipe de trabalho multifuncional [ve] (Beukel; Molleman, 2002)	D1 — Subutilização de habilidades do funcionário [ve] D2 — Sobreutilização da capacidade de trabalho do funcionário [ve] (Beukel; Molleman, 2002)
	C1 — Tamanho da planta industrial [vt] (Huang; Kristal; Schroeder, 2010)	E2 — Número de níveis gerenciais (*flatness*) [vt] E3 — *Cross-training* dos funcionários para desempenharem múltiplas atividades ou empregos (*employee multifunctionality*) [vt] E4 — Distribuição da autoridade e da tomada de decisão pela estrutura da organização (*centralization*) [vt] (Huang; Kristal; Schroeder, 2010)	D3 — Capacidade das operações internas de uma fábrica em produzir produtos personalizados em larga escala a um custo comparável ao de produtos não personalizados (*mass customization capability*) [vt] (Huang; Kristal; Schroeder, 2010)
		E5 — Treinamento multifuncional/ *cross-training* (*multifunctionality*) [ve] (Iravani; Kolfal; Van Oyen, 2007)	D4 — Tempo de espera de clientes do *call-center* [ve] (Iravani; Kolfal; Van Oyen, 2007)
	C2 — Variação na disponibilidade de funcionários (absenteísmo) [vt] C3 — Variação da demanda [vt] (Molleman; Slomp, 1999)	E6 — Distribuição da multifuncionalidade, a quantidade de habilidades por funcionário [vt] E7 — Distribuição da redundância, a quantidade de funcionários por atividade [vt] E8 — Distribuição da eficiência, compreendida como tempo de processamento do funcionário para atividade [vt] (Molleman; Slomp, 1999)	D5 — Tempo total de produção (*makespan*) [vt] (Molleman; Slomp, 1999)
		E9 — Taxa entre trabalhadores generalistas e especialistas [vt] E10 — Quantidade de atividades desempenhadas (*multifunctionality*) [vt] E11 — Nível de heterogeneidade da força de trabalho [vt] E12 — Total de funcionários disponíveis para seleção [vt] E13 — Organização das tarefas (paralelo/serial) [vt] (Nembhard; Bentefouet, 2014)	D6 — Entrega da produção (*throughput*) [ve] (Nembhard; Bentefouet, 2014)

(Continua) ⇨

	Contexto (C)	Estrutura (E)	Desempenho (D)
Artigos internacionais	C4 — Estratégia de negócio (*defender/prospector*) [ve] C5 — Cultura organizacional (*market/clan*) [ve] C6 — Funções envolvidas (*highly technical/nontechnical*) [ve] C7 — Perfil das pessoas (*risk-averse/risk-prone*) [ve] (Raskas; Hambrick, 1992)	E14 — Política para desenvolvimento de gerenciamento multifuncional (*multifunctional management development*) [ve] (Raskas; Hambrick, 1992)	
Artigos nacionais		E15 — Política de recursos humanos, plano de cargos e salários [ve] E16 — Política de recursos humanos, avaliação de desempenho [ve] E17 — Política de recursos humanos, mobilidade do pessoal [ve] (Agra, 2000)	D7 — Níveis de esforços para implementação da multifuncionalidade [ve] (Agra, 2000)
	C8 — Segmento de indústria petroquímica [ve] (Carrion, 2002)	E18 — Opções estratégicas para implementação da multifuncionalidade: incitada, negociada e imposta [ve] (Carrion, 2002)	
	C9 — Gênero do trabalhador multifuncional [ve] (Lombardi, 1997)	E19 — Implementação da multifuncionalidade com base em inovação tecnológica [ve] (Lombardi, 1997)	D8 — Percepção (negativa) dos trabalhadores sobre o efeito da multifuncionalidade no trabalho [ve] (Lombardi, 1997)
	C10 — Multifuncionalidade como desempenho de múltiplas tarefas (*multitasking*) [ve] Trabalhadores Especialistas e Não especialistas [ve] (Longhi *et al.*, 2015)		D9 — Nível de absenteísmo [ve] D10 - Disseminação do conhecimento [ve] (Longhi *et al.*, 2015)
	C11 — Rede hoteleira segundo o porte, ocupação e sazonalidade [ve] (Reis; Gutierrez, 2008)	E20 — Gestão de competências em apoio ao desenvolvimento da multifuncionalidade [ve] (Reis; Gutierrez, 2008)	
	C12 — Resistência sindical à multifuncionalidade [ve] C13 — Aumento do número de tarefas realizadas por cada trabalhador (multifuncionalidade) [ve] (Robertt, 2007)		D11 — Total de funcionários recebendo seguro desemprego [ve] (Robertt, 2007)

(Continua) ⇨

	Contexto (C)	Estrutura (E)	Desempenho (D)
Nacionais		E21 — Flexibilização interna com a multifuncionalidade (*multitasking*) [ve] (Rodrigues, 2014)	D12 — Novas formas de relação de trabalho, mais complexas [ve] (Rodrigues, 2014)

Legenda:
[vt] variável quantitativa testada na pesquisa
[ve] variável especulativa e não testada na pesquisa

9.3 Análises dos artigos segundo as variáveis de contexto, estrutura e desempenho

Conforme informado na introdução deste capítulo, conduziremos as análises trabalhando com os resultados identificados para as três dimensões da Teoria da Contingência Estrutural: atributos de contexto das organizações associadas à multifuncionalidade, estrutura gerencial adotada para a prática da multifuncionalidade e desempenhos obtidos com a multifuncionalidade. Iniciaremos pela análise da unidade de registro de desempenho.

9.3.1 Análise dos atributos de desempenho presentes nos artigos da amostra

Observa-se que, dos treze artigos sobre multifuncionalidade analisados (descritos no Apêndice A), dez testaram ou discutiram explícita ou especulativamente algum tipo de variável de desempenho, igualmente distribuídos entre autores e revistas nacionais e internacionais. Quatro dos cinco artigos internacionais trazem uma perspectiva de resultados positivos, conforme observa-se no Quadro 9.5, todos atrelados a revistas da área de Administração ou da Engenharia (conforme apontado na terceira coluna do Quadro 9.2) e abordando indicadores da área de produção/operações. O único artigo internacional desenvolvido dentro da perspectiva do executor, de Beukel e Molleman,[34] apresenta percepção negativa da multifuncionalidade, com indicação de dois atributos de desempenhos negativos. Ao analisarmos os artigos nacionais, identificamos o cenário coerente com o internacional, embora com distribuição quantitativa inversa em termos de perspectiva analítica trabalhada pelos autores. O único artigo nacional com perspectiva empresarial, o de Longhi *et al.*,[35] também apresenta uma perspectiva de resultados positivos. Os outros quatro artigos nacionais trabalham a perspectiva do executor com percepção negativa da multifuncionalidade. Desse cenário, depreende-se que a literatura científica, tanto nacional quanto internacional, tende a avaliar de forma positiva os resultados quando a análise é feita a partir de uma perspectiva empresarial, principalmente em termos de operação, e a criticar quando a análise é conduzida na perspectiva do indivíduo executor, associado à implementação e operacionalização da multifuncionalidade.

---

[34] BEUKEL; MOLLEMAN, 2002.
[35] LONGHI *et al.*, 2015.

Quadro 9.5 Análise dos atributos de desempenho presentes nos artigos da amostra

Origem (Nac./Int.) + Autores	Análise do(s) atributo(s) de desempenho	Perspectiva analítica	
	Percepção positiva	Percepção negativa	
Internacional (Beukel; Molleman, 2002)		D1 — Subutilização de habilidades do funcionário D2 — Sobreutilização da capacidade de trabalho do funcionário	Do executor
(Huang; Kristal; Schroeder, 2010)	D3 — **Capacidade das operações internas de uma fábrica de produzir produtos personalizados, em larga escala, a um custo comparável ao de produtos não personalizados** (*mass customization capability*)		Empresarial
(Iravani; Kolfal; Van Oyen, 2007)	D4 — Tempo de espera de clientes do *call-center*		Empresarial
(Molleman; Slomp, 1999)	D5 — Tempo total de produção (*makespan*)		Empresarial
Origem (Nac./Int.) + Autores	Análise do(s) atributo(s) de desempenho	Perspectiva analítica	
	Percepção positiva	Percepção negativa	
Internacional (Nembhard; Bentefouet, 2014)	D6 — Entrega da produção (*throughput*)		Empresarial
Nacional (Agra, 2000)		D7 — Níveis de esforços para implementação da multifuncionalidade	Do executor
(Lombardi, 1997)		D8 — Percepção [negativa] dos trabalhadores sobre o efeito da multifuncionalidade no trabalho	Do executor
(Longhi *et al.*, 2015)	D9 — Nível de absenteísmo D10 — Disseminação do conhecimento		Empresarial
(Robertt, 2007)		D11 — Total de funcionários recebendo seguro-desemprego	Social
(Rodrigues, 2014)		D12 — Novas formas de relação de trabalho, mais complexas	Histórica

9.3.2 Análise dos atributos de estrutura presentes nos artigos da amostra

Como meio de viabilizar a multifuncionalidade nas organizações, alguns artigos abordam estruturas organizacionais voltadas ao processo de transferência de conhecimentos e desenvolvimento de habilidades para capacitar os funcionários em múltiplas funções. Nesse sentido, Raskas e Hambrick[36] destacam a política japonesa para o desenvolvimento de gestores multifuncionais, explorando a política de rotação a cada período de três a cinco anos, dos gestores para novas áreas funcionais, de outras unidades de negócios. Para a capacitação dos níveis operacionais, Iravani, Kolfal e Van Oyen[37] e Huang, Kristal e Schroeder[38] destacaram a realização de treinamentos diversificados (*cross-training*), permitindo que os funcionários desempenhem múltiplas tarefas. Esses três artigos discutem as competências do "saber" (conhecimentos) e do "saber-fazer" (habilidades), fortemente alinhados com o artigo de Reis e Gutierrez,[39] que aborda a importância da prática de gestão de competências para a multifuncionalidade. Destaca-se, porém, que, desses autores, somente Reis e Gutierrez explicitaram formas ou proposições de como se trabalhar a atitude ("saber-ser"): "treinamento pode ser uma das respostas a algumas das questões, focando-se os processos de treinamento e a avaliação de desempenho, baseados no CH (Conhecimentos e Habilidades) e não deixar de lado a A (Atitude)".[40]

Agra[41] não discute a transferência de conhecimento ou habilidades; analisa a reestruturação de empresas com a introdução da multifuncionalidade, abordando opções estruturais associadas às políticas de recursos humanos, abrangendo planos de cargos e salários, avaliação de desempenho e mobilidade do pessoal. No plano de avaliação de desempenho, destaca a possibilidade de adoção de entrevistas do tipo avaliação-conselho, como uma das formas de discutir e aprimorar as ações (atitudes) dos trabalhadores. A seguir, alguns outros exemplos de atributos estruturais identificados nos artigos da amostra como favoráveis à implementação e operação da multifuncionalidade nas organizações:

» Quanto mais frequente e aceita a mobilidade de funcionários entre áreas e funções da organização, melhor será para a multifuncionalidade (Agra, 2000).

» Quanto menos níveis gerenciais existirem na organização, melhor será para a multifuncionalidade (Huang; Kristal; Schroeder, 2010).

» Quanto mais descentralizada e distribuída a autoridade e a tomada de decisão, melhor será para a multifuncionalidade (Huang; Kristal; Schroeder, 2010).

Opções estruturais também foram identificadas quanto à forma de se introduzir a multifuncionalidade nas organizações. Carrion destacou três estratégias de implementação:

1. **"Incitada":** Representativa do caso da empresa que oferece em contrapartida ao engajamento do trabalhador com as metas do capital, estabilidade, carreira, bônus, treinamento, prioridade na escolha do período de férias etc.

---

[36] RASKAS; HAMBRICK, 1992.

[37] KOLFAL; VAN OYEN, 2007.

[38] HUANG; KRISTAL; SCHROEDER, 2010.

[39] REIS; GUTIERREZ, 2008.

[40] REIS; GUTIERREZ, 2008, p. 21.

[41] AGRA, 2000.

2. **"Negociada":** Baseada no compromisso e no reconhecimento tanto da empresa como dos trabalhadores, de suas respectivas competências. Um exemplo disso é o modelo técnico profissional de relações do trabalho encontrado na indústria automobilística na Alemanha (Maurice *et al.*,1979).

3. **"Imposta":** Sob a ameaça de perda de emprego.[42]

Excluindo o artigo de Raskas e Hambrick,[43] que aborda a multifuncionalidade no nível gerencial, todos os demais abordam o tema dentro do contexto dos funcionários da operação, do "chão de fábrica". São autores que consideram a multifuncionalidade como sinônimo de *multitasking* e estão mais voltados à polivalência do que à multifuncionalidade. Essa orientação é percebida, inclusive, pelos atributos de desempenho abordados: tempo total de produção (*makespan*), em Molleman e Slomp;[44] entrega da produção (*throughput*), em Nembhard e Bentefouet;[45] e percepção (negativa) dos trabalhadores sobre o efeito da multifuncionalidade no trabalho, em Lombardi.[46] Por isso, esses artigos e seus atributos de estruturas devem ser considerados com restrições, em especial para a implementação plena da multifuncionalidade, trabalhando com a autonomia dos funcionários para decidirem o que fazer. A diversidade de tarefas e as demais características foram destacadas no Quadro 9.1.

Entre os artigos que discutem atributos estruturais mais direcionados à polivalência do que à multifuncionalidade, destacam-se os textos de: Nembhard e Bentefouet,[47] Molleman e Slomp[48] e Lombardi.[49] Nembhard e Bentefouet[50] discutem as melhores políticas para seleção e alocação dos trabalhadores às tarefas multifuncionais, a partir dos fatores: a) taxa entre trabalhadores generalistas e especialistas; b) quantidade de atividades a serem desempenhadas multifuncionalmente; c) nível de heterogeneidade da força de trabalho; d) total de funcionários disponíveis para seleção; e) organização das tarefas (paralelo/serial). Molleman e Slomp[51] discutem a melhor configuração do sistema de produção para ambientes multifuncionais considerando: a) distribuição da multifuncionalidade em termos da quantidade de habilidades por funcionário; b) distribuição da redundância em termos da quantidade de funcionários por atividade; c) distribuição da eficiência, compreendida como tempo de processamento do funcionário para a atividade. Lombardi[52] discute a inovação tecnológica como uma importante ferramenta para a implementação da multifuncionalidade.

---

[42] CARRION, 2002, p. 8.

[43] RASKAS; HAMBRICK, 1992.

[44] MOLLEMAN; SLOMP, 1999.

[45] NEMBHARD; BENTEFOUET, 2014.

[46] LOMBARDI, 1997.

[47] NEMBHARD; BENTEFOUET, 2014.

[48] MOLLEMAN; SLOMP, 1999.

[49] LOMBARDI, 1997.

[50] NEMBHARD; BENTEFOUET, 2014.

[51] MOLLEMAN; SLOMP, 1999.

[52] LOMBARDI, 1997.

9.3.3 Análise dos atributos de contexto presentes nos artigos da amostra

Os atributos de contexto identificados na amostra podem ser subdivididos em três grupos: pertinentes ao segmento de negócio em que a empresa atua, associados à comunidade de trabalhadores e atrelados às características da empresa. Entre os atributos de contexto associados às características da empresa, identificamos:

» Tamanho da planta industrial, se grande ou pequena.[53] Embora a amostra fosse percebida como insuficiente para os testes imaginados, os pesquisadores partiram de referências da literatura que indicam que as grandes empresas tendem a ser mais formais e centralizadoras, características contrárias à multifuncionalidade, porém, com mais recursos para implementar inovações, o que seria um aspecto favorável à introdução da multifuncionalidade.

» Perfil do trabalho realizado em áreas funcionais da empresa, se altamente técnico ou não técnico.[54] A percepção dos autores é a de que áreas predominantemente técnicas apresentam maior dificuldade para implementação da rotação de gestores, artifício empregado para o desenvolvimento de gestores multifuncionais por aprendizagem prática em campo.

» Posicionamento estratégico da empresa quanto à adoção tecnológica, classificando-a em conservadora (*defender*) ou prospectora (*prospector*).[55] A proposição dos autores, com base na literatura, é a de que as empresas prospectoras aceitam mais a exposição ao risco, buscam a inovação continuamente e aceitam mais naturalmente a introdução da rotação de funcionários e a multifuncionalidade.

» A cultura organizacional em termos de relacionamento entre os empregados, se do tipo mercado (*market*) ou clã (*clan*).[56] Na cultura do tipo clã há mais respeito entre os funcionários, estabelecendo um círculo de confiança que tende a favorecer o processo de rotação, bem como a multifuncionalidade gerencial.

Entre os atributos identificados nos artigos da amostra como associados à comunidade de trabalhadores da empresa, temos:

» Comportamento dos gestores com relação ao risco, se aversão ou propensão.[57] Trabalhou-se com a proposição que gestores propensos a riscos aceitam melhor a mudança e o processo da rotação, inclusive deles mesmos para outras áreas, sendo mais colaborativos com o processo de rotação e de introdução da multifuncionalidade gerencial;

» Nível de especialização dos trabalhadores, se especialistas ou não especialistas.[58] A proposição é a de que os profissionais altamente especializados tendem a ser menos receptíveis à ideia de desenvolver atividades distintas daquelas diretamente atreladas à sua especialização, sendo, portanto, menos receptivos à prática da multifuncionalidade;

» Gênero do trabalhador.[59] Inferiu-se que os operários do sexo feminino tendem a ser menos críticos (indiferentes) que os operários do sexo masculino (altamente críticos), em função dos trabalhadores do sexo feminino já terem a cultura da multifuncionalidade em seus afazeres domésticos;

---

[53]   HUANG; KRISTAL; SCHROEDER, 2010.

[54]   RASKAS; HAMBRICK, 1992.

[55]   RASKAS; HAMBRICK, 1992.

[56]   RASKAS; HAMBRICK, 1992.

[57]   RASKAS; HAMBRICK, 1992.

[58]   LONGHI *et al.*, 2015.

[59]   LOMBARDI, 1997.

»   Disponibilidade de funcionários, ou seja, nível de absenteísmo.[60] A pesquisa evidenciou que, quanto maior o nível de absenteísmo de uma empresa, maior a importância e os benefícios gerados com a multifuncionalidade.

Quanto aos atributos de contexto associados ao segmento de negócio, identificamos:

»   Variação da demanda por produtos e serviços da empresa.[61] A proposição é a de que, quanto maior a variação, mais atrativa e necessária é a multifuncionalidade, com o propósito de ter maior flexibilidade ao atendimento dos diferentes níveis de demandas de cada atividade;

»   Relação entre empresa e sindicato dos trabalhadores.[62] A proposição é a de que, quanto mais transparente, cordial e honesta a relação, maiores serão a compreensão em termos de discussão e a resolução de possíveis pontos de conflito para a implementação da multifuncionalidade.

Considerando a escassez de textos nacionais e internacionais sobre multifuncionalidade, nota-se como relevante os conhecimentos identificados nos treze artigos analisados e consolidados nos parágrafos anteriores. Essas informações poderão servir como insumo à geração de ideias para estruturação de projetos, tanto de aplicação da multifuncionalidade nas organizações quanto de aprendizagem, de forma concomitante. A simultaneidade é possível considerando a condução de projetos de pesquisas com paradigma pragmático,[63] caracterizados por serem centrados em problemas do mundo real (no caso, a melhor forma de introduzir e de operar a multifuncionalidade nas organizações brasileiras), pluralista em termos de diferentes perspectivas (por exemplo, humana, em termos da percepção dos funcionários; empresarial, em termos de indicadores de produção) e voltada para consequências de intervenções feitas no mundo real (a inserção da multifuncionalidade nas organizações). Dentro do paradigma pragmático, destacam-se as estratégias de pesquisas, estudos de caso e *design science*. A primeira, direcionada à aprendizagem a partir do acompanhamento da intervenção promovida pela própria organização,[64] nesse caso, a inserção da multifuncionalidade; a segunda, a partir da introdução de um novo artefato no ambiente organizacional, desenvolvido pelos pesquisadores, porém utilizado e avaliado pelos profissionais no contexto das operações diárias da organização,[65] nesse caso, artefatos (na forma de algoritmos ou modelos explicativos) que possam contribuir com a implementação ou operação da multifuncionalidade nas organizações.

---

[60] MOLLEMAN; SLOMP, 1999.

[61] MOLLEMAN; SLOMP, 1999.

[62] ROBERTT, 2007.

[63] CRESWELL, 2007.

[64] YIN, 2001.

[65] VAN AKEN; ROMME, 2009.

9.3.4 Complexidade da multifuncionalidade em termos da observância da interdependência sistêmica entre seus atributos e variáveis

É importante destacar as características imbricadas dos atributos da Teoria da Contingência Estrutural, não apenas entre os três atributos (contexto, estrutural e desempenho), mas também no âmbito de suas variáveis internas. Isso se aplica principalmente na análise de interdependências entre as variáveis estruturais, considerando a necessidade de exercitar e/ou implementar todas, bem como a melhor ordem, se concomitantes ou serial — no último caso, destacando a ordem de tratamento das variáveis dentro da série de ações organizacionais.[66] Esse aspecto de interdependência interna entre as variáveis estruturais configura o último dos três estágios evolutivos da Teoria da Contingência Estrutural identificados por Van De Ven e Drazin,[67] o sistêmico. A Teoria da Contingência Estrutural inicia pelo método "seleção", abordando apenas a relação entre os atributos de contexto e atributos estruturais; posteriormente, o método "interação" destaca a relação entre atributos de contexto e atributos de estrutura com o propósito de alcançar determinado atributo de desempenho; e, no último estágio, o método "sistêmico" agrega às relações descritas no método interação a análise de interdependências internas entre as variáveis estruturais.

O método sistêmico da Teoria da Contingência Estrutural ajuda a explicar algumas observações em termos de contradições teóricas apontadas pelos autores dos artigos da amostra. Beukel e Molleman,[68] por exemplo, observaram em campo uma situação contraditória ao que se poderia imaginar em termos da adoção da multifuncionalidade nas organizações. A teoria *job design* aponta para o aumento da motivação e da satisfação com o trabalho em função do aumento da diversidade de atividades, o que não foi observado na pesquisa de campo.

Explorando a interdependência dos cinco atributos motivacionais da teoria *job design* (variedade de habilidades, identidade da tarefa, significância da tarefa, autonomia e *feedback*) com as características da polivalência e multifuncionalidade, observa-se os pontos de discordância e concordância entre as cinco variáveis da teoria. A concretização em campo do "multitarefeiro" (*multitasking*) da polivalência muitas vezes apenas implica em fazer mais atividades dentro do rol produtivo de atividades predefinidas, contrariando outra dimensão do *job design*, a autonomia, em termos da decisão de quando e como fazer. Se as atividades são muito diversas, apenas agrupadas por facilidade física em termos de proximidade ou viabilidade tecnológica, também prejudica uma outra dimensão da *job design*, a identidade da tarefa que está sendo executada. Já a multifuncionalidade implica em autonomia para escolher as atividades, permitindo o desenvolvimento das múltiplas habilidades aos que desejarem, bem como assegurando maior respeito à identidade do funcionário em termos das tarefas executadas.

Esta seção descreveu e discutiu opções de atributos de contexto, de estrutura e de desempenho associados à multifuncionalidade, que podem ser considerados por praticantes, pesquisadores e docentes da área de gestão em apoio à prática, ao desenvolvimento e à disseminação do tema. A indisponibilidade de literatura acadêmica, em termos de livros didáticos abordando o tema e a pouca disponibilidade de literatura científica na forma de

---

[66] QIU; DONALDSON; LUO, 2012.

[67] VAN DE VEN; DRAZIN, 1985.

[68] BEUKEL; MOLLEMAN, 2002, p. 483.

artigos tornam mais imperativo e importante o desenvolvimento de pesquisas associadas ao tema multifuncionalidade. A compreensão das nuances entre polivalência e multifuncionalidade devem ser compreendidas e consideradas para evitar percepções equivocadas. Com esse mesmo propósito, destaca-se a importância da compreensão da complexidade e interdependência sistêmica entre os atributos e variáveis associados à prática da multifuncionalidade no contexto das organizações.

9.4 Questões operacionais da multifuncionalidade

Em termos operacionais, o gestor do processo deve se ater para que cada atividade do seu processo de negócio tenha disponível mais que um profissional competente para sua execução, ou seja, deve assegurar um nível mínimo de redundância. Nesse aspecto, prevalece a máxima "quem tem um não tem nenhum", ou seja, na ausência de um funcionário, o processo não pode parar. A multifuncionalidade auxilia a contornar as dificuldades quando uma ausência ocorre. Assim, é importante que o gestor do processo tenha a informação não apenas do ponto de vista de gestão de pessoas, em termos de quantas funções um profissional desempenha (multifuncionalidade), mas também a visão do processo: quantos profissionais desempenham e quantos estão aptos a executar cada atividade do processo. Isso implica a demanda de integração entre os dados de dois sistemas de informação: o sistema de gerenciamento de processos de negócios (BPMS), a ser descrito na Parte III, e o sistema de gestão de pessoas.

O cruzamento dos dados entre os sistemas BPMS e de gestão de pessoas pode gerar informações de diversos níveis. Um indicador importante derivado desse cruzamento de dados é a flexibilidade do funcionário, também denominada como o nível de multifuncionalidade, que é definida pelo número de diferentes atividades realizadas pelo funcionário.[69] Outro exemplo está descrito na Tabela 9.1, que indica o tempo total de horas de cada funcionário na execução de atividades do processo, bem como o tempo total de homens-hora demandado por cada atividade. Em vez de horas de trabalho utilizadas na atividade, poderíamos gerar tabelas descrevendo outras informações pertinentes para associar funcionários e atividade, como a agilidade na realização de cada atividade (abaixo da média, 0,9; na média, 1; e acima da média 1,1), ou a quantidade de defeitos/erros/reclamações por funcionário no exercício de cada atividade, auxiliando na seleção do melhor executor conforme a demanda do processo.

[69] MOLLEMAN; SLOMP, 1999.

Tabela 9.1 Matriz de atividades por funcionários

	Ativ. 1	Ativ. 2	Ativ. 3	Ativ. 4	Ativ. 5	Ativ. 6	Ativ. 7	Ativ. 8	Ativ. 9	Homens-hora Func. no Proc.
Func. A	23,40	43,97								67,37
Func. B			31,38	36						67,38
Func. C	14		9,48							23,48
Func. D						8,62	40	18,76		67,38
Func. E						27,38			40	67,38
Func. F		0,02			44,0			23,36		67,38
Homens-hora por atividade	37,40	43,99	40,86	36	44	36	40	42,12	40	360,37

Fonte: Adaptado de Molleman, Slomp, 1999, p. 1.843.

Em um nível de excelência lógica e de atenção para com o processo de negócio, a integração entre o BPMS e o sistema de gestão de pessoas deve prover as seguintes informações:

» Competências (conhecimentos, habilidades e atitudes) requeridas para execução de cada uma das atividades do processo.

» Os nomes dos profissionais devem estar associados como executor de cada uma das atividades do processo (com exceção das atividades automatizadas), permitindo averiguar a redundância do processo.

» Averiguar se as competências do trabalhador, registradas no sistema de gestão de pessoas, estão compatíveis com as competências das atividades (cadastradas no BPMS) atribuídas a ele.

» Emissão de alerta em função da identificação de quantidade de profissionais inferior ao necessário para determinada atividade do processo.

» Profissionais da organização com competência para auxiliar em cada atividade do processo, seja para atender demandas emergenciais do momento ou para identificar possíveis candidatos a colaborar continuamente com a atividade.

TEXTOS COMPLEMENTARES

Aos que desejam *insights* à automação do gerenciamento da multifuncionalidade, o artigo de Molleman e Slomp (1999) traz diversas boas sugestões. Aos que estão preocupados com a redução de riscos trabalhistas com a adoção da multifuncionalidade, o melhor é acompanhar a evolução das decisões associadas à Lei n. 190, que tramita no Senado Federal brasileiro.

QUESTÕES PARA REFLEXÃO

1. As leis trabalhistas brasileiras permitem às empresas de qualquer porte ou segmento praticarem a multifuncionalidade plenamente, aplicada a todos os seus funcionários, sejam eles gestores, operários, administrativos ou de qualquer outra categoria?

2. Quais as características distintivas entre polivalência e multifuncionalidade que nos permitem saber quando se pratica uma ou outra?

3. Quais variáveis estruturais da organização o gestor pode escolher para intervir com o propósito de melhor implementar e/ou operacionalizar a multifuncionalidade?

4. Como a multifuncionalidade pode ser apoiada pelos softwares de BPMS? Quais funções devem estar disponíveis aos gestores de processo (*process owners*)?

Capítulo 10

Modelos de maturidade para análise de processos de negócios

Modelos de maturidade são desenvolvidos para "coisas" (entidades) importantes, aquelas para as quais há expectativas de evolução e que envolvam questões complexas a serem implementadas, ou seja, demandam escalonamento de ações. Como exemplo de modelos de maturidade, temos o modelo de referência para o processo de desenvolvimento de sistema de informação, denominado de *Capability Maturity Model Integration* (CMMI). Desenvolvido pelo *Software Engineering Institute*, da Universidade Carnegie Mellon, o CMMI é um modelo de referência quanto à maturidade em disciplinas da engenharia de software. Os cinco níveis de maturidade passíveis de serem atribuídos ao processo de desenvolvimento e manutenção de softwares, segundo o CMMI, são (Chrissis *et al.*, 2013):

» **Nível 1** — Inicial: Processo imprevisível e sem controle.

» **Nível 2** — Repetível: Processo disciplinado.

» **Nível 3** — Definido: Processo consistente e padronizado.

» **Nível 4** — Gerenciado: Processo previsível e controlado.

» **Nível 5** — Otimizado: Processo continuamente melhorado.

De forma análoga ao CMMI para o processo de desenvolvimento de software, tivemos recentemente o surgimento de diversos modelos de maturidade direcionados à implementação da gestão por processos de negócios nas organizações. O mesmo instituto que desenvolveu o CMMI, o *Software Engineering Institute*, da Universidade Carnegie Mellon, propôs um modelo para análise de maturidade de processos de negócios, denominado de *Business Process Maturity Models* (BPMM) (Rosemann e vom Brocke, 2015). Atualmente temos muitas proposições de Modelos de Maturidade para Processos de Negócios (MMPN), dificultando inclusive a seleção de qual seja o mais apropriado a ser adotado para aplicação nas organizações (Van Looy *et al.*, 2017). Outra crítica aos MMPN é quanto à pouca aplicabilidade destes, sendo caracterizados mais pelas suas características descritivas do que pelas suas propriedades prescritivas (Tarhan *et al.*, 2016).

Um aspecto importante das análises mais recentes sobre os MMPN abrange o estágio de maturidade das propostas de MMPN enquanto ferramenta aplicada em apoio à abordagem BPM. Os trabalhos mais recentes, como os de Van Looy (2020), Ongena e Ravesteyn (2020), Rosemann e vom Brocke (2015), não se preocupam em definir estratos de classificação e as regras para enquadramento do processo em cada um desses. Concentram-se na discussão de temas importantes para a elevação da qualidade dos processos de negócio, ou seja, são descritivos, e não prescritivos. O título do texto de Rosemann e vom Brocke (2015) evidencia bem essa proposição descritiva: The Six Core Elements of Business Process Management. Dos cinco textos que discutem MMPN que analisaremos nesse capítulo, descritos na Tabela 10.1, apenas dois deles fazem menção a estratos de classificação. Os textos de Szelagowski e Berniak-Woźny (2020) e da OMG (2008) citam o mesmo modelo de estratificação de processos de negócio, o modelo proposto pela OMG (2008) que trabalha com cinco estágios: inicial, gerenciado, padronizado, previsível e o inovador.

Embora o anseio dos praticantes, dos gestores que necessitam administrar seus processos de negócio, seja a utilização de um artefato para análise dos seus processos, a realidade dos MMPN aponta para outro caminho. A visão mais funcionalista, do pronto uso gerencial, é algo hoje ainda utópico (Tarhan *et al.*, 2016). Ao compararmos o MMPN com a escala para maturidade de software, a CMMI, temos o MMPN como um desafio muito mais amplo e complexo. O MMPN envolve uma gama de dimensões e contextos bastante grande, como observaremos neste capítulo. Apesar de não atender prontamente à urgência funcionalista de muitos, ter a ciência dos aspectos relevantes e úteis para a estruturação, para a tomada de decisão e gerenciamento dos atuais processos mostra-se como um conhecimento relevante para quem deseja gerir e aprimorar os seus processos de negócio. Nessa perspectiva de compreensão das principais dimensões para análise dos processos de negócios, discutiremos neste capítulo os principais temas abordados em cinco importantes MMPN.

Na Tabela 10.1 apresentamos os tópicos centrais de análise de MMPN segundo a perspectivas de cinco grupos de pesquisadores. Os modelos propostos por Szelagowski e Berniak-Woźny (2020) e Rosemann e vom Brocke (2015) são interessantes por serem resultantes da revisão de outros modelos, ou seja, já traz um esforço de revisão e consolidação de diversos MMPN. Outro modelo importante é o de Van Looy (2020), não apenas por ser recente, mas por ser uma autora com muitas pesquisas e trabalhos publicados nessa temática durante os últimos anos (Van Looy *et al.*, 2013; 2014; 2017). Por fim, analisamos também com o modelo proposto por Ongena e Ravesteyn (2020), por ser bastante atual; e o modelo do Objetct Management Group (OMG), por ser o mais citado e referenciado na literatura (Tarhan *et al.*, 2016).

Nas subseções a seguir, apresentamos os resultados das nossas análises para os cinco MMPN descritos na Tabela 10.1. Consolidamos os temas que estiverem presentes em dois ou mais dos cinco MMPN analisados. É importante destacar que muitas vezes o termo empregado não é exatamente o mesmo entre os diversos MMPN, bem como os níveis dentro da estrutura de tópicos de cada MMPN não são necessariamente os mesmos, ou seja, um tópico pode estar no primeiro nível da estrutura taxonômica do MMPN de um autor e estar no segundo nível, como subtópico, na estrutura taxonômica do MMPN de outro autor. Assim, como resultado de nossas análises, identificamos sete temas centrais para MMPN, todos descritos no conjunto de subseções a seguir: a) cultura, b) pessoas, c) estratégia; d) gestão de projetos; e) tecnologias da informação e comunicação (TIC); f) mensurações, e g) método.

Tabela 10.1 Características do processo de negócio considerados nos MMPN analisados

Autores	Ongena e Ravesteyn (2020)	Szelagowski e Berniak-Woźny (2020)	Van Looy (2020)	Rosemann e vom Brocke (2015)	OMG (2008)
Tópicos considerados como relevantes ao do MMPN	Desempenho do processo	Estratégia	Ciclo de vida do processo de negócio	Alinhamento estratégico	Organizacional
	Recursos e conhecimento	Padrões e medidas	Gestão de aspectos do processo de negócio	Governança	Gestão de projeto e unidade de trabalho
	Consciência do processo	Gestão por processo	Cultura orientada a processo	Método	Gestão de produto e serviço
	Controle de processo	Gestão de projetos (racionalização e implementação)	Estrutura orientada a processo	Tecnologia da Informação	Aprimoramentos
	Descrição do processo	Pessoas		Pessoas	
	Melhoria de processo	Arquitetura do processo		Cultura	
	Medição de processo	Arquitetura de TIC			
	Tecnologia da informação				

10.1 Cultura

A Cultura é o conjunto de valores e crenças de um grupo que impacta diretamente os comportamentos dos seus membros. As empresas acompanham e desenvolvem as competências de seus colaboradores considerando as entidades: conhecimentos, habilidades e atitudes (Baartman e Bruijn, 2011). As atitudes são preditores dos comportamentos esperados, ou seja, o que se intenciona que as pessoas façam. Já os comportamentos são as ações que predominam no grupo e que, na situação ideal, devem ser bastante próximas das atitudes planejadas. Assim as empresas definem atitudes, projetam e trabalham diversas ações para que os seus funcionários manifestem comportamentos adequados aos seus valores e princípios.

Nas organizações que adotam a abordagem BPM, espera-se que haja uma Cultura centrada em processos. De forma bastante pragmática, Van Looy (2020, p. 291) definiu a Cultura centrada em processos como: "valores que favoreçam os processos de negócios e sua tradução em atitudes e comportamentos. Requer avaliações e recompensas que consideram os resultados do processo, bem como o comprometimento da alta administração". Para essa autora, a Cultura centrada em processos é um dos quatro grandes tópicos de um MMPN, sendo decomposta em três subtópicos: a) valores, atitudes e comportamentos orientados a processos; b) avaliações e recompensas orientadas para o processo; e c) compromisso da alta administração com a orientação a processos.

Conforme a Tabela 10.1, os autores Rosemann e vom Brocke (2015) também incluíram a Cultura com um dos tópicos importantes ao MMPN. Eles destacam que, embora a

Cultura muitas vezes seja menosprezada pela organização como um "fator leve", as pesquisas evidenciam forte impacto da Cultura nos resultados das ações da BPM. Como ocorre em outras frentes organizacionais, com na gestão da qualidade ou na gestão do conhecimento, reconhece-se a Cultura como um fator muito mais duradouro, ou seja, difícil de ser alterado. Abordagens de cunho tecnocrático, com menor ênfase nas pessoas e muita ênfase em tecnologia (projetos BPMS, em vez de BPM), tendem a dar menor importância a esse tópico e, obviamente, obter resultados inferiores.

A decomposição da dimensão Cultura no MMPN, segundo Rosemann e vom Brocke (2015), abrange cinco subtópicos: a) capacidade de resposta às mudanças de processo, b) incorporação de valores e crenças em processos, c) atitudes e comportamentos em relação aos processos, d) atenção da liderança à gestão por processos (BPM), e e) redes sociais em apoio à gestão por processos. Dumas *et al.* (2018, p. 488) resumiu a análise e discussão desses cinco subtópicos nas seguintes perguntas:

» Capacidade de resposta às mudanças de processo: Até que ponto a organização adota e responde à mudança de processo contínua?

» Incorporação de valores e crenças em processos: Quão profundo o pensamento em processos (*process-thinking*) está enraizado nos valores e nas crenças corporativas?

» Atitudes e comportamentos em relação aos processos: Em que grau os participantes do processo aderem aos projetos concebidos para o processo?

» Atenção da liderança à gestão por processos (BPM): Quanto apoio os líderes dão ao BPM?

» Redes sociais em apoio à gestão por processos: As redes sociais são utilizadas para moldar e disseminar a BPM pela organização?

10.2 Pessoas

Enquanto o tópico Cultura nos MMPN volta-se a uma das dimensões da competência dos profissionais, a Atitude e as outras duas dimensões da gestão por competências, o Conhecimentos e a Habilidade, são analisadas por intermédio do tópico Pessoas. Szelagowski e Berniak-Woźny (2020) destacam as Pessoas como um dos elementos mais importantes do BPM. Considerando a necessidade contínua de mudança dos processos de negócios, os quais são conduzidos por pessoas, tem-se a dependência e a justificativa natural da importância do tópico Pessoas ao BPM. Eles destacam três subtópicos associados ao recurso Pessoas dentro do MMPN: gerenciamento e treinamento de pessoas, motivação das pessoas, e gestão de habilidades e responsabilidades das pessoas. De forma similar, porém com uma denominação diferente, sob o tópico "Gestão de aspectos do processo de negócio", Van Looy (2020) aponta a importância de o MMPN se ater a dois subtópicos: a) "habilidades e treinamentos", para que as pessoas desempenhem as suas funções junto ao processo de negócio; e b) "papéis e responsabilidades", abrangendo a descrição dos trabalhos de todos os envolvidos com o processo de negócio.

Rosemann e vom Brocke (2015, p. 113) também incluíram o tópico Pessoas entre os elementos-chaves para a BPM, definindo-o como: "indivíduos e grupos que continuamente aplicam e aprimoram os seus conhecimentos e habilidades em gestão por processos, objetivando aprimorar o desempenho dos processos de negócios". Os subtópicos a serem considerados no MMPN para Pessoas, segundo Rosemann e vom Brocke (2015) são: a) habilidades e conhecimentos, aqueles requeridos segundo a perspectiva do dono e dos *stakeholders* do processo de negócio; b) conhecimento em gestão por processos, abrangendo princípios e práticas da abordagem BPM; c) educação e aprendizagem em processos, abrangendo um programa de educação em BPM que cuide da certificação de educadores em BPM, bem como da disponibilidade de programas educacionais específicos para tal; d) processo de colaboração e comunicação, abordando os padrões de como o conhecimento é descoberto, explorado e disseminado; e e) gestão de lideranças, averiguando o grau em que as habilidades de liderança de processo e os estilos de gerenciamento desejados são realmente praticados.

Ongena e Ravesteyn (2020, p. 134) utilizaram outra denominação, empregando o termo "Recursos e conhecimento", definindo-o como "a disponibilidade de recursos adequados (pessoas com conhecimento de processo) para criar uma cultura orientada a processos". Como perguntas guias para análise do tópico Pessoas no MMPN, eles destacam (*ibid.*, p.148):

» Para executar um processo, conforme os seus objetivos, estão disponíveis as pessoas certas (números, conhecimento, experiência), bem como os recursos (dinheiro, instalações, sistemas)?

» Pessoas que participam do processo estão suficientemente treinadas e têm as competências necessárias para aturarem junto ao processo?

» Os funcionários estão cientes do processo do qual estão participando, conhecendo os seus objetivos, o seu papel junto ao processo, e estão cooperando ativamente para atingir os objetivos do processo?

» Dentro da organização, existem comunidades formais e informais nas quais os funcionários (por exemplo, proprietários de processos, analistas) compartilham ativamente seus conhecimentos e experiências?

Em suma, o MMPN deve analisar os conhecimentos e as habilidades das pessoas da organização envolvidas com a prática da BPM, averiguando os meios e os recursos disponíveis para evolução contínua das pessoas e dos processos de negócios. As palavras-chave nesse tópico são: conhecimento, habilidade, treinamento, função, papel e responsabilidade. Destaca-se que há uma grande diferença entre os tópicos Cultura e Pessoa, embora juntas constituam a tríade que define o termo Competência. Enquanto as atitudes são mais difíceis de serem trabalhadas e alteradas pela organização, o conhecimento e a habilidade são passíveis de serem transferidos e absorvidos pelas pessoas da organização.

10.3 Estratégia

Szelagowski e Berniak-Woźny (2020) apresentaram o tópico Estratégia com um dos sete tópicos centrais para MMPN, segundo o estudo revisionista de diferentes MMPN que eles realizaram. Embora no texto deles não haja uma descrição para o tópico estratégia, eles o decompuseram em três subtópicos: a) alinhamento estratégico, b) suporte consistente da alta gestão, e c) governança. Szelagowski e Berniak-Woźny (2020) também não descrevem os três subtópicos no seu artigo científico, em função do tamanho limitado de textos nesse tipo de documento (artigo científico) e por serem conceitos bastante empregados e difundidos na explicação de vínculos entre estratégia e diferentes entidades. A seguir descrevemos a essência desses três subtópicos.

O "alinhamento estratégico" implica em manter coerentemente alinhado os processos de negócio com a intenção estratégica da organização. Objetivo, visão e missão organizacional devem ser a inspiração e o guia para os poucos processos de negócio da organização e para toda estrutura de processos abaixo deles. Assim, sempre que houver alteração da estratégia da organização, deve haver uma análise de impacto nos processos de negócio. Em mantendo esse alinhamento, BPM e processos de negócio serão sempre percebidos como positivos e fundamentais ao sucesso da organização. Esse subtópico, o alinhamento estratégico, identificado por Szelagowski e Berniak-Woźny (2020), é tratado no modelo de Rosemann e vom Brocke (2015) com um dos seis grandes tópicos do MMPN (veja a Tabela 10.1). Um dos principais produtos resultantes do alinhamento estratégico, segundo Rosemann e vom Brocke (2015, p.115), é a Arquitetura de Processos da Empresa, que

> descreve claramente quais processos de negócios principais existem, descreve a cadeia de valor específica do setor/empresa e captura os processos de habilitação que dão suporte a essa cadeia de valor, [...] fornecendo uma visualização de alto nível a partir de uma visão de processos de negócio, complementando e não replicando as estruturas organizacionais. Além disso, ela serve como o panorama do processo principal e fornece um ponto de partida para análises e modelos de processo mais detalhados.

Para o segundo subtópico de Estratégia, o "suporte consistente da alta gestão", deve-se observar que não basta a alta cúpula da organização identificar os pontos a serem alterados nos processos de negócios para a manutenção do alinhamento estratégico. Uma vez identificadas as frentes de trabalho, deve-se definir os projetos a serem executados. Caso a equipe responsável pelo processo de negócio não tenha o suporte direto da alta gestão, demandas das áreas ou mesmo demandas pessoais podem se sobrepor aos interesses corporativos. Assim, é fundamental que a alta cúpula não apenas defina as diretrizes estratégicas, mas que esteja disponível e próxima da equipe de processos de negócio que executará os diferentes projetos abertos.

Quanto ao subtópico "governança", tem-se aqui a menção à necessidade de se garantir que as frentes de trabalho estabelecidas sejam plenamente realizadas conforme o planejado, ou seja, que os projetos abertos para melhoria contínua ou de adaptações dos processos de negócios sejam plenamente executados. A alta cúpula deve estar não apenas disponível para auxiliar a equipe de processos de negócio a superar os possíveis obstáculos, mas também estar acompanhando a execução desses projetos. Outra demanda de governança é a disponibilidade da alta cúpula para decidir e orientar a equipe quanto às questões imprevistas que devem surgir durante a implementação dos projetos de aprimoramento e/ou adaptação dos processos de negócio. Desta forma, é fundamental que a alta cúpula esteja representada e ativa junto aos Conselhos de Processos ou nos Comitês de Gestão de Processos constituídos pela organização para o aprimoramento dos processos de negócios. Rosemann e vom Brocke (2015) deram uma importância mais elevada ao tópico Governança, destacando-o como um tópico de primeiro nível da estrutura taxonômica proposta por eles para o MMPN, conforme podemos observar na Tabela 10.1.

Van Looy (2020) incluiu na sua análise dos MMPN a dimensão "estratégia para processo", que é um subtópico da dimensão "Gestão de aspectos do processo de negócio", uma das quatro grandes dimensões de primeiro nível definidas por ela, conforme descrito na Tabela 10.1. Ela enfatiza para esse subtópico a necessidade de indicadores de desempenho associados aos processos de negócio, de forma a assegurar o alinhamento destes à estratégia da empresa. Ela indica três pontos centrais de serem considerados pelos MMPN quanto ao alinhamento estratégico necessário (Van Looy, 2020, p. 308):

» A gestão por processos é totalmente parte da estratégia da organização, ou seja, ajuda a concretizar a estratégia da organização (por exemplo, para alcançar a excelência operacional, personalização ou liderança de produto/mercado).

> »   A estratégia da organização é traduzida em metas, que são usadas para gerenciar processos de negócios.
> »   Todos os processos de negócios da organização têm metas de desempenho (indicadores-chave de desempenho — KPIs) derivadas dos objetivos da organização.

10.4 Gestão de projetos

A gestão por processos implica a execução de diversas frentes de trabalho contínuas, que trazem consigo a ideia da melhoria contínua do processo de negócio. No BPM há uma fase processada continuamente, a de identificação de oportunidades, que aciona a fase seguinte de realizar os ajustes necessários, conforme já abordado na subseção 1.6. Obviamente a fase identificar oportunidades é abastecida pelos subsídios da fase anterior, a de monitoramento, conforme o ciclo iterativo entre as diversas fases do processo, conforme caracterizado pelo fluxo das setas da Figura 1.4. Posto isso, é de se esperar um conjunto de ações de alteração, criação e exclusão bastante grande em termos dos elementos constituintes de um extenso processo de negócio. Esse conjunto de trabalho tem um nível bastante elevado de sofisticação e de risco, que demanda a atenção e os cuidados das práticas de gestão de projetos, conforme apontado nos MMPN analisados.

A OMG (2008), que apresenta os tópicos de interesse da gestão por processo por níveis de maturidade, incluindo-os à medida que se eleva o grau de maturidade na escala de níveis, apresenta o domínio do tema gestão de projetos logo na primeira mudança de escala, para progredir do primeiro nível (inicial) para o segundo nível (gerenciado). Na perspectiva da OMG a gestão de projetos dentro MMPN deve abranger: a) o gerenciamento de mudanças das unidades de trabalho, compreendendo o gerenciamento e controle de conteúdos (versionamento) e das mudanças nos lançamentos de produtos implantados para uso interno e externo à organização; b) a gestão de fornecedores, que trata da gestão da aquisição de produtos e serviços de fornecedores externos à organização; e c) acreditação em termos de assegurar que as atividades e os produtos dos esforços atendam às leis, regulamentos, padrões, políticas organizacionais, regras de negócios, descrições de processos e procedimentos de trabalho aplicáveis. Já Szelagowski e Berniak-Woźny (2020) descreveram de forma muito sucinta esse tópico, decompondo-o em: planejamento do projeto, execução do projeto, e controle do projeto.

Em suma, a organização para obter bons níveis de maturidade na abordagem BPM deve ter o domínio das práticas de gestão de projetos, considerando que o BPM demanda contínua abertura de projetos para as ações voltadas à evolução e manutenção dos processos de negócio da organização. Considerando o tamanho abrangente dos processos de negócio, a dinâmica dos processos em termos da demanda contínua por alterações e a imbricação entre as diversas coisas envolvidas, não é exagero pensarmos em um ambiente de apoio dedicado a gestão de projetos. Uma abordagem plena de BPM costuma demandar práticas costumeiramente encontradas em escritórios de projetos, com profissionais, ferramentas (softwares), técnicas e métodos específicos de gestão de projetos. Em função disso, apontamos o escritório de projetos como uma das áreas de apoio à gestão por processo, conforme descrito no subcapítulo 5.3.

10.5 Tecnologias da Informação e Comunicação (TIC)

Ongena e Ravesteyn (2020, p. 134) descreveram a dimensão TIC como muito importante ao desempenho do processo de negócio, independentemente do porte da empresa, inclusive para as pequenas. Na descrição inicial da dimensão TIC, eles a definem como "a organização usa a TI para projetar, simular e executar processos e fornecer informações de medição em tempo real (indicadores-chave de desempenho)". Ao decompor a dimensão TIC em capacitadores para o BPM, eles apresentaram seis subtópicos:

a. Ferramentas de software para descrição e modelagem de processos.

b. Ferramentas para simulação de processos.

c. Processos coordenados por sistemas de informação (por exemplo, gerenciamento do fluxo de trabalho ou o gerenciamento de casos).

d. Sempre que possível, os processos devem ser totalmente automatizados (processamento direto).

e. Softwares devem identificar gargalos nos processos.

f. O departamento de TI está ativamente envolvido na melhoria dos processos da organização.

Já Szelagowski e Berniak-Woźny (2020) descreveram de forma muito sucinta esse tópico, simplesmente como composto por arquitetura de dados, arquitetura de aplicação e arquitetura técnica. Buscando o texto que citam para fundamentar a compreensão deles do MMPN, o artigo de Dabaghkashani *et al.* (2012, p. 727), tem-se: "a arquitetura de TI é um conjunto organizado de decisões consensuadas sobre políticas e princípios, serviços, soluções comuns e padronizadas, diretrizes, bem como de fornecedores e produtos utilizados pelos provedores de TI."

O texto de Ongena e Ravesteyn (2020) demonstra uma preocupação em ter à disposição da equipe BMP as ferramentas (softwares) que implementem as funções disponíveis no *business process management system* (BPMS), extensivamente discutido na nos capítulos da Parte III deste livro. Já o texto de Szelagowski e Berniak-Woźny (2020) exploram mais questões de padrões tecnológicos, explorados nos capítulos da Parte IV deste livro. Resumidamente, a abordagem BPM demanda maturidade tecnológica, em especial das TICs associadas ao ambiente BPMS.

10.6 Mensurações

Todo modelo de maturidade necessita de mensurações, de parâmetros objetivos para o acompanhamento da entidade da qual se deseja acompanhar a trajetória evolutiva. Para os MMPN, tem-se, igualmente, essa demanda para os processos de negócios. Autores como Szelagowski e Berniak-Woźny (2020) e Ongena e Ravesteyn (2020) valorizaram esses parâmetros apontando-os com um dos tópicos de primeiro nível em suas interpretações dos MMPN, denominando-os, respectivamente, como "Padrões e Medidas" e "Mensuração de Processo".

A utilidade desses indicadores de processos de negócio são várias, como: comparar os resultados atuais do processo com os objetivos definidos, comparar com os parâmetros de processos externos tidos como benchmarks, escolher o processo adequado para mudança, além da avaliação dos resultados dos projetos de melhoria realizados. Para atender a essas demandas, Szelagowski e Berniak-Woźny (2020) decompuseram o tópico "Padrões e Medidas" em: a) medidas de desempenho de processo, b) técnicas de medição, e c) conformidade com os padrões de negócios. Já Ongena e Ravesteyn (2020, p. 134) definiram a dimensão "Mensuração de Processo" como "sistema para medir e controlar processos com o propósito de ser capaz de melhorar os processos". As análises principais desse tópico, segundo eles, podem ser resumidas pelos seguintes questionamentos (*ibid.*, p. 148):

» Para cada processo de negócio estão definidos os produtos e saídas a serem geradas?

» Os indicadores-chave de desempenho estão definidos para cada processo, e o desempenho dos processos está sendo medido continuamente?

» Metas quantitativas específicas estão definidas e relacionadas às necessidades do cliente e à estratégia da organização?

» Está claro quem é o responsável por medir, coletar e relatar os KPIs dos processos?

» O desempenho do processo é avaliado regularmente?

» Quando o desempenho se desvia das normas predefinidas, são tomadas medidas para ajustar o processo?

10.7 Método

Para Rosemann e vom Brocke (2015, p. 113), a dimensão Método, dentro do contexto do MMPN, é definida como "o conjunto de ferramentas e técnicas que suportam e permitem atividades ao longo do ciclo de vida do processo e dentro das iniciativas de BPM em toda a empresa". Eles decompõem a dimensão Método em cinco subtópicos ou fases: a) projeto e modelagem de processos; b) implementação e execução de processos; c) controle de processo e medição; d) melhoria e inovação de processo, e e) gerenciamento de projetos de processos e gerenciamento de programas. Uma forma mais simples para discutir a dimensão Método, foi a adotada por Van Looy (2020). Entre os quatro tópicos principais dos MMPN, segundo a autora, ela incluiu o tópico "Ciclo de vida do processo de negócio", que foi decomposto nos subtópicos *plan*, *do*, *check*, e *act*, ou seja, nas quatro fases do ciclo PDCA de Deming (1994).

Uma forma mais discreta de tratar a dimensão Método foi adotada por Szelagowski e Berniak-Woźny (2020). Na compreensão deles do MMPN, o Método é apresentado como um subtópico da dimensão "Gestão por processo", mais especificamente no subtópico "metodologia para melhoria de processo". A compreensão de MMPN de Szelagowski e Berniak-Woźny (2020) foi fundamentada no modelo de Dabaghkashani *et al.* (2012, p. 727), que definiram o tópico "Gestão por processo" como abrangendo as fases "monitoramento contínuo, avaliação, medição (por exemplo, custo, qualidade, tempo) e inovação de processo". Opostamente a Szelagowski e Berniak-Woźny (2020), que trabalharam o Método de forma bastante discreta, temos a percepção de Ongena e Ravesteyn (2020), que incluíram as diversas fases do Método como tópicos de primeiro nível do MMPN. Dos oito tópicos principais, cinco deles estão fortemente associados às fases do ciclo de vida do processo de negócio: desempenho do processo, controle de processo, descrição do processo, melhoria de processo, e medição de processo.

Neste livro, retomaremos a discussão sobre Método para implementação da gestão por processos na Parte IV, no capítulo "Abordagem para a implementação da gestão por processo". Aqui, neste capítulo, o Método foi discutido enquanto parâmetro de análise dentro do contexto dos MMPN, ou seja, com enfoque nas características principais que devem ser consideradas para classificação do processo de negócio. No capítulo da Parte IV, a discussão se concentrará na visão holística do Método, em suas fases e subfases, a interação entre elas em termos de produtos internos e externos, atores envolvidos, pontos para controle da qualidade e demais aspectos importantes para operacionalização da abordagem BPM.

TEXTOS COMPLEMENTARES

Recomendo a leitura do artigo de Szelagowski e Berniak-Woźny (2020), que é bastante explicativo e didático. Além disso, as questões presentes no Apêndice 3 do artigo deles poderá servir como fonte de inspiração aos que almejam analisar e classificar processos de negócio. Em apoio à leitura do artigo sugerido, tem-se o artigo de Dabaghkashani *et al.* (2012), que fundamenta muitos dos conceitos do MMPN proposto por Szelagowski e Berniak-Woźny (2020).

QUESTÕES PARA REFLEXÃO

1. Quais são as interdependências entre os diferentes tópicos do MMPN? Essa análise é importante para averiguarmos as dificuldades para o avanço efetivo da abordagem BPM quando se trabalha a gestão parcial de apenas alguns dos temas relevantes da BPM. Em suma, evidencia e valoriza os MMPN mais abrangentes e completos.

2. Como podemos implementar um MMPN em termos de métodos e ferramentas? Traz à discussão a questão dos critérios de análise, bem como dos estratos para classificação dos processos de negócios. Nesse sentido, Van Looy *et al.* (2013) apresentam um modelo de dados com a descrição de entidades, atributos e relacionamentos que podem auxiliar na reflexão sobre métodos e as ferramentas para análise de maturidade de processos, ou seja, ferramentas para implementação do MMPN.

A importância da tecnologia da informação na gestão por processos de negócios

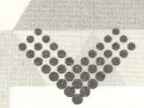

PARTE III – A importância da tecnologia da informação na gestão por processos de negócios

As soluções para a gestão por processos de negócios denominadas *business process management* (BPM) estão cada vez mais dependentes dos meios empregados para a integração entre softwares, sejam eles grandes sistemas de informação ou softwares bastante específicos, como os *web services*. O método tradicional de integrar softwares um a um por meio de interfaces já é reconhecido como ineficiente para os ambientes de processos de negócios colaborativos. É bastante óbvio que as integrações desse tipo são bastante frágeis e instáveis. As aplicações tornam-se tão dependentes, que, quando se altera uma delas, "quebra-se" a interface de comunicação entre elas, rompendo ou dificultando fluxos de trabalho utilizados na operacionalização de processos de negócios.[1]

Ao observar a coerência natural de pré-requisitos, a solução de integração de processos de negócios, ou *business process integration*, deve estar implementada e bem consolidada na organização, antes de iniciar um projeto de BPM. Os projetos já executados confirmam essa sequência; hoje é muito mais fácil encontrarmos projetos direcionados à integração de processos de negócios do que os relacionados ao seu gerenciamento (BPM).

No âmbito da integração entre sistemas, podemos dizer que a maioria das empresas se encontra em três estágios: o primeiro é formado por aquelas que estão percebendo e questionando a importância de ter um ambiente de integração; o segundo, composto pelas que já reconhecem a importância e a necessidade de um ambiente de integração e estão procurando definir um caminho para montar esse ambiente; e o terceiro, formado pelas que já utilizam esse ambiente. Um exemplo típico de segmento de negócios que já faz bom uso dos ambientes de integração de processos é o setor de telecomunicações. Para melhor entendimento das soluções de integração de processos de negócios, apresentamos em um dos capítulos desta terceira parte um estudo de caso brasileiro de integração de processos de negócios ocorrido em uma empresa de telecomunicações.

---

[1] DEJONG, J. Playing with the pure plays, *Software Development Times*, Nova York, pp. 23–26, 15 out. 2003.

Capítulo 11

Histórico da tecnologia da informação aplicada a processos

O histórico da tecnologia da informação aplicada aos negócios inicia-se, efetivamente, na década de 1960, com a introdução de computadores de grande porte (*mainframes*) nas principais corporações. Havia inúmeras restrições tecnológicas em relação às atuais soluções. Para ilustrar isso, citamos os sistemas de informação que não trabalhavam com interfaces com o usuário final, ou seja, não havia interação homem-máquina. Só essa característica já delimitava o tipo de aplicação dessa tecnologia no ambiente empresarial: tratar grande volume de dados, isto é, lotes de dados, em atividades repetitivas. Por essas características, esses primeiros sistemas de informação empresariais foram denominados sistemas de processamento em lotes ou EDP (*electronic data processing*) ou simplesmente sistemas *batch* (lote).

A Figura 11.1 representa o modelo de processamento em lotes. Essas aplicações geralmente abriam dois ou mais arquivos que tinham os dados necessários para o processamento a ser executado. Ao término da operação, tínhamos um ou mais arquivos atualizados. Entre os exemplos de aplicações dessa tecnologia no ambiente empresarial estão a atualização de saldo das contas bancárias, a atualização da posição de estoques e o cálculo da folha de pagamento. Nesse momento, temos a TI, que se propõe a resolver problemas de automação de atividades. Não se tratava de processos de negócios, mas apenas da automação do fluxo de atividades. Os principais benefícios obtidos foram a redução do tempo das ações e dos erros.

Figura 11.1 Modelo de processamento em lotes (sistemas *batch*)

Modelo de processamento em lotes
(sistemas batch)

Arquivos de
ocorrências

Cadastro
atualizado

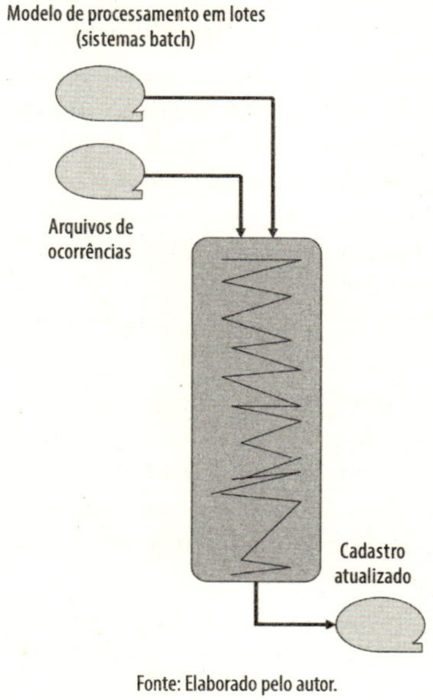

Fonte: Elaborado pelo autor.

Ocorreram muitas substituições dos sistemas de informação *batch* para sistemas desenvolvidos em outros modelos, mais interativos e com capacidade para tratar as informações no momento da ocorrência de um evento ou ao longo de períodos de tempo menores. Apesar de envolverem tecnologias bastante simples em relação às atuais, os sistemas *batch* continuam e continuarão sendo executados nas empresas. Há diversas atividades que não requerem o imediatismo de ter seus dados processados no exato momento da ocorrência dos eventos do negócio. Até que ponto seria interessante para uma empresa disponibilizar um sistema de pagamento de funcionários, atualizado constantemente, em que os vendedores da organização pudessem identificar os créditos por comissão de vendas a serem efetivados no próximo pagamento? Outro aspecto importante a ser considerado é que os sistemas de informação que envolvem grande quantidade de dados, de baixo valor agregado para o negócio, apresentam uma melhor relação custo-benefício no modelo de processado em lotes (*batch*).

O segundo modelo de processamento aplicado nas empresas foi o modelo transacional, que tinha como principal inovação tecnológica a possibilidade de interação homem-máquina. Esse aprimoramento foi obtido por meio do desenvolvimento das tecnologias de monitoramento transacional, como o software CICS (*customer information control system*) desenvolvido pela IBM em 1968. Esses sistemas de monitoramento permitiam que o usuário final interagisse com o sistema de informação em operação, gerando, assim, diferentes alternativas de processamento para cada ocorrência ou necessidade do negócio. A facilidade do ambiente transacional serviu também para rotular essa geração de sistemas, conhecida como soluções OLTP (*on-line transaction processing*).

As soluções OLTP agregavam maior valor em termos de eficiência no atendimento aos processos de negócios, uma vez que, ao contrário da geração antecessora, ela atendia aos fluxos de trabalho de forma mais abrangente. Não só continuavam tratando os lotes de trabalho por meio do acionamento dos sistemas *batch*, como também permitiam capturar e consultar dados para o negócio no local e no momento em que eles aconteciam, além de permitir consultas da disponibilidade de assentos livres em um voo, a verificação da quantidade em estoque de determinado produto, o cadastro de uma reserva de passagem, o cadastro da solicitação de movimentação de produto em estoque etc.

No início da década de 1970, quando começou o desenvolvimento das soluções OLTP, as práticas gerenciais eram todas voltadas para funções empresariais, ou seja, processos verticais. Cada departamento era encarregado de gerenciar um recurso da empresa, com metas, objetivos e medições restritas ao seu "feudo" empresarial. Podemos entender esse sistema como diversas empresas que atuam separadamente. Assim, os sistemas de informação OLTP foram concebidos para tratar interações pertinentes a um recurso específico. Sistemas típicos dessa geração são aqueles cujo nome está diretamente relacionado a um recurso da empresa: sistema de manutenção, sistema de materiais ou, ainda, sistema de recursos humanos.

Os sistemas OLTP eram restritos ao limite da abrangência dos usuários do *mainframe*, ou seja, o público interno de usuários da empresa. Embora muitos desses sistemas já tenham sido substituídos, principalmente pelos movimentos de *downsizing* da década de 1980 e pelo movimento de implantação de sistemas prontos ("pacotes") da década de 1990, há ainda um número considerável desses sistemas em operação. A Figura 11.2 descreve o modelo de processamento OLTP.

Os sistemas *batch* têm demonstrado maior longevidade que os OLTP; isso se justifica pela natureza das transações apoiadas por eles. Muitas estão vinculadas à ocorrência de um evento de negócio específico; por exemplo, um evento temporal para cálculo dos pagamentos de salários do mês, tornando-os de uso mais restrito e pontual que os sistemas OLTP. Sistemas *batch* atuam em uma atividade específica, como calcular salários e atualizar contas bancárias, e podem ser facilmente integrados a outros sistemas de informação. Assim, o resultado da análise custo-benefício para a substituição dos sistemas *batch* por outras gerações de sistemas mostra-se bem menos favorável do que análises similares realizadas para sistemas OLTP.

Figura 11.2 Modelo de processamento transacional *online* (OLTP)

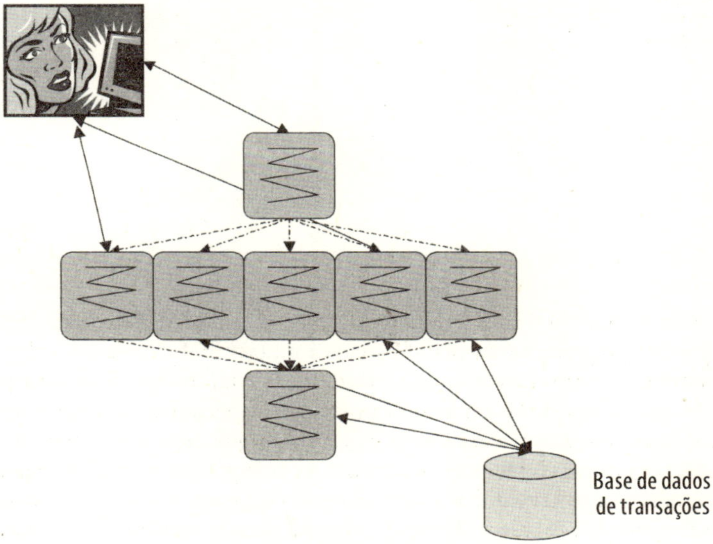

Base de dados
de transações

Fonte: Elaborado pelo autor.

O acúmulo do registro de transações de negócio geradas pela adoção de soluções *batch* e OLTP motivou os profissionais de informática a desenvolver soluções para analisar esses grandes volumes de dados. Para atender a essa demanda, surgiram os sistemas OLAP (*online analytical processing*), cujo principal objetivo era consolidar os dados gerados pelas outras categorias de sistemas. Esses sistemas não estenderam o alcance dos sistemas de informação em termos de processos ou fluxos de trabalho apoiados. O que eles permitiram foi a geração de informações consolidadas para os níveis tático e gerencial dos processos já atendidos pelas soluções OLTP e *batch*. Ainda no contexto de soluções derivadas da consolidação de dados, tivemos o surgimento das soluções de *decision support system* (DSS) e *executive information system* (EIS).

As soluções OLAP não configuraram um novo modelo de processamento, mas fizeram uso de dois modelos já existentes: o modelo *batch* para ler e consolidar os dados das transações de negócio geradas pelos sistemas OLTP, disponibilizando-os para consulta interativa dos usuários por meio do modelo *online* também já disponível pelas soluções OLTP. Por essa razão, ao apresentarmos o esquema de processamento das soluções OLAP na Figura 11.3, não estamos denominando-o como modelo.

Figura 11.3 Modelo de processamento analítico *online* (OLAP)

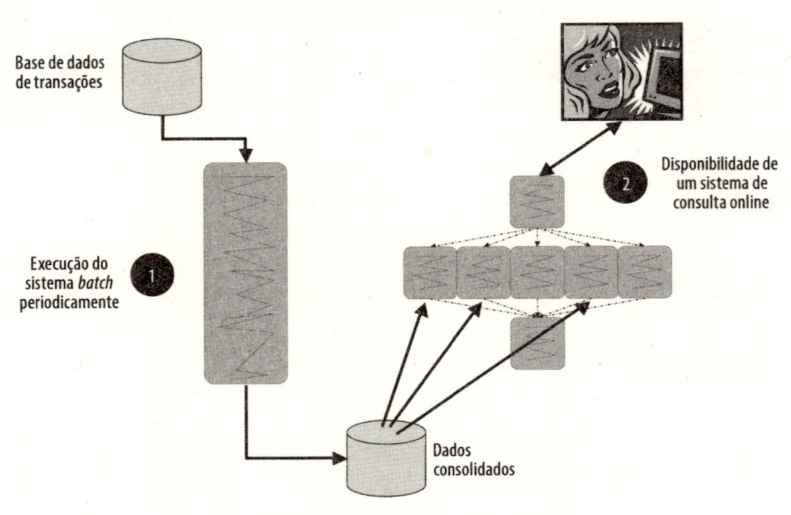

Fonte: Elaborado pelo autor.

O próximo avanço da TI no ambiente de processos de negócios ocorreu na década de 1980, com o surgimento da plataforma computacional cliente-servidor como alternativa ao ambiente computacional centralizado do *mainframe*. Esse fato permitiu a proliferação de aplicações de sistemas de informação especializadas para outras áreas e departamentos, além daqueles já assistidos pelo *mainframe*, bem como para as empresas de menor porte sem possibilidades de arcar com os custos de uma plataforma de grande porte. Os sistemas cliente-servidor não alteraram o comportamento dos sistemas de informação em termos de processos de negócios; os sistemas continuavam com o mesmo escopo, voltados para o gerenciamento de recursos e suas áreas funcionais. O aspecto positivo foi o aumento de empresas usuárias dos sistemas de informação, devido à redução de custos para aquisição inicial de uma plataforma computacional.

A proliferação dos sistemas de informação nas organizações gerou dois graves problemas para o pessoal da área de TI: como integrar os diversos sistemas de informação e como fazer a manutenção no volume crescente de softwares. Esses dilemas motivaram os especialistas da área de informática a criar uma nova proposta computacional para atender às demandas dos processos de negócios, denominada modelo de processamento integrado e configurável. Para superar esses desafios, esse modelo propôs o uso intensivo de um componente da tecnologia da informação bastante recente na época — os sistemas gerenciadores de banco de dados.

Para atender às necessidades de integração, a proposta foi desenvolver sistemas de informação abrangentes, que pudessem tratar o maior número possível de transações de uma área ou de um conjunto de áreas, todas utilizando uma única e grande base de dados. Assim, a integração ocorreria naturalmente, por meio de acesso direto e compartilhado a essa grande base de dados, comum às diversas áreas de negócio.

Para o desafio de lidar com toda a complexidade de manutenção em softwares, esse modelo propôs a transferência de parte da lógica dos algoritmos para dentro do banco de dados de parâmetros das transações de negócio. Por ocasião da alteração de requisitos dos processos de negócios, em vez de alterar o código-fonte de programas, faziam-se alterações de parâmetros relativos às transações de negócio pertinentes que estavam armazenadas no banco de dados relacional, mais especificamente na base de dados de parâmetros para o controle de algoritmos. Essa forma de estruturação de sistema de informação é conhecida como modelo de processamento integrado e configurável; sua estrutura básica está descrita na Figura 11.4.

Figura 11.4 Modelo de processamento integrado e configurável

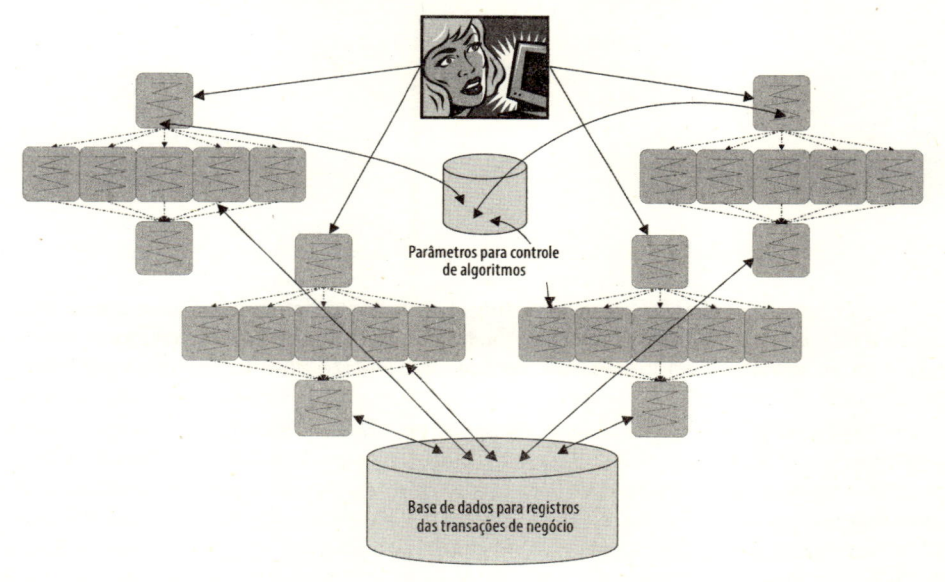

Fonte: Elaborado pelo autor.

O modelo de processamento integrado e configurável trabalha fundamentalmente na plataforma computacional servidor-cliente. Normalmente, tem-se um ou mais servidores para as bases de dados e um ou mais servidores para os programas. No ambiente das máquinas-clientes há instalação de rotinas específicas para a interação dos usuários com o sistema integrado e configurável.

Após quase uma década de utilização de sistemas integrados e configuráveis, principalmente das soluções voltadas às áreas administrativas e financeiras, denominadas *enterprise resource planning* (ERP), podemos observar que seus objetivos foram parcialmente atingidos, principalmente no que se refere à integração entre sistemas de informação. Os sistemas ERP substituíram apenas uma parte dos antigos sistemas legados da empresa; o portfólio de sistemas de informação das empresas continua crescendo e está cada vez mais abrangente e diversificado. Esse aspecto da gestão dos sistemas de informação tornou-se tão crítico, que é objeto principal de diversas soluções, como a solução de *enterprise application integration* (EAI) e *business process integration*. No Capítulo 13 analisaremos o desafio e as soluções para a integração entre sistemas de informação e suas consequências nos processos de negócios.

A próxima inovação tecnológica com grande impacto nos processos de negócios foi a introdução da internet no ambiente empresarial. A padronização de interfaces homem-máquina no ambiente da internet facilitou a coleta e a entrega de informação em qualquer localidade, atendendo a públicos abrangentes de usuários, independentemente de restrições de plataformas tecnológicas. As primeiras soluções na internet receberam o nome genérico de *e-business*, uma vez que as soluções voltadas apenas para o público interno da empresa eram rotuladas de intranet, e as soluções para o público externo, de extranet. Posteriormente, surgiram soluções de portais atendendo tanto ao público interno quanto ao externo, e, como o próprio nome sugere, sua proposta é integrar o acesso de todos os usuários por meio de um ponto comum.

As soluções de sistemas de informação via internet são bastante variadas em propósito e escopo. Podem variar desde um ambiente meramente informativo, à base de textos mais estáticos do que dinâmicos, até soluções mais elaboradas e complexas. De forma geral, todas essas variedades de soluções de sistemas de informação via internet têm recebido o nome de *web applications*. Conallen descreveu em um de seus artigos a dificuldade de se definir e categorizar soluções no ambiente internet:

> [...] o termo *web application* tem significados levemente diferentes para cada pessoa. Alguns acreditam que um *web application* seja qualquer coisa que use linguagem Java, outros consideram um *web application* qualquer coisa que utilize um *web server*. O consenso geral está entre essas duas afirmações. Neste artigo, um *web application* será definido como um sistema na web (*web server, network,* http, *browser*), no qual usuários entram com dados que afetam o estado do negócio. Essa definição é uma tentativa de definir um *web application* com um sistema de negócio cujo contato (*front end*) é em grande parte feito via web.[2]

Com o propósito de melhor definir o conceito de *web applications*, Conallen ainda o relaciona à plataforma computacional servidor-cliente e o diferencia dos tradicionais *websites*. Quanto à plataforma servidor-cliente, ele cita que há poucas diferenças entre um sistema que executa nesse ambiente computacional com a plataforma tecnológica utilizada por um sistema *web application*. Primeira diferença: nenhum software especial é requerido nas estações-cliente; segunda: a comunicação entre os softwares que estão nos servidores e nas máquinas-clientes ocorre por meio do protocolo de comunicação HTTP. Quanto às diferenças entre *websites* e *web applications*, Conallen comenta que os últimos implementam lógica de negócio e podem alterar o estado de negócio a partir da captura de dados, enquanto os primeiros são meramente informacionais.

A Figura 11.5 representa as diversas soluções de negócios via internet, desde a mais simples e banal, que são os *websites*, até as soluções mais abrangentes de *web applications*. A interação homem-máquina sempre ocorre via internet. A grande vantagem é a redução da complexidade tecnológica, a padronização de interfaces e, principalmente, a abrangência desse ambiente. Para os processos de negócios, isso implicou a capacidade de fornecer soluções de sistemas de informação para grandes públicos usuários, situação requerida para diversos processos, como transações de vendas para empresas que atuam no varejo e trabalham com grande quantidade de clientes dispersos geograficamente.

---

² CONALLEN, J. Modeling web application architectures with UML. *Association for Computing Machinery*, Nova York, v. 42, nº 10, pp. 63–70, out. 1999.

Figura 11.5 Modelo de processamento via internet

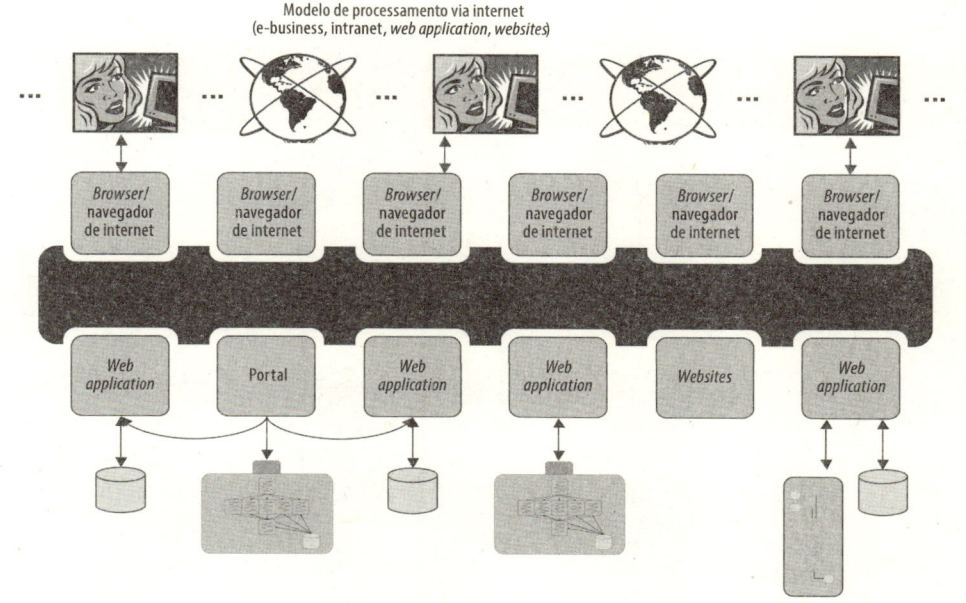

Fonte: Elaborado pelo autor.

O ambiente de sistemas de informação das empresas está cada vez mais diversifica-do. Na maioria delas, podem-se encontrar muitos sistemas transacionais *online* que atendem a processos e necessidades departamentais, sistemas *batch* que automatizam o fluxo de atividades repetitivas, sistemas integrados e configuráveis que atendem às demandas corporativas ou interdepartamentais e outros tantos disponíveis por meio da internet na forma de *web applications*. Toda essa diversidade de sistemas de informação dificulta a ação do administrador por ocasião da gestão por processos de negócios. O portfólio de sistemas de informação foi composto por projetos isolados, em momentos distintos, para atender a demandas específicas, gerando uma arquitetura de sistemas de informação não compatível com o atendimento das demandas da gestão por processos de negócios. Há, por exemplo, muita dificuldade em se capturar dados e monitorar processos extensos, que ocorrem ao longo de áreas da empresa e externas a ela, como em clientes, parceiros e fornecedores.

O modelo de negócio que emprega redes colaborativas é mais complexo e dinâmico que as estruturas tradicionais de empresas verticalizadas. Há diversos requisitos críticos a que o gestor do processo de negócios deve estar atento ao longo da cadeia de processos, independentemente dos inúmeros locais ou responsáveis envolvidos. Os diversos softwares hoje disponíveis nas empresas pouco podem colaborar na gestão efetiva dos processos de negócios; eles estão voltados para a automação e o gerenciamento de processos verticalizados. A indústria de tecnologia da informação tem trabalhado não apenas para integrar a diversidade de sistemas, mas também no aspecto gerencial, acompanhando a operação e os eventos tratados por esses diversos sistemas a partir de uma camada de software para a gestão por processos de negócios. Essa proposta é denominada *business process management* (BPM) e será analisada no próximo capítulo.

TEXTOS COMPLEMENTARES

Há muitos textos que discutem a utilização da internet no ambiente de negócios, com muitas obras sendo geradas com o rótulo *e-business*. Percepções mais atualizadas, tanto do ponto de vista administrativo quanto do tecnológico, da aplicação da internet no ambiente de negócios podem ser encontradas com diversas denominações, como serviços digitais ou *e-services*.

QUESTÕES PARA REFLEXÃO

1. Analise como algumas características específicas das diferentes gerações da tecnologia da informação colaboraram decisivamente para a criação ou a evolução de novos modelos de negócios.

2. Quais foram algumas das expectativas frustradas dos administradores que decidiram implementar os sistemas ERP?

3. Qual é o software ou a tecnologia mais adequada para controlar a lógica de operação e gerenciamento de um longo e complexo processo de negócios?

Capítulo 12

Tecnologia da informação para a gestão por processos de negócios

O dinamismo dos atuais ambientes de negócios gera constantes alterações nas condições do mercado e obriga os executivos a reagir o mais rápido possível, implicando alterações nas operações da empresa. O ambiente de sistemas de informação intrínseco na operação e nos processos da empresa sempre foi um dos recursos operacionais mais inflexíveis. A lógica implementada pelos softwares, a estrutura implantada pela base de dados e os meios de comunicação de um software para com os demais sistemas são alguns exemplos de componentes de um sistema de informação que apresentam alta complexidade, demandam muito tempo para sua alteração e, quando alterados, aumentam sensivelmente a exposição a falhas e erros no processo, ou seja, aumentam o risco.

Os atuais processos de negócios são cada vez mais colaborativos, isto é, envolvem diversas empresas parceiras na operação do processo. Esses processos extrapolam fronteiras organizacionais e envolvem uma diversidade de sistemas de informação. Além dos problemas ligados à dificuldade da alteração dos softwares, há agora o problema da diversidade de sistemas, de plataformas tecnológicas nas quais eles operam, de bases de dados e todos os demais componentes necessários para a execução de um sistema de informação. Aumentaram as dificuldades impostas pelos softwares nas atividades de gestão por processos de negócios; os sistemas de informação tradicionais, como os voltados a transações de negócio de uma área, sistemas OLTP, realizavam todas as transações de um processo de negócios dentro de seu escopo. Assim, era possível acompanhar seus indicadores de desempenho e disparar ações com base no *status* de seus atributos, pois todo o universo de dados e lógica estava sob o controle de um software central.

Para os atuais processos de negócios colaborativos, que envolvem diversas entidades e diversos sistemas de informação, não há mais a viabilidade técnica de embutir controles gerenciais do processo nos diversos softwares relacionados à sua execução como funcionava, até então, com os sistemas OLTP, que tinham módulos analíticos ou OLAP, módulos de disparo de ações com base em regras acionadas por parâmetros do sistema (*workflow embedded*). O processo não está mais implementado sob a direção de apenas um software; são vários softwares que o executam, mas nem todos com facilidades OLAP, *workflow embedded*, da mesma maneira que não tem sentido ter esses tratamentos para atividades ou partes isoladas do processo de negócios. Com isso, as funções de gerenciamento do processo têm de ser implementadas por uma camada de software que abranja e controle a operação de todos os demais softwares envolvidos na operação do processo.

O problema não está restrito apenas à fragmentação de softwares e componentes tecnológicos envolvidos no tratamento de um processo, mas também na questão da exiguidade de tempo para a identificação de eventos de negócio. Os limites atuais de competitividade fazem com que as empresas operem no limite de seus recursos, tornando cada anormalidade do processo um evento crítico que deve ser tratado imediatamente. A identificação de eventos ao longo do processo, em tempo real, é um importante fator de negócio que corrobora com a demanda de uma camada de gerenciamento conectada diretamente aos softwares que estão executando o processo. Essa demanda inviabiliza as soluções de sistemas de informação tradicionais voltadas para diversos aspectos da gestão por processos, como algoritmos para tratamento de indicadores de desempenho, soluções *balanced scorecard*, softwares para apuração de custos, softwares para simulação de processos, entre outros. Essas soluções foram projetadas para trabalharem *offline*, utilizando bases de dados e arquivos consolidados de um período de tempo.

A visualização ou abstração do fluxo de processos de negócios em tempo real, independentemente da quantidade e localização dos softwares que o compõem, o acompanhamento dos indicadores do processo ou de suas partes, o disparo de ações com base em eventos, entre outras funcionalidades requeridas à gestão dos modernos processos colaborativos, requere uma proposta e arquitetura de software diferente das tradicionais. Há entidades voltadas para o desenvolvimento e a promoção de soluções específicas para a gestão por processos colaborativos, como a *Business Process Management Initiative* (BPMI.org), que trabalha no desenvolvimento de padrões abertos para as diversas etapas da gestão por processos: projeto, distribuição, execução, manutenção e otimização. A camada de software que auxilia na implementação dessas etapas é denominada *business process management* (BPM).

Os processos de negócios compõem um sistema independente com vida própria, com um dinamismo cada vez maior; eles crescem, encolhem, juntam-se ou dividem-se, refletindo de forma direta todas as alterações do ambiente de negócios. Assim, os processos de negócios também têm um ciclo de vida de mudanças não apenas de estado (dados), mas também de estrutura (capacidade) e projeto (intenções expressas por regras). Por essas razões, as empresas necessitam de soluções flexíveis e adaptáveis, como são as soluções BPM, orientadas para a gestão do ciclo de vida de processos de negócios.

12.1 Principais componentes da solução de *business process management* (BPM)

Na Figura 12.1 é apresentado um esquema que retrata os principais componentes da camada de software BPM. Há diversos aspectos importantes a serem observados nessa estrutura. Realizaremos a exposição dos temas iniciando pelos elementos mais comuns às organizações, que é seu portfólio de sistemas de informação, passando pela camada de integração entre sistemas e, finalmente, pela camada de gerenciamento. Como orientação visual, analisaremos os conceitos na ordem que vai da parte inferior para a parte superior da Figura 12.1. São eles:

» A solução BPM preserva os investimentos já realizados em softwares pelas diversas empresas envolvidas. São investimentos vultosos que foram realizados ao longo das últimas décadas, e qualquer proposta de substituição de sistemas é inviável, não apenas pela questão financeira, mas também pela inexequibilidade técnica em atender às questões temporais. A proposta BPM é a da integração e conexão dos sistemas de informação já existentes à camada de gestão por processos de negócios, seja para capturar dados do negócio, para averiguar seus *status* de operação, para obter dados de seu desempenho, como tempo e *throughput*, ou mesmo para acioná-la ou mandar-lhe uma carga de trabalho. Essa realidade está retratada na Figura 12.1, na área indicada como "softwares acionados", em que se podem observar ícones que representam os conjuntos de sistemas *batch*, OLTP, integrados e configuráveis e *web applications* das organizações envolvidas.

» Observe que, com exceção dos *web applications*, que utilizam tecnologias mais recentes, todos os demais grupos de sistemas têm uma aba na parte superior, indicada em tom mais escuro na figura, a qual representa a tecnologia de componentes necessária para a comunicação. Identificar e tratar eventos ao longo de cada procedimento que compõe o processo de negócios requer mecanismos de interação eficientes; além disso, proceder comunicação por meio de troca de arquivos, fechando um ciclo de comunicação, por exemplo, a cada período de 24 horas, pode ser moroso demais e não atender à demanda da gestão por processos de negócios. Assim, a incorporação das modernas tecnologias de integração entre sistemas é altamente requerida para projetos BPM. Por essa razão, muitos autores rotulam a solução BPM como a junção e a evolução das soluções de integração entre sistemas ou *enterprise application integration* (EAI) com as soluções de automação de processos ou *workflow*. Assuntos técnicos relativos às soluções de integração entre sistemas de informação serão discutidos no Capítulo 14 e exemplificados pelo caso apresentado no Capítulo 16. Nesse momento, basta sabermos que elas são muito importantes para a solução BPM, colaborando não apenas para otimizar a integração entre os sistemas que compõem o processo de negócio, mas também para incorporar os diversos softwares à camada de software BPM.

» Outro aspecto importante a ser ressaltado na solução BPM é a capacidade de gerenciamento de uma instância ou ocorrência do processo de negócios ao longo de toda a sua cadeia de processos. Atualmente, isso requer um alto volume de tempo e trabalho, que geralmente envolve o acesso e a pesquisa a diferentes pessoas e sistemas de informação. Na parte central da Figura 12.1, podemos observar que há a representação de uma base de dados para armazenamento dos eventos relacionados a cada instância do processo de negócios. Para cada ação realizada, seja ela humana ou automatizada, por meio de software, realiza-se a atualização dessa base de dados de eventos. Não se trata de uma cópia da transação de negócio realizada, mas apenas do registro de alguns de seus dados que sejam pertinentes para a gestão por processos de negócios. Primeiro, realiza-se a transação em um dos diversos sistemas de informação e, em seguida, registra-se esse evento na camada de software de gestão por processos de negócios.

» O ambiente de gestão por processos de negócios está retratado na parte superior da Figura 12.1, em que há a abstração do fluxo de processos. É por meio dessa abstração, que denominamos camada de gerenciamento de processos de negócios, que se pode analisar o papel desempenhado pelo processo de negócios e acompanhar seu macrodesempenho ou de alguma ocorrência específica. A facilidade de trabalhar com modelos abstratos do processo de negócios é útil para diversas finalidades da gestão por processos: analisar as macrorregras do processo de negócios, identificar gargalos, simular impacto de alterações em potencial, analisar custo, tempo e demais recursos envolvidos, entre outras finalidades que serão discutidas ao longo deste capítulo.

Figura 12.1 Modelo de solução para a gestão por processos

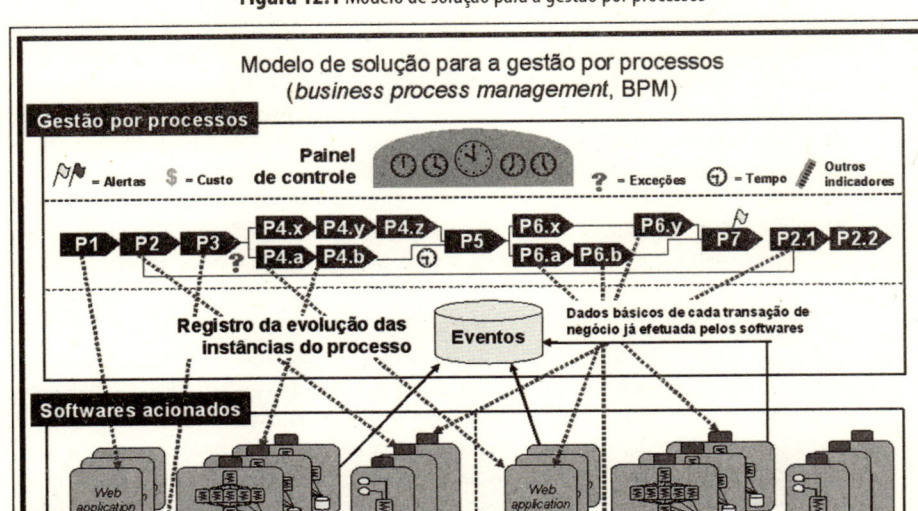

Figura 12.1 Modelo de solução para a gestão por processos

Fonte: Elaborado pelo autor.

12.2 Funcionalidades requeridas para a solução de *business process management* (BPM)

Nos parágrafos a seguir são analisadas as principais funcionalidades requeridas para uma solução BPM. Esses tópicos foram obtidos por meio de pesquisas realizadas junto às empresas que estão avaliando e selecionando as soluções BPM e também com as empresas de consultoria e software que oferecem soluções BPM. O conjunto de funcionalidades está distribuído ao longo de três subseções: recursos para a otimização e a flexibilização da operação do processo, recursos para o gerenciamento da operação do processo e recursos para o planejamento e o projeto do processo.

12.2.1 Recursos para a otimização e a flexibilização da operação do processo

Flexibilidade para alteração de softwares conectados para a execução de atividades

Ter facilidades para alterar ou substituir um ou mais softwares utilizados na execução de determinada atividade do fluxo de processos. Processos são criados ou alterados em tempo de execução, *on the fly*, passando imediatamente a executar dentro do novo contexto. Esse é o dinamismo exigido para muitos ambientes de negócios. Por exemplo, a área de atendimento a clientes necessita ser informada sobre a localização geográfica do produto a ser entregue ao cliente; para isso, o sistema de acompanhamento de pedidos necessita ter acesso ao sistema de posicionamento de cargas da empresa parceira responsável pelo transporte de produtos. O gestor do processo de atendimento a clientes pode decidir por substituir o prestador de serviço responsável pelo transporte de produtos. Nesse momento, a camada de software para a gestão por processos tem de ser ágil e flexível para fornecer facilidades para desconectar um software de posicionamento, substituindo-o por outro análogo do novo prestador de serviço contratado.

Monitoramento das ocorrências de problemas nos ambientes computacionais

Para a execução de um processo de negócios, diversos softwares podem ser acionados, que podem operar em diferentes ambientes computacionais, dentro ou fora da empresa. A interrupção ou lentidão de um desses softwares pode comprometer a execução de todo o processo. Acompanhar o *status* da execução dos softwares acionados é um papel importante para o sistema que gerencia a operação de processos de negócios; as situações críticas devem ser previstas, bem como os procedimentos para a recuperação e continuidade do processo. Na prática, a camada de gerenciamento de processos deve permitir a configuração de regras que descrevam eventos possíveis de ocorrer com as plataformas tecnológicas envolvidas e as ações a serem tomadas que visam a continuidade da operação do processo.

Interação humana na operação do processo

Ter facilidades técnicas para a definição de pontos de interação humana, como atividades que requerem análise e aprovação de um profissional ou para aviso de ocorrência de exceções. É bastante comum que processos de negócios requeiram algum tipo de interação humana; dessa maneira, o ambiente de gerenciamento de processos deve ter facilidades para criação, alteração e exclusão de meios de interação do processo com pessoas. Essas facilidades contemplam ambiente de editoração, testes, prototipagem, publicação e apresentação operacional de telas para a interação do usuário com o ambiente de gerenciamento de processos.

Flexibilidade para alteração do fluxo de atividades conforme o contexto

Durante a execução de uma instância do processo, mais especificamente em um passo que requer interação humana, o profissional que está realizando a interação pode perceber alguma inadequação da sequência de passos seguintes para aquela instância específica. O ambiente de gestão por processos deve ser flexível o suficiente para acomodar e documentar a alteração, por exemplo, desobrigando a instância específica de passar por um dos passos preestabelecidos. Esse tipo de recurso é um dos grandes diferenciais do ambiente de gestão para as ferramentas de automação de processos, denominando esses ambientes centrados em orquestração conforme o contexto (*orchestration-centric context-driven*).[1]

---

[1] DELPHI GROUP. BPM 2003: Market Milestone Report, 2003. Disponível em: <http://www.delphigroup.com>. Acesso em: 1º ago. 2017.

Manuais e instruções *online* que empregam os diagramas operacionais do processo

Os diagramas e as demais abstrações lógicas utilizados para a execução e o gerenciamento de processos são estruturados em objetos, propriedades e relacionamentos armazenados em bases de dados digitais. Esses diagramas podem ser "montados" em tempo real a partir da solicitação de usuários, retratando sempre a versão atual e operacional do processo, e são úteis para esclarecer dúvidas, discussão e análise do processo, realização de treinamento, entre outras aplicações. Esses documentos *online* podem substituir com muitas vantagens os tradicionais manuais de operação do usuário, materiais de treinamento e menus de ajuda (*helps*) para auxílio no esclarecimento de dúvidas.

Gerenciamento de versões operacionais de processos

Os processos de negócios estão em constante alteração e evolução. A alteração de suas regras, dos seus fluxos de atividades, de seus executores e dos softwares envolvidos na sua execução é uma das situações que exigem diferentes versões do processo em um curto período de tempo. Gerenciar o histórico de versões é uma demanda para soluções de gerenciamento de processos. Muitas vezes há a necessidade de se ter diferentes versões do processo em operação, permitindo, por exemplo, uma versão operacional do processo apenas para as novas instâncias e prevalecendo a regra anterior para as instâncias com data anterior. Resumindo, é comum encontrarmos um mesmo processo com duas ou mais versões em operação, retratando regras diferentes para momentos distintos do processo.

Assinalamento de casos reais (instâncias do processo) para análise posterior

Ter facilidades que permitam aos envolvidos na execução do processo indicar melhorias em potencial, assinalando instâncias operacionais do processo como exemplo de situações que ilustrem problemas ou oportunidades. Isso facilita a exposição e a colaboração espontânea das pessoas envolvidas na operação e no gerenciamento de processos.

12.2.2 Recursos para o gerenciamento da operação de processos

Identificação de gargalos

Identificar atividades que estejam reduzindo a capacidade produtiva do processo, permitindo estabelecer regras que tenham o *throughput* e o tempo de execução das atividades como parâmetros para o disparo de ações corretivas.

Sugestão de potenciais pontos de melhoria

A partir da identificação do caminho-padrão e do tempo médio percorrido pela maioria das instâncias do processo, analisar as que apresentaram maior desvio com relação ao padrão médio, verificando similaridades entre seus atributos, de modo que se sugira potenciais causas de retardo ou aceleração do processo.

Apontamento do caminho crítico e demais dados da operação em tempo real

Apontar em tempo real os indicadores da operação do processo: desempenho do momento, metas estabelecidas, números obtidos pelo *benchmarking* análogo.

Permitir a comparação desses números entre diferentes versões de um processo, como também seu uso no ambiente de simulação, verificando graficamente o resultado de alterações no processo.

Análise dos recursos alocados ao processo (projetado, instalado, em uso e ociosa)

Assinalar, para cada atividade do processo, os recursos necessários, sejam eles humanos ou materiais, como computador e impressora. Para cada recurso, indicar a quantidade projetada, as que estão de fato instaladas, as que estão em operação e, consequentemente, as ociosas. Permitir que essas quantidades sejam utilizadas como *input* aos algoritmos de simulação do processo.

Identificação de recursos necessários

Permitir classificar famílias de recursos que possam ser alocados aos processos, cadastrando não apenas sua definição, mas também seus atributos como custo e unidade de medida. Entre os exemplos de famílias de recursos estão os humanos, os computacionais e os operacionais.

Apuração de custos

Ter disponibilidade de diferentes algoritmos para cálculo de custo, trabalhando tanto com os valores atribuídos na fase de projeto quanto com os obtidos na operação do processo. As apurações de custo são aplicadas nas diversas versões do processo: planejado, atual ou em execução e em versões de simulação, uma vez que seus valores são visualizados em diferentes formas, inclusive nos diagramas e demais abstrações lógicas utilizados pelo gestor do processo.

Atribuição de metas

Permitir a atribuição de valores a serem alcançados pela operação de determinado processo, como os resultados operacionais de processos considerados *benchmarking*.

Painel de controle (*management cockpit*)

Ter as facilidades de um ambiente virtual que permita que os gestores do processo interajam, acompanhem e analisem o desempenho atual ou as simulações, selecionando diferentes ângulos de análise: metas, custos, recursos, atividades, *throughput*, tempos e demais atributos e indicadores de desempenho do processo. Esse ambiente é o ponto central para o gerenciamento e o controle do processo. Na parte superior da Figura 12.1 há a representação de um painel de controle apresentando alguns dos indicadores necessários à gestão por processos.

12.2.3 Recursos para o planejamento e o projeto do processo

Simulações

Permitir a realização de simulações dinâmicas de processos fazendo ajustes até que se obtenha o resultado desejado. A cada nova simulação, gerar valores para cada um dos indicadores de desempenho assinalados para o processo. Permitir comparações entre os resultados obtidos nas diversas simulações e destes com os dados do processo em vigor.

Histórico evolutivo do processo

Armazenar as diferentes versões operacionais do processo, bem como os valores obtidos para seus diversos indicadores de desempenho.

12.3 Cultura e clima organizacional para desenvolvimento da solução de *business process management* (BPM)

Apresentamos a seguir dois motivadores que têm impulsionado as soluções BPM, ambos originados no ambiente de negócios: o primeiro está relacionado ao processo de fusão e aquisição empresarial, e o segundo, à tensão gerada pelos escândalos financeiros nas grandes corporações:

» As empresas adquiriram durante as duas últimas décadas uma grande variedade de soluções na forma de sistemas de informação, muitas altamente especializadas e voltadas para funções específicas, rotuladas como *killer applications*, e de aplicações amplas e genéricas, voltadas às atividades de apoio da empresa. O portfólio de sistemas de informação das empresas, que já passava por um processo de crescimento, foi impulsionado ainda mais pelo fenômeno mundial de fusões e aquisições de empresas. Esses dois movimentos elevaram não apenas o total do capital investido em informática, mas também a dificuldade de gerir os recursos de TI e a demanda por maior aproveitamento desses recursos e maior agregação de valor ao negócio.

» Os escândalos financeiros em empresas aparentemente seguras, como os ocorridos na Enron e na WorldCom, motivaram órgãos reguladores e investidores a exigir maior transparência e controle da gestão empresarial. Comitês de governança empresarial foram constituídos para assegurar o correto gerenciamento do risco nas corporações que implique o monitoramento de todos os principais recursos e processos a eles atrelados. Como exemplo, temos as práticas de governança dos recursos de TI, que são parte integral da governança empresarial, cujo objetivo é o maior controle da estrutura, dos processos e da liderança da TI da empresa, assegurando que essa área seja capaz de sustentar e expandir as estratégias e os objetivos da organização. O movimento de governança empresarial eleva ainda mais o rigor e as exigências na gestão por processos de negócios.

Esses dois fatores organizacionais aumentam a possibilidade de a área de TI agregar maior valor ao negócio. Há uma estrutura de sistemas de informação ampla que já opera nas grandes empresas, com muitos problemas de integração que, quando tratados adequadamente, poderão agregar diversos benefícios ao negócio. Um desses benefícios já é esperado, demandado pelas organizações: o de ter mais informações, automação e controle sobre os processos de negócios.

Do ponto de vista da cultura organizacional, podemos afirmar que a arquitetura da solução BPM, que está sendo desenvolvida pela BPMI.org, é extremamente simples e fácil de ser compreendida pelos profissionais de negócios envolvidos com a gestão por processos. A notação da solução BPM, ou seja, a especificação gráfica utilizada para representar a semântica dos processos de negócios, com todos os seus objetos, atributos e relacionamentos, é denominada *business process modeling notation* (BPMN). O propósito dessa notação é apoiar a gestão por processos tanto do ponto de vista dos usuários técnicos quanto dos usuários do negócio, fornecendo uma notação intuitiva a esses usuários, mesmo nos casos em que se tenha de representar a semântica de processos complexos. A BPMI.org liberou a primeira versão da BPMN em 25 de agosto de 2003. As principais características dessa notação estão descritas no Apêndice D.

É importante salientar que, no Capítulo 4, no qual se apresenta o conceito de diversos vocabulários técnicos da gestão por processos, utilizam-se diagramas com notações que diferem da BPMN. O critério para a seleção dos diagramas daquele capítulo foi ser o mais especializado e restrito ao termo em discussão na seção, evitando apresentar outros objetos fora do foco da análise. Assim, ao discutirmos "atividade", apresentamos o diagrama de decomposição de processos, e ao discutirmos "evento", empregamos o diagrama de transição de estado.

Para os processos de negócios que relacionam uma ampla gama de atividades, organizações, áreas e profissionais, a notação para a gestão por processos de negócios, a BPMN, é muito pertinente e apropriada. Ela está fundamentada em uma metodologia de trabalho centrada em processos (*process-centric*) mais natural e intuitiva para o uso dos analistas de negócios. O trabalho de especificação inicia-se pela análise dos fluxos de controle e de mensagem do processo. Essas informações são parte da operação e do gerenciamento diário dos processos de negócios e de seus usuários, situação oposta a outras notações empregadas, como a *unified modeling language* (UML), que é orientada a objetos (*object-oriented*). A abordagem UML inicia-se pela descoberta de objetos por meio de diagramas da estrutura estática para posteriormente empregar diagramas para a descoberta de comportamentos desses objetos. Os objetos não fazem parte do repertório, vocabulário e método usual de trabalho do pessoal de negócios, o que restringe a aplicação da UML ao público de especialistas em TI.

Os aspectos relacionados à forma de estruturação do raciocínio e de unidades de ideia possíveis de serem especificadas compõem os objetos de estudo da ontologia, ciência muito importante quando o assunto principal é a notação.

12.3.1 Ontologia empresarial

A ontologia é a ciência que estuda os seres e suas propriedades; a aplicação dessa ciência no universo administrativo é denominada ontologia empresarial. O emprego dessa ciência no ambiente empresarial promove a padronização dos vocabulários entre as empresas participantes do ambiente colaborativo, a reutilização de componentes, a identificação de similaridades entre objetos, entre outros benefícios. Para a gestão dos atuais processos de negócios que requerem ajustes constantes para atender às alternâncias do ambiente de negócios, a ontologia empresarial é muito benéfica. Ela aprimora a comunicação e a integração entre as empresas e facilita a busca de serviços digitais (*web services*) para atender a determinado contexto, trabalhando com um escopo maior de serviços como alternativa para uma situação, uma vez que possibilita a análise de serviços similares. Um exemplo prático de benefício no processo de comunicação é imaginarmos um profissional que diz "selecionar produto", enquanto o outro diz "escolher produto". Seria muito difícil saber se isso se trata de um mesmo processo caso não haja uma notação gerada dentro dos princípios da ontologia empresarial.

Em termos de especificação do processo de negócios e apoio dos recursos de tecnologia da informação, parece haver um consenso entre os atuais pesquisadores quanto à necessidade de utilizar a ontologia empresarial para o desenvolvimento de modelos de negócios estruturados por meio de processos — entenda-se hierarquia de atividades. O que não impede que, dentro da mesma empresa ou cadeia, sejam utilizados modelos orientados a objetos para especificar os componentes de software que auxiliam na implementação dos processos de negócios. Terai apresenta em seus estudos uma divisão bastante clara entre modelos para ambiente de negócios e modelos para repositório de componentes de software. O primeiro é orientado por atividades e processos, e o segundo é orientado por objetos.[2]

Os processos de negócio da economia digital da atual sociedade da informação apresentam uma inseparabilidade entre os recursos técnicos e os sociais.[3] Essa natureza fortemente imbricada entre tecnologias, pessoas e matéria no ambiente das empresas configura uma prática de trabalho definida como sociomaterial. Esse ambiente demanda ontologias que possam abranger e integrar harmonicamente tanto os artefatos tecnológicos (aplicações, bases de dados e seus derivados) quanto os aspectos sociais (atores, suas localizações, adequação dos artefatos a esses atores) do processo de negócio. Pesquisadores das áreas da Computação, Administração e Ciências da Informação apontam a necessidade do desenvolvimento de linguagens naturais (léxicos) consistentes com as demandas por ontologia sociomaterialista. Esses léxicos devem permitir a "reconstrução racional" do contexto do ambiente de negócios, por intermédio de lógica formal, que deve fazer uso de um conjunto de categorias analíticas.[4]

Gaskin *et al*.[5] propuseram um *framework* de léxico sociomaterialista a ser aplicado no projeto de processos de negócios. Esse *framework* lexical consiste de sete categorias analíticas:

> (1) o tipo de atividade que está sendo realizada; (2) a configuração dos atores; (3) o local da atividade; (4) a modalidade da ferramenta; (5) a facilidade de reconhecimento (*affordance)* como ferramenta do artefato que está sendo introduzido para execução da atividade (relação sociomaterial constitutiva); (6) o tipo de artefato usado e/ou produzido pela atividade; e (7) o fluxo de dados sendo usado ou produzido durante a atividade (relação constitutiva).

Na Tabela 12.1 apresentamos a definição de cada uma das sete categorias analíticas constituintes do *framework* de léxico sociomaterialista de Gaskin *et al*. Observa-se que são categorias que permitem abstrações dos níveis mais elevados de um processo de negócio, abrangendo toda a sua extensão e complexidade, inclusive as diversas atividades de natureza social. Consideramos importante o reconhecimento dessas informações pelos gestores de processos de negócios, por exemplo, quando da especificação de requerimentos para aquisição de sistemas BPMS, por apresentar uma ontologia empresarial adequada aos desafios do atual ambiente de negócios.

[2] TERAI, K.; SAWAI, M. Business process semi-automation based on business model management, *International Journal of Intelligent Systems in Accounting, Finance and Management*, Chischester, v. 11, n° 4, pp. 215–217, 2002.

[3] ORLIKOWSKI, W. J.; SCOTT, S. V. Sociomateriality: Challenging the Separation of Technology, Work and Organization. *The Academy of Management Annals*, v. 2, n° 1, pp. 433–474, 2008.

[4] HABERMAS, J. *Communication and the Evolution of Society*. Boston: Beacon Press, 1979.

[5] GASKIN, J.; BERENTE, N.; LYYTINEN, K.; YOUNGJIN, Y. Toward generalizable sociomaterial inquiry: A computational approach for zooming in and out of sociomaterial routines. *MIS Quarterly*, v. 38, n° 3, pp. 849–A12, 2014.

Tabela 12.1 Léxico sociomaterialista proposto por Gaskin *et al.*

Nome e Definição da Categoria Léxica	Valores Possíveis para a Categoria
TIPO DE ATIVIDADE: Refere-se ao propósito da atividade.	Gerar, transferir, escolher, negociar, executar, validar ou treinar.
CONFIGURAÇÃO DO ATOR: Refere-se ao número e ao agrupamento dos atores envolvidos na atividade.	Indivíduo, grupo, muitos indivíduos, muitos grupos, ou indivíduos e grupos.
LOCALIZAÇÃO DA ATIVIDADE: Onde a atividade é realizada em relação aos atores.	Próximos: Os atores estão em estreita proximidade uns dos outros no local da atividade. No local: Atores estão distribuídos no local onde a atividade é realizada. Remoto: Os atores estão distantes da localização onde a atividade é realizada. Misto: Uma combinação dos tipos anteriores.
MODALIDADE DA FERRAMENTA: Refere-se à materialidade subjacente das funcionalidades oferecidas pela ferramenta para executar a tarefa.	Físico ou digital.
SERVENTIA DA FERRAMENTA PERCEBIDA PELO ATOR: Refere-se à maneira específica de se apropriar da ferramenta durante a execução da tarefa.	Representar, analisar, transformar, controlar, cooperar ou armazenar.
TIPO DE ARTEFATO: Refere-se à finalidade do artefato sendo utilizado para entrada, para atualização, ou como saída, resultante de uma atividade.	Especificação, protótipo/draft, implementação, planejamento do processo ou conhecimento.
FLUXO DE DADOS: Refere-se a como uma ferramenta afeta ou se relaciona com um artefato durante a execução da tarefa.	*Output*: O artefato não existe antes da tarefa e é gerado por uma ferramenta durante a tarefa. *Input*: O artefato existe antes da tarefa e é utilizado como insumo por uma ferramenta. *Update*: O artefato existe antes da tarefa e é atualizado ao seu término.

Fonte: Elaborado pelo autor baseado em Gaskin *et al.*, 2014.

TEXTOS COMPLEMENTARES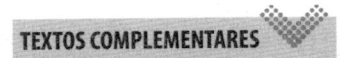

As literaturas mais abrangentes e atualizadas sobre a tecnologia da informação aplicada aos processos de negócios são as relativas a *business process management* e *business process integration*. A BPMI.org (*Business Process Management Initiative*) é uma entidade sem fins lucrativos que tem por objetivo desenvolver padrões tecnológicos para a solução BPM, que sejam abertos, completos e livres do pagamento de *royalties*. A missão é fortalecer as empresas de todos os tamanhos e dos diversos segmentos de negócios para que desenvolvam e operem processos de negócios que envolvam múltiplos sistemas de informação e parceiros de negócios por meio da internet. A leitura de artigos e especificações técnicas disponíveis no site da BPMI.org é bastante apropriada àqueles que pretendem compreender melhor a solução BPM.[6]

QUESTÕES PARA REFLEXÃO

1. Identifique aplicações *workflow* que estão em uso em sua empresa ou em outras de que você tenha conhecimento. Analise o escopo do processo tratado pela solução *workflow*, verificando se este se trata de apoio a um amplo processo de negócios, conforme descrito nos capítulos anteriores, ou se simplesmente automatiza um fluxo de trabalho. Depois, verifique quanto ela integra softwares já existentes na organização ou se ela trabalha de forma isolada. Tal reflexão é importante para diferenciar a natureza e o propósito das tradicionais aplicações *workflow* das modernas soluções BPM.

2. Outra forma de comparação bastante simples e direta das diferenças de aplicação dessas duas tecnologias no ambiente de negócios é comparar os casos e os exemplos citados em livros de *workflow* com o estudo de caso de solução BPM apresentado no Capítulo 12.

3. Qual é a relevância da solução BPM em preservar os softwares já existentes na organização, combinando-os em camadas de regras de negócio e de integração entre sistemas de informação?

---

[6] Disponível em: <http://www.bpmi.org>.

Análise do potencial das soluções *business process management* (BPM) em promover a melhoria contínua dos processos de negócios

Pode-se analisar o potencial de contribuição das soluções BPM para melhoria contínua dos processos de negócios sob diferentes perspectivas. Para exposição do tema neste capítulo, utilizou-se a abordagem da gestão do conhecimento, ou *knowledge management* (KM). Inicialmente, são apresentados os fundamentos da gestão do conhecimento e, em seguida, são explicitados os meios, ou melhor, as funcionalidades por meio das quais as soluções BPM podem colaborar com cada um dos fundamentos da gestão do conhecimento quando aplicadas à prática de gestão por processos.

13.1 A gestão do conhecimento

As pesquisas de Nonaka em gestão do conhecimento estão voltadas à criação do conhecimento. O referencial teórico de Nonaka é a filosofia, em especial os trabalhos do filósofo japonês Kitaro Nishida, que desenvolveu os trabalhos anteriores de Shimizu. Da filosofia japonesa, Nonaka incorporou o conceito de *ba*, que equivale ao conceito de local da teoria organizacional. O *ba* trabalha com locais físicos, virtuais e mentais; e, desses espaços compartilhados, emergem relacionamentos criativos que geram o conhecimento. O principal objeto de estudo de Nonaka são os modelos mentais para a criação do conhecimento organizacional.[1]

Nonaka especifica conhecimento como inerente ao contexto, estando diretamente associado ao *ba*, que pode ser entendido como o espaço compartilhado no qual emergem os relacionamentos que resultam na geração do conhecimento. O espaço *ba* pode ser físico (escritório ou sala de descanso, por exemplo), virtual (e-mail, teleconferência), mental (experiências compartilhadas, ideias, ideais) ou qualquer combinação deles. O que diferencia o *ba* da interação humana cotidiana é o conceito da criação do conhecimento. O *ba* é a plataforma para a geração do conhecimento individual e coletivo.[2]

O modelo mental de locais para a criação de conhecimento, segundo Nonaka, está representado na Figura 13.1, que combina os conhecimentos tácito e explícito entre atores detentores e geradores de conhecimento: indivíduo, grupo e organização. As associações entre eles compõem quatro ambientes para a troca de imagens e ideias que propiciam a criação de conhecimento. Esses espaços são chamados ambiente de socialização, ambiente de externalização, ambiente de combinação e ambiente de internalização, descritos a seguir.

---

[1] NONAKA, I.; TAKEUCHI, H. *The knowledge creating company:* how japanese companies create the dynamics of innovation. Oxford: Oxford University Press, 1995.

[2] NONAKA, I.; KONNO, N. The concept of "ba": building a foundation for knowledge creation, *California Management Review*, Berkeley, v. 40, nº 3, pp. 40–54, primavera, 1998.

Ambiente de socialização: Envolve o compartilhamento de conhecimento tácito entre indivíduos. Essa troca de experiências e conhecimentos ocorre a partir de atividades que valorizam o estar junto, passar tempo junto e conviver no mesmo ambiente. Para essa definição, Nonaka utiliza os conceitos de "experiência pura" de Nishida, que está diretamente associada à filosofia zen.

Ambiente de externalização: A externalização do conhecimento envolve estruturar o conhecimento tácito, ou seja, torná-lo explícito para que possa ser compreendido por outros. A partir dos termos filosóficos, o indivíduo se autotranscende, supera seus limites, tanto interior quanto exteriormente e, quando comprometido com o grupo, passa a ser o próprio grupo. A soma de ideias e intenções de cada indivíduo comprometido com o grupo torna-se o modelo mental do próprio grupo.

Figura 13.1 Espiral da geração do conhecimento

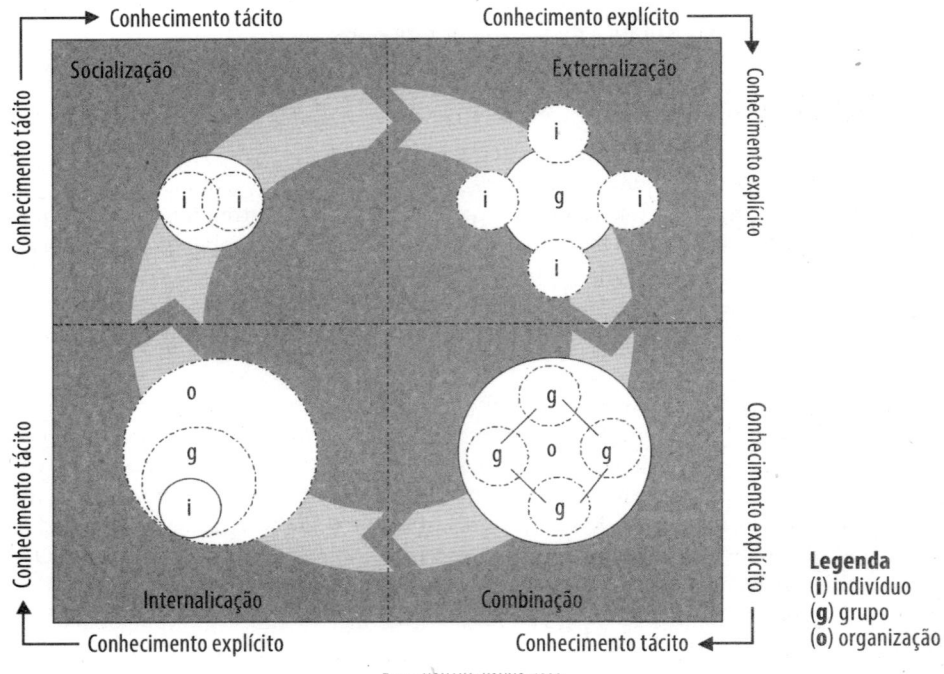

Fonte: NONAKA; KONNO, 1998.

Ambiente de combinação: nesse ambiente há uma combinação de diferentes modelos de conhecimento externalizados por diferentes grupos. Novos conjuntos de conhecimento mais complexos são gerados a partir da integração e da combinação de diferentes ativos informacionais que foram gerados tanto por grupos internos quanto por grupos externos à empresa.

Ambiente de internalização: o uso do conhecimento explícito da organização pelos indivíduos nas atividades do dia a dia propicia a internalização desse conhecimento pelas pessoas. Esse conhecimento internalizado é evoluído pelos indivíduos que o utilizam, convertendo-o em conhecimento tácito. E o conhecimento tácito, ao ser socializado, faz com que todo o ciclo de gestão do conhecimento se reinicie por meio do ambiente de socialização.

Nonaka fundamenta seu trabalho de modelos mentais para a criação do conhecimento organizacional nos conceitos da filosofia. Não enfatiza processos para a gestão do conhecimento, mas a promoção da criação do conhecimento, e esse é o papel fundamental do administrador. Seus estudos ressaltam alterações na estrutura organizacional e nas equipes da empresa como meios de propiciar a criação de conhecimento organizacional. Não faz parte de sua obra o desenvolvimento de temas relacionados a ferramentas e técnicas para a criação do conhecimento organizacional.

13.2 Gestão do conhecimento aplicada à gestão por processos

Um dos objetivos da gestão por processos é assegurar a melhoria contínua do desempenho da organização por meio da elevação dos níveis de qualidade de seus processos de negócios. Grande competência organizacional na gestão de determinado processo de negócios pode compor um ativo de alto valor, podendo até resultar em novos negócios, totalmente distintos das atividades-fins da organização. Dois exemplos podem ser citados. A companhia aérea American Airlines, ao alcançar competência no processo de reservas de passagem, passou a desenvolver um negócio altamente lucrativo: consultoria em processos de reservas para o setor hoteleiro e para a indústria de entretenimento (cinemas, teatros e parques). Mais recentemente, algumas montadoras automobilísticas norte-americanas alcançaram competência no processo de venda de veículo por meio de pacotes individuais de financiamento, *know-how* esse que passou a ser valorizado e comercializado tendo como grandes clientes empresas do setor imobiliário.

Segundo Roger Burlton, a gestão por processos requer liderança e direcionamento de seus processos, podendo isso significar uma mudança radical no processo de negócios e, por outras vezes, revisão e melhoria contínua do processo por meio de pequenos ajustes.

> Os processos de negócios são ativos da empresa, assim como os recursos humanos, as facilidades disponíveis e as informações. Bem gerenciados, eles trarão retorno na forma de melhor desempenho da organização. Além disso, processos de negócios são recursos especiais por servirem de veículos de sincronização dos demais recursos com os aspectos da mudança. Eles servem como um *framework* para a organização de todos os demais componentes.[3]

A representação dos recursos da empresa utilizados na abordagem de gestão por processos de negócios é mostrada na Figura 13.2. O recurso "conhecimento" está em destaque na figura, permeando todos os demais, por ser o principal habilitador para ajustes e evolução de cada um dos demais recursos pertinentes à gestão por processos de negócios.

---

[3] BURLTON, R. *Business process management*. Indianapolis, SAMS, 2001, p. 398.

Figura 13.2 Recursos organizacionais utilizados na abordagem de gestão por processos

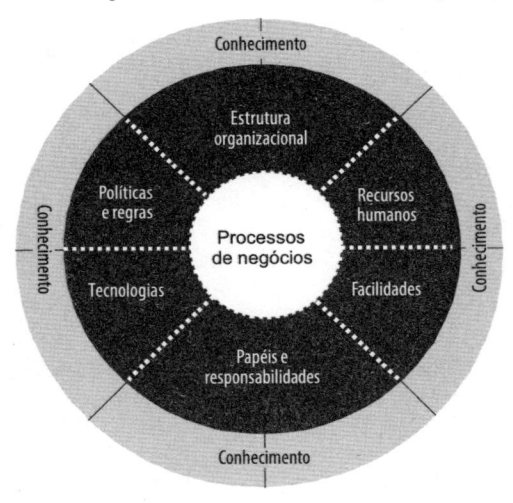

Fonte: BURLTON, 2001.

Considerando-se a importância do recurso "conhecimento" para o aprimoramento contínuo do processo de negócios, a grande diversidade e desigualdade de escopo das soluções de software para a gestão por processos (BPMS) torna muito importante conhecer as principais facilidades de gestão do conhecimento requeridas às soluções BPMS, de modo que colabore com o gestor do processo de negócios na busca da excelência em seus processos de negócios. Em síntese, os dados apresentados a seguir buscam responder a quatro perguntas diretamente relacionadas aos quatro ambientes para a troca de imagens e ideias que propiciam a criação do conhecimento:

1. Quais informações e recursos são desejáveis à solução BPMS de maneira que colabore com o gestor do processo ou outro interessado no processo de negócios, no desenvolvimento de uma atividade analítica e internalização de novas percepções, conceitos e entendimentos sobre o processo de negócios?

2. Em quais momentos da gestão por processos é fundamental a socialização de informação entre dois indivíduos e quais recursos são desejáveis na solução BPM, de modo a facilitar que dois indivíduos interessados no processo de negócios possam socializar suas ideias e opiniões?

3. Quais são os principais pontos da gestão por processos que requerem a externalização de informações para grupos e quais recursos são desejáveis à solução BPMS para uma ótima execução dessa atividade?

4. Quais são os momentos da gestão por processos que requerem a combinação de conhecimentos entre grupos e quais recursos são desejáveis à solução BPMS para uma ótima execução dessa atividade?

13.3 Recursos desejáveis às soluções BPMS no apoio à prática de KM

As funcionalidades desejáveis aos softwares BPMS para que esses possam promover a gestão do conhecimento relativa aos processos de negócios estão agrupadas e apresentadas segundo os quatro ambientes nos quais ocorrem a criação do conhecimento: internalização, socialização, externalização e combinação. Antes da análise, porém, é necessário

descrever alguns recursos de software (algoritmos) básicos e preexistentes nas soluções BPMS, cujo conhecimento é importante para o entendimento das análises realizadas.

13.3.1 Alguns algoritmos básicos do software BPMS

Explicitação do fluxo de trabalho. O fluxo de trabalho do processo descreve a sequência de execução das diversas atividades que o compõem, indicando a atividade ou as atividades possíveis de serem executadas após a conclusão de cada atividade antecessora. A complexidade aumenta à medida que há blocos de atividades que são executados em paralelo, gerando uma relação de dependência entre o resultado obtido dessas atividades e a decisão sobre o caminho a ser seguido para a continuação do fluxo de trabalho do processo. É requisito básico de uma solução BPMS a existência de algoritmos que permitam a construção, a visualização e a evolução do fluxo de trabalho do processo de negócios de forma gráfica.

Explicitação de eventos e suas regras de tratamento. O evento de negócio abrange uma grande diversidade de ocorrências que podem acionar um processo de negócios. Pode ser o alcance do quinto dia útil do mês, que dispara o processo "pagar funcionários", a chegada de um pedido de cotação pela internet, que dispara o processo "atender à solicitação de proposta comercial" ou, ainda, diversos outros mecanismos de disparo de processos. Esses tipos de eventos podem ser classificados como:

> » Temporal: Após o alcance de um período de tempo preestabelecido; por exemplo, o quinto dia útil do mês.

> » Com base em ação específica: quando um evento definido e preestabelecido ocorre, como o recebimento de um pedido de cotação para a área de vendas.

> » Com base em regras: Combina a ocorrência de dois ou mais eventos, como os descritos antes, em uma operação lógica.

Painel de controle (*management cockpit*). Ter as facilidades de um ambiente virtual que permita a interatividade entre os gestores do processo e a possibilidade de acompanhar e analisar o desempenho atual do processo de negócios, selecionando diferentes ângulos de análise como metas, custos, recursos, atividades, *throughput*, tempos e demais atributos e indicadores de desempenho do processo. Esse ambiente é o ponto central para o gerenciamento e o controle do processo.

13.3.2 Funcionalidades de apoio à internalização do conhecimento

Há dois grupos de funcionalidades disponíveis ao gestor do processo que podem colaborar com a internalização de conhecimento do processo de negócios: as que são proativas, ou seja, algoritmos que informam ao gestor do processo ocorrências com alta probabilidade de conhecimento tácito a ser descoberto e explicitado por ele, e as que são compostas por ferramentas disponíveis ao gestor do processo (reativas). São apresentadas a seguir as duas principais funcionalidades proativas.

Identificação de eventos não previstos (exceções). O simples fato de uma exceção ser algo não previsto não significa que sua ocorrência não necessite ser tratada. Deve haver pelo menos um ponto de saída do processo para qualquer evento diferente das alternativas previstas no ambiente de explicitação de eventos. Pode ser entendida como uma regra de negação a todas as demais regras previstas, ou seja, "não satisfazendo nenhuma das alternativas anteriores, faça...". Esse recurso é denominado evento de exceção e geralmente resulta em uma notificação ao gestor do processo ou a uma entidade competente. A indicação da exceção serve não apenas para que a instância do processo não fique parada e que alguém dê o encaminhamento necessário, mas também para a gestão do conhecimento das regras de negócio, muitas vezes proporcionando a inclusão de uma nova regra ou a alteração de outras já existentes.

Identificação de gargalos. Identificar atividades que estejam reduzindo a capacidade produtiva do processo, permitindo estabelecer regras que tenham o *throughput* e o tempo de execução das atividades como parâmetros para o disparo de ações corretivas. Notificar o gestor do processo no momento da ocorrência da limitação crítica do processo de negócios aumenta a probabilidade de o gestor do processo de negócios descobrir suas causas. Pelo painel de controle, o gestor do processo pode, de forma ágil e fácil, consultar a situação atual das variáveis do processo de negócios.

A seguir são descritas as funcionalidades disponíveis ao gestor do processo de negócios sobre as quais ele decide quando e como utilizar, que são as funcionalidades reativas.

Realização de simulações. Permitir a realização de simulações dinâmicas do processo de negócios, com possibilidade de ajustes até que se obtenha o resultado desejado. A cada nova simulação, são gerados valores para cada um dos indicadores de desempenho assinalados para o processo, permitindo comparações entre os resultados obtidos nas diversas simulações e destes com os dados do processo em vigor. Simuladores atuais, presentes em alguns softwares BPMS, permitem a simulação de diferentes cenários combinando os diversos recursos organizacionais descritos na Figura 13.2. Pode-se, por exemplo, analisar o tempo de atendimento em função da inserção de mais recursos humanos ou microcomputadores em determinado fluxo de atividades do processo. Na gestão do conhecimento, a capacidade de simular é um dos recursos com maior potencial para a internalização de novas ideias e conceitos.

Apontamento do caminho crítico e demais dados da operação em tempo real. Apontar em tempo real os indicadores da operação do processo: desempenho do momento, metas estabelecidas, números obtidos pelo *benchmarking* análogo etc. Permitir a comparação desses números entre diferentes versões de um processo, como também seu uso no ambiente de simulação, verificando graficamente o resultado de alterações no processo. Administrativamente, a análise do caminho crítico é uma situação preferível à análise do gargalo, pois essa última caracteriza uma postura corretiva, enquanto a primeira demonstra preocupação com a melhoria contínua do processo de negócios.

13.3.3 Funcionalidades de apoio à socialização do conhecimento

Assinalamento de casos reais (instâncias do processo) para análise posterior. Ter facilidades que permitam aos envolvidos na operação do processo indicar ao gestor alguma melhoria em potencial, assinalando instâncias operacionais do processo como exemplo de situações que ilustrem problemas ou oportunidades. Isso facilita a exposição e a colaboração espontânea das pessoas envolvidas na operação do processo em contribuir para o aperfeiçoamento contínuo do processo. A solução BPM não bloqueia a instância exemplo que está em execução, o que resultaria em prejuízo ao cliente, mas realiza uma cópia exata dos parâmetros da instância daquele momento específico de interesse.

13.3.4 Funcionalidades de apoio à externalização do conhecimento

Manuais e instruções *online* que empregam os diagramas operacionais do processo. Os diagramas e demais abstrações lógicas utilizados para a execução e o gerenciamento de processos são estruturados em objetos, propriedades e relacionamentos armazenados em bases de dados digitais. Esses diagramas podem ser "montados" em tempo real a partir da solicitação de usuários, retratando sempre a versão atual e operacional do processo, e são úteis para esclarecimento de dúvidas, discussão e análise do processo por meio de grupos de práticas e realização de treinamento, entre outras aplicações. Esses documentos *online* podem substituir com muitas vantagens os tradicionais manuais de operação do usuário, materiais de treinamento e menus de ajuda (*helps*) para auxílio no esclarecimento de dúvidas.

Facilidades para o trabalho colaborativo (funcionalidades para *workgroup*). Embora o processo de negócios tenha um gestor (*process owner*), a definição de sua arquitetura ou de alterações estruturais nessa arquitetura é dada por um comitê de profissionais. Nas grandes corporações, esses profissionais geralmente se encontram dispersos geograficamente, trabalhando sob diferentes fusos horários. Facilidades de desenvolvimento colaborativo permitem que diferentes pessoas participem pela internet de discussões e análises do processo de negócios, tanto de forma síncrona quanto assíncrona. Por exemplo, a partir do diagramador do fluxo de atividades, o coordenador da sessão de trabalho poderia estar discutindo regras para um processo de decisão ou definindo o perfil e quantos profissionais executarão determinada atividade, ou seja, poderia propiciar facilidades para que todos pudessem participar efetivamente da evolução do processo de negócios, independentemente de tempo e lugar.

13.3.5 Funcionalidades de apoio à combinação do conhecimento

Gerenciamento de versões operacionais de processos. Os processos de negócios estão em constante alteração e evolução. A alteração de suas regras, dos seus fluxos de atividades, de seus executores e dos softwares envolvidos na sua execução é uma das situações que geram o aparecimento de diferentes versões do processo em um curto período de tempo. Um processo de negócio pode ser diferenciado por diversas razões, as questões temporal e geográfica são algumas delas, como:

» Pedidos aceitos até determinada data devem ser processados de uma forma específica, e, após essa data, deve ser utilizado o novo fluxo de trabalho.

» A entrada de pedido na nossa unidade comercial localizada na Zona Franca de Manaus tem procedimentos diferentes das unidades localizadas nos demais estados.

Em alguns ambientes, há mais de um gestor para um processo, como um para cada variação geográfica do processo. O compartilhamento de versões atuais ou históricas desses diferentes processos colabora muito para que diferentes grupos possam trocar experiências. Por exemplo, um grupo da área de recebimento de materiais da fábrica brasileira que analisa e testa um fluxo de trabalho utilizado pela equipe análoga alemã.

13.4 Considerações finais sobre a KM aplicada à BPM

Decorridas mais de duas décadas da divulgação dos conceitos e das teorias da gestão por processos, bem como de sua prática nas organizações, ainda há, atualmente, um percentual considerável de organizações que empregam a abordagem de gestão por processos, se não em sua plenitude, pelo menos junto a alguns de seus processos. Projetos de implementação de soluções de sistema de gestão integrada (ERP), de gerenciamento do relacionamento com os clientes (CRM), de gerenciamento do ciclo de vida do produto (PLM) e de gerenciamento da cadeia de suprimentos (SCM) são alguns exemplos de projetos organizacionais com potencial para instaurar processos de negócios na organização.

As grandes organizações já têm a cultura organizacional de gestão por processos de negócios, como também já reconhecem a incapacidade de os softwares especializados na implementação de transações de negócio, seja de uma área funcional ou de um processo de negócios, atenderem a toda a complexidade, extensão, dinamismo e segmentação dos atuais processos de negócios. Há demanda por uma camada de orquestração de atividades, de gestão de regras de negócio, que seja genérica, isto é, aplicável a qualquer processo de negócios, e que seja independente dos softwares que implementam as transações de negócio. Essas condições são atendidas pelas soluções de gerenciamento de processos de negócios (BPMS).

O crescente processo de seleção e adoção de soluções BPMS tem demonstrado a necessidade de maiores estudos e desenvolvimentos relacionados às questões técnicas e administrativas. Do ponto de vista técnico, muitos estudos têm sido desenvolvidos no campo da integração das diferentes gerações de sistemas de informação existentes nas grandes corporações e nos seus clientes e fornecedores. No aspecto administrativo, poucas pesquisas têm sido realizadas, em decorrência, inclusive, do perfil extremamente técnico dos desenvolvedores e patrocinadores da solução BPMS: empresas de software e de consultoria especializadas em automação de processos (solução *workflow*) e empresas especializadas em ambientes de integração entre sistemas de informação (solução EAI).

Tendo em vista a carência de pesquisas sobre BPMS no campo administrativo e a importância das práticas de gestão do conhecimento para a evolução do processo de negócios, foi considerado oportuno o desenvolvimento do presente estudo, de modo que delineasse funcionalidades desejáveis às soluções BPMS, que têm como objetivo aumentar a capacidade dessas soluções em apoiar a geração do conhecimento a respeito dos processos de negócios. Da identificação de atores envolvidos com a gestão por processos de negócios e da interação entre eles e deles com o processo de negócios, foram identificadas as situações mais prováveis para a criação do conhecimento, segundo os quatro ambientes do modelo de Nonaka para a criação de conhecimento.

Da análise dos atores, dos momentos e dos ambientes para a geração do conhecimento, foram definidas algumas funcionalidades de alta relevância às soluções BPMS e que devem ser consideradas nas atividades de especificação, projeto, avaliação e seleção dessas soluções. O não atendimento dos requisitos apontados implica a pequena capacidade de a solução proporcionar melhorias contínuas aos processos de negócios, comprometendo, dessa forma, o alcance da excelência nos processos de negócios da organização.

TEXTOS COMPLEMENTARES

Compreender a gestão do conhecimento é fundamental para aqueles que pretendem trabalhar com a melhoria contínua dos processos de negócios. Uma leitura bastante didática sobre a gestão do conhecimento são os textos de Nonaka, que trabalham intensivamente com exemplos práticos de situações reais vivenciadas por grandes empresas. O livro *Ecologia da informação*, de Thomas Davenport, traz uma boa complementação aos textos de Nonaka.

QUESTÕES PARA REFLEXÃO

1. Quais recursos ou funcionalidades presentes no software BPMS têm potencial para colaborar com os seguintes aspectos?

    a. Internalização do conhecimento.

    b. Socialização do conhecimento.

    c. Externalização do conhecimento.

    d. Combinação do conhecimento.

Análise dos componentes da tecnologia de *business process management system* (BPMS) sob a perspectiva de um caso prático

A discussão e apresentação dos conceitos e principais componentes da tecnologia BPMS ocorrerá em dois estágios: na primeira seção deste capítulo, apresentar-se-á a fundamentação teórica da tecnologia BPMS, e nas seções seguintes, será apresentada uma experiência prática ocorrida em uma organização, objetivando facilitar a exposição e a descrição dos componentes da arquitetura tecnológica da ferramenta BPMS.

Para conceituação da tecnologia BPMS e discussão dos componentes de sua arquitetura, utilizaram-se dois métodos científicos: a pesquisa bibliográfica e a análise de um caso prático. O primeiro serve para descrever os conceitos da tecnologia BPMS, e o segundo ilustra a aplicação prática dos diversos componentes da tecnologia BPMS operando de forma integrada na execução de trabalhos concretos do dia a dia de uma grande organização.

14.1 A arquitetura do *business process management system* (BPMS)

Antes de apresentar e discutir em profundidade os componentes do BPMS, objeto central deste capítulo, é importante compreender a arquitetura da solução BPMS. A apresentação dessa arquitetura se inicia com a importância da disponibilidade de um ambiente eficaz para integração entre sistemas de informação.

O modelo conceitual do BPMS valoriza os investimentos já realizados em softwares pelas organizações envolvidas com o processo de negócio, diferentemente da estratégia da reengenharia de uma década atrás, que apregoava o descarte e a substituição dos sistemas de informação legados pelo sistema ERP.

No modelo conceitual BPMS, os sistemas de informação legados, hospedados em diferentes ambientes computacionais, continuam a executar as operações necessárias ao processo de negócio, conforme pode-se observar na camada "ambientes computacionais" da Figura 14.1. Esses sistemas legados são coordenados, "orquestrados", pelo ambiente de gestão do processo (AGP) do BPMS.

O modelo conceitual do BPMS não está fundamentado na "construção de softwares ou de módulos de sistemas de informação, mas na junção e orquestração de partes de softwares já disponíveis".[1]

O acionamento ou cancelamento de um sistema de informação legado via BPMS ocorre segundo as regras do processo de negócio embutidas no AGP, utilizando-se conectores e adaptadores para a comunicação com os sistemas de informação. Os conectores e adaptadores estão disponíveis no ambiente de integração tecnológica (AIT), conforme a Figura 14.1.

---

[1] AALST, W. M. P. Business Process Management: a personal view. *Business Process Management Journal*, Bradford, v. 10, nº 2, pp. 135–139, 2004.

Figura 14.1 Principais entidades do modelo conceitual do BPMS

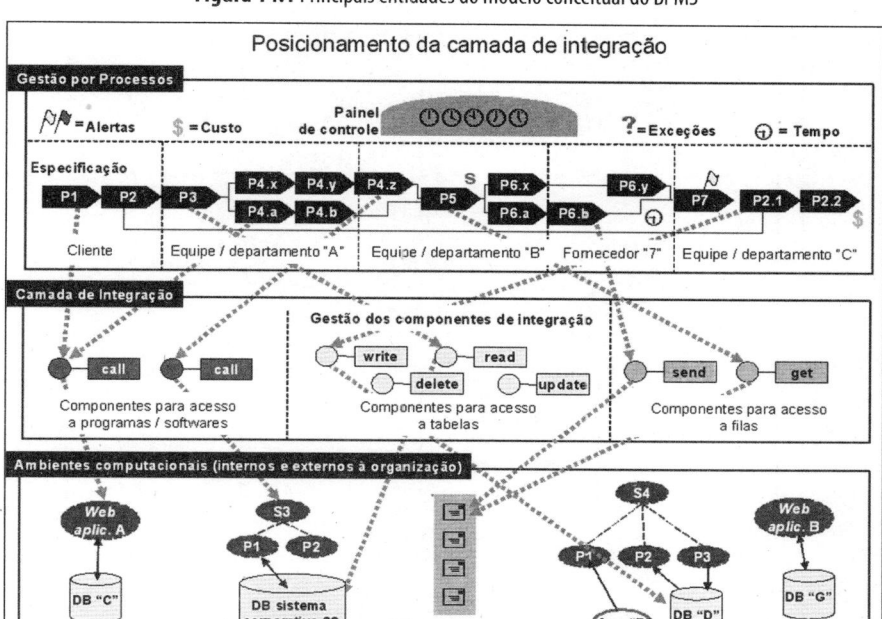

Fonte: Elaborado pelo autor.

Uma pesquisa recente analisou mais de cem sistemas BPMS disponíveis no mercado e apontou três aspectos que os diferenciam substancialmente: as capacidades de monitoramento, de automação e de integração entre sistemas de informação. Essas diferenças são tão evidentes, que são utilizadas inclusive para delimitar as diferentes categorias de sistemas BPMS.[2]

A capacidade de monitoramento e automação do BPMS destacadas por Worthen[3] é mais bem explicitada pela arquitetura BPMS desenvolvida pelo *Business Process Management Initiative* (BPMI.org), descrita na Figura 14.2. O BPMI.org é constituído por empresas da área de tecnologia da informação e institutos de pesquisa que estão interessados no desenvolvimento da tecnologia BPMS. A missão do BPMI.org é promover, desenvolver e disseminar o BPMS, estabelecendo padrões, desenvolvendo especificações abertas e dando assistência às empresas desenvolvedoras de ferramentas, técnicas e metodologias.

A arquitetura do BPMS desenvolvida pelo BPMI.org abrange todo o ciclo de vida do processo de negócio, desde sua descoberta e seus ciclos de aprimoramento até o seu descarte. O Quadro 14.1 descreve as funcionalidades necessárias ao BPMS segundo a arquitetura da solução BPMS considerada pelo BPMI.org.

---

[2] WORTHEN, B. A new glue or the old soft shoe? *CIO*, Framingham, v. 18, nº 4, p. 10, nov. 2004.

[3] WORTHEN, 2004.

Figura 14.2 Arquitetura do BPMS segundo o BPMI.org

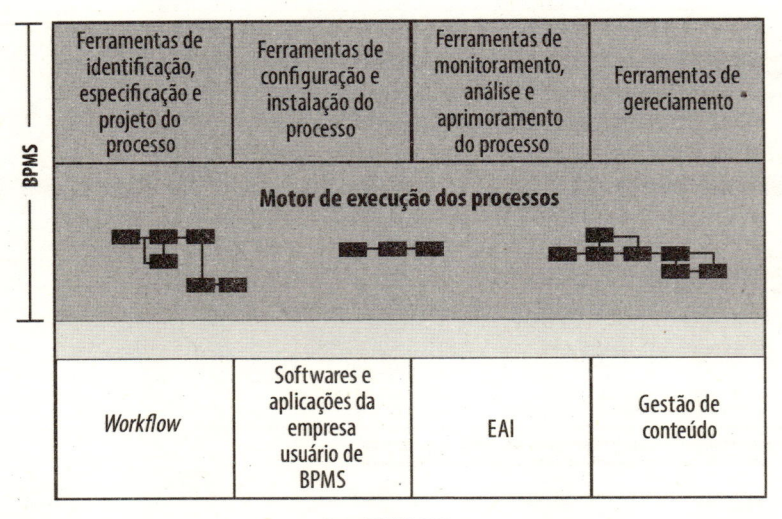

Fonte: LACHAL, 2004.

Quadro 14.1 Fases do ciclo de vida do processo suportadas pelo BPMS[4]

Descoberta, especificação e projeto do processo: a descoberta significa tornar evidente como o processo funciona, identificando a lógica dos softwares envolvidos (engenharia reversa de algoritmos de software) e os processos manuais envolvidos. Alterações do projeto, precedidas por simulações, permitem à empresa analisar e aprender sobre as possibilidades do processo, remodelando-o, quando conveniente. O projeto deve permitir reestruturar rapidamente os processos em resposta à pressão competitiva e às oportunidades de negócio. Composição e decomposição de processos são características muito importantes ao BPMS, assim como a capacidade de reutilização de processos por meio de estruturas de generalização e especialização.

Configuração e instalação do processo: significa entregar rapidamente e de forma fácil o novo processo para todos os envolvidos, pessoas, aplicações e outros processos. Bons sistemas BPMS devem ser capazes de entregar o novo processo, com pouca ou nenhuma necessidade de programação atrelada.

Monitoramento, análise e aprimoramento do processo: significa identificar pontos de melhoria, olhar para o processo em toda sua extensão, inclusive a que extrapola os limites da empresa, apontando gargalos, situações conflitantes e inconsistências do processo. Em termos de manutenção, é fundamental permitir alterações dos limites do processo, quanto ao que se considera subprocesso público ou privado, permitindo alterar o escopo de interação das pessoas dentro do escopo do processo. As manutenções dele devem ocorrer de forma transparente para os usuários, sem interrupções no fluxo de trabalho.

Gerenciamento do processo: significa realizar as medições, identificando o seu desempenho. A análise provê uma visão ampla dos recursos envolvidos nos processos da empresa. Ferramentas analíticas podem indicar oportunidades de melhoria. Uma das principais características do gerenciamento do processo é a capacidade de identificar a ocorrência de exceções do processo.

Execução do processo: significa assegurar que ele seja executado por todos os participantes — pessoas, outras organizações, sistemas e outros processos. Envolve o gerenciamento das transações distribuídas, utilizando-se novos e antigos sistemas de informação por meio de processos complexos e encadeados. A execução não deve ser afetada por distúrbios ocorridos em aplicações complementares ou em tecnologias adjacentes. O processamento distribuído deve ocorrer independentemente do ambiente tecnológico das aplicações.

Fonte: Elaborado pelo autor.

---

4 SMITH, H. Computer Sciences Corporation. The Emergence of Business Process Management, jan. 2002. Disponível em: <http://www.bpmi.org/library.esp>. Acesso em: 10 ago. 2007.

A arquitetura descrita pelo BPMI.org não é muito esclarecedora quanto à conexão dos sistemas legados com o sistema BPMS; isso fica mais evidente no modelo conceitual utilizado para descrever a camada de integração mostrada na Figura 14.3.

Os conceitos apresentados até aqui permitem um entendimento geral dos fundamentos, da proposição e da arquitetura do BPMS. Para entendimento e discussão de alguns de seus aspectos críticos, é necessário compreender a operação interna da ferramenta BPMS. Para isso, pede-se um detalhamento maior de cada um dos seus componentes internos do BPMS, que serão analisados na subseção 14.1.1. Para subsidiar o detalhamento e a explanação dos componentes do BPMS no nível necessário, na próxima seção do texto será exposto um estudo de caso que ilustrará a apresentação e o desenvolvimento das análises dos componentes BPMS a ser realizado na subseção 14.1.1.

14.1.1 Análise do caso de implementação do sistema BPMS

A empresa Chubb no Brasil

A Chubb, uma das maiores seguradoras norte-americanas, está presente em 33 países e opera 132 escritórios. Fundada em 1882, em Nova York, oferecia, inicialmente, seguros marítimos, mas logo passou a oferecer também seguros comerciais e pessoais. Em 1967, a empresa abriu seu capital e formou uma *holding* denominada The Chubb Corporation, com sede em Nova Jersey.

No Brasil, as operações foram iniciadas em 1973 com a aquisição do controle acionário da mais antiga seguradora na América Latina, a Argos Fluminense. Em 1992, a Argos passou a denominar-se Chubb do Brasil Cia. de Seguros.

Neste texto, utilizaremos a denominação Chubb do Brasil. Atualmente, a operação Brasil tem sua matriz em São Paulo, com sucursais em Belo Horizonte, Brasília, Curitiba, Rio de Janeiro e Porto Alegre, operando com seguros pessoais e comerciais.

Na linha de seguros pessoais, os principais focos são os de automóveis de alto valor, embarcações, jatos executivos e patrimônio pessoal, como obras de arte, antiguidades e coleções.

O portfólio de seguros comerciais abrange operações marítimas, transportes (todos os modais), seguros de vida em grupo, riscos empresariais diversos, seguros massificados, entre outros.

A Chubb do Brasil conta com cerca de 250 funcionários e vem constando repetidamente na lista publicada anualmente pela revista *Exame* como uma das melhores empresas para se trabalhar no Brasil.[5]

Origens da iniciativa de melhoria de processos por meio do BPMS na Chubb do Brasil

Em 2003, a Chubb do Brasil, para aumentar sua competitividade, deu início ao projeto Seis Sigma, que gerou diversas iniciativas voltadas à melhoria de seus processos. Nesse mesmo período, a Chubb dos Estados Unidos concluía um estudo sobre as possibilidades oferecidas pela tecnologia de *business process management system* (BPMS) na operação, suporte e melhoria de processos. Desse estudo, derivou-se a recomendação corporativa pela utilização dos softwares BPMS, que culminou com a homologação de uma solução

---

5   CHUBB DO BRASIL. Conheça a Chubb. Disponível em: <http://www.chubb.com/international/brasil/>. Acesso em: 11 out. 2005.

corporativa: o sistema BPMS denominado *e-Work*, desenvolvido pela empresa inglesa Metastorm. Um contrato corporativo foi firmado entre a Chubb e a Metastorm oferecendo facilidades para aquisição de licenças do software *e-Work* às diversas unidades da Chubb que julgassem oportuna sua implementação.

O principal foco do projeto Seis Sigma era a área de Operações da Chubb. Na estrutura organizacional da empresa, essa área fazia parte da Diretoria de Operações e Tecnologia, também responsável pela adoção de novas tecnologias. Isso facilitou muito a visualização de oportunidades de uso da tecnologia BPMS, bem como sua implementação e evolução, pois a área responsável pela implementação da solução era também a principal área usuária.

Entendendo que a tecnologia BPMS tinha grande potencial para impulsionar as iniciativas de melhoria de processos almejadas pelo projeto Seis Sigma, a Diretoria de Operações e Tecnologia da Chubb do Brasil iniciou, em 2003, um projeto-piloto para aprimoramento de processo por meio da tecnologia BPMS, que teve como finalidade maior o processo "cotação de seguros".

A experiência foi muito bem-sucedida e motivou a criação de um programa para implementação da tecnologia BPMS em outros processos. O sistema BPMS passou a ser entendido como o principal habilitador para aprimoramento de processos, confundindo-se muitas vezes com a própria iniciativa do projeto Seis Sigma. Em agosto de 2005, dez processos já haviam sido aprimorados com o auxílio da tecnologia BPMS e outros oito processos estavam com implementação em andamento.

Abordagem para a seleção de processos a serem aprimorados via BPMS

Havia a necessidade de se definir critérios para a seleção dos processos que seriam trabalhados pela equipe do projeto Seis Sigma, considerando-se que os bons resultados alcançados pelo projeto-piloto despertaram o interesse de diversos grupos internos da organização.

Os critérios adotados pela Chubb foram:

1. A iniciativa de aprimoramento do processo deveria assegurar alto retorno financeiro ou alterações significativas no ambiente de negócios (ganhos qualitativos).

2. O processo deveria ser curto e de baixa complexidade ou, caso fosse um processo extenso e complexo, que pudesse ser implementado em etapas, ampliando gradativamente sua abrangência à medida que resultados positivos fossem alcançados. Portanto, a estratégia de melhoria de processos adotada foi a de implantar melhorias graduais, em vez de promover mudanças radicais e de amplo escopo.

Descreveremos, a seguir, o processo Tratar Ocorrência de Sinistro com Resseguro, que já foi aprimorado com o auxílio da tecnologia de BPMS. Além de descrever a finalidade, a operação do processo e os pontos em que a tecnologia BPMS foi aplicada, também são explicados os principais ganhos, tanto qualitativos quanto quantitativos, resultantes para o negócio da Chubb do Brasil.

O processo Tratar Ocorrência de Sinistro com Resseguro

A legislação brasileira que regulamenta a atividade de companhias seguradoras exige que os seguros de alto valor sejam realizados em conjunto com uma entidade de âmbito federal, chamada Instituto de Resseguros do Brasil (IRB).

Devido a essa exigência, as seguradoras repassam ao IRB um percentual do prêmio pago pelo segurado, que é variável conforme o valor e o tipo do item segurado. Em caso de sinistro, em contrapartida, o IRB é solidário com a seguradora, assumindo a responsabilidade por um percentual da indenização prevista pelo seguro. Assim, quando ocorre um sinistro com resseguro, a seguradora deve informar ao IRB sobre o ocorrido, para que o instituto se prepare financeiramente para fazer os pagamentos devidos à seguradora.

Posteriormente, a seguradora obtém dados mais completos sobre o sinistro, reúne documentos e realiza os pagamentos da indenização ao segurado, o que pode acontecer em uma ou várias parcelas. A cada pagamento feito, o IRB deve ser informado, para que efetue os pagamentos dos percentuais devidos à seguradora.

A Figura 14.3 apresenta um diagrama de processo que descreve as atividades realizadas para execução deste processo.

Figura 14.3 Diagrama do processo Tratar Ocorrência de Sinistro com Resseguro

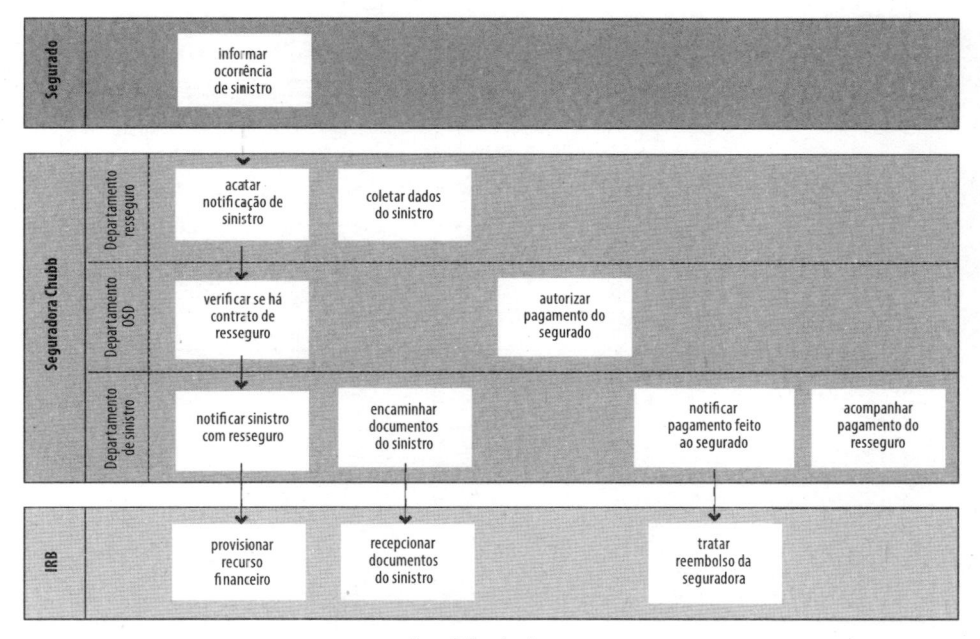

Fonte: Elaborado pelo autor.

O objetivo principal da implementação da tecnologia BPMS no processo foi reduzir o tempo para envio de notificações ao IRB, tanto da ocorrência do sinistro como da realização de um pagamento ao segurado.

Em consequência, dois benefícios seriam proporcionados: primeiro, a Chubb não estaria sujeita às multas aplicadas pelo IRB quando a notificação de sinistro ocorresse fora do prazo regulamentar estipulado; segundo, seria reduzido o prazo para recebimento do valor devido pelo IRB, resultando em ganhos financeiros à Chubb. Para a empresa, a importância desse processo é percebida pelo total de ocorrências em um mês: uma média de 80 a 100 avisos de sinistro por dia, sendo que 10% destes têm resseguro junto ao IRB, ou seja, aproximadamente 180 sinistros por mês com resseguro.

Apresentaremos, a seguir, a descrição detalhada das atividades realizadas pelo processo Tratar Ocorrência de Sinistro com Resseguro. Para facilitar o entendimento do processo, suas atividades foram subdivididas em dois subprocessos: Notificar Ocorrência de Sinistro ao IRB e Resgatar Valor do Resseguro.

As atividades descritas resultaram dos trabalhos de aprimoramento de processos por meio da tecnologia BPMS.

14.2 Atividades do subprocesso Notificar Ocorrência de Sinistro ao IRB

Os atores do subprocesso Notificar Ocorrência de Sinistro ao IRB, seus eventos percebidos, a sequência de ocorrência destes, bem como o tempo entre eles estão descritos no diagrama de interação apresentado na Figura 14.4.

Figura 14.4 Diagrama de interação subprocesso Notificar Ocorrência de Sinistro ao IRB

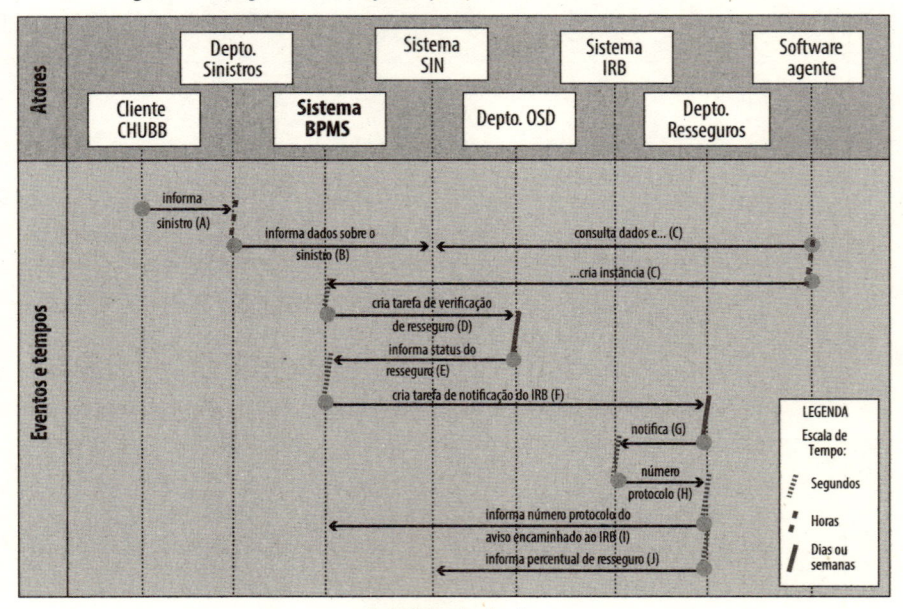

Fonte: Elaborado pelo autor.

Os textos a seguir são identificados por letras, estabelecendo uma relação entre os eventos do subprocesso descritos na Figura 14.4 e os textos que o descrevem.

a. O processo inicia-se quando um aviso de ocorrência de sinistro é recebido pelo departamento responsável (departamento de sinistros); isso pode ocorrer de diferentes formas: via telefone, fax ou e-mail. Tal evento é caracterizado pela atividade "A" da Figura 14.4.

b. Após análise preliminar do Departamento de Sinistros, os dados referentes ao seguro e ao sinistro são digitados no Sistema de Controle de Sinistros (sistema SIN), processado em um ambiente computacional de grande porte (plataforma *mainframe*).

c. Diariamente, no final do dia (evento temporal), um software agente copia para a base de dados do sistema BPMS os dados de sinistros registrados no sistema SIN, criando uma instância de processo para cada um dos sinistros.

d. Uma vez registrada uma instância de sinistro no sistema BPMS, cria-se automaticamente na lista de trabalho (*to do list*) do profissional da área responsável pelo seguro, departamento conhecido internamente pelo acrônimo OSD (*Operational Services Department*), uma tarefa que consiste em verificar o *status* do resseguro, ou seja, se há ou não um contrato de resseguro para aquele sinistro.

e. Caso haja resseguro, o valor do percentual a ser restituído pelo IRB é informado ao sistema BPMS por meio de uma interface gráfica homem-máquina ("tela de sistema"), desenvolvida no próprio ambiente de ferramentas para interação do sistema BPMS. Caso não haja resseguro, a instância do processo criada no sistema BPMS, conforme descrita na atividade "C", é assinalada como encerrada.

f. Pelo fato de haver o contrato de resseguro, o sistema BPMS cria automaticamente uma tarefa na lista de trabalho do Departamento de Resseguros para que a notificação ao IRB seja efetuada.

g. O Departamento de Resseguros notifica o IRB por meio da digitação de dados do sinistro em um sistema de informação do próprio IRB — sistema IRB — disponível na internet (*web application*).

h. O sistema IRB devolve ao departamento de resseguros da Chubb um número de protocolo que comprova a data e o horário da notificação do sinistro.

i. O departamento de resseguros digita no sistema BPMS o número do protocolo recebido pelo IRB.

j. Finalizando o subprocesso, o departamento de resseguros digita o percentual do resseguro no sistema SIN.

14.3 Atividades do subprocesso Resgatar Valor do Resseguro

Os atores do subprocesso Resgatar Valor do Resseguro, seus eventos percebidos, a sequência de ocorrência destes, bem como o tempo entre eventos, estão descritos no diagrama de interação apresentado na Figura 14.5.

Os textos a seguir são identificados por letras, estabelecendo, assim, uma relação entre os eventos do subprocesso descritos na Figura 14.5 e os textos que o descrevem.

a. O processo inicia-se quando o departamento de sinistros digita no sistema SIN o valor da indenização a ser paga ao segurado, que poderá ocorrer por meio de uma ou mais parcelas.

b. Diariamente, o sistema SIN gera um arquivo contendo dados sobre pagamentos de sinistros a serem efetivados, utilizado como insumo (*input*) pelo sistema de contas a pagar para criação de instâncias de pagamentos a serem realizados.

c. Um software agente extrai da base de dados do sistema de contas a pagar os pagamentos que estão sendo realizados no dia e os insere no sistema BPMS.

d. O sistema BPMS calcula o valor a ser recuperado pelo resseguro e cria uma tarefa no *to do list* do departamento de resseguros, para que este notifique o IRB.

e. O departamento de resseguros notifica ao IRB sobre a necessidade da contrapartida financeira dessa entidade para o pagamento do sinistro por meio do encaminhamento de um dossiê sobre este, via mensageiro (remessa física de documentos).

f. A recepção do IRB fornece um número de protocolo que registra formalmente a notificação feita por meio da entrega dos documentos.

g. O departamento de resseguros digita no sistema BPMS o número do protocolo de entrega informado pelo IRB, e o dossiê é entregue.

Figura 14.5 Diagrama de interação do subprocesso Resgatar Valor do Resseguro

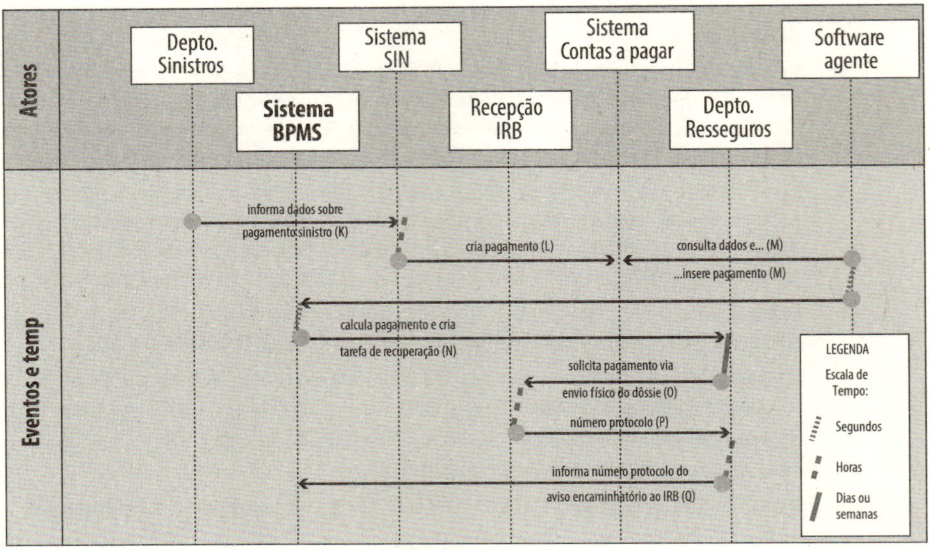

Fonte: Elaborado pelo autor.

Ganhos proporcionados ao processo Tratar Ocorrência de Sinistro com Resseguro

A Chubb do Brasil constatou diversos benefícios no processo Tratar Ocorrência de Sinistro com Resseguro em decorrência da adoção da tecnologia BPMS no suporte a sua operação. O ganho mais expressivo foi na redução dos prazos para notificação do IRB da ocorrência de sinistro com resseguro.

Na Figura 14.6, nota-se a expressiva redução no prazo, de 107 para 27 dias. Na situação anterior à introdução da tecnologia BPMS, havia riscos de perda das fichas em que eram registrados os dados sobre o sinistro e não havia controle preciso sobre a situação de cada um. O processo era muito burocrático, havia documentos circulando com carimbos e assinaturas, e as várias áreas envolvidas mantinham planilhas particulares de controle.

Outro benefício percebido foi relativo à redução das multas aplicadas pelo IRB em função da emissão do aviso de ocorrência de sinistro, após o prazo regulamentar. A redução dessas despesas com multas, acrescidas dos ganhos financeiros em função de se ter a restituição do IRB mais cedo, proporcionou um ganho aproximado de R$200 mil por ano.

O aprimoramento contínuo do processo é outro fator percebido como resultante da tecnologia BPMS. A maior visibilidade operacional do processo é obtida por meio das listas de tarefas (*to do list*), bem como da visibilidade gerencial das atividades operacionais que acontece por meio das listas de controle (*watch list).*

Essa última lista produz informações instantâneas sobre o total de instâncias pendentes em cada atividade, total de instâncias já processadas, caminho crítico, entre outras. Tais informações são utilizadas para a definição de eventos que podem acionar regras que resultem, por exemplo, no disparo de envio de mensagens de alerta aos executores e aos gerentes.[6] Essas informações tornam todos mais comprometidos com o processo; em consequência disso, observa-se uma sensível melhoria no processo.

Figura 14.6 Prazo para notificar o IRB antes e depois da implantação do sistema BPMS

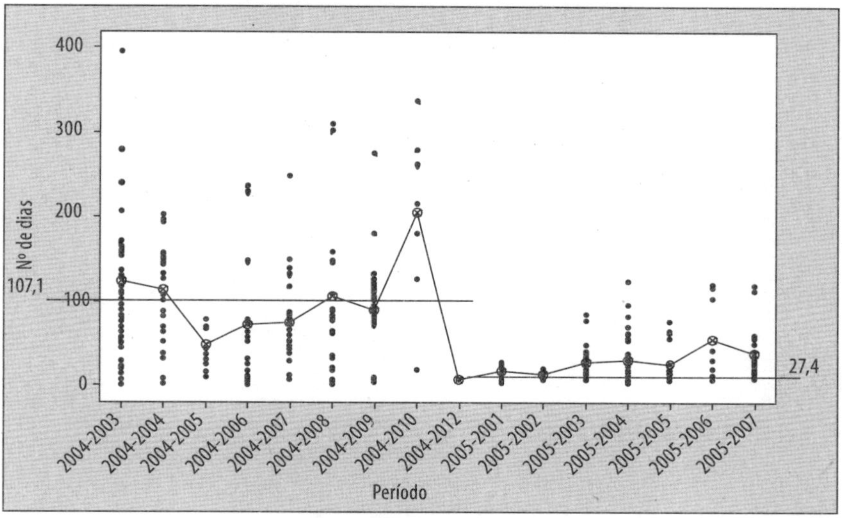

Fonte: CHUBB DO BRASIL, 2005b.

Exemplificando os componentes do sistema BPMS a partir do caso analisado

Para discussão dos componentes do sistema BPMS, adotou-se o *framework* proposto por Krafzig, Banke e Slama,[7] o qual está retratado na Figura 14.7.

Como uma ferramenta de gerenciamento e não de execução do processo, o sistema BPMS desempenha o papel de organizador e controlador. Tal característica faz que muitos o denominem um "orquestrador" do processo, fazendo uma analogia direta ao importante trabalho desempenhado pelo maestro em uma orquestra.

Corroborando com essa perspectiva, temos que, no caso estudado, todas as saídas do sistema BPMS, declaradas nas Figuras 14.4 e 14.5, estão relacionadas à organização e gestão do trabalho: informação "D" da Figura 14.4 notifica o pessoal do OSD sobre a necessidade de verificar se há resseguro para um determinado sinistro; informação "F" da Figura 14.4 notifica o pessoal do departamento de resseguros que estes precisam comunicar ao IRB sobre a ocorrência de um sinistro com resseguro; informação "N" da Figura 14.5 notifica o departamento de resseguros que a Chubb já pagou o valor do seguro ao cliente, sendo, portanto, o momento de se cobrar a contrapartida do IRB.

---

[6] ROSS, R. G. *Principles of the business rule approach*. Boston: Addison Wesley, 2003.

[7] KRAFZIG, D.; BANKE, K.; SLAMA, D. *Enterprise SOA: Service-Oriented Architecture best practices*. Indianapolis: Prentice Hall, 2004.

Figura 14.7 *Framework* dos componentes da solução tecnológica BPMS

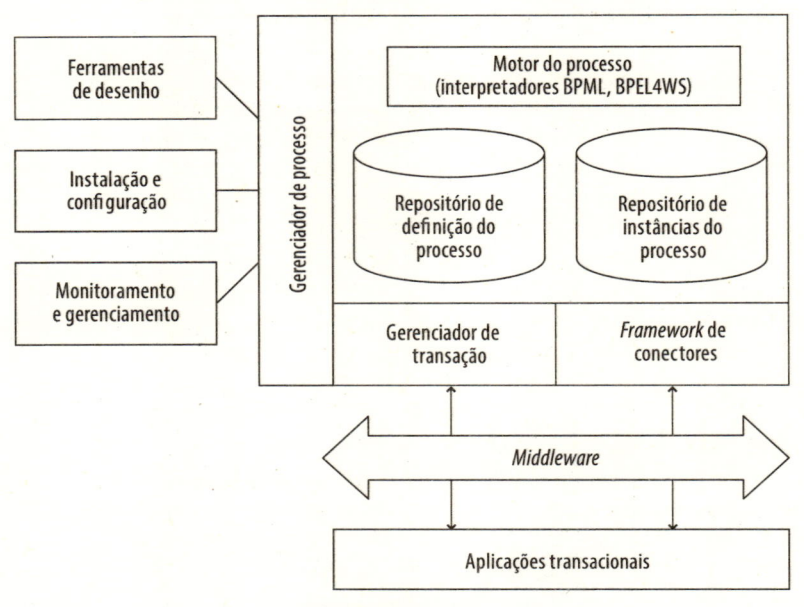

Fonte: KRAFZIG; BANKE; SLAMA, 2004.

As regras que comandam o sistema BPMS a disparar cada uma das informações estão armazenadas no componente do BPMS denominado "repositório de definição de processo". Nesse componente, estão descritas as atividades, as sequências de trabalho possíveis de ocorrerem, as regras para identificação de início e término de cada atividade, entre outras informações importantes à "orquestração" do processo.

Todas essas informações são introduzidas no sistema BPMS pelo analista de negócios, que deve concentrar-se nos aspectos do processo e do ambiente de negócios, mesmo que não seja um profundo conhecedor de linguagens de programação e dos demais recursos de tecnologia da informação. O analista de negócios insere no sistema BPMS as informações relativas ao controle do processo por meio de diagramadores, também conhecidos como "ferramentas de desenho", conforme descrito na Figura 14.7, que apresenta os diversos componentes do sistema BPMS.

As "ferramentas de desenho" são fundamentais para desenvolver a especificação da lógica do processo de negócio. Diagramas de processo, como o retratado na Figura 14.3, e diagramas de interação, nas Figuras 14.4 e 14.5, são alguns exemplos disponíveis nas ferramentas BPMS. Descrição de regras de negócios, eventos e ações podem ser especificados para diversos objetos dos diagramas; por exemplo, pode-se definir para cada seta da Figura 14.3 — *input* de um processo e *output* de outro — o evento necessário para o seu "disparo". As ferramentas de desenho armazenam e manipulam dados do "repositório de definição de processo".

Das instruções de controle do processo inseridas pelo analista de negócios via diagramadores e demais facilidades gráficas oferecidas pelo sistema BPMS, gera-se o código executável (software) a ser utilizado pelo sistema BPMS no acompanhamento do processo. O código-fonte gerado segue os padrões da tecnologia BPMS e denomina-se *business process modeling language* (BPML). As rotinas de software BPML são constantemente interpretadas e executadas pelo "motor do processo", parte do sistema BPMS, conforme descrito na Figura 14.7.

O sistema BPMS também permite facilidades para a interação de pessoas. Já foram descritas várias informações do sistema para as pessoas/departamentos, faltando descrever o fluxo inverso, das pessoas/departamentos para o sistema BPMS.

Nas Figuras 14.4 e 14.5, temos os seguintes fluxos: informação "E" da Figura 14.4, o departamento OSD informa o valor percentual do total do seguro a ser restituído pelo IRB; informação "I" da Figura 14.4, o departamento de resseguros informa o número de protocolo fornecido pelo IRB quando do envio da notificação da ocorrência de sinistro com resseguro; informação "Q" da Figura 10.5, o departamento de resseguros informa o número do protocolo fornecido pelo IRB quando da entrega do dossiê do sinistro. Todas essas informações são armazenadas no componente do BPMS denominado "repositório de instâncias do processo", também descrito na Figura 14.7.

Os softwares que desempenham o papel do "motor do processo" são processados diretamente sobre os dois repositórios de dados da solução BMPS: "repositório de instâncias do processo" e "repositório de definição de processo", conforme descrito no *framework* do sistema BPMS apresentado na Figura 14.7.

Deve-se isso à forte dependência do "motor do processo" em ter acesso aos dados dessas duas bases de dados para efetivamente poder controlar o processo. Exemplificaremos tal dependência analisando um exemplo prático do caso estudado. Inicialmente, descrevemos as operações necessárias ao encaminhamento e controle do processo e, posteriormente, apresentamos os conteúdos manipulados nos dois repositórios.

A descrição de algumas operações necessárias ao encaminhamento e controle do processo é a seguinte: uma vez criada uma instância de sinistro no sistema BPMS, evento percebido pela chegada da informação "C" (descrita na Figura 14.4), deve-se notificar a um dos profissionais do departamento OSD para que se verifique a existência ou não de um contrato de resseguro para aquele sinistro.

A regra para a seleção do profissional do OSD a realizar a consulta é rotativa, ou seja, será sempre o funcionário que está há mais tempo sem receber uma solicitação. A solicitação encaminhada ao profissional do OSD está caracterizada pelo envio da informação "D" da Figura 14.4.

Caso o funcionário do OSD, que recebeu o pedido de verificação, não responda em 24 horas, um e-mail de alerta será emitido à caixa postal eletrônica do funcionário. Depois disso, contam-se mais 24 horas, e, caso não haja um retorno, será emitida uma notificação ao superior do funcionário, e o sinistro a ser pesquisado será transferido a outro analista do departamento OSD.

Caso o departamento OSD informe haver contrato de resseguro, aquela ocorrência de sinistro é assinalada como passível de resseguro e o departamento de Resseguros será acionado para recuperar o valor junto ao IRB.

No processo Repositório de Definição de Processo, estão armazenados os valores de vários parâmetros necessários para o controle do processo. O sistema BPMS apresenta ao analista de negócios, de forma gráfica e intuitiva, uma lista de variáveis a serem preenchidas para a definição de uma regra de negócio, desde o evento que a inicia até a sua conclusão.

No exemplo descrito, a chegada da informação "C" ao sistema BPMS é monitorada pela regra de negócio Tratar Nova Ocorrência de Sinistro. Assim que uma nova ocorrência for identificada, a regra deve "imediatamente" enviar um e-mail ao profissional do OSD — em vez de "imediatamente" poderia ser "após 24 horas" ou "todo dia 15 do mês", ou qualquer outra menção temporal que é definida por meio de uma variável armazenada no Repositório de Definição de Processo.

Em termos de estrutura de dados, há um detalhamento e especialização bastante grandes para que o software consiga tratar toda complexidade possível de ser requerida. No exemplo, a definição de enviar um e-mail ao funcionário após 24 horas sem resposta, a especificação do período de tempo é feita pelo assinalamento do valor numérico "24" para a variável "tempo de espera" e o conteúdo "H" para variável "unidade de medida", representando que se trata de horas a quantidade de tempo informada.

O encaminhamento do fluxo do processo, por exemplo, em vez de ser feito após 24 horas sem resposta de um funcionário, envolve também variáveis que estão com seus valores armazenados no "repositório de definição de processo".

A definição das configurações (ou parametrizações) do sistema BPMS ocorre por meio do componente instalação e configuração descrito na Figura 14.7. É a partir desse componente que dados são inseridos, alterados ou excluídos do "repositório de definição de processo".

A arquitetura BPMS, desenvolvida pelo BPMI.org, também cita tal componente, no entanto, sem qualquer menção à estrutura de dados, conforme pode se observar na Figura 14.2.

No Repositório de Instâncias do Processo está assinalado o caminho já percorrido por cada uma das instâncias. No exemplo citado, uma instância de ocorrência de sinistro pode ser percebida pelo sistema BPMS e estar em um dos seguintes estágios, ou seja, posição de processamento dentro do fluxo do processo:

» Aguardando parecer do profissional do OSD.

» Aguardando parecer do profissional do OSD há mais de 24 horas.

» Aguardando parecer do profissional do OSD há mais de 48 horas.

» Encerrada por não haver resseguro.

» Aguardando notificação junto ao IRB.

» Aguardando pagamento do IRB.

» Encerrada por ter havido pagamento do IRB.

Cada informação que chega ou sai do BPMS tem seus fatos básicos apontados (gravados) no Repositório de Instâncias do Processo. Ao se ter o número identificador de uma determinada instância, rapidamente se sabe sua situação dentro do processo, bastando acessar a última ocorrência gravada no Repositório de Instâncias do Processo.

Pode-se afirmar que o Repositório de Instâncias do Processo trata dos dados necessários para a operação e o gerenciamento do processo (*runtime*).

Assim como acontece com a estrutura de dados do Repositório de Definição de Processo, a arquitetura BPMS desenvolvida pelo BPMI.org não cita a estrutura de dados utilizada para armazenar os dados do Repositório de Instâncias do Processo, conforme pode se observar na Figura 14.2.

Nas conclusões finais, desenvolve-se uma análise sobre a importância dos profissionais envolvidos com a gestão por processos (BPM) compreenderem as estruturas de dados dos dois repositórios envoltos com a solução BPMS.

Retornando à descrição dos componentes BPMS conforme *framework* proposto por Krafzig, Banke e Slama[8] e retratado na Figura 14.7, observa-se o componente "monitoramento e gerenciamento". Esse componente permite o acompanhamento e o gerenciamento do processo de diversas formas. Uma das mais interessantes e utilizadas é o painel de controle do processo, em que se observa o *status* de cada uma das atividades que o compõem, com a exibição do *throughput*, *lead time*, caminho crítico, entre outros indicadores importantes para o gestor do processo.

Não se trata de um mero desenho estático, mas, sim, de uma representação dinâmica e real do ambiente produtivo. Um exemplo bastante simplista, mas ilustrativo, seria a criação de um indicador no BPMS para acompanhar o prazo médio transcorrido entre os eventos "D" (cria tarefa de verificação de resseguro) e "E" (informa *status* do resseguro), descritos na Figura 14.4, com o intuito de monitorar a agilidade do departamento OSD. O painel de controle pode apresentar esse indicador por instância, para todas as instâncias tratadas no mês, ou em outros agrupamentos que sejam de interesse do gestor.

O acompanhamento dinâmico do processo permite tratar a interação software-software, software-pessoa e pessoa-pessoa. Para o conjunto de interação software-software, há uma grande complexidade do ponto de vista tecnológico no que se refere ao tratamento das diversidades tecnológicas, seja entre plataformas computacionais, linguagens, meios de armazenamento ou entre protocolos de comunicação. O "*framework* de conectores" e o "*middleware*", descritos como componentes da tecnologia BPMS na Figura 14.7, são fundamentais à integração e transparência necessárias ao BPMS sobre os avanços de uma instância do processo, em uma determinada atividade implementada e executada por meio de um software, e pode ou não estar no mesmo ambiente computacional do sistema BPMS.

Partindo do pressuposto de que as empresas estão organizadas cada vez mais de forma colaborativa e que os processos estão mais estruturados e organizados de forma intensiva, é de se esperar o envolvimento de diversos sistemas de informação, softwares e aplicativos, sendo esses processados ("hospedados") em diferentes plataformas computacionais, ou seja, várias e diferentes da utilizada pelo sistema BPMS.

No estudo de caso analisado, nota-se muita interação entre software-pessoa e algumas poucas software-software. Por não haver na infraestrutura computacional da Chubb a estrutura de *middleware*, a comunicação software-software, quando necessária, ocorre de forma tradicional, por exemplo, por meio de softwares agentes: fluxo de informação "C" da Figura 14.4, que conectou o sistema BPMS ao sistema SIN, e o fluxo de informação "M" da Figura 10.5, que conectou o sistema BPMS ao sistema de contas a pagar.

Quanto maior a flexibilidade para se acessar os softwares já existentes na organização ou mesmo fora dela, maior a capacidade de gerenciamento dos processos de negócios, ou seja, da execução de uma solução abrangente de BPMS. Essa situação é percebida pelo

---

[8] KRAFZIG; BANKE; SLAMA, 2004.

uso intensivo dos componentes *"framework* de conectores" e *"middleware"*; situação que não foi encontrada no caso estudado. Nas situações em que ocorrem tais fatos, o sistema BPMS deve ter um controle rigoroso do *status* da execução da instância de interesse ao processo de negócio, no contexto de cada um dos softwares acionados via *"middleware"*. Para isso, o sistema BPMS utiliza-se do componente "gerenciador de transação". O *status* de uma instância em processamento pode ser: em processamento, processamento suspenso e sua justificativa, processamento cancelado e sua justificativa, processamento concluído, entre outros.

Conforme o *status* do processamento de uma instância em determinado software, apontado pelo "gerenciador de transação", o sistema BPMS pode, a partir das regras do processo de negócio armazenadas no Repositório de Definição de Processo, tomar as decisões cabíveis ao bom andamento da instância do processo de negócio: acionar outro software, avançar para outra atividade do processo de negócio e deixar parte do trabalho em suspenso no aguardo do retorno do sistema, notificar o gestor do processo, notificar o responsável pelo sistema em demora ou suspenso, entre outras opções.

O *framework* de componentes BPMS desenvolvido por Krafzig, Banke e Slama[9] é muito importante por apresentar e discutir os dados manipulados pelo BPMS, tanto os referentes à configuração e parametrização do processo de negócio, quanto os referentes à gestão das instâncias do processo de negócio cuja operação está sendo monitorada pelo BPMS. Estes são armazenados respectivamente no Repositório de Definição de Processo e no Repositório de Instâncias do Processo.

Aspectos críticos a serem considerados na implementação da tecnologia BPMS

A importância de se conhecer cada um dos componentes da arquitetura do sistema BPMS pode ser justificada de diferentes formas. Primeiro, por ser útil para a compreensão dos fundamentos e propósitos do sistema BPMS, ainda pouco difundido inclusive entre os especialistas em informática; segundo, ter fundamentos para avaliar a adoção de um sistema BPMS, seja na forma de um pacote fornecido por apenas uma *software-house* (*pure-play* BPMS) ou compondo o sistema BPMS, por meio da compra de diversos softwares que implementem suas diversas funcionalidades (BPMS composto): simulação, automação, monitoramento, controlador de versão, entre outras. Nesta última opção, os diversos softwares interagem por meio do *middleware*, ou seja, o próprio processo de gestão de processos de negócios é construído, operado e gerenciado a partir da mesma arquitetura de software e componentes a ser utilizada nos demais processos de negócios da organização.

A compreensão do componente estrutura de dados do Repositório de Definição de Processo e estrutura de dados do Repositório de Instâncias do Processo é fator crítico para o sucesso de aglutinação de diversas ferramentas ou módulos que formarão o BPMS composto.

O atendimento dessa necessidade é muito crítico para a implementação de um amplo BPMS, considerando-se que as poucas ferramentas que se propõem a suportar todo o ciclo de vida do processo de negócio ainda são imaturas, o que caracteriza a inexistência de ferramentas que possam ser classificadas como *pure-play* BPMS.[10]

---

[9] KRAFZIG; BANKE; SLAMA, 2004.

[10] LACHAL, L. The technology maze. *KM World*, Camden, v. 13, nº 5, pp. 8–10, mai. 2004.

O estudo de viabilidade de trabalho conjunto entre diferentes ferramentas BPMS traz para a discussão o amplo e complexo assunto da ontologia dos sistemas BPMS diretamente atrelado aos dois componentes do BPMS que caracterizam os repositórios de dados.

Outro aspecto importante de ser observado, quando da introdução da tecnologia BPMS nas organizações, são as características dos conectores disponibilizados pelos BPMS para conexão com os sistemas legados que realizarão as atividades operacionais. Deve-se não apenas observar a coleção de sistemas de informação da organização, mas verificar se há conectores disponíveis para os "pacotes" em uso, e também a qualidade dos conectores fornecidos. Construir novos conectores ou ter de refinar os conectores fornecidos reduz a produtividade e os ganhos da tecnologia BPMS.

Os componentes *middleware* e *framework* de conectores, embora não sejam obrigatórios na introdução do sistema BPMS, proporcionam ganhos ao desenvolvimento e manutenção dos processos de negócios. Assim, a empresa do caso estudado é favorecida por diversas facilidades proporcionadas pelo sistema BPMS à gestão de processos; porém, sem o uso dos componentes citados, continuará sem respostas a parte dos problemas da crise de software,[11] aqui caracterizada por duas perguntas:

1. Como dar flexibilidade às áreas de informática, fazendo com que estas ganhem agilidade no atendimento à enorme demanda existente por novos softwares nas organizações?

2. Como alterar e evoluir o crescente conjunto de softwares já existentes nas organizações, de forma rápida e segura?

Os ganhos proporcionados pelos componentes de integração (*middleware* e *framework* de conectores) são perceptíveis em médio e em longo prazo, quando se torna evidente a praticidade da reutilização e da alteração dos conectores de integração.

Os conectores permitem, por exemplo, que os dados de uma tabela, a mensagem de uma fila de um sistema de mensagens ou o código (lógica) de um sistema de informação sejam utilizados por diversos processos de negócios a partir de um único conector, acelerando significativamente o processo de construção e operação de novos processos de negócios via sistema BPMS.

Outra facilidade percebida ao longo do tempo é o ganho na manutenção e evolução dos processos de negócios geridos pelo sistema BPMS, sobretudo na facilidade de substituição ou alteração dos recursos de tecnologia da informação acionados ao longo dos processos de negócios, como tabelas, filas e sistemas de informação (softwares).

É importante destacar que o sistema BPMS pode proporcionar resultados significativos mesmo quando não implementado em sua totalidade. No caso da empresa analisada, a Chubb do Brasil, bons resultados administrativos foram alcançados com uma única ferramenta BPMS, mesmo não utilizando todos os componentes, como os que permitem a integração dos softwares legados, os componentes *middleware* e *framework* de conectores.

A tecnologia BPMS está disponível às organizações em diferentes espectros; cabe ao profissional da gestão por processo buscar o entendimento da demanda organizacional e, fundamentado no conhecimento da arquitetura e dos componentes da tecnologia BPMS, definir o projeto BPMS mais adequado para cada organização.

---

[11] PRESSMAN, R. S. *Software engineering: a practitioner's approach*. 5ª ed. McGraw-Hill, 2001.

Para a discussão dos componentes do sistema BPMS, uma boa fonte de referência é o texto de Krafzig, Banke e Slama.[12] Eles propõem, descrevem e analisam um *framework* para tal.

QUESTÕES PARA REFLEXÃO

1. Diferencie os dois grandes conjuntos de dados geridos pelos BPMS: a) os relativos às instâncias do processo; e b) os relativos às definições do processo.

2. Estabeleça uma relação entre os muitos componentes comuns e/ou pertinentes descritos nos diversos *frameworks* BMPS apresentados neste capítulo, ou seja, os descritos nas Figuras 14.1, 14.2 e 14.7.

3. Qual é o significado de rotular o BMPS como um "orquestrador" de processos de negócios?

---

12 KRAFZIG; BANKE; SLAMA, 2004.

Capítulo 15

Tratamento de processos conforme o contexto

Embora a solução BPM possa parecer algo muito desafiador para o momento, sua implementação depende mais de aspectos comportamentais e culturais da organização do que do desenvolvimento de novos recursos da tecnologia da informação. Os diversos recursos tecnológicos necessários para isso já estão disponíveis e são aplicados no dia a dia das organizações. O desafio maior está em organizar e utilizar essas tecnologias de forma coerente para o apoio e o gerenciamento dos processos de negócios.

Há outras visões mais desafiadoras para a gestão por processos com o apoio de novas tecnologias da informação ainda em fase experimental. Comentaremos neste capítulo as tecnologias de serviços digitais via internet, denominadas *web services*. Como toda nova tecnologia em desenvolvimento, há muitas divergências quanto à sua definição e expectativas de aplicação. Neste texto, utilizaremos apenas as definições e os conceitos de consenso da maioria dos pesquisadores e praticantes.

O princípio básico da tecnologia de *web services* é a cultura de serviços. Os prestadores de serviços publicam — oferecem — seus serviços para que empresas interessadas possam contatá-los, avaliar suas condições técnicas e comerciais e decidir pela sua contratação ou não. Uma vez contratado, o prestador de serviços realiza uma série de atividades com o propósito final de entregar algo de valor ao seu contratante. A busca, a seleção e o contrato entre prestador de serviços e contratante podem ocorrer com ou sem a ajuda de intermediários e podem ser desempenhados por uma facilidade ou por uma empresa especializada. Como exemplo de facilidade, citamos as Páginas Amarelas dos catálogos de telefones; com relação aos serviços profissionais, podemos ainda citar o papel do corretor de negócios, que identifica a necessidade do cliente e busca a solução mais adequada para ele. Assim, a arquitetura de serviços trabalha com três entidades básicas: o contratante, o prestador de serviços e o interlocutor, que chamaremos de "corretor".

Os *web services* são softwares disponíveis na internet que realizam atividades bastante específicas, como o próprio nome diz, e são especializados em uma atividade que os caracteriza como um serviço. Como exemplo de *web services* temos a verificação da situação financeira de um cliente, a localização geográfica de determinada mercadoria e a entrega de uma mensagem. Não podemos compará-los com os atuais softwares disponíveis na internet que realizam diversas ações e entregam um ou mais serviços. Esses estão mais próximos do papel de uma aplicação ou sistema de informação tradicional do que de um serviço via internet. Por essa razão, os atuais softwares comerciais distribuídos via internet e desenvolvidos a partir da década de 1990, são rotulados de *web applications*. São propostas tão distintas, que muitos diferenciam esses dois momentos da internet aplicada aos negócios: a primeira fase, dos *web applications*, é denominada *e-business*, e a segunda, marcada pela introdução de serviços digitais, *web services*, é conhecida como *e-services*.

Do ponto de vista tecnológico, os *web services* introduzem novos componentes para a formação de uma arquitetura de tecnologia da informação orientada a serviços. Descreveremos esses novos componentes tecnológicos por meio do cenário de negócios para a contratação de serviços, que envolve as ações de publicação de serviços, a busca por serviços e a contratação de serviços:[1]

» UDDI (*universal description, discovery and integration*): Tem um papel semelhante ao das páginas amarelas, é o diretório público em que estão registrados os diversos *web services* disponíveis. Nele estão descritos dois grupos principais de informações: o registro padronizado do tipo de serviço ofertado e a descrição do provedor de serviços.

» WSDL (*web services description language*): Faz parte das obrigações do responsável fornecer serviços digitais e descrever e enviar informações desses ao diretório público que o divulgará. Por meio do WSDL são fornecidas todas as informações necessárias para que o contratante o acione: sua localização e seu método de operação. Resumindo, o WSDL é utilizado pelo prestador de serviços no momento em que descreve ou publica seu serviço em um diretório público.

» SOAP (*simple object access protocol*): É o mecanismo de comunicação utilizado para realizar as diversas comunicações entre contratante, corretor e prestador de serviços. Com esse protocolo, pode-se descrever como o protocolo-padrão http pode ser empregado para realizar uma chamada remota (*remote procedure call* — RPC) por meio da internet. Podemos entender que a tecnologia SOAP é o protocolo utilizado para o acionamento dos *web services*.

No dia a dia dos negócios, muitas das atividades são executadas conforme o contexto do momento. Fazendo uma analogia com o processo de contratação de um serviço de transporte individual — escolha de um táxi, por exemplo —, podemos tomar como parâmetro vários atributos, dependendo da situação. Se estivermos com muita pressa, poderemos pegar logo o primeiro que aparecer; se estivermos em uma região perigosa, poderemos utilizar um aplicativo de táxi de nossa confiança; se estivermos acompanhados por várias pessoas, solicitaremos um veículo maior; se o dia estiver muito quente, vamos querer um veículo que tenha ar-condicionado, entre tantas outras situações que podem definir atributos e pesos diferentes para a contratação de um serviço de transporte.

Para atender aos diversos aspectos do negócio que dependem do contexto, a arquitetura de tecnologia da informação orientada a serviços prevê a figura do "corretor" de *web services*, conforme podemos observar na Figura 15.1, que descreve as principais tecnologias envolvidas na arquitetura de serviços digitais. Os "corretores" são uma camada de software que auxilia na definição do *web service* mais apropriado, conforme o contexto do cliente e dos serviços digitais disponíveis. É uma proposta totalmente inovadora com relação à arquitetura tradicional dos sistemas de informação, em que todos os módulos ou rotinas de softwares são previamente definidos e interconectados. Na abordagem tradicional, alterações na arquitetura de sistemas que apoiam os processos até são possíveis, mas incidem em atividades de alteração de programas, mecanismos de integração como programas de interface e outros trabalhos que implicam esforços adicionais e aumento da demanda de tempo e do risco de uma operação inadequada do processo.

Descrevemos a arquitetura tecnológica orientada a serviços devido à sua grande importância, ou mesmo singularidade, em atender boa parte do fluxo de atividades dos processos. Isso obviamente acaba criando um impacto no próprio ambiente da gestão por processos de negócios. Os *web services* podem interagir com o processo de negócios na forma de interação direta ou por meio de corretores. Tanto corretores quanto prestadores

---

[1] LEYMANN, F.; ROLLER, D. Web services and business process management, *IBM Systems Journal*, Armonk, v. 41, nº 2, pp. 198–211, 2002.

de serviços digitais devem ser abrangidos pelo escopo do gerenciamento das soluções BPM. Uma instância do processo pode ser executada por um serviço digital ou estar em "corretagem", isto é, aguardando a contratação de um *web service* específico para seu contexto. A importância para a gestão por processos de negócios está não apenas em informar o *status* de ocorrências do processo, mas também em monitorar o desempenho desses fornecedores digitais que interferem no processo de negócios. A Figura 15.2 descreve a interação da solução de gestão por processos com a arquitetura tecnológica orientada a serviços.

Figura 15.1 Componentes da arquitetura tecnológica orientada a serviços

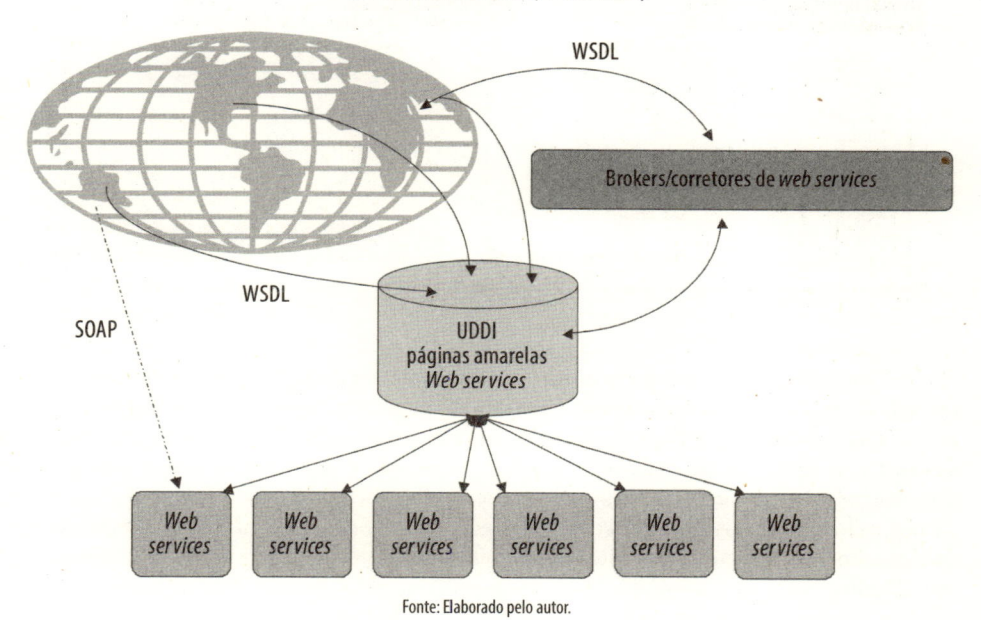

Fonte: Elaborado pelo autor.

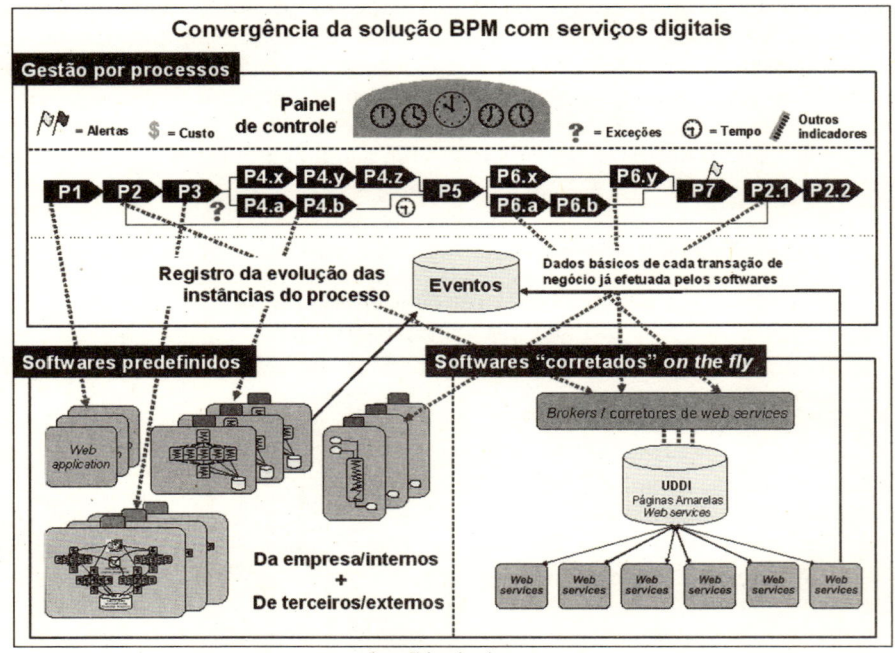

Fonte: Elaborado pelo autor.

A introdução dos *web services* torna ainda mais abrangente a forma com que a tecnologia da informação atende às necessidades do negócio, tratando, por exemplo, os processos que são altamente dependentes do contexto. Pode-se definir, a partir do conjunto de dados da execução de cada ocorrência ou instância disponível na camada de gestão por processos, quais serão os parâmetros ou critérios a serem considerados para a seleção de um *web service*. Assim, o processo de negócios pode ser especializado para cada uma de suas ocorrências, o que permite o tratamento dos aspectos diferenciais de cada um de seus clientes.

Trabalhar com a lógica do negócio implementada por meio de componentes de softwares menores facilita a composição ou adequação às necessidades específicas do cliente. O software monolítico, como os tradicionais sistemas de informação OLTP, cliente-servidor, *web applications*, entre outros, tem a lógica do negócio extremamente vinculada ao código do programa e aos demais componentes de TI utilizados pelo sistema. Shao desenvolveu pesquisas sobre as dificuldades de entender e recuperar as regras de negócio embutidas nos sistemas de informação legados. Nesses estudos, ele apresenta com muita clareza a tipificação das regras de negócio e os componentes tecnológicos nos quais pode estar residindo parte da lógica das regras de negócio. Além do código-fonte do software, ou seja, o próprio programa, outro componente muito empregado para a implementação de regras de negócio é o banco de dados relacional, por meio dos recursos de *trigger* e *store procedure*. Para exemplificar, retomaremos o caso apresentado no Capítulo 4, utilizado na conceituação de regra de negócio: "Todo aluno que não se matricula há mais de dois anos deve ser assinalado e tratado como aluno inativo." A implementação dessa regra via banco de dados poderia ocorrer por meio de um *trigger*, conforme descrito a seguir (a sintaxe empregada é meramente ilustrativa, pois não representa o padrão técnico adotado por nenhum banco de dados relacional):

> Evento: Último dia do mês
>
> Condição: Aluno com última data de matrícula superior a dois anos
>
> Ação: Assinalar aluno como "inativo"

A camada de gerenciamento de processos de negócios empregada pela solução BPM, que invoca pequenos módulos de software, preestabelecidos ou não, é a composição ideal para entregar soluções de software no atendimento do ambiente de negócios. Utilizando novamente o recurso da analogia com o ambiente da gerência operacional da engenharia de produção, concluímos que o lote de produção ideal é igual a uma peça. Como isso ainda não é viável, opta-se por lotes com a menor quantidade possível. Assim, o objetivo é resolver de forma mais fácil os problemas produtivos, como a falta de um insumo que afetaria apenas parte da produção do dia, um dos seus pequenos lotes. Outro facilitador é a gestão de suprimentos de maneira mais bem distribuída, trabalhando com uma média uniforme de insumos ao longo do mês, sem precisar lidar com grandes volumes de determinado insumo em um momento específico, visando atender a um grande lote de produção a ser manufaturado. Processos de negócios implementados por meio de pequenos módulos de softwares, com entradas e saídas bem definidas, coordenados por uma camada de gerenciamento que descreve e coordena a operação, ou melhor, as regras de negócio, dão o mesmo nível de conforto ao gestor do processo de negócios que os pequenos lotes de produção, ao responsável pela linha de produção de uma manufatura. O gestor do processo de negócios tem seu trabalho facilitado na hora de alterar o processo de negócios ou na identificação e resolução de anomalias.

A pesquisa de Shao,[2] referente às técnicas que auxiliam na identificação e no entendimento das regras de negócio embutidas nos antigos sistemas de informação legados, não é muito promissora e favorável ao gestor do processo. Ela aponta que há técnicas isoladas para o entendimento de programas e outras voltadas para o entendimento de estrutura de dados que não são eficazes no seu propósito de desvendar as regras de negócio, recomendando a importância de desenvolver novas abordagens mais completas e eficazes. Esse cenário colabora com a visão prática e também acadêmica que rotula os sistemas de informação legados como verdadeiras "caixas-pretas", ou seja, de pouco conhecimento da organização. Atualmente, a abordagem tradicional que predomina disponibiliza sistemas de informação corporativos por meio de soluções de softwares proprietários, como módulos de funcionalidades altamente integrados entre si e compactados em um grande sistema monobloco, aumentando ainda mais a proliferação de sistemas de informação do tipo "caixa-preta" nas organizações. Isso traz um cenário preocupante às organizações: cada vez mais dependemos dos sistemas de informação, e, assim, proporcionalmente, passamos a ter mais zonas desconhecidas dos atuais processos de negócios da organização.

---

[2] SHAO, J.; POUND, C. Extracting business rules from information systems. *BT Technology Journal*, Londres, v. 17, nº 4, pp. 179–186, out. 1999.

TEXTOS COMPLEMENTARES

A UDDI.org (*universal description, discovery and integration*) é a entidade responsável por desenvolver o protocolo UDDI, que tem como principal objetivo fazer com que serviços digitais (*web services* ou *e-services*) disponíveis em diferentes plataformas possam se integrar de forma rápida e fácil, a fim de efetuarem transações de negócio. Assim, o *website* da UDDI (http://www.uddi.org) é uma boa fonte de leitura para quem deseja compreender melhor como a tecnologia da informação poderá colaborar no atendimento às necessidades específicas de cada cliente conforme o contexto do momento.

QUESTÕES PARA REFLEXÃO

1. Como as novas tecnologias apresentadas neste capítulo colaboram para a personalização do atendimento a clientes?

2. Qual é a relação entre o software BPMS e o ambiente de serviços digitais (*web services*) disponíveis na internet?

3. Como a tendência de transações de negócio implementadas por meio da composição de diversos e pontuais *web services* pode influenciar o segmento da indústria de software, em especial as grandes *software-houses* que desenvolvem grandes sistemas integrados?

Introdução da abordagem sistemática para a integração entre sistemas de informação

Após a apresentação dos temas dos últimos capítulos, torna-se bastante evidente a importância do ambiente de integração entre sistemas de informação para o sucesso da gestão por processos de negócios (BPM). Neste capítulo, discutiremos a importância de ter uma abordagem mais adequada para gerir as integrações entre sistemas de informação de maneira que atenda aos requisitos da gestão por processos. Para isso, este capítulo descreve a abordagem sistemática para a integração entre sistemas de informação, comparando-a com a abordagem tradicional, que, embora não atenda aos requisitos da gestão por processos, ainda é a que predomina na maioria das organizações. Para evidenciar a evolução que representa a formação de ambientes específicos para a integração entre SI, denominados camada ou ambiente de integração, descreveremos a seguir a abordagem tradicional e a abordagem sistemática de integração.

16.1 Conceitos da abordagem sistemática

Há muitas formas de classificação dos recursos de integração, o que acontece principalmente pela diversidade de locais ou pontos do ambiente computacional em que ocorrem as ações de integração entre SI. Essa complexidade requer pessoas, ferramentas e procedimentos específicos para a composição de um ambiente propício à gestão das integrações. Esse ambiente começou a ser delineado nos últimos quatro anos e hoje é uma realidade nas organizações de vanguarda, sobretudo nas que atuam em ambientes altamente colaborativos, com forte envolvimento de fornecedores, clientes e demais interlocutores com troca intensiva de dados e informações.

Na abordagem tradicional, o trabalho de integração entre SI é realizado pontualmente, como uma fase do projeto de desenvolvimento e implementação de um novo sistema. Cada nova necessidade de integração é considerada um problema local e único.[1] O analista de sistemas responsável analisa, especifica e gerencia o desenvolvimento das integrações requeridas, que são entregues, na maioria das vezes, na forma de softwares, que são adicionados à nova aplicação e que estabelecem um forte vínculo com a outra ponta da integração — sistemas legados —, que passam a estar integrados com a nova aplicação. Isso gera uma situação indesejada, denominada "perpetuação do legado". Cada novo sistema que referencia diretamente um antigo torna mais custoso, trabalhoso e arriscado o processo de substituição desse sistema legado; isso ocorre devido ao impacto em todos os demais sistemas, inclusive os mais recentes.

O uso da abordagem tradicional ao longo dos anos gera a "integração do tipo espaguete" descrita na Figura 16.1, na qual há diversas interfaces confusamente entrelaçadas, como se fossem os fios de uma macarronada, cujo objetivo é atender à demanda de

---

[1] RUH, W.; MAGINNIS, F. X.; BROWN, W. J. *Enterprise application integration*. Nova York: John Wiley & Sons, 2001, p. 12.

conexão entre os diferentes sistemas de informação. Puschmann e Alt[2] apresentaram uma fórmula bastante simples para estimar a demanda de interfaces entre sistemas de informação para determinado ambiente computacional. Considerando N o número de sistemas de informação e I o número total de interfaces, tem-se a seguinte fórmula:

$$I = N * (N - 1)$$

A fórmula apresentada retrata o cenário mais crítico, no qual todos os sistemas se integram com os demais. Embora não tão realista, é um meio interessante para representar a quantidade total de esforços exigidos pelo ambiente tradicional, muito superior ao demandado quando se aplica a abordagem sistemática. O emprego da estrutura de componentes de integração, já apresentado no capítulo anterior, utilizado na abordagem sistemática, reduz significativamente os esforços de integração. Considerando-se um componente de comunicação, desenvolvido para um recurso computacional — por exemplo, um sistema de informação ou uma tabela —, vale para todos os demais sistemas que necessitem comunicar-se com ele, ou seja, não há a necessidade de desenvolver um esforço adicional de integração para cada sistema que precise comunicar-se com ele, como ocorre na abordagem tradicional.

Figura 16.1 "Integração do tipo espaguete" gerada pela abordagem tradicional

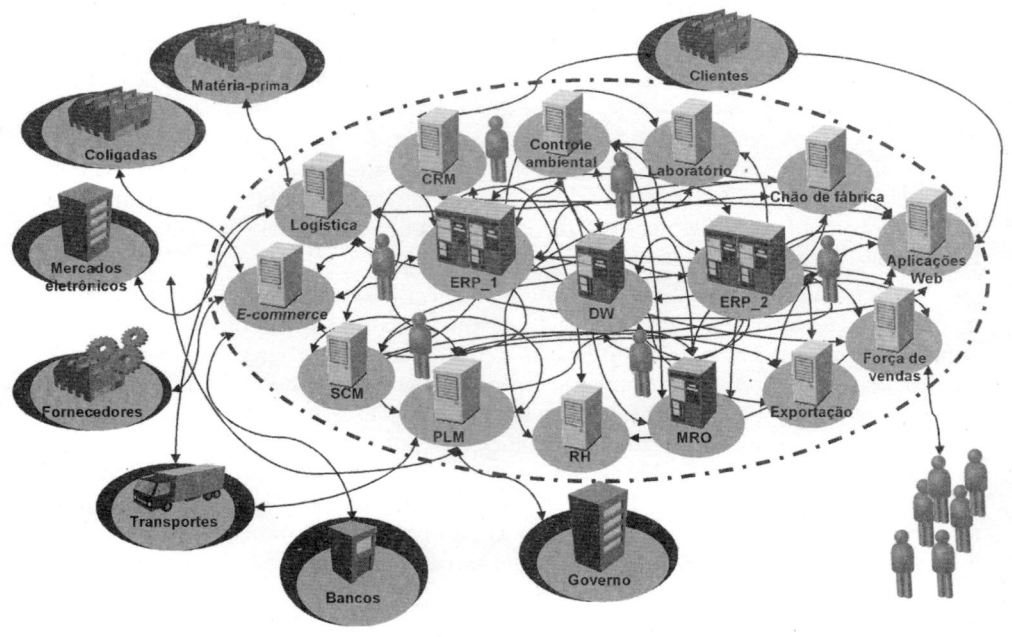

Fonte: Elaborado pelo autor.

---

[2] PUSCHMANN, T.; ALT, R. Enterprise application integration: the case of Robert Bosch Group. In: *International Conference on System Sciences*, 34th. Hawaii: IEEE, 2001.

Na abordagem sistemática para a integração entre sistemas de informação há conceitos, profissionais, técnicas, ferramentas, metodologia de trabalho e profissionais especializados na administração da camada de integração. Para a adoção da abordagem sistemática para a integração entre sistemas de informação, é necessário que haja um centro de competência para integração entre sistemas (CCIS) e, vinculado a esse centro, profissionais especializados: arquitetos e analistas de integração ou engenheiros de integração. Cabe a esses profissionais do CCIS analisar a demanda do ambiente de negócios, ou seja, os desafios do gestor do processo de negócios, em termos de encadeamento e conexão entre sistemas de informação e, uma vez identificada a demanda do ambiente de negócios, projetar, construir, testar, implementar e evoluir as soluções de integração necessárias ao processo de negócios.

O conceito da tecnologia de componentes é intensivamente explorado na abordagem sistemática. Ele é empregado para apresentar os diversos recursos computacionais, como os serviços disponíveis em um ambiente de integração. Seja uma fila de mensagens, uma tabela ou um programa, todos se disponibilizam e se tornam acessíveis por meio de componentes. A utilização da camada de integração organiza e disciplina a comunicação entre esses diversos recursos, conforme pode ser observado na Figura 16.2, que é a antítese à "integração do tipo espaguete".

Não há a predominância de uma técnica de integração que possa ser considerada a melhor para uma organização; cada uma tem vantagens e desvantagens. O que é viável é a seleção da técnica mais apropriada para cada nova oportunidade de integração. As aplicações e os processos de negócios podem se integrar com o emprego de múltiplas técnicas, de modo que se obtenha vantagens daquela que melhor atenda a cada nova demanda. Assim, a camada de integração entre sistemas de informação pode ser entendida como um ambiente híbrido composto por diferentes técnicas de integração. Dessa forma, a equipe de especialistas do CCIS deve ter domínio de diversas tecnologias de integração, entre as quais o domínio de filas de mensagens — por exemplo, que utiliza o *Java message service* (JMS) —, o padrão CORBA de comunicação para integração via objetos, as tecnologias para a criação de componentes de integração — por exemplo, que utiliza o *Java 2 platform enterprise edition* (J2EE) —, as tecnologias para implementação de *web services*, como XML, *simple object access protocol* (SOAP), *web services description language* (WSDL) e *universal description, discovery and integration* (UDDI), além, obviamente, de ter domínio das tecnologias mais tradicionais, como EDI, troca de arquivos, RPC e de ambientes transacionais.

O *bureau* para serviços de informática do estado de Dakota do Norte (Estados Unidos) apresenta um bom exemplo de estruturação de CCIS. No governo de Dakota do Norte[3] pode-se encontrar a descrição do escopo de atuação da equipe de integração, princípios técnicos adotados, o estado futuro que se pretende alcançar e como essa equipe se relaciona com os demais times que compõem a arquitetura de informática corporativa.

---

[3] Official Portal for North Dakota State Government. Disponível em: <http://www.state.nd.us/ea/teams/dt/ait/index.html>. Acesso em: 24 jul. 2017.

Figura 16.2 Organização da comunicação entre sistemas por meio da camada de integração utilizada pela abordagem sistemática

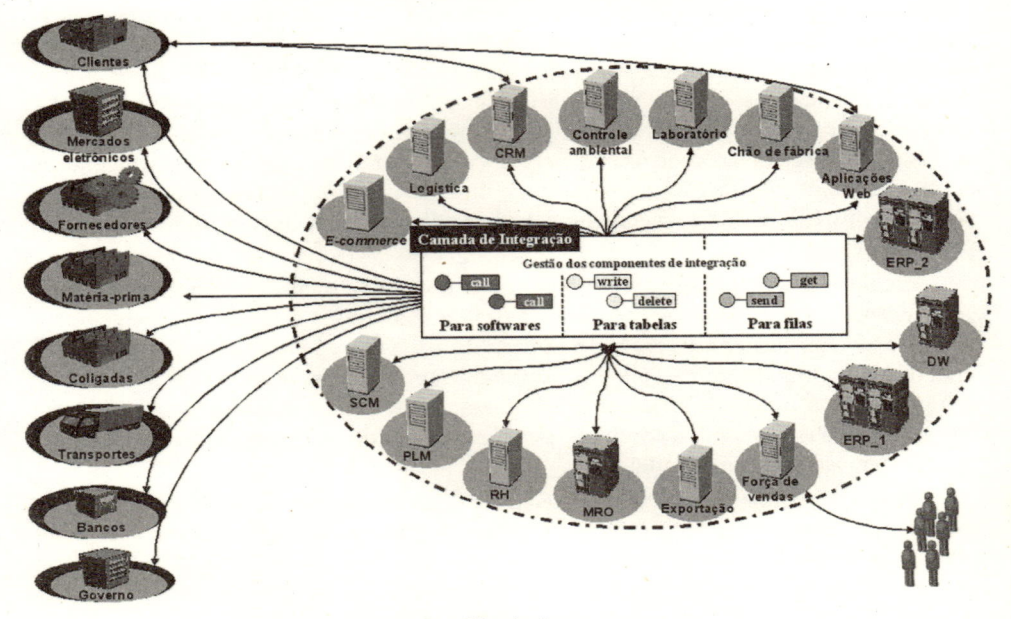

Fonte: Elaborado pelo autor.

A equipe do CCIS, além de dominar tecnologias específicas de integração, deve ter disponibilidade e domínio de algumas ferramentas que colaborem e facilitem a construção, a manutenção e a evolução da camada de integração que envolve uma ampla diversidade de tecnologias. A Figura 16.3 posiciona a camada de integração entre sistemas de informação com relação ao ambiente para gerenciamento do processo de negócios e os sistemas de informação e as bases de dados utilizados na operação do processo de negócios. A ferramenta mais ampla para administração da camada de integração é a *enterprise application integration* (EAI), cujo objetivo é criar uma solução de negócios que combine aplicações diversas por meio de um *middleware*, um software independente de aplicação, e que forneça serviços de mediação entre aplicações.

O principal objetivo da ferramenta EAI é criar um ambiente ou camada de integração que permita:

» Trabalho com aplicações baseadas em componentes.

» Computação distribuída.

» Facilitar processos direcionados a eventos.

» Gerar baixo acoplamento entre funções/processos.

» Fazer o gerenciamento do fluxo de trabalho.

» Levar a padronização de interfaces.

» Acesso à internet.

» Criar sistemas de apoio à decisão.

Além da ferramenta EAI, há diversas outras que são úteis às atividades desenvolvidas pelo CCIS. Apenas para citar mais uma, destacamos a ferramenta ETL (*extraction, transformation and loading*), que tem como objetivo tornar os dados de seus clientes disponíveis, na forma desejável, dentro de um curto espaço de tempo e com pouco esforço. Tradicionalmente, as empresas têm utilizado as ferramentas ETL para transferir dados de antigas aplicações para novas — por exemplo, entre sistemas legados e sistemas ERP — ou para mover dados operacionais para sistemas de BI (*business intelligence*), como *data warehouses* e *data marts*. A ferramenta ETL extrai dados das diversas fontes, em diferentes tecnologias, transformando-os em um formato legível para a base de dados destino e carregando-os para essa base na sequência.

Há muita diversidade entre as técnicas, que podem ser listadas em grande quantidade para cada uma das fases de qualquer metodologia que venha a ser especificada. Apresentamos a seguir um exemplo de metodologia de trabalho a ser utilizada pelos profissionais do CCIS, composta por quatro fases (Figura 16.3).

Figura 16.3 Posicionamento e principais recursos gerenciados pela camada de integração

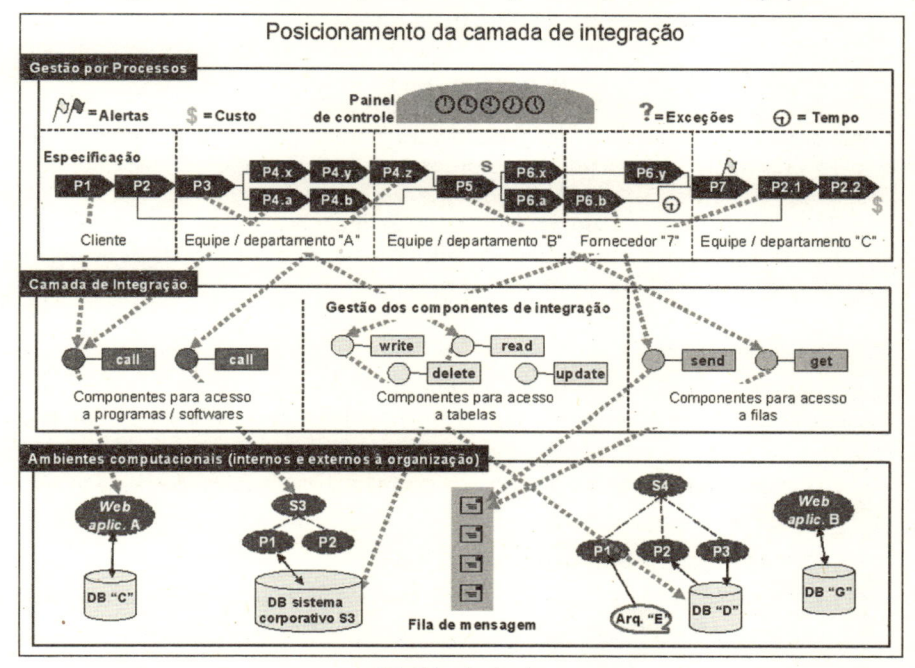

Fonte: Elaborado pelo autor.

FASE 1: Análise das integrações requeridas

Trabalhe com os especialistas no processo de negócios. Ao analisar a modelagem do processo, identifique os pontos de integração requeridos. Algumas demandas são bastante visíveis, como a existência de "ilhas informacionais", que devem ser integradas, enquanto outras necessidades são mais sutis e de difícil percepção. Eis alguns pontos de atenção a serem observados nessa fase:

» Conheça os objetivos e as necessidades do processo de negócios.

» Identifique, documente e controle o escopo das integrações requeridas desde seu início.

» Observe as integrações atuais do processo para assegurar que nada está sendo esquecido.

» Identifique oportunidades diretas de melhoria do processo por meio de integrações.

» Verifique quais integrações necessitam ser síncronas e quais podem ser assíncronas.

» Verifique as especificidades de cada ambiente computacional, identificando o quanto antes incompatibilidades, como as divergências de protocolo na camada de transporte.

» Procure por aspectos que geralmente demandam iniciativas de integração:

  ▪ Quando há necessidade de reutilizar ou sincronizar dados entre aplicações (integração de dados).

  ▪ Quando há necessidade de invocar e utilizar algoritmo disponível em outro software (integração de softwares).

  ▪ Quando há necessidade de alinhar diferentes sistemas de informação por meio de um ambiente interativo ao usuário (integração de apresentação).

Nessa fase, deve-se trabalhar muito próximo aos profissionais do ambiente de negócios para identificar e documentar as integrações existentes ao longo do processo de negócios. A equipe de integração deve ter acesso às matrizes CRUD desenvolvidas pela equipe de processos na fase de "levantamento e documentação do processo atual" da metodologia descrita no Capítulo 17. A partir dessas matrizes, a equipe de integração deve construir outras matrizes que associem os processos com as bases de dados, além de processos com programas/aplicações. Na intersecção dessas informações, ou seja, nas células, deve haver recursos que permitam documentar cada integração disponível e que descreva: tecnologia empregada, problemas/oportunidades encontradas, frequência de acionamento, dados transmitidos, volume de dados, entre outros.

FASE 2: Projeto das integrações

Nesta fase são projetados os cenários de integração requeridos e definidas as tecnologias e a infraestrutura a serem utilizadas. Eis alguns pontos de atenção a serem observados nessa fase:

» Atente para o ambiente tecnológico atual e o pretendido pela organização (médio e longo prazo).

» Trabalhe com protótipos sempre que possível.

» Observe o desempenho desejável para cada integração.

» Analise a capacidade das tecnologias pretendidas para a construção das integrações ao tratar exceções.

» Dê preferência a tecnologias já padronizadas quando aplicável (SQL, ebXML, BPMI etc.).

» Defina métricas para o acompanhamento das integrações.

A partir das documentações da equipe de gestão por processos, ou seja, desenho do processo atual e desenho do processo pretendido, além da especificação da equipe de integração sobre os recursos de integração atuais (desenvolvido na fase anterior), define-se o mapa de ações relativas às integrações. Nesse mapa estão descritas as integrações atuais que continuam a servir ao processo, quais das integrações atuais devem ser adaptadas e quais são as novas integrações a serem desenvolvidas.

FASE 3: Implementação das integrações

Desenvolvem-se os processos de integração que devem atender às diversas necessidades de integração. Eis alguns pontos de atenção que devem ser observados:

- » Trabalhe com implementação incremental.
- » Considere sempre aspectos técnicos que permitam a reutilização.
- » Considere a flexibilidade necessária para a mudança contínua que é imposta à grande maioria dos processos de negócios.
- » Faça uso dos adaptadores/componentes de integração disponíveis nas suítes de integração (ferramentas EAI) — por exemplo, para conectar-se a aplicações de mercado.
- » Não tenha medo de desenvolver os próprios adaptadores/componentes por meio do kit de desenvolvimento disponível na ferramenta EAI.
- » Dê preferência aos adaptadores/componentes pré-construídos, mas não se esqueça de considerar:
    - A completeza dos dados trocados.
    - A manutenção em longo prazo.

FASE 4: Teste e controle das integrações

O controle de qualidade deve ser constante e praticado ao longo de todas as demais fases. Eis os pontos de atenção a serem considerados:

- » Assegurar soluções que tenham escalabilidade, ou seja, possam atender ao aumento de *throughput* do processo de negócios.
- » Identificação de anomalias na operação das integrações o mais cedo possível.
- » Prevenção de defeitos, averiguando as capacidades de hardware, da rede, dos dispositivos de armazenamento, entre outros que compõem a infraestrutura tecnológica.
- » Definição de regras para colocar as integrações em operação.
- » Definição de meios para saber se as integrações estão operando corretamente.
- » Verificar meios para identificar transações não completadas (transações perdidas).

Antes, porém, de ter um ambiente/camada de integração operacional, é necessário ter alguns cuidados prévios para sua introdução de forma bem-sucedida no ambiente na organização. Na seção a seguir são discutidas algumas recomendações para esse propósito.

16.2 Introdução da abordagem sistemática nas organizações

O Gartner Group sugere que a implementação da abordagem sistemática, com a infraestrutura do CCIS e os demais recursos humanos e tecnológicos necessários à sua operação, seja incorporada às organizações em quatro estágios: planejamento e justificativa, projeto-piloto, proliferação do uso e adoção ampla. A representação gráfica da evolução entre estágios é descrita na Figura 16.4.

O estágio inicial de planejamento e justificativa do ambiente/camada de integração é responsabilidade exclusiva do grupo de arquitetura computacional da organização (aquele responsável por definir os padrões tecnológicos e a estrutura organizacional da área de informática), o qual desempenha um papel fundamental na promoção das seguintes atividades:

» Discutir na organização os principais motivadores do ambiente de negócios (*business drivers*) para a implementação da gestão do ambiente de integração entre sistemas de informação. Na Seção 12.3 são apresentados diversos argumentos do ambiente de negócios que justificam a importância crescente da implementação do ambiente/camada de integração entre sistemas de informação.

» Abordar o potencial tecnológico da abordagem sistemática e da introdução do CCIS em atender aos *business drivers*.

» ʼ Estabelecer uma visão ampla do papel e dos objetivos do CCIS.

» Especificar e selecionar as ferramentas tecnológicas necessárias.

» Determinar os demais recursos necessários para a implementação do CCIS.

No estágio seguinte à introdução da abordagem sistemática, recomenda-se a execução de um projeto-piloto, a fim de testar a primeira versão operacional do CCIS, já com a disponibilidade de ferramentas, profissionais, metodologia, técnicas e demais recursos necessários. Uma das primeiras atividades desse estágio é escolher qual será o projeto-piloto; para isso, alguns cuidados devem ser tomados, como escolher uma aplicação que, embora não seja de alto risco, apresente uma complexidade suficiente para demonstrar e justificar o que venha ser ambiente/camada de integração.

Figura 16.4 Estágios para a implementação da abordagem sistemática

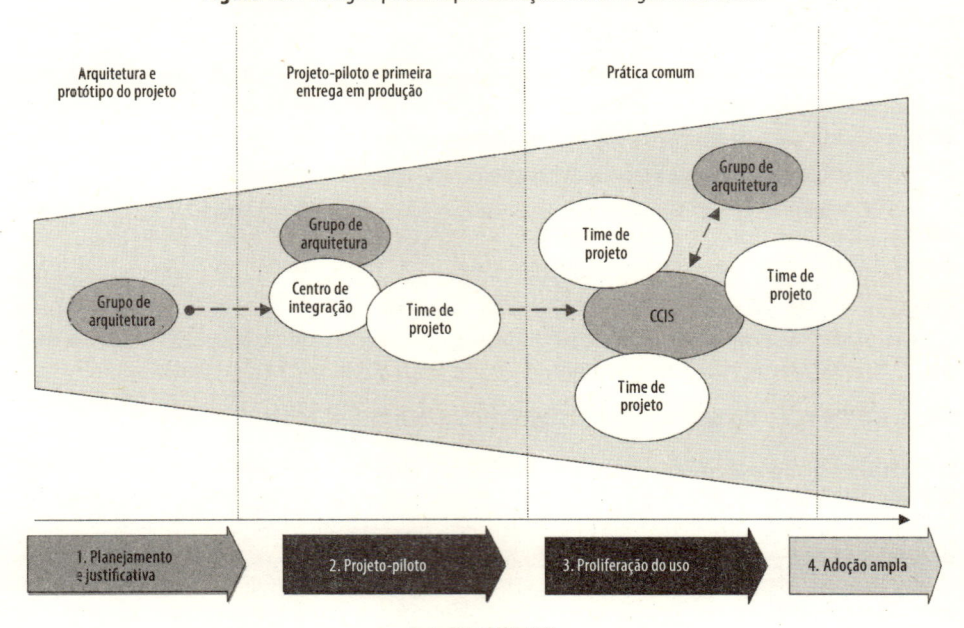

Fonte: THOMPSON, 2003.

Antes de iniciar o projeto-piloto, a empresa já deve ter alcançado, por meio do estágio inicial de planejamento:

» Uma visão dos benefícios que o ambiente/camada de integração pode trazer ao desenvolvimento da empresa.

» Domínio da tecnologia EAI selecionada, sendo seus pontos fracos e fortes já conhecidos, bem como o potencial dessa tecnologia.

» Domínio das habilidades requeridas para configuração e administração do sistema EAI.

O time do projeto-piloto deve envolver profissionais de diversas equipes:

» Analistas de negócios da área de processo de negócios.

» Programadores que sejam capazes de utilizar o kit de desenvolvimento da ferramenta EAI.

» Técnicos de fornecedores de adaptadores prontos para serem utilizados (pré-construídos para as principais aplicações de mercado).

» Técnicos das principais aplicações prontas que disponibilizem facilidades para a integração, como as *application programming interface* (API).

» Administrador do sistema EAI.

» Administrador do banco de dados (DBA).

» Responsável pela arquitetura de integração.

Com o projeto-piloto, é possível identificar os ajustes necessários para a customização do ambiente/camada de integração da forma que melhor atenda às especificidades da corporação. Uma vez definidos os detalhes operacionais desse ambiente, inicia-se o estágio de proliferação do uso da abordagem sistemática. Esse estágio é caracterizado por uma ampla comunicação e capacitação da organização e trata de temas como a visão da corporação da camada de integração e os treinamentos sobre metodologia, técnicas e ferramentas do CCIS.

No estágio de adoção ampla, a empresa passa a praticar a abordagem sistemática em sua plenitude. As quatro fases da metodologia norteiam as atividades da rotina operacional do ambiente/camada de integração: análise das integrações requeridas, projeto das integrações, implementação das integrações, teste e controle das integrações.

16.3 Justificativas do ambiente de negócios para a crescente demanda por soluções eficazes para a integração entre sistemas de informação

Com uma frequência cada vez maior, surgem eventos nos ambientes de negócios e tecnológico que demandam das organizações soluções mais eficazes para a integração entre seus SI. A abordagem tradicional de integrar sistemas de informação não é capaz de atender a essa demanda, tornando-se um grande entrave à competitividade, o que faz dos ambientes de integração um elemento crítico aos ambientes computacionais como um todo. Descreveremos nos parágrafos a seguir alguns dos principais eventos do ambiente de negócios que têm motivado a busca pela abordagem sistemática para a integração entre os sistemas de informação.

Aumento da diversidade e quantidade dos SI nas organizações

Vários fatores de procedência técnica e de negócios têm proporcionado o crescimento e a diversidade dos SI nas organizações. A seguir, eis alguns desses fatores:

» Soluções de SI especializadas no atendimento de cada necessidade: as organizações têm optado pela —, ou seja, a busca da melhor aplicação especializada para cada finalidade, o que eleva a variedade de bases de dados e aplicações a serem integradas.

» Opção pela compra de sistemas prontos: as empresas têm preferido comprar aplicações prontas, em vez de desenvolver sistemas sob medida. O desenvolvimento sob demanda criava e testava as comunicações necessárias (interfaces) do novo sistema com os demais SI da organização. Em algumas situações, optava-se por aumentar o escopo do novo sistema de maneira que fossem desativados sistemas menores ou periféricos que apresentassem dificuldades de integração.

» Fusão e aquisições de empresas: cresce o ativo de plataformas tecnológicas e de SI das empresas. As fusões acabam por mesclar diferentes sistemas e plataformas das empresas envolvidas. SI duplicados requerem integração, assegurando o compartilhamento da informação entre os SI e os processos que os acessam. Com a integração, processos duplicados devem ser combinados ou modificados para que possam se complementar entre si.

Introdução de inovações tecnológicas

A introdução de novas tecnologias, sobretudo as diretamente relacionadas à informação (tecnologias da informação), são grandes demandantes de ambientes mais eficazes para integração entre SI. Um exemplo bastante clássico dessa demanda é a introdução de novos canais de atendimento a clientes no segmento bancário. A disponibilidade de serviços bancários de conta-corrente, poupança, investimentos, pagamentos e empréstimos, além dos tradicionais pontos de atendimento — caixa e balcão — começou com a introdução das modernas centrais telefônicas para atendimento a clientes (*call centers*), posteriormente com a introdução de computadores operados pelos próprios clientes (terminais de autoatendimento/*cash dispensers*) e, mais recentemente, a expansão e evolução da internet criou o inovador canal *e-banking*; e a evolução da rede de telefonia móvel conciliada com a tecnologia internet gerou o canal de atendimento móvel via celular, também conhecido como WAP.

Desde o início do século XX, um dos grandes desafios das organizações do segmento bancário tem sido conciliar a oferta dos seus diversos serviços (essencialmente softwares) por meio dos diferentes canais de interação com o cliente (essencialmente softwares), desafio rotulado como "múltiplos serviços para múltiplos canais". A Figura 16.5 retrata esse desafio, bem como a solução adotada pelo Banco Real.

Os dispendiosos softwares desenvolvidos pelo segmento bancário durante as décadas de 1960 e 1970 para implementar serviços tiveram de, em curto espaço de tempo, ser disponibilizados a partir de diferentes canais de interação com o cliente, em plataformas computacionais bastante distintas da inicialmente empregada para o atendimento no caixa e no balcão das agências. A necessidade de conectar diversos softwares específicos para cada canal de atendimento aos diversos SI corporativos, que implementam cada um dos diversos serviços bancários, fez desse segmento um dos primeiros a perceber a importância de ambientes eficazes para integração entre SI.

Figura 16.5 Desafio de integração entre SI no segmento bancário: oferta de múltiplos serviços em múltiplos canais

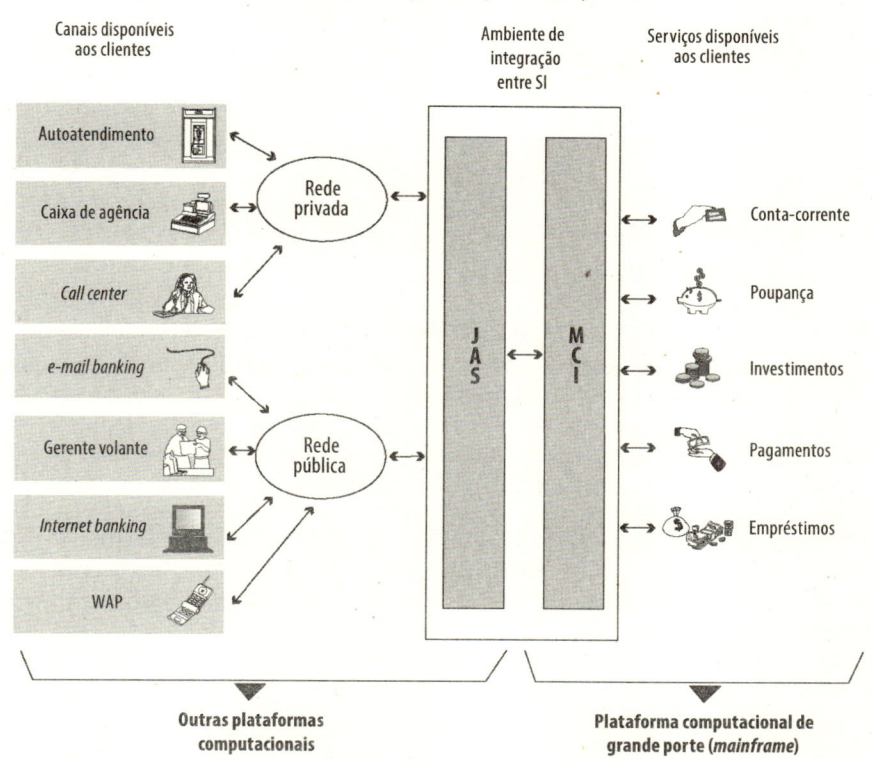

Fonte: Adaptado de DE SORDI; MARINHO; NAGY, 2006.

Busca de vantagens competitivas que implicam melhor gestão da informação

As organizações promovem mudanças a fim de se tornarem mais competitivas, o que faz com que, muitas vezes, essas mudanças impliquem não só a melhor integração entre seus SI internos (*application-to-application* — A2A), mas também o melhor relacionamento ou integração desses com os demais SI externos (*business-to-business* – B2B), sistemas disponíveis junto a clientes, parceiros, órgãos governamentais e demais entidades. Como exemplos dessas iniciativas temos desde pequenas iniciativas pontuais até a implementação de soluções abrangentes, como a solução para o gerenciamento da cadeia de suprimentos (*supply chain management* — SCM), o gerenciamento do relacionamento com os clientes (*customer relationship management* — CRM) ou o gerenciamento do ciclo de vida do produto (*product life-cycle management* — PLM).

Apresentamos a seguir alguns exemplos de melhorias no ambiente de negócios que implicam soluções mais eficazes para a integração entre SI:

> » Entrega de serviços consolidados aos clientes: melhoria de processos requer relacionamento único com os clientes, ou seja, integração de serviços e sistemas. Um extrato para o cliente, ou uma tela para o atendimento da equipe de telemarketing ou apoio técnico deve apresentar dados sintéticos de diversos serviços, cuja operação e gerenciamento ocorrem por meio de diferentes bases de dados e sistemas.

>> Redução do tempo para a entrega de informação aos clientes: rotinas de processamento em lote (*batch*), com períodos preestabelecidos para sua execução, utilizadas para o atendimento de solicitações de informação dos clientes, podem ser inconvenientes aos clientes que desejam cada vez mais a geração automática dos dados solicitados. Como exemplo típico estão as solicitações de cotação de preços para futura compra, quando muitas organizações deixam de realizar vendas devido ao tempo excessivo para entrega de suas condições de vendas aos compradores em potencial.

>> Coordenação de atividades entre as empresas que compõem uma cadeia colaborativa: "altos níveis de inventário" é a expressão mais simples e concreta da necessidade de ajustes no processo de informação entre as empresas que compõem uma cadeia colaborativa. A solução desse conflito administrativo requer a integração e a automação dos sistemas de inventário, a produção e o gerenciamento de pedidos das empresas que compõem a cadeia.

Exigências de órgãos reguladores por maior agilidade no trâmite das informações

Órgãos reguladores de diversos segmentos da indústria têm definido procedimentos fortemente relacionados ao uso e manuseio de informações, que criam um impacto direto nos requisitos de integração entre os SI das organizações. A nova regulamentação dos Estados Unidos para a entrada de importações via marítima exemplifica bem essa questão. Após os atentados terroristas de 11 de setembro de 2001, tanto as indústrias quanto o governo passaram a analisar com maior rigor o transporte de cargas internacionais. Como parte das novas medidas de segurança, em dezembro de 2002 entrou em vigor a nova regra para a entrada de cargas internacionais em 15 portos dos Estados Unidos, que é conhecida como *the 24-hour rule*. De acordo com essa nova regra, o navio de transporte internacional que tem intenção de descarregar em algum desses portos deve ter seu manifesto de carga relatado às autoridades dos Estados Unidos com pelo menos 24 horas de antecedência ao seu carregamento no porto de origem.[4]

O grande desafio dos armadores e dos NVOCCs (locadores de navios) é ter as informações necessárias a tempo de não retardar ou prejudicar o prazo de embarque das cargas e, consequentemente, o prazo da partida do navio de seus portos de origem. Para atender a esses requisitos, é necessário ter acesso aos dados que compõem as linhas de item do manifesto de carga, ou seja, os dados do BL (*bill of lading*) de cada carga. Isso implica comunicação eficaz entre os diversos agentes de carga com o NVOCC, armador ou agente marítimo que o representa no porto de origem. Resumindo, *the 24-hour rule* gera fortes implicações no ambiente informacional da indústria de exportação marítima mundial, levando em consideração o grande volume das importações realizadas pelos Estados Unidos.

Regulamentações como a descrita anteriormente demandam ambientes de integração com melhor desempenho, concebidos e operando dentro da abordagem sistemática de integração. Eventos regulamentatórios, com forte impacto no ambiente informacional, são cada vez mais comuns. Citando mais alguns exemplos de outros segmentos de indústria, temos: o novo sistema de pagamento brasileiro (SPB), que definiu novas formas de se tramitar com dados de transações financeiras no ambiente digital; a lei que define conformidades a serem respeitadas no manuseio de dados do cidadão pelas empresas de seguridade nos Estados Unidos, ato conhecido como HIPPA; o T+1 SEC da área financeira dos Estados Unidos, entre tantos outros eventos de natureza regulamentatória que demandaram muitos esforços de integração entre SI.

---

4 MONGELUZZO, B. A battle with time, *Traffic World*, Newark, jan. 2003, pp. 31-32.

Aumento das entidades que necessitam trocar informações com a organização devido à tendência pelo trabalho organizado de forma intensiva

Bell e Kozlowski[5] desenvolveram um esquema que sintetiza as principais formas de organização e execução dos trabalhos, já apresentado na Figura 1.3. Essas formas de organização do trabalho não são excludentes; aplicam-se a necessidades distintas e compõem-se para atender aos negócios da organização. Os fluxos comerciais, implementados hoje pelas soluções de TI para atender aos ambientes colaborativos, tratam de fluxos de trabalho, na sua grande maioria sequenciais e alguns de características recíprocas.

A tendência dos modelos de negócios é trabalhar cada vez mais com fluxos de trabalho organizados de forma intensiva. Isso se justifica por diversos movimentos que têm ocorrido no ambiente de negócios nos últimos anos. Conheça três desses movimentos a seguir:

» Terceirização: envolvimento de mais entidades na execução de um processo ou operação.

» Diferenciação de produtos e serviços: dar opções ao cliente final de definir variações do seu produto ou serviço, o que implica uma operação com fluxos de trabalho complexos e diversificados.

» Desenvolvimento colaborativo: seja do projeto do produto ou das campanhas de marketing, é de esperar maior proximidade e colaboração entre as empresas que compõem a cadeia.

A análise das demandas tecnológicas e de negócio possíveis de serem atendidas pelos modernos ambientes de integração indica outros tantos benefícios possíveis de serem alcançados por meio da abordagem sistemática para a integração entre SI. A seguir, são citados alguns desses benefícios:

» A integração entre os SI reduz o retrabalho e favorece a automação de atividades. Redigitação de dados, de um SI para outro, é uma das atividades eliminadas quando ocorre a integração entre sistemas. Ambos passam a acessar o mesmo dado ou transportam dados de um sistema para outro sem esforços humanos.

» O recebimento de dados em determinado SI pode representar um evento de negócio, e a passagem direta e íntegra de um sistema para outro amplia a oportunidade de identificar e monitorar eventos de negócio. Quanto maior a abrangência dos eventos de negócio tratados, menores serão as exceções a serem tratadas pelos funcionários, bem como os custos para a operação do processo.

» Cresce a capacidade de a empresa adaptar seus processos de negócios que, tradicionalmente, envolvem grandes números de SI, tanto internos quanto externos à empresa. O ambiente de integração permite alterar de forma rápida, segura e com menores custos os SI utilizados para a implementação de um novo processo de negócios.

» Torna viável a expansão da empresa de forma consistente — por exemplo, ao permitir que a empresa consolide amplos conjuntos de SI decorrentes de fusões e aquisições de outras empresas.

» Viabiliza novos modelos de negócios, pela facilidade de incorporar e integrar novos SI — por exemplo, ao facilitar a integração dos diversos softwares necessários à empresa que deseja implementar uma estratégica de gestão de relacionamento.

» Maior agilidade e capacidade de a empresa atender às regulamentações do mercado, evitando expor a empresa a penalidades pela não observância de novas leis e regulamentações.

» Torna a empresa apta à gestão por processos de negócios, ao fornecer-lhe facilidades para medição, automação, revisão, planejamento e evolução do processo, por meio da integração dos diversos softwares utilizados para a operação e o gerenciamento de processos.

---

[5] BELL, B.; KOZLOWSKI, S. J. A typology of virtual teams: implications for effective leadership, *Group & Organization Management*, Thousand Oaks, v. 27, nº 1, p. 20, mar. 2002.

TEXTOS COMPLEMENTARES

A abordagem sistemática para a integração entre sistemas de informação tem pouca literatura disponível. Os textos sobre EAI discutem apenas tecnologias de integração. Quanto aos casos práticos de sua implementação, o *bureau* para serviços de informática do estado de Dakota do Norte (Estados Unidos) é um bom exemplo. No seu *website* <http://www.state.nd.us/ea/teams/dt/ait/index.html>, há descrições do escopo de atuação da equipe de integração, princípios técnicos adotados, o estado futuro que se pretende alcançar e como a equipe de integração se relaciona com os demais times que compõem a arquitetura de informática corporativa da empresa.

QUESTÕES PARA REFLEXÃO

1. Qual é a importância de um CCIS para uma grande corporação?
2. Quais eventos do ambiente de negócios estão tornando o desafio da integração entre sistemas de informação cada vez mais críticos e requeridos?
3. Quais associações e relacionamentos um CCIS deve estabelecer com as demais áreas ou departamentos da diretoria de informática?

Capítulo 17

Tecnologias para a integração dos processos de negócios

As soluções para a integração de processos de negócios ganham cada dia mais destaque e prioridade nas agendas dos principais executivos das áreas de informática, os *chief information officers* (CIOs), principalmente dos que atuam em organizações que nos últimos anos realizaram investimentos significativos na introdução de novos sistemas de informação. Os orçamentos das áreas de TI são direcionados para aprimorar os investimentos já realizados, ao contrário dos anos anteriores, quando se priorizava a introdução de novos sistemas de informação.

Uma revista especializada em soluções de TI lançou uma série de matérias sobre a questão da integração entre sistemas de informação. Em seu editorial, há uma descrição bastante ilustrativa do cenário atual dos silos tecnológicos existentes nas empresas de informação, de lógica de negócio e dos ambientes de processamento.

> Eis o sistema de processamento de pedido. Eis nosso software para gerenciamento do armazém de Nova York. Lá está o software para o gerenciamento do nosso depósito de Chicago. Eis o software para gerenciamento da logística entre Chicago e Nova York. Eis nosso sistema de faturamento. Eis outro sistema de faturamento. Eis o sistema de geração de pedidos que não se comunica com nosso sistema de logística. Eis nosso sistema de conciliação do cartão de crédito que não conversa com nosso sistema de contas a receber.[1]

Nas organizações, ainda há um número considerável de sistemas legados que apresentam muita dificuldade para serem integrados. Os sistemas de informação mais antigos foram concebidos para atender a áreas funcionais cuja característica principal é a grande quantidade de códigos-fonte, fortemente entrelaçados e voltados para a execução de atividades e transações de negócio de uma área ou função específica. Entre os exemplos dessas aplicações estão os sistemas de controle de estoques, a contabilidade, entre tantos outros. Esses sistemas são denominados *stovepipe applications*, o que significa, em língua portuguesa, sistemas em forma de chaminé. A denominação é uma analogia ao tamanho grandioso, à sua visibilidade e ao isolamento de cada chaminé com relação às demais, embora estejam todas muito próximas umas das outras, como ocorre em uma olaria.

Em 2000, Benamatti e Lederer[2] analisaram os nove principais desafios do gerenciamento das áreas de tecnologia da informação. Entre esses desafios havia um denominado "novas integrações", descrito por meio de quatro problemas: necessidade de criar novas interfaces entre múltiplas tecnologias da informação, necessidade de reescrever interfaces já existentes, incompatibilidade entre múltiplas TI e necessidade de customizar novas TI. Ao analisar as listas de prioridades dos CIOs, publicadas anualmente pelos institutos de pesquisas na área de TI, observa-se que nos últimos anos há referências aos projetos de

---

[1] OPINION. Integration is not easy, *Software Development Times*, Nova York, 15 out. 2003, pp. 26.

[2] BENAMATTI, J.; LEDERER, A. L. Rapid change: nine information technology management challenges, *Infor*, Ottawa, v. 38, n° 4, pp. 336–358, nov. 2000.

integração entre sistemas de informação. As organizações mais sensíveis ao problema de integração entre sistemas, que já se aprofundaram na identificação do problema e na busca de solução, declararam que a missão principal de suas áreas de TI deslocou-se da entrega de novos sistemas de informação para a integração entre os sistemas já disponíveis.[3]

Soluções para a gestão por processos, como a atual proposta BPM, demandam uma organização tecnológica diferente da atual. Um aspecto importante é a necessidade de uma camada ou ambiente de integração entre softwares. Na prática, isso implica a realização da comunicação entre softwares de diferentes gerações e tecnologias: sistema *batch*, sistema transacional *online*, sistema integrado e configurável, sistema internet e *web services*. Para melhor evidenciar o desafio da integração de softwares, analisamos a seguir a evolução histórica das soluções adotadas para integrar sistemas de informação, partindo das primeiras arquiteturas computacionais até chegar à demanda atual.

Os primeiros sistemas *batch* funcionavam como um autômato finito, bastante específico e limitado em seu escopo, pois não tinham necessidade de integração com outros sistemas. Demandavam apenas dados como insumos para seu processamento; esses, por sua vez, geralmente eram gerados a partir de *pools* de digitação e disponibilizados na forma de arquivo de entrada para o processamento. Em seguida, os sistemas OLTP eram desenvolvidos de modo que fossem abrangentes no atendimento de uma área ou função do negócio. Eram sistemas monolíticos, que operavam em ambiente de processamento centralizado, com um conjunto de programas bastante consistentes e encapsulados nas atividades do negócio. O acionamento entre os programas de um mesmo sistema ocorria com o programa solicitante executando uma chamada (*call interface*) ao programa a ser acionado, procedimento tecnicamente conhecido como *remote procedure call* (RPC). Essa chamada poderia inclusive transferir dados para o programa solicitado. A proliferação de sistemas OLTP e *batch* nas organizações gerou a demanda para a troca de dados entre sistemas e entre organizações. A solução mais empregada foi a troca de arquivos eletrônicos entre sistemas, a mesma tecnologia utilizada no sistema *batch*, só que agora, em vez de os dados serem gerados em um *pool* de digitação, eles eram gerados por usuários finais por meio de programas de entrada e validação de dados dos sistemas OLTP.

O primeiro forte sinal do problema da falta de integração entre sistemas de informação ocorreu com o desenvolvimento da plataforma cliente-servidor. Essa nova arquitetura computacional proporcionou a proliferação do uso de sistemas de informação em áreas até então não apoiadas pelo ambiente centralizado de grande porte, e também levou os sistemas de informação às empresas menores, que não empregavam os recursos de tecnologia da informação devido ao alto custo das plataformas centralizadas. A troca de informação era basicamente por meio da troca de arquivos, e, quando ocorria entre sistemas em ambientes computacionais distintos, empregavam-se os serviços de *electronic data interchange* (EDI).

Embora os sistemas gerenciadores de banco de dados já fossem utilizados desde a década de 1980, foi na década de 1990 que ocorreu sua implementação em larga escala no ambiente de negócios. A replicação do banco de dados e o acesso direto a uma mesma base de dados passaram a ser mecanismos muito empregados para a integração entre sistemas de informação. Atualmente, os sistemas corporativos, como SCM, ERP e CRM,

---

[3] MEEHAN, M. IT managers make EAI projects a top priority, *Computer World*, v. 36, n° 6, p. 14, fev. 2002.

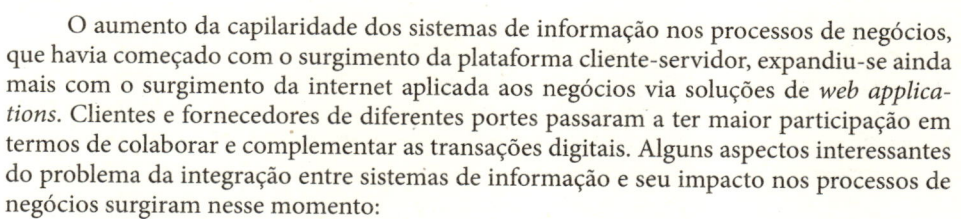

realizam a integração entre seus diversos subsistemas e programas por meio do banco de dados.

O aumento da capilaridade dos sistemas de informação nos processos de negócios, que havia começado com o surgimento da plataforma cliente-servidor, expandiu-se ainda mais com o surgimento da internet aplicada aos negócios via soluções de *web applications*. Clientes e fornecedores de diferentes portes passaram a ter maior participação em termos de colaborar e complementar as transações digitais. Alguns aspectos interessantes do problema da integração entre sistemas de informação e seu impacto nos processos de negócios surgiram nesse momento:

» A inviabilidade de assegurar a execução simultânea de dois programas que deviam se comunicar em tempo real; por exemplo, via uma chamada *call interface*. Esse tipo de integração requer a disponibilidade operacional das duas plataformas tecnológicas.

» A necessidade de trocar informações e tratar os eventos de negócio à medida que eles acontecem, sem represá-los em períodos de tempo para posterior execução por meio da troca de arquivos.

» O vínculo técnico entre sistemas de informação deveria ser o mais flexível possível, permitindo assim atender ao dinamismo do rearranjo de integração entre eles. Fazer chamadas diretas entre programas, ou seja, por meio de linha de comando interna no programa, cria uma dependência mútua entre eles, fazendo com que o descarte de um sistema implique a alteração dos softwares de todos os demais sistemas de informação que o acionem.

Para atender a essas demandas, foram desenvolvidas novas tecnologias de integração, como as baseadas em mensagens e em componentes. A tecnologia de integração via mensagens emprega mecanismos de fila de mensagens (*message queue*) para a comunicação entre sistemas. Nessa fila, todos os sistemas de informação que são seus clientes, que se subscrevem ao serviço de fila, podem colocar ou retirar pacotes de informação, endereçados a qualquer sistema de informação subscrito no serviço. Assim, os sistemas para a troca de mensagens habilitam a comunicação assíncrona, desobrigando a conexão em tempo real entre aplicações distribuídas. Esse método de integração permite a integração entre organizações, em que a disponibilidade das aplicações não pode ser garantida, como também não cria dependência entre códigos-fonte dos sistemas que se comunicam, uma vez que a abordagem de "publicação e contratação" não exige que os sistemas de informação tenham de conhecer e mencionar em seu código-fonte (software) qualquer especificidade das demais aplicações.

Outra abordagem tecnológica recente e promissora para a integração entre sistemas ocorre por meio do desenvolvimento de componentes de integração. Componentes são abstrações lógicas que representam programas ou base de dados e estão disponíveis para serem acionados por qualquer outro sistema que queira se comunicar com o programa ou base de dados que eles representam. Em situações de alteração ou substituição do programa ou base de dados que está disponível via componentes, não há ocorrência de trabalhos adicionais junto aos demais sistemas que os acessam; o único ponto a ser alterado é o próprio componente, que é o ponto de intersecção entre o programa e a base de dados nova ou alterada. Os ambientes de integração via mensagem também empregam recursos de componentes para que os sistemas de informação se comuniquem com a camada de mensagens.

A Figura 17.1 exemplifica a utilização de componentes para integração entre sistemas. Um novo sistema pode ser desenvolvido comunicando-se com diferentes bases de dados e sistemas que realizam apenas chamadas a componentes. A concepção mais tradicional de integração via componentes é de termos todos eles comunicando-se por meio de um duto de dados que denominamos barramento de dados, por onde passam todas as mensagens trocadas entre eles. Esse modelo é denominado *enterprise service bus* (ESB). A situação contrária a essa, em que novos sistemas se relacionam diretamente com sistemas legados e bases de dados, provoca o que se denomina "perpetuação do legado". Cada novo sistema que referencia diretamente um antigo sistema torna mais custoso, trabalhoso e arriscado o processo de substituição desse sistema legado, isso devido ao impacto em todos os demais sistemas, inclusive os mais recentes, que o acessam de alguma forma diferente de componentes.[4]

Independentemente dos movimentos e arranjos do ambiente de negócios, somente as estratégias e os investimentos atuais ocorridos nas áreas de tecnologia da informação já apontam para um aumento da demanda por soluções de integração entre sistemas de informação. Apresentamos a seguir duas estratégias em vigor que colaboram com esse entendimento:

» *Best of breed:* estratégia de seleção e adoção dos melhores sistemas para cada necessidade, ou seja, gera o crescimento em termos de unidades e diversidade do portfólio de sistemas de informações das organizações.

» Não correr riscos com projetos de desenvolvimento de softwares: as empresas têm preferido comprar aplicações prontas a desenvolver sistemas sob medida. O desenvolvimento sob demanda cria e testa as comunicações necessárias (interfaces) do novo sistema com os demais sistemas de informação da organização. Em algumas situações, opta-se por aumentar o escopo do novo sistema de maneira que desative sistemas menores ou periféricos que podem apresentar dificuldades de integração.

Figura 17.1 Representação da integração entre sistemas de informação via componentes

Integração entre sistemas de informação via componentes

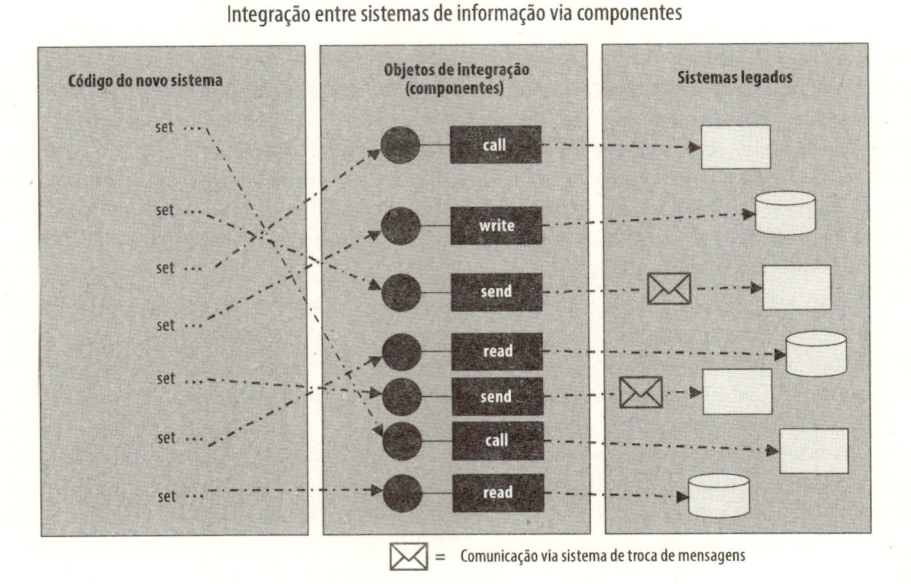

⊠ = Comunicação via sistema de troca de mensagens

Fonte: BUTLER GROUP, 2004.

---

[4] BUTLER GROUP. Application integration management guide, 1999. Disponível em: <http://www.butlergroup.com>. Acesso em: 6 jan. 2004.

Não é a intenção deste livro aprofundar-se em demasia em tecnicidades e nos desafios da área da engenharia de software; é necessário ter entendimento e visão macro da importância crescente de tratar com seriedade a questão da integração entre os sistemas de informação. Poucas organizações têm no seu quadro de profissionais o equivalente ao arquiteto de integração entre sistemas (*integration architect*) trabalhando na gestão da camada corporativa para a integração entre sistemas de informação. Essa estrutura requer que a organização entenda a camada de integração como um processo contínuo e perene, em que as questões de integração entre sistemas não são mais tratadas por uma etapa do ciclo de desenvolvimento ou da metodologia de implementação de softwares, mas como uma entidade ou mecanismo extremamente importante para toda a operação do ambiente de sistemas de informação.

A pressão para integrar sistemas de informação é muito grande nas organizações. Há dois momentos distintos de tratamento da integração: primeiro, a integração interna, dentro do próprio ambiente computacional da empresa, denominado integração entre aplicações ou, simplesmente, A2A (*application-to-application*); o segundo é a integração que ocorre entre empresas, denominado *business-to-business*. A visão macro desses desafios é chamada de prática de EAI (*enterprise application integration*), dentro de uma visão restritamente tecnológica, e de *business process integration*, quando há preocupação correlacionada aos seus impactos e a interpretações nos processos de negócios.

A busca de solução para o problema das integrações entre sistemas de informação que visam melhorar os processos de negócios não é recente, já há um histórico de tentativas que infelizmente não foram bem-sucedidas. Muitos executivos da área de TI e de negócios acreditavam que reduziriam o problema da integração entre sistemas de informação por meio da implementação de grandes sistemas corporativos com o uso compartilhado de suas grandes bases de dados. O desafio da integração era um item muito citado na lista de objetivos a serem alcançados para os projetos de implementação dos sistemas ERP. Atualmente, já decorridas mais de duas décadas desde o início do movimento de implementação desses sistemas, nota-se que o problema continua e está muito mais complexo do que antes. O sistema ERP atende apenas à parte dos processos da empresa, uma vez que o conjunto de seus softwares é uma pequena fração do total de softwares necessários na operação diária da empresa. O portfólio de sistemas de informação a ser coordenado e integrado continua a crescer, sobretudo pelo envolvimento crescente da participação de terceiros, externos à empresa, nos processos de negócios das corporações. Como exemplo dessa tendência, citamos algumas práticas gerenciais que demandam forte integração com terceiros: gerenciamento da cadeia de suprimentos (SCM), gerenciamento do ciclo de vida do produto (PLM), terceirização de processos de negócios (BPO), gerenciamento do relacionamento com os fornecedores (SRM) e gerenciamento do relacionamento com os clientes (CRM).

É altamente requerido que nossas organizações se atentem à questão da integração entre sistemas, sob a penalidade de reduzir a capacidade destas em realizar a gestão efetiva dos seus processos de negócios. Assim como temos equipes na área de TI voltadas ao gerenciamento da rede, de dados ou do ambiente de desenvolvimento de software, é preciso ter na estrutura organizacional de TI uma equipe dedicada exclusivamente ao assunto integração, cujo principal objeto a ser gerenciado é a camada de integração. Faz parte da atribuição dessa equipe:

» Discussão e definição dos padrões e da arquitetura de integração a serem priorizados pela organização. Conforme mostra a Figura 17.2, há inúmeras formas de realizar a integração entre dois sistemas, e a empresa acaba tendo de harmonizar e conviver com praticamente vários desses métodos e técnicas, seja pela amplitude dos sistemas legados ou pela diversidade de situações de integração a serem tratadas.

» Definição das ferramentas de apoio para montagem da camada de integração, como *middlewares*, soluções EAI ou de *business process integration*. Opta-se por trabalhar como camada para a troca de mensagens os padrões técnicos a serem adotados, para questão de componentes, o nível de abstração e a tecnicidade a ser encapsulada em cada componente.

» Dar diretrizes para as diversas metodologias e planos de trabalho da empresa que tenham forte dependência do desempenho da integração entre sistemas de informação. Para os que estão envolvidos com o desenvolvimento, a seleção e a implementação de sistemas de informação, definir procedimentos, técnicas e meios para interagir com a equipe que gerencia a camada de integração. Para a metodologia de avaliação e a seleção de empresas fornecedoras, ou seja, aquelas que vão compor o *supply chain* da empresa, definir critérios e parâmetros que permitam avaliar a capacidade tecnológica dessas em interagir conforme os padrões de integração requeridos pela empresa.

Figura 17.2 Técnicas para a integração entre sistemas de informação

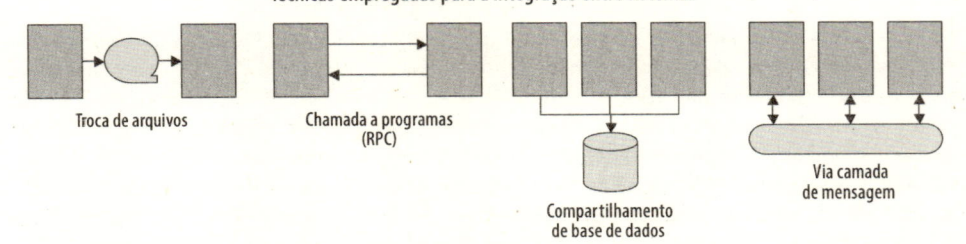

Fonte: Elaborado pelo autor.

A Figura 17.2 descreve algumas tecnologias empregadas para a integração entre sistemas de informação. A forma mais tradicional de integração é a que é realizada um a um, ou seja, aplicação a aplicação (*one-to-one approach*), que emprega para isso a técnica de troca de arquivo ou de chamada a programas. Na troca de arquivo, a aplicação remetente produz um arquivo de dados a ser compartilhado pela outra aplicação que vai lê-lo e processá-lo. Na chamada a programas, a aplicação solicitante invoca uma função que está em outra aplicação, da qual são passados os dados necessários para o processamento da aplicação invocada. Nessa abordagem, cada aplicação declara seus módulos de processamento (*procedures*), que podem ser invocados remotamente por outras aplicações. Há também técnicas alternativas para a integração de diversas aplicações, que empregam o compartilhamento de dados via banco de dados e a utilização de camadas de mensagens. Detalharemos nos parágrafos a seguir as arquiteturas de integração baseadas em mensagens por serem as mais recentes e, consequentemente, as menos difundidas e conhecidas das técnicas de integração.

As arquiteturas de integração baseadas em mensagens podem ser subdivididas em duas categorias: *message bus* e *hub-and-spoke*. Na arquitetura *message bus* de comunicação, todos os sistemas são interconectados em série, por meio do barramento ou *backbone* de comunicação disponibilizado por um servidor de integração. Por meio dele, as mensagens são transformadas, traduzidas e direcionadas entre as aplicações interconectadas. Nesse método, cada aplicação tem no seu interior (no seu conjunto de software) o componente de integração para se comunicar com o barramento que implementa a camada de integração. A arquitetura *hub-and-spoke* implica a conexão das aplicações por meio de um servidor de integração central, um *integration server*, que trabalha com subscrição e publicação dos sistemas de informação que estão a ela conectados. O sistema para troca de mensagens se encarrega da comunicação, da tradução dos dados e do processo de interação. Ao contrário da arquitetura *message bus*, no sistema *hub-and-spoke*, o componente de integração de cada aplicação deve estar embutido não apenas na própria aplicação, mas também no conjunto de softwares que compõem a camada de integração, isto é, no *message broker.*[5]

A decisão de qual arquitetura de integração empregar depende do mix de aplicações da empresa, das necessidades de comunicação entre essas e dos recursos de TI disponíveis. A arquitetura *hub-and-spoke* é mais apropriada para empresas com recursos moderados de TI e com poucos sistemas e volume de transações de negócio. Traz, ainda, a vantagem de simplificar a administração do ambiente de integração; por outro lado, traz o aumento do risco em função de falhas nesse ambiente central. A arquitetura *message bus* é mais complexa e difícil de ser gerenciada, mas é mais apropriada para ambientes que envolvam dúzias ou mesmo centenas de sistemas de informação com grande volume de transações efetuadas, apresentando maior escalabilidade (capacidade de atender a demandas crescentes de SI a serem integradas) e melhor desempenho.

Não há uma técnica que possa ser considerada a melhor para uma organização; cada uma tem vantagens e desvantagens. O que é viável é a seleção da técnica mais apropriada para cada nova oportunidade de integração. As aplicações podem se integrar com o emprego de múltiplas técnicas de integração, de maneira que se obtenha vantagens daquela que melhor atende a cada nova demanda. Assim, a camada de integração entre sistemas de informação pode ser entendida como um ambiente híbrido composto por diferentes técnicas de integração.[6]

Todas as tecnologias e assuntos abordados até aqui neste capítulo são direcionados à entrega de informações e conexões entre diferentes sistemas de informação. Tecnicamente, elas podem compor diferentes arquiteturas de camada de integração, também denominada por alguns pesquisadores como camada de transporte. O papel da tecnologia na gestão por processos de negócios é muito mais amplo do que conectar ou entregar dados entre sistemas. No Capítulo 10, analisamos requisitos técnicos para o gerenciamento e a operação dos processos de negócios; na Figura 10.1 há a representação gráfica desse ambiente denominado camada para a gestão por processos. Entre a camada de integração e a camada de gestão por processos há muitas outras ações requeridas para um ambiente de gestão por processos de negócios. Não há uma taxonomia definida para esse tipo de solução, há diferentes representações conforme o objeto e o interesse de cada pesquisador ou autor. O Butler Group definiu cinco camadas, conforme podemos observar na Figura 17.3. A camada de transporte já foi exaustivamente discutida neste capítulo, assim como a

---

[5] SANCHEZ, E.; PATEL, K.; FENNER, J. Integration powered by e-business, *Information Week*, Manhasset, v. 839, pp. 45–50, mai. 2001.

[6] HOHPE, G.; WOOLF, B. *Enterprise integration patterns:* designing, building, and deploying messaging solutions. Addison Wesley, 2003.

camada de gestão por processos no Capítulo 10. Nos parágrafos a seguir, são comentadas as principais atividades realizadas pelas três outras camadas: transação, transformação e tempo.[7]

Figura 17.3 Camadas requeridas para um ambiente de gestão por processos de negócios

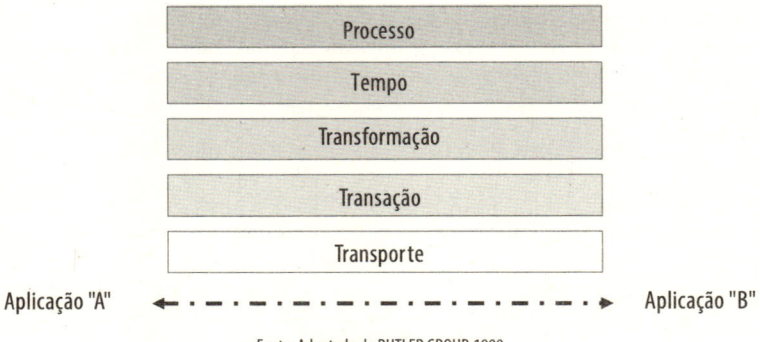

Fonte: Adaptado de BUTLER GROUP, 1999.

Conforme a conceituação de transação de negócio apresentada no Capítulo 4 e com sua notação descrita ao final do Anexo D, uma transação é um conjunto de atividades apoiadas por um protocolo especial de comunicação que assegura que todas as atividades foram executadas com sucesso ou canceladas. A camada de transação deve lidar com o gerenciamento e a integridade das transações executadas por meio da integração entre aplicações. Para assegurar a integridade da transação executada em tempo real, as integrações devem ser monitoradas dentro do princípio de transações distribuídas: mecanismo de tolerância a falhas, *two-phase commit*, *recovery*, entre outros recursos. Essa camada deve ter recursos técnicos para atender satisfatoriamente às seguintes questões:

» Como as transações distribuídas são gerenciadas?

» Como a integridade da transação é assegurada?

» Como o estado da transação é gerenciado?

» Quais mecanismos são utilizados para a identificação da quebra de conexão entre aplicações?

» Como as falhas são identificadas?

» As trocas de informação entre aplicações devem ser registradas?

» Como analisar as transações realizadas em termos de tempo e frequência?

A camada de transformação lida com a conversão das informações a serem trocadas entre aplicações. Na aplicação remetente, os dados do cliente podem estar definidos em uma estrutura de dados totalmente diferente da aplicação destino — por exemplo, nome e endereço com quantidade de atributos diferentes e/ou formatos e tamanhos diferentes. As atividades de transformação vão muito além da conversão dos formatos e tipos dos atributos envolvidos na comunicação e dos protocolos de comunicação utilizados pelas aplicações envolvidas. A semântica das informações é outro aspecto muito importante a

---

[7] BUTLER GROUP, 1999.

ser considerado na integração dos processos de negócios. Na aplicação remetente, o cliente pode ser definido como qualquer pessoa que comprou de nós nos últimos seis meses, enquanto na aplicação destino ele pode ser qualquer um que tenha realizado compras com valor superior a um valor predefinido. A validação dos dados deve verificar não apenas o tipo e o formato dos dados, mas também o conteúdo a ser transmitido, definindo se essas análises devem ser realizadas antes de as informações serem encaminhadas, durante o processo de transformação ou no recebimento da aplicação destino.

Tecnicamente, essa camada lida com o mapeamento sintático e semântico da comunicação que ocorre entre dois sistemas. Segundo a ciência linguística, a sintaxe abrange as regras para o posicionamento e a ordenação das palavras dentro da estrutura da frase, enquanto a semântica envolve o estudo da evolução do sentido das palavras através do tempo e do espaço. Dessa forma, transpondo esses conceitos à ciência da computação, as atividades da camada de transformação relacionadas à sintaxe compreendem a compatibilização dos *layouts* das estruturas de dados dos sistemas que necessitam comunicar-se entre si, atendo-se ao formato e à ordem dos diversos atributos que compõem cada uma das estruturas de dados. Quanto à semântica, a camada de transformação deve se ater aos valores possíveis de serem assumidos por cada um dos atributos das estruturas de dados, interpretando significados de interesse para o negócio a partir da mudança de estado desses atributos.

A camada de tempo determina quando as aplicações devem interagir e, para isso, trabalha com diversos mecanismos para o acionamento de aplicações: lista de interações preestabelecida, identificação de eventos para disparo de interação e modelo de interação. Todos são autoexplicativos, com exceção do último mecanismo. O modelo de interação descreve como a interação entre duas aplicações deve acontecer:

» **Solicitação e resposta:** A aplicação "A" interage com a "B" e fica aguardando uma resposta, ou seja, ela não prossegue com o processamento enquanto "B" não responder.

» **Conversacional ou síncrona:** As aplicações realizam interações intensas, ou seja, alta frequência de trocas de informações. A resposta deve ser recebida antes de o processamento continuar.

» **Assíncrona:** Como uma resposta para mensagem não é requerida, a remetente continua seu processamento independentemente de resposta.

» **Publicação e subscrição:** Uma aplicação publica um evento que outra aplicação anônima pode estar subscrevendo para a primeira.

O alinhamento dos diversos aspectos tecnológicos e de negócios requeridos para a implementação de um ambiente eficiente para a gestão por processos de negócios não é algo simples de ser obtido. No final do livro, há diversas análises sobre as implicações para entrega desse ambiente nos diferentes ambientes de negócios. As reflexões são feitas a partir da descrição de alguns cenários de negócios que se diferenciam em relação à maturidade da cadeia de empresas para cooperar na operacionalização de processos de negócios e no domínio e na capacitação tecnológica.

Voltando ao tema tecnologia, o principal objeto de estudo deste capítulo, um tópico muito importante para que as empresas estejam aptas ao ambiente de gestão por processos de negócios é a consciência organizacional da importância de disponibilizar e gerenciar um ambiente de integração capaz de atender rapidamente, e com baixo custo, à diversidade de integrações entre sistemas de informação requeridos pelo dinâmico ambiente de negócios. A abordagem tradicional de orientar os esforços conforme a necessidade de integração entre duas aplicações é uma prática que inibe o desenvolvimento de ambientes eficazes tanto de integração tecnológica quanto de atendimento aos requisitos do negócio. Os ambientes considerados capazes de responder dinamicamente à demanda do negócio são caracterizados por infraestruturas tecnológicas flexíveis e padronizadas que permitem a conexão e a combinação de sistemas de informação tradicionais (legados), serviços baseados em softwares (*web services*), aplicações disponíveis na internet (*web applications*), bases de dados, entre outros componentes, de modo que componha aplicações virtuais que possam atender às necessidades de inovação dos ambientes de negócios.

Enquanto a natureza humana tende a nos manter nas atitudes e nos comportamentos que conhecemos e nos quais nos sentimos mais confortáveis, é um erro para as organizações que atuam em ambientes de negócios complexos e dinâmicos permanecer na abordagem tradicional de integração entre sistemas de informação um a um. Os profissionais de negócios não representam problema ou fonte de resistência para a implementação das novas arquiteturas de integração entre sistemas de informação, uma vez que eles são os maiores prejudicados no modelo atual e estão desejosos por ambientes mais flexíveis. Os profissionais que devem receber maior atenção em termos de mudanças de cultura e comportamento são os especialistas em informática, responsáveis pelo desenvolvimento das atuais soluções de integração entre sistemas de informação. O CIO deve conduzir esses profissionais a uma nova maneira de entender a questão da integração entre sistemas, dando ênfase a três aspectos:[8]

» **Integração do negócio *versus* integração de aplicações**: Integração de processos é uma abordagem estratégica, estruturada de cima para baixo, por meio da implementação de uma camada de regras de negócio que conecta aplicações com o objetivo de atender aos processos de negócios. Ao contrário desse método, a abordagem de integração tradicional entre aplicações está estruturada de baixo para cima, por meio da construção de códigos de programa que permitem conectar aplicações. Quando a organização necessita se mover rapidamente para criar modelos de negócios diferenciados, é simplesmente inviável aplicar o processo tradicional de integrar aplicações por meio da construção ou reestruturação de softwares de integração. Para essas situações, o método mais eficiente para alinhar sistemas de informação com a demanda do processo de negócios é utilizar uma infraestrutura flexível que desempenhe o papel de camada de integração entre os sistemas de informação.

» **A pouca flexibilidade dos programas específicos para integração**: Quanto mais especializada for a solução para a integração entre sistemas de informação, maior será seu desempenho e maior serão os esforços para sua construção e alteração. Como o ambiente de negócios torna-se cada vez mais dinâmico, aumenta a necessidade de reorganização e alteração da composição dos sistemas de informação, o que implica a demanda por alterações dinâmicas no ambiente de integração entre os sistemas de informação. Conexão via software especializado não é uma solução apropriada para os atuais ambientes de negócios, cada vez mais dinâmicos.

» **Conectar *versus* codificar:** A diferença entre conectar e codificar deve ser bastante clara. Em um ambiente cujo foco está na integração do negócio, criam-se muitos serviços na forma de softwares — por exemplo, *web services* — que desempenham funções de negócios específicas e reutilizáveis em vários processos de negócios. Esses podem ser conectados e compostos em um número ilimitado de alternativas, tanto de comunicação técnica quanto de composição para atendimento de fluxos de trabalho variados. A abordagem de conectar software por meio de uma camada de integração elimina a necessidade de integrar aplicações específicas uma a uma, via solução de "baixo nível", isto é, por meio da construção de programas específicos para a integração de aplicações. A situação oposta, ou seja, a solução de "alto

8 HURWITZ, J. From application integratioxn to business integration, *CIO Magazine*, 22 abr. 2003. Disponível em: <http://www2.cio.com/analyst/report1270.html>. Acesso em: 20 jan. 2004.

nível", seria o atendimento dos novos requisitos do negócio por meio do apontamento ou da reorganização dos serviços digitais mediante o ambiente gráfico e intuitivo da camada de integração, sem a necessidade de desenvolver programas ou outros artifícios para integração de softwares. Os ajustes de definição das regras de negócio que coordenam esses serviços digitais ocorrem com a parametrização de condições, eventos e ações especificadas no ambiente de controle do processo de negócios, diretamente acoplado à camada de integração.

Desenvolver a cultura técnica dos especialistas em informática nas novas arquiteturas de integração entre sistemas de informação é um importante desafio organizacional com forte reflexo na capacidade de as organizações realizarem a gestão eficiente de seus processos de negócios. O pouco conhecimento desses especialistas quanto ao problema de integração dos processos de negócios ficou muito evidente em uma pesquisa realizada em outubro de 2003, pela BZ Research, com 433 gerentes de desenvolvimento de software que atuam nos Estados Unidos. O instrumento de pesquisa continha uma questão em que havia 19 frases que supostamente podiam descrever o termo "integração de negócios"; e solicitava-se ao entrevistado que assinalasse as frases que melhor conceituassem o termo. A questão permitia múltipla escolha.

A "integração de negócios" foi interpretada de diferentes maneiras, como podemos observar na Figura 17.4, que consolida e descreve as respostas dadas pelos 433 entrevistados. A frase mais citada como sinônimo de solução para a integração de processos foi "*enterprise application integration* (EAI)", com 68% das respostas. Em seguida, foram selecionadas as opções "Compartilhamento dos dados empresariais no formato XML", citada por 41% das pessoas, e "*electronic data interchange* (EDI)", citada por 39%. Ainda houve sete outras frases selecionadas por 30% ou mais do universo dos respondentes. São frases relacionadas direta ou indiretamente à questão da integração, mas que retratam soluções tecnológicas totalmente distintas em termos de escopo, propósito e resultados gerados. Os resultados da pesquisa mostram que há uma considerável confusão quanto ao entendimento do que seja integração, mesmo entre os profissionais mais experientes do segmento.[9]

Figura 17.4 Respostas assinaladas à pergunta: "Qual das seguintes frases melhor representa seu entendimento sobre a integração de negócios?"

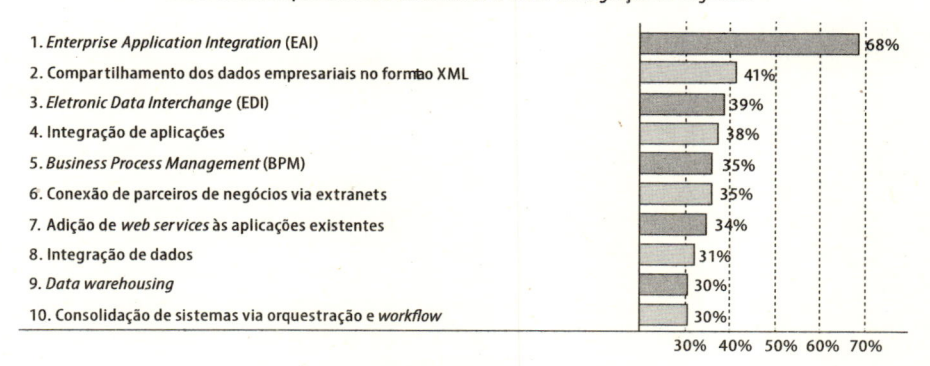

Fonte: BZ Research (out. 2003).

---

[9] ZEICHICK, A. Development managers confused about "BI", *Software Development Times*, Nova York, p. 3, 15 nov. 2003.

TEXTOS COMPLEMENTARES

 A maioria dos textos disponíveis sobre ambientes de integração entre sistemas de informação utiliza o título de *enterprise application integration* (EAI). Neles são discutidos principalmente aspectos tecnológicos. Do ponto de vista administrativo, a análise da interferência das tecnologias de integração no ambiente de negócios pode ser encontrada pela designação de *business process integration*.

QUESTÕES PARA REFLEXÃO

1. No ambiente de negócios cada vez mais colaborativo, é possível uma organização selecionar algumas tecnologias de integração com as quais pretende trabalhar?

2. E quanto à integração interna (A2A) do seu portfólio de sistemas de informação, é possível definir e priorizar alguns padrões de integração?

3. Como os padrões de tecnologia da informação, mais especificamente os relacionados à integração entre sistemas de informação, podem ser utilizados na definição de critérios para análise e seleção de fornecedores das grandes corporações?

Capítulo 18

Estudo de caso em integração dos processos de negócios

Para ilustrar o contexto "ambiente de integração", ao descrever seus diversos recursos, apresentamos neste capítulo um estudo de caso que retrata a formação de um CCIS. O caso é relativo a uma empresa brasileira de telecomunicações. As empresas de telecomunicações, em especial as que atuam no segmento de telefonia, têm investido muito na integração entre sistemas de informação. Uma forma rápida de verificar o uso intensivo desse recurso nesse segmento é pesquisar a lista de clientes dos principais fornecedores de soluções BPMS ou EAI. Uma justificativa para um esforço tão concentrado em integração é o uso de softwares nesse segmento não apenas no apoio, mas principalmente nas atividades operacionais do seu *core business*, além da regulamentação do setor que impõe diversas obrigações que requerem a integração entre sistemas.

18.1 A empresa de telecomunicações GVT (dados relativos a março de 2003)

A GVT é uma empresa holandesa composta por três grandes grupos internacionais de investimentos: 60% de capital europeu, via Magnum Group; 28% de capital israelense, do IDB Group; e 12% de capital norte-americano, por meio do Merrill Lynch Group. No mercado brasileiro, a GVT atua desde 1999, quando obteve autorização da Agência Nacional de Telecomunicações (Anatel) para operar na área de telefonia. No Brasil, a GVT tem 160 estações de rádio base, 1.000km de fibra óptica, gerenciadas por 1.400 funcionários. Essa estrutura é utilizada para atender 270 mil usuários de telefonia fixa. A empresa apresenta um forte ritmo de crescimento, com a venda de mil linhas de telefones por dia.

Os serviços de telefonia fixa da GVT atendem 54 cidades brasileiras, distribuídas em dez estados: Rio Grande do Sul, Santa Catarina, Paraná, Goiás, Distrito Federal, Mato Grosso, Mato Grosso do Sul, Acre, Tocantins e Rondônia. Além dos serviços de telefonia fixa, a GVT também presta serviços de acesso à internet e transmissão de dados.

18.2 O desafio da integração de processos na GVT

Dois fatores críticos das empresas de telecomunicações são a capacidade e a viabilidade técnica de gerenciar e operar seus serviços. A evolução da infraestrutura de telecomunicações para o ambiente digital fez da tecnologia da informação um componente extremamente importante para empresas que atuam nesse segmento. Softwares são empregados não apenas na retaguarda das operações, mas também na própria operação, nas atividades essenciais do negócio. Assim, a inoperância do sistema CRM criaria um impacto no processo de venda de novas linhas telefônicas; o mesmo efeito ocorre quando o sistema de provisionamento está inoperante.

A GVT considerou a importância estratégica da TI para sua operação desde o planejamento de sua estruturação inicial. Foi dada grande importância ao estabelecimento de uma arquitetura de sistemas de informação funcionalmente eficaz e integrada. Essa arquitetura proposta foi disponibilizada em outubro de 2000, na qual se destacavam os seguintes sistemas de informação corporativos:

» Sistema de gerenciamento do relacionamento com os clientes (CRM): tem como objetivo permitir que a empresa atue de forma bastante próxima e estratégica no relacionamento com os clientes. Para implementar essas funcionalidades, a GVT implantou a solução CRM da Siebel.

» Sistema de faturamento (*billing*): visa ter uma plataforma robusta e confiável de apoio aos processos de faturamento. Para implementar essas funcionalidades, a GVT adotou a solução Arbor, desenvolvida pela empresa CSG Systems.

» Sistema de provisionamento: voltado à administração do inventário da rede interna. Para implementar essas funcionalidades, a GVT implantou a solução Metasolv.

» Sistema de informação geográfica (GIS): voltado ao controle de inventário da rede externa. Para implementar essas funcionalidades, a GVT implantou a solução Sagre, desenvolvida pela empresa CPqD.

» Sistema de gerenciamento de equipes: tem como objetivo coordenar de forma efetiva a programação e as atividades da equipe de técnicos de campo. Para implementar essas funcionalidades, a GVT implantou a solução de *workforce management* — SGE, desenvolvida pela empresa CPqD.

A forte interdependência lógica entre as atividades desses sistemas fez a equipe de TI da GVT, responsável pela montagem e disponibilização do portfólio de sistemas de informação, apontar a solução a ser adotada para a integração entre sistemas como um componente de alto risco para todo o ambiente informacional. Esse risco, em janeiro de 2000, era caracterizado por:

» Tempo exíguo para planejar, montar e disponibilizar a solução de integração. A empresa necessitava ter os processos de venda, a instalação e o faturamento operando de forma integrada e automatizada, por meio da interação eficaz dos novos sistemas de informação implementados em outubro de 2000.

» Pouco conhecimento técnico da equipe e dos próprios profissionais de TI sobre as inovadoras soluções para a integração entre sistemas; nesse período, essas soluções eram centradas em softwares EAI (*Enterprise Application Integration*).

O projeto de ambiente de integração da GVT está entre os primeiros casos brasileiros em termos de abrangência de escopo e complexidade:

» Os sistemas de informação a serem integrados eram todos críticos ao negócio, com influência direta na percepção do cliente em relação aos serviços da empresa e com implicações diretas no resultado financeiro desta.

» Além de prazo exíguo, do risco do desconhecido e complexo e da natureza crítica dos sistemas envolvidos, a equipe de TI ainda compartilhava seu tempo no apoio a outros 17 projetos de TI em andamento. Esses eram conduzidos por diversas equipes de trabalho, que envolviam 250 profissionais.

Na Figura 18.1 podemos observar que há dois meios principais empregados para a troca de dados na arquitetura entre sistemas de informação da GVT: os principais sistemas corporativos já descritos trocam dados entre si por meio de uma seta bidirecional, que representa o software para gerenciamento de mensagens da Vitria, solução adotada pela GVT para compor o ambiente de troca de dados via camada de mensagens. As demais integrações ocorrem por meio de chamada a programas, ou *call interface*, representadas por uma seta fina, conforme descrito na legenda do gráfico.

Das razões administrativas descritas ao longo do livro como causas para a forte demanda por soluções de integração entre sistemas, diversas delas se aplicaram ao contexto da GVT. Optou-se, por exemplo, pela estratégia *best of breed* para a definição do portfólio de sistemas de informação corporativos, tanto que não há um sistema que seja preponderante sobre os demais; pode-se observar isso pela descrição da solução ERP na Figura 18.1, pois ela abarca apenas algumas funcionalidades. A empresa também priorizou a compra de sistemas prontos. Todos os sistemas representados na Figura 18.1 por um retângulo sobreposto representam os sistemas internos de posse da GVT; esses, na totalidade, são sistemas de informação comercializados por fornecedores de softwares nacionais e internacionais que estão entre os líderes nos segmentos de software. A entrega de serviços consolidados aos clientes também foi um forte motivador da solução, conforme poderemos notar no exemplo do processo de negócios "Atender à solicitação de instalação de nova linha de telefone", analisado na Seção 18.4.

Figura 18.1 Arquitetura de integração entre os sistemas de informação corporativos da GVT

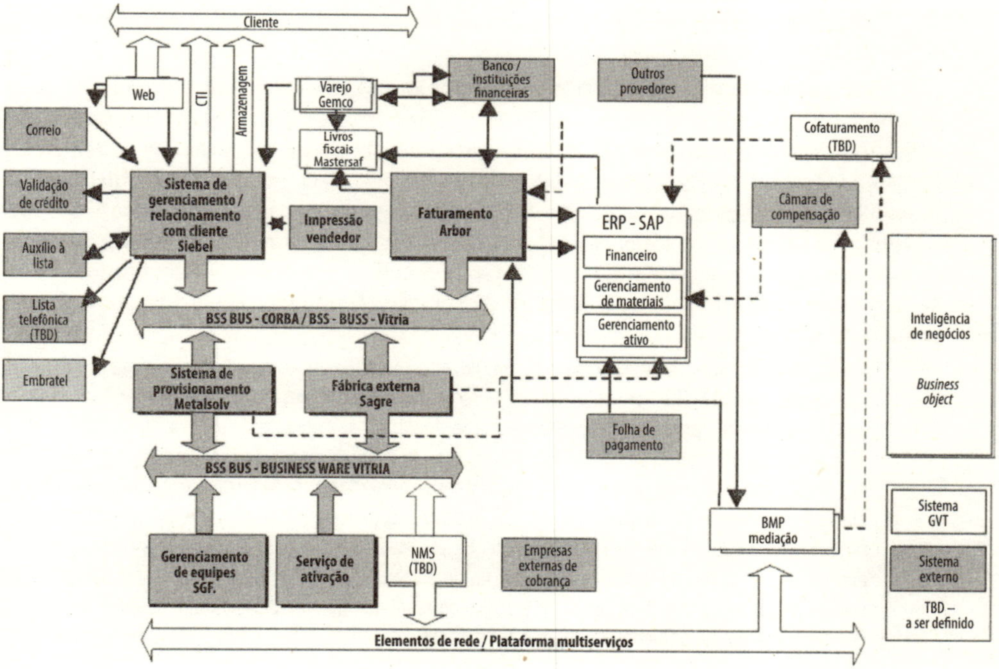

Fonte: Elaborado pelo autor.

18.3 O projeto de integração entre sistemas da GVT

O projeto da GVT surgiu da ideia de criar um ambiente de integração entre os sistemas de informação corporativos críticos à operação do negócio, aqueles voltados aos processos de venda, à instalação e ao faturamento. O objetivo principal desse componente importante da estratégia de TI da GVT, na época denominada de solução EAI, foi evitar problemas tecnológicos para a troca de dados entre sistemas. Essa demanda tecnológica, ou seja, camada de integração via EAI, foi descrita com os seguintes requisitos:

» Integrar sistemas por meio de arquitetura de comunicação com base em mensagens.

» Evitar integrações isoladas ou individuais entre dois sistemas.

» Trabalhar com os adaptadores pré-construídos e disponibilizados pelas camadas de integração (softwares EAI) para os principais sistemas de informação comercializados, evitando, assim, esforços para a integração entre sistemas.

» Ter uma central de controle para acompanhamento de processos de negócios que envolvam diversos passos, executados por múltiplos softwares em múltiplas plataformas tecnológicas.

» Assegurar que os objetos da camada de integração (componentes de integração, regras para tratamento de eventos) sejam flexíveis o suficiente para atender ao dinamismo do ambiente de negócios, permitindo, por exemplo, a reutilização e a modularidade.

» Tratar a troca de dados entre as diferentes gerações de sistemas: *real-time, e-business, online* e *batch*.

A integração entre os sistemas de informação corporativos selecionados se deu em fases, devido ao número significativo de interações necessárias, em momentos distintos, para eventos diferentes e com ações específicas. As integrações por meio do ambiente desenvolvido ocorreram ao longo do tempo, à medida que a camada de integração era configurada para reconhecer e tratar os diversos eventos de negócio que requeriam interação entre sistemas. Apresentamos a seguir a evolução cronológica do desenvolvimento da camada de integração da GVT:

» A versão um foi entregue em novembro de 2000 e tinha como foco principal a integração entre os sistemas de faturamento, CRM, provisionamento, gerenciamento de equipes e GIS. Nesse estágio havia dois ambientes de integração: a camada de integração do Vitria e o ambiente de integração no CORBA. O primeiro ambiente tratava da conexão de três eventos de comunicação da área de engenharia: sistema de provisionamento, sistema de informação geográfica e gerenciamento da força de trabalho. O segundo ambiente tratava de 13 eventos de comunicação da área comercial, que ocorriam entre os sistemas de faturamento e CRM. Não havia comunicação entre esses dois grupos de sistemas. A existência de dois ambientes de integração ocorreu em função da urgência de sua disponibilidade e incompatibilidade com os prazos estimados para aquisição e aculturamento no ambiente Vitria. Assim, optou-se por iniciar a construção do ambiente de integração no CORBA, que já estava disponível e era de domínio da equipe GVT.

» A versão dois foi entregue em fevereiro de 2001, com o objetivo de integrar na plenitude as comunicações entre os sistemas comercial e da engenharia. Nesse estágio, ainda coexistiam as duas camadas de integração, que, juntas, tratavam de 26 eventos de negócio.

» A versão três foi entregue em setembro de 2001, cujo objetivo da camada de integração era abranger o tratamento de outras ordens de serviços, como mudança de endereço e adição de serviços. Nesse estágio, todos os eventos passaram a ser integrados por meio do ambiente Vitria, que tratava de 48 eventos de negócio.

» A versão quatro foi entregue em novembro de 2001, com o objetivo de integrar por meio da camada os eventos de comunicação com sistema SWITCH, que é a própria central de comutação. Após a liberação dessa versão, a camada de integração passou a tratar de cinquenta eventos de negócio.

Para melhor compreendermos os esforços necessários para a implementação de um ambiente de integração, apresentamos na Tabela 18.1 o tempo que os profissionais especializados dedicaram para cada uma das fases da solução da GVT. Esses recursos foram utilizados para configurar o ambiente ao tratamento de eventos da camada de integração e para construir componentes de integração entre os sistemas que se comunicam via camada de integração. Essa última demanda foi reduzida em virtude de a maioria dos sistemas ser amplamente difundida no mercado e já ter componentes (*drivers*) incorporados ao ambiente Vitria.

Tabela 18.1 Homens/hora demandados para a entrega da solução de integração da GVT

Fase da solução	Profissionais envolvidos	Dedicação do profissional
Versão 1	Para a camada CORBA:	
	- Cinco engenheiros	5 meses
	Para a camada Vitria:	
	- Três engenheiros	21 dias
	- Um consultor Vitria	21 dias
Versão 2	Para a camada CORBA:	
	- Quatro engenheiros	3 meses
	Para a camada Vitria:	
	- Seis engenheiros	3 meses
Versão 3	Para a camada Vitria:	
	- 12 engenheiros	5 meses
Versão 4	Para a camada Vitria:	
	- Três engenheiros	1 mês

Fonte: Elaborado pelo autor.

Para cada evento de negócio que gera interação entre sistemas de informação, é necessário executar um conjunto de atividades de forma que essa interação ocorra via camada de integração. Apresentamos a seguir a metodologia empregada pela equipe do projeto, descrevendo suas fases e as técnicas empregadas em cada uma delas:

» **Análise de requisitos:** Identifica e analisa as necessidades de negócio junto às diversas áreas da empresa, entrevistando clientes internos da TI, localizados nas diversas áreas de negócios envolvidas com o processo. As informações são formalizadas e estruturadas por meio de textos. Essa atividade é conduzida principalmente por analistas de negócios e tem como objetivo principal formar um entendimento comum entre todos os envolvidos com os requisitos do projeto. A abordagem utilizada baseia-se na análise de processos.

» **Projeto funcional da integração:** Formaliza os requisitos levantados na etapa anterior usando modelos lógicos. As principais técnicas empregadas são o diagrama de classe, o diagrama de evento e o caso de uso (*use case*).

> » **Projeto detalhado:** Refina os modelos lógicos com mais detalhes de implementação. As principais técnicas empregadas são o diagrama de colaboração e a descrição de eventos.

> » **Construção:** Codificação dos modelos gerados nas fases anteriores em linguagem computacional. As principais técnicas utilizadas nessa fase são as classes Java, C++ e CORBA IDL's.

> » **Teste de montagem:** Testa isoladamente se os eventos de negócio tratados são transmitidos de maneira adequada, ou seja, se os componentes de integração estão se comunicando corretamente. Esse tipo de teste é realizado pela própria equipe de desenvolvimento.

> » **Teste integrado:** Testa a solução de integração sob a ótica do cliente, ou seja, do processo de negócio (fim a fim). Esse tipo de teste é realizado por uma equipe especial de teste integrado que envolve os usuários finais de todas as áreas envolvidas com o processo.

18.4 Exemplos de aplicação prática do ambiente de integração da GVT

Como exemplo de aplicação prática da camada de integração entre sistemas de informação disponibilizados, descreve-se a seguir a utilização dessa camada na integração de diversos softwares utilizados para a execução do processo Atender à Solicitação de Instalação de Nova Linha de Telefone. A Figura 18.2 apresenta um diagrama com os principais eventos de negócio que demandam a integração entre sistemas de informação. Nesse exemplo, a maioria das trocas de dados da integração entre sistemas ocorre por meio do software de gerenciamento de mensagens. Descrevemos a seguir os eventos tratados pelo processo e as tecnologias envolvidas.

O processo de venda se inicia quando um potencial cliente liga para o *call center* da GVT e solicita a contratação de serviço de uma linha telefônica. Por meio da solução CRM, o atendente abre uma conta para esse cliente. Uma conta representa um cliente e contém informações dele em seu cadastro. Na sequência, verifica-se se o endereço informado está localizado em uma área de cobertura da GVT. Para isso, é necessário acessar a base de dados do sistema GIS. A troca de dados entre os sistemas CRM e GIS ocorre por meio de um programa de interação do tipo *call interface*, que na Figura 18.2 está denominado como **verifica cobertura**. Caso a área solicitada não seja atendida pela GVT, o processo é encerrado, e o cliente é assinalado como *prospect*. Para isso, altera-se o valor de um dos atributos que qualificam a conta. Caso contrário, abre-se uma ordem de serviço (OS) para o cliente em questão. Uma OS representa um pedido do cliente — por exemplo, OS de instalação de linha ou OS de alteração de endereço.

Depois que as informações do cadastro do cliente (conta) e do pedido (OS) estiverem preenchidas, o atendente solicita ao sistema CRM o provisionamento da OS. Por meio desse evento, o conector[1] da solução CRM com o sistema de gerenciamento de mensagem dispara dois eventos assíncronos: **conta criada** e **OS criada**. A solicitação do provisionamento com o disparo desses eventos caracteriza o encerramento do processo de venda e o início do processo de instalação.

---

[1] Para cada sistema externo (Siebel, Arbor, Metalsov etc.) existe um conector ou adaptador que traduz informações de um formato específico (sistema externo) para um formato-padrão (Vitria).

Figura 18.2 Integrações entre sistemas de informação para
Atender à Solicitação de Instalação de Nova Linha de Telefone

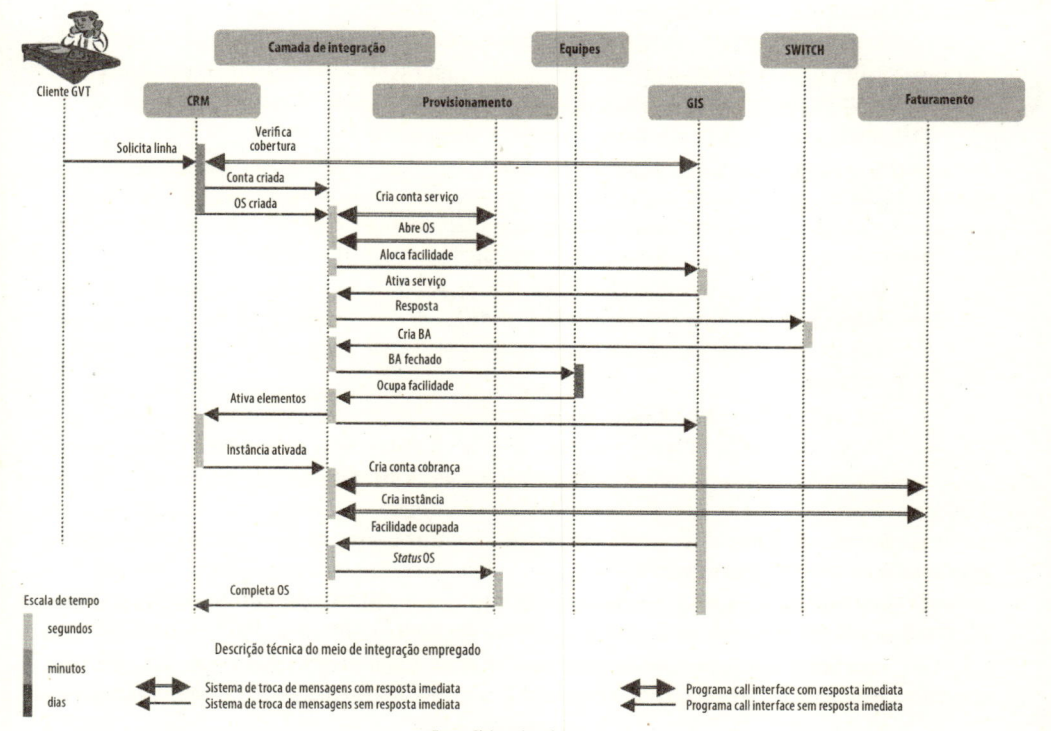

Fonte: Elaborado pelo autor.

Assim que a camada de integração detecta a recepção de uma nova mensagem de **conta criada**, o sistema de gerenciamento de mensagem, por meio de seu ambiente de regras para tratamento de eventos, verifica as ações pré-programadas para tratar esse tipo de evento. Nesse caso, a lógica da camada de integração é disparar o evento **cria conta serviço**, que é uma transmissão de dados para o sistema de **provisionamento** de serviços. Da mesma forma, quando a camada de integração percebe o recebimento de uma nova mensagem de **OS criada**, o sistema de gerenciamento de mensagem dispara:

» O evento **abre OS**, que também fará uma transmissão de dados para o sistema de **provisionamento**.

» O evento **aloca facilidade** transmite dados ao sistema GIS, responsável por reservar a facilidade. O termo **facilidade**, no âmbito das telecomunicações, significa o recurso físico que possibilita o acesso do cliente assinante à rede de telecomunicações fixa. As facilidades são encontradas nos armários externos, espalhados pelas ruas das cidades. Para cada telefone fixo, deve existir uma **facilidade** disponível.

Como o sistema GIS informa à camada de integração com que a facilidade foi alocada, ela dispara o evento **ativa serviços**. A camada envia dados que permitem que o sistema SWITCH, a central de comutação, faça a ativação automática do serviço da linha telefônica na central da GVT. A camada de integração, ao receber uma resposta do sistema SWITCH e confirmar que a linha telefônica é ativada na central, dispara o evento **cria BA**, que transmite dados para o sistema de gerenciamento **equipes** e lhe permite abrir um boletim de atividade (BA). Esse documento contém todas as informações necessárias para que o técnico de campo possa realizar a instalação da linha telefônica. O tempo decorrido desde o preenchimento dos dados da OS pela atendente até a geração do BA está na escala de minutos. Antes da implementação da camada de integração entre sistemas, esse tempo girava em torno de dias, e a ocorrência de inconsistências na base dos sistemas era elevada.

Depois que o evento **cria BA** é gerado, a camada de integração aguarda até o encerramento do BA, por meio da identificação do evento **BA fechado**. Este é gerado pelo sistema **equipes** após alguns poucos dias, quando ocorre o informe dos técnicos de campo de que a linha telefônica está instalada e testada no local indicado pelo cliente. Por ocasião da ocorrência desse evento, a camada de integração dispara alguns eventos:

- » **Ocupa facilidade**: Solicita ao GIS a ocupação da facilidade que fora previamente alocada pelo evento **aloca facilidade**. Após o GIS alterar o *status* da facilidade de reservado para ocupado, esse sistema informa à camada de integração que a facilidade já está designada; para isso, dispara o evento **facilidade ocupada**.

- » **Ativa elementos**: Remete dados para o sistema CRM e informa que tanto os serviços solicitados pelo cliente quanto os descritos na OS já foram realizados. O sistema CRM, ao receber esses dados, atualiza seus dados internos e, no final, dispara o evento **instância ativada**.

De forma objetiva, uma instância representa um ponto de acesso à rede de telecomunicações, ou seja, uma linha telefônica. A detecção do evento **instância ativada** pela camada de integração significa que a linha telefônica foi instalada com sucesso e já pode ter início o processo de faturamento. Para isso, a camada de integração dispara os eventos:

- » **Cria conta cobrança**: Fornece informações cadastrais de faturamento para o sistema **faturamento**, ou seja, a camada de integração solicita a abertura de uma conta de cobrança no sistema **faturamento**.

- » **Cria instância**: Com esse evento, a camada de integração solicita ao sistema **faturamento** a criação de uma instância de serviço. A partir desse momento, o sistema **faturamento** está apto a gerar a fatura para o cliente.

Quando o sistema GIS informa à camada de integração que a facilidade já está ocupada, por meio do evento **facilidade ocupada**, a camada dispara o evento *status* **OS**, que envia dados para o sistema **provisionamento**, que atualiza sua base de dados e interage, via *call interface*, com o sistema CRM. Na Figura 18.2, essa interface é denominada **completa OS**. Esse evento indica que a OS foi provisionada completamente, ou seja, que todos os recursos de rede necessários para o serviço solicitado pelo cliente foram alocados, configurados e ativados. Esse evento encerra o processo de instalação.

Quando um sistema é acionado por um conector da camada de integração, o sistema acionado transmite o *status* da operação solicitada de volta à camada de integração. Por exemplo, se o sistema **provisionamento** não conseguir realizar sua transação, ele retornará à camada de integração um sinal de ocorrência de problema, que será comparado com os acionadores de evento disponíveis e disparará as ações pertinentes. Todos os eventos têm tratamento de erros que foram omitidos com o intuito de não dificultar o entendimento do exemplo com volumes excessivos de informações.

A utilização do ambiente de integração de processos de negócios, no apoio à execução do processo **atender à solicitação de instalação de nova linha de telefone**, trouxe ganhos qualitativos e operacionais. Descreveremos a seguir alguns indicadores do processo:

» O tempo para a ativação do serviço solicitado pelo cliente reduziu de dias para alguns minutos.

» Os esforços manuais para o provisionamento de serviços foram reduzidos em 60%.

» As reclamações dos clientes, devidas a inconsistências do processo, foram reduzidas em 80%.

18.5 Lições aprendidas a partir da experiência da GVT

As conclusões finais foram desenvolvidas a partir da experiência relatada pela empresa GVT, conciliadas com a pesquisa bibliográfica e a experiência técnica dos autores com relação ao tema. As análises finais foram estruturadas levando-se em consideração as empresas que analisam a possibilidade de iniciar um projeto de integração, as que já se decidiram e se prepararam para iniciar tal projeto e a análise do potencial de evolução da solução para aquelas que já o implementaram.

Do preparo prévio da organização para a implementação

Um importante questionamento que o administrador de SI deve fazer antes de decidir iniciar um projeto de integração é se a empresa, mais especificamente sua equipe de TI, está preparada tecnicamente para o desafio. Um dos principais parâmetros utilizados para mensurar o preparo dessa equipe é a análise das tecnologias e das técnicas empregadas pela organização na integração entre seus SI.

Ter domínio das tecnologias de componentes para a integração entre sistemas é fundamental às organizações que pretendem implantar um ambiente de integração. Como foi observado no caso da GVT, já havia *expertise* na integração via componentes, tanto que as versões 1 e 2 da camada de integração contemplavam integrações via CORBA. Dessa forma, uma importante recomendação para os administradores de SI que pretendem implantar solução de integração é assegurar que a equipe já tenha domínio da tecnologia de interfaces via componentes. Caso não haja essa *expertise*, é importante desenvolvê-la; para isso, não há necessidade de investimentos em softwares específicos, uma vez que os componentes podem ser criados por meio de softwares disponíveis na infraestrutura básica dos ambientes computacionais.

Do planejamento e condução do projeto

Considerando que a empresa já domine a cultura de interface via componentes, o próximo passo é planejar o projeto de implementação do ambiente de integração. Há alguns aspectos importantes a serem observados durante o planejamento. Para isso, estaremos referenciando os conhecimentos gerados a partir da experiência prática do caso GVT. Entre as principais lições aprendidas pela equipe GVT sobre a implementação de um ambiente de integração, destacam-se:

» Antes de iniciar um projeto de integração, é essencial que a equipe tenha profundo conhecimento e domínio da ferramenta e das técnicas a serem empregadas para o gerenciamento e a operação da camada de integração. No caso da GVT, a equipe de projeto selecionou a ferramenta Vitria, que era baseada em computação distribuída, tecnologia Java e orientação a objetos. A combinação desses conceitos contribui para a construção de arquiteturas modulares eficazes. Entretanto, para obter resultados efetivos dessa combinação, é essencial que o profissional de TI tenha formação acadêmica adequada e esteja plenamente capacitado. Realizar treinamento ao longo do projeto pode ser arriscado. A equipe-base de desenvolvimento da GVT era composta de três mestres em informática aplicada, três especialistas em computação, dois engenheiros de computação e três cientistas de computação, o que foi decisivo para o sucesso do projeto.

» Mesmo empregando as modernas ferramentas de integração, há a necessidade de se programar e construir códigos de programas. No início do projeto, havia a expectativa de ter a maioria das necessidades de integração resolvida por componentes, softwares pré-construídos e já disponibilizados pelo software que implementaria a camada de integração. Entretanto, observou-se que a customização desses inúmeros componentes de software exigiu níveis mais elevados de programação do que o previsto, principalmente para acessar as APIs proprietárias dos sistemas. Consequentemente, houve maior necessidade de *expertise* e esforço da equipe para desenvolver e gerenciar o código excedente.

» A ferramenta de integração deve ter mecanismos eficazes para o tratamento de erros no processo. Como o ambiente de execução dos SI e os próprios processos de negócios são de natureza complexa, é inevitável a ocorrência de erros, como falhas de software e hardware e atividades manuais que geram dados inconsistentes. Assim, a camada de integração deve monitorar permanentemente todos os processos do sistema, gerando com antecedência alertas para potenciais problemas, além de disponibilizar planos de contingência como recuperação de *backups*, reexecução de processos, redisparo, balanceamento e priorização de eventos de negócio.

» É muito importante que a solução de integração tenha facilidades para disponibilizar informações sobre a execução dos processos de negócios implementados por meio dela. Dessa forma, decisões gerenciais podem ser tomadas em função do desempenho de determinadas áreas de negócios — por exemplo, quantas ordens de serviço de instalação foram abertas nas últimas 24 horas. A visibilidade das informações, além de servir como indicador de desempenho, pode ser útil para diagnosticar eventuais falhas, como a ausência de eventos **cria conta** pode significar uma possível falha de algum componente da solução.

Não há muitos estudos de casos de qualidade publicados sobre ambientes de integração; o que existe são muitas histórias de sucesso (em muitos casos, material de marketing) publicadas por *software-houses*, que desenvolvem produtos relacionados ao tema, como softwares EAI, BPMS, *workflow*, entre outros. Uma boa forma de verificar as últimas publicações sobre o assunto é, a partir do motor de busca do Google, procurar pela frase Business Process Management Study Case. Surgirão muitas fontes de informação, então tome cuidado para fazer uma boa seleção inicial, distinguindo o que é material de marketing (histórias de sucesso) do conteúdo de valor em que se possa confiar, geralmente produções acadêmicas (estudos de casos) que tenham sido apresentadas em congressos ou publicadas em revistas com rigoroso processo de avaliação e seleção.

QUESTÕES PARA REFLEXÃO

1. Quantos e quais softwares foram necessários para a execução do processo Atender à Solicitação de Instalação de Nova Linha de Telefone?
2. O que acontece com o processo de negócios se um dos sistemas de informação envolvidos, por algum problema de natureza técnica, estiver "fora do ar"?

PARTE ▶ **IV**

O estágio atual da abordagem sistemática para a integração entre sistemas de informação no contexto brasileiro

PARTE IV – O estágio atual da abordagem sistemática para a integração entre sistemas de informação no contexto brasileiro

Nesta quarta e última parte, são analisadas as atitudes e as percepções dos acadêmicos e praticantes brasileiros que estão diretamente envolvidos com a questão das novas tecnologias da informação aplicadas à gestão por processos.

Do ponto de vista dos praticantes, são apresentados e analisados os dados de uma pesquisa realizada com executivos de informática (CIOs) de grandes corporações brasileiras. Apresentam-se as tecnologias adotadas, as abordagens praticadas, a percepção da organização e de seus CIOs, entre outras informações relacionadas à constituição dos ambientes para a integração entre SI. Dos acadêmicos, a partir de uma pesquisa dos principais meios de publicação científica nas áreas de administração e ciência da computação, identificou-se como a academia brasileira compreende os temas "gestão por processos" e "ambiente de integração entre sistemas de informação" e a relação existente entre eles.

No último capítulo, há uma análise de questões conceituais e práticas que devem estar presentes não só na estratégia e na operação das organizações, mas também na formação dos administradores e demais profissionais envolvidos com a gestão por processos.

Capítulo 19

Abordagem para a implementação da gestão por processos

Duas das principais literaturas sobre gestão por processos são os livros *Reengineering the corporation*, de Hammer e Champy,[1] e *Process inovation*, de Davenport.[2] Essas obras auxiliaram consultores, praticantes e acadêmicos a entender melhor os princípios e as técnicas para a implementação da gestão por processos. Neste capítulo, resgatam-se os métodos de trabalho propostos por esses autores para a implementação da gestão por processos, complementando-os e adaptando-os a partir das inovações tecnológicas, principalmente dos ambientes de integração e dos ambientes para a gestão por processos de negócios (BPM). Temos como objetivo subsidiar o leitor com os fundamentos necessários para iniciativas de orientação por processos de negócios. Outro objetivo por trás dessa iniciativa é proporcionar maior discernimento da necessidade de revisão do papel dos recursos de TI na gestão por processos.

Apresentamos a seguir um compêndio das abordagens para a reestruturação da organização por processos de negócios, ou seja, alteração do foco da gestão por processos de negócios, que resulta em uma gestão por processos de negócios. O texto a seguir não é uma metodologia detalhada e rigorosa, mas sugere atitudes importantes às organizações que queiram se estruturar por meio de processos de negócios.

19.1 Desenvolvimento da cultura de gestão por processos de negócios

É fundamental que o comitê diretivo da organização tenha um entendimento comum dos principais benefícios da gestão por processos e das principais restrições a serem superadas para sua implementação. Como há muitos meios que colaboram para esse propósito, destacamos quatro unidades de ideias desenvolvidas por Hammer e Champy.[3] Iniciamos pela unidade associada a desvantagens para o negócio em se ter **barreiras internas** entre áreas ou unidades de negócios da organização (intraorganizacional):

- » Fluxo de informações difuso e comunicação ineficaz.
- » Falta de visão geral do negócio.
- » Falta de responsabilidade clara sobre o produto final.
- » Maior alienação das pessoas.
- » Trabalho muito sequencial.
- » Os problemas só são percebidos no produto pronto.
- » Atrasos e demoras.
- » Duplicidade de esforços e retrabalho.
- » Falta de sinergia.

---

[1] HAMMER, M.; CHAMPY, J. *Reengineering the corporation*. Londres: Nicholas Brealey Publishing, 1997.

[2] DAVENPORT, T. H. *Process inovation*. Boston: Harvard Business School Press, 1993.

[3] HAMMER; CHAMPY, 1997.

» Inflexibilidade, pouca agilidade e tempo de ciclo grande.

» Dificuldades de visualizar as atividades que não agregam valor.

A seguir, eis a relação de desvantagens para o negócio em se ter **barreiras externas** à organização, ou seja, da organização para com as demais empresas com as quais a organização se relaciona (inter-organizacional):

» Todas as empresas envolvidas perdem em flexibilidade, tempo e competitividade.

» Dificuldades de negociação.

» Demora no atendimento ao cliente.

» Acúmulo de estoques e aumento de custos.

» Duplicidade de trabalhos.

» Necessidade de maior controle interno sobre a qualidade.

» Maior necessidade de investimento em qualidade e inovações.

» Minimiza as margens.

» Ineficiência no ramo como um todo.

As principais dificuldades para a **remoção das barreiras intraorganizacionais**:

» Competitividade interdepartamental e diferenças de culturas e métodos de trabalho.

» Disputas pelo poder.

» Falta de consciência sobre a responsabilidade sobre o trabalho final.

» Aumento de trabalho para alguns.

» Falta de visão do todo e dificuldade de compreensão dos objetivos.

» Falta de foco no cliente.

» Dificuldades de comunicação entre as áreas.

» Desconhecimento do trabalho de outros departamentos.

» Cultura de informações não compartilhadas.

» Necessidade de integração entre os sistemas de informação.

» Dificuldades de trabalhar em equipe.

» Necessidade de adaptação do ambiente de trabalho (*layout*).

As principais dificuldades para a **remoção das barreiras inter-organizacionais**:

» Dificuldade de visualizar que o processo começa e acaba fora da empresa.

» Padrões de comportamento inter-organizacional do tipo ganha-perde.

» Dificuldades de fazer prevalecer o espírito de parceria.

» Dificuldades de "abrir" as informações entre as empresas.

» Adoção de novas tecnologias.

» Visão focada nos próprios ganhos, em vez de na cadeia de valor.

» Dificuldades de integrar/entender culturas diferentes.

Há várias formas de desenvolver esse aprendizado organizacional: seminários, cursos, apresentação de casos de sucesso e visitas a empresas que já implementaram a gestão por processos são alguns dos meios que devem ser combinados para o sucesso dessa etapa.

Deve-se envolver não apenas o público interno da organização, mas também os principais interlocutores da organização: clientes, fornecedores e parceiros.

19.2 Identificação e seleção do processo de negócios

A fim de evitar riscos, sugere-se um processo de mudança não radical, ou seja, a melhoria de processos, em vez da reengenharia. Para as organizações que estão iniciando a gestão por processos, é interessante começar por um processo não crítico, reduzindo, assim, o estresse da equipe de projeto.

Nas organizações há muitos "desejos" por implementações de projetos que proporcionam oportunidades para a introdução da gestão por processos; normalmente eles se apresentam sob o rótulo de introdução de uma nova prática gerencial ou mesmo de um novo sistema de informação. Entre alguns exemplos de projetos que podem perfeitamente acomodar a gestão por processos estão a solução para o gerenciamento do relacionamento com os clientes (CRM), a solução para o gerenciamento da cadeia de suprimentos (SCM), a solução para o gerenciamento do ciclo de vida do produto (PLM), entre outras. Assim, em vez de abrir um novo projeto, a sugestão seria aproveitar a oportunidade de projetos já aprovados e a implementação já programada.

Todas as novas práticas gerenciais trazem o conceito colaborativo habilitado pelo recurso da internet e são, portanto, totalmente compatíveis com os princípios da gestão por processos. Enfatizar a gestão por processos em projetos como os citados anteriormente assegurará a execução de um grupo de atividades que, embora naturalmente façam parte da proposta dessas soluções, em geral são negligenciadas devido aos desafios, que não são poucos, para a implementação de um novo sistema corporativo ou de uma nova abordagem administrativa.

19.3 Preparação da equipe multidisciplinar para o projeto do novo processo de negócios

A Figura 5.1 apresentou as diversas áreas que apoiam a gestão por processos; mostrou-se também os principais atributos do processo que são de interesse de cada uma dessas áreas. Em suma, pode-se ter diversas áreas envolvidas. Entre as mais requeridas, estão: qualidade, jurídico, recursos humanos, informática, capital intelectual, estratégia, organização e métodos, auditoria, marketing e controladoria. Profissionais dessas áreas compõem o time do processo de negócios que tem como principais componentes os profissionais envolvidos nas atividades fins do processo. Como exemplo para o processo de gerenciamento do relacionamento com os clientes (CRM), as áreas fins serão vendas, marketing e serviços, enquanto para o processo de gerenciamento da cadeia de suprimentos (SCM), as principais áreas envolvidas serão produção e logística. O futuro gestor do processo de negócios deve ser selecionado entre os profissionais das áreas fins.

Uma vez definidos os participantes da equipe, deve-se treiná-los na metodologia, nas técnicas, nos conceitos e nas ferramentas a serem utilizadas durante o projeto. As principais metodologias para a implementação da gestão por processos apresentam um conjunto lógico e ordenado de atividades, técnicas, ferramentas, conceitos e perfis profissionais apropriados à execução das atividades. As metodologias mais eficientes não se apresentam sob a forma de regras rígidas e predeterminadas; pelo contrário, apresentam um conjunto sugestivo de atividades ou agrupamento de atividades, reunidos em fases, que podem ou não ser aplicados conforme a situação. Cabe ao gestor da execução dos trabalhos, normalmente no papel de gerente de projeto, selecionar as fases e as atividades necessárias ao projeto. Essa seleção e esse apontamento de fases e atividades ocorrem por meio de softwares que disponibilizam a metodologia.

A posição de gerente de projeto não necessita ser ocupada pelo gestor do futuro processo de negócios; são competências distintas, geralmente há profissionais especializados na condução de projetos corporativos, o que permite poupar o futuro gestor do processo de negócios da desgastante atividade de implementação do processo, o que não o exime de uma grande dedicação ao projeto.

Destacamos a seguir as principais informações a serem desenvolvidas durante o treinamento da equipe de projeto. Os treinamentos a serem priorizados são aqueles relativos a conceitos básicos da gestão por processos, que serão necessários para entender técnicas, metodologias e ferramentas. Assim, os treinamentos iniciais devem ser concentrados nos conceitos. Descrevemos alguns conceitos básicos da gestão por processos que devem ser de domínio da equipe, todos já discutidos ao longo do Capítulo 4:

- » Atividade.
- » Escopo do processo e gestão do ciclo de vida do recurso associado ao processo.
- » Fluxo de trabalho, evento de negócio e estados que o caracterizam.
- » Dado, conhecimento e capital intelectual.
- » Regra de negócio e suas exceções.
- » Unidade organizacional, área funcional e seus papéis com relação aos processos.
- » Colaboradores e suas competências.
- » Transação de negócio.
- » *Throughput, lead time* e demais indicadores de desempenho.
- » Melhores práticas e *benchmarking*.
- » Produtos e clientes.
- » Perdas do processo.

Conforme a atividade do projeto, há um conjunto de habilidades necessárias que se caracterizam com a aplicação de técnicas. Os conceitos são fundamentos obrigatórios para que os profissionais da equipe possam aplicar as técnicas a serem utilizadas durante o projeto. Ao longo dos capítulos, diversas técnicas foram citadas e/ou descritas, entre as quais temos:

- » Diagrama de decomposição de processos.
- » Diagrama de fluxo de trabalho (por exemplo, utilizando a notação BPMN).
- » Diagrama de transição de estado.
- » Ficha de descrição de entidade.

» Ficha de descrição de atributo.

» Matriz de associação.

» Diagrama de integração entre sistemas de informação.

Para cada atividade, a metodologia pode sugerir um conjunto de técnicas, como também as ferramentas mais apropriadas para tal, como um software específico, um modelo de formulário em papel ou um exemplo de apresentação. Ao longo do livro, diversas ferramentas foram citadas, algumas das quais apresentamos a seguir, que podem ser adquiridas isoladamente ou fornecidas por alguns provedores de solução (software) de forma integrada, caracterizando uma série de soluções para a gestão por processos de negócios (soluções BPMS):

» Diagramadores de processos.

» Simuladores de processos (podem estar ou não integrados à ferramenta anterior).

» Orquestração dos fluxos de trabalho, implementando regras de decisão e direcionamento do processo (BPM).

» Geradores de protótipos para processos.

» Ambiente de acompanhamento do desempenho do processo de negócios (indicadores de desempenho ou *management cockpit*).

» Camada de integração entre sistemas (EAI).

» Monitoramento da disponibilidade e do desempenho dos diversos ambientes computacionais, os quais serão necessários à execução do processo, seja ao acesso de dados ou ao acionamento de programas.

Boas metodologias apresentam guias de ajuda e meios de treinamento práticos (*on the job trainning*) por meio da internet, permitindo que consultores e praticantes revejam e aprimorem seus conhecimentos. Essas bases frequentemente apresentam exemplos de produtos similares aos que se esperam construir na atividade. Conceitos e terminologias empregados em cada técnica também fazem parte do material de apoio e apoio metodológico.

As unidades específicas de trabalho envolvem atividades, técnicas e ferramentas, e a metodologia deve sugerir os perfis de profissionais mais apropriados para a condução de cada uma dessas unidades. Esse perfil de praticantes de cada unidade de trabalho deve ser levado em consideração no momento da definição dos participantes do projeto e das modalidades de treinamento necessárias. Assim, na sequência dos treinamentos iniciais de conceitos, é recomendável ter um treinamento-padrão e resumido da metodologia a ser empregada no projeto. Para cada macroconjunto de atividades que envolvem atividades, técnicas e ferramentas específicas, é preciso que haja treinamento apropriado, ou seja, cursos que apresentem e desenvolvam habilidades nas técnicas, nos conceitos e nas ferramentas a serem utilizados para cada agrupamento de atividades.

19.4 Levantamento e documentação do processo atual

A fase de entendimento da situação atual, também denominada como *as-is*, engloba o levantamento de dados do processo atual por meio de técnicas de observação em campo, aplicação de questionário, leitura de documentos e relatórios, utilização de softwares e entrevistas. Essa fase visa levantar os seguintes dados do processo atual:

» Fluxo de atividades.

» Regras de negócio.

» Indicadores de desempenho atual *(throughput, lead time,* custo, quantidade de erros, entre outros).

» Estrutura organizacional envolvida.

» Problemas e oportunidades reconhecidas.

» *Inputs* ou insumos.

» Produtos e serviços gerados e seus clientes.

» Tecnologias empregadas, principalmente os sistemas de informação.

» Informações manipuladas.

» Recursos humanos envolvidos (quantitativo e qualitativo).

Uma correlação importante de ser identificada, do ponto de vista de buscar resolver os problemas de integração entre sistemas de informação, é o cruzamento entre as atividades e as informações manipuladas por eles. Nesse aspecto, uma técnica bastante apropriada vem da engenharia da informação: a matriz de relacionamento "processos *versus* coleções/entidades de dados". Na célula formada pela intersecção desses dois itens, assinala-se uma ou mais das seguintes letras: C(*create*), R(*read*), U(*update*) e D(*delete*); por isso, essa técnica também é conhecida como matriz CRUD.[4]

Há diversas justificativas para o levantamento dessas informações: a primeira é que a equipe só poderá propor alterações e melhorias no processo a partir do reconhecimento do estágio atual do processo; a segunda é que a gestão tradicional por meio de áreas funcionais faz com que poucos na organização tenham uma visão ampla do processo de negócios a partir da perspectiva do cliente. Dessa forma, documentar o processo atual traz como principais resultados:

» Nivelar o conhecimento da equipe de projeto sobre o processo de negócios atual, o que permite que todos conheçam os prós e os contras da forma atual de operar e gerenciar o processo de negócios, subsidiando assim todos os membros da equipe com informações fundamentais para a participação e a colaboração desses membros ao longo do projeto.

» Permitir que a própria organização conheça o processo de negócios atual, uma vez que as análises do dia a dia da empresa geralmente são feitas setorialmente, em especial sob uma perspectiva de áreas funcionais.

» Permitir que a organização tenha parâmetros para a avaliação de desempenho do novo processo de negócios, sendo capaz de comparar o desempenho do antigo processo (documentados nessa fase) com os resultados obtidos pelo novo processo resultante do projeto de reestruturação.

Em termos de softwares a serem utilizados como ferramentas para essa fase, destacam-se os diagramadores e os documentadores dos diversos objetos informacionais citados como de interesse ao registro do processo atual. Uma funcionalidade interessante para essas ferramentas é a capacidade de elas fornecerem recursos de engenharia reversa

---

4 MARTIN, J. *Information engineering.* Nova York: Prentice Hall, 1991.

de softwares, em que, a partir de código-fonte de sistemas de informação legados, são gerados diagramas/algoritmos da lógica intrínseca a esse. Tal recurso é muito útil principalmente às organizações que ainda têm diversos sistemas de informação legados, operando há mais de uma década sem documentação atualizada, e que não estejam mais sendo mantidos e atualizados pela equipe original de analistas e programadores responsáveis pelo seu projeto e desenvolvimento. Às vezes, é a única forma de entender parte da lógica do processo, implementada por meio de softwares que são verdadeiras "caixas-pretas", inclusive para o pessoal da informática, que evita mexer em sistemas legados com essas características.

Outra recomendação importante é quanto à definição de qual notação utilizar para a especificação do processo de negócios. Ao longo das últimas décadas, diversos padrões foram desenvolvidos pelas áreas de administração e informática. Uma notação bastante ampla e completa, que considera as especificidades dos processos de negócios, é a BPMN, cujas principais características estão descritas no Apêndice D.

19.5 Análise e reestruturação do fluxo de execução e ambiente de gerenciamento do processo de negócios atual

Nessa fase, tornam-se evidentes as diferenças entre os projetos de reengenharia de processos (BPR) e a melhoria de processos (BPI) com relação às atuais iniciativas de gestão por processos de negócios (BPM). Ao contrário das soluções precursoras, a proposta BPM não tem como princípio a substituição dos sistemas de informação existentes, mas a orquestração dos diversos sistemas utilizados ao longo do processo de negócios. Conforme já descrito no Capítulo 10, os processos de negócios são cada vez mais extensos, fragmentados e distribuídos, de modo que impossibilitam a estratégia de substituir diversos softwares por um sistema de gestão integrada ou qualquer outro dos atuais sistemas de informação corporativos que trabalham com o conceito de integração via banco de dados.

Dessa forma, há necessidade de se visualizar o novo processo sob a ótica de uma camada de regras de negócio, que orquestra a execução dos diversos procedimentos de trabalho envolvidos (diversos softwares), podendo, inclusive, se discutir a substituição ou o aprimoramento de alguns desses softwares, mas sempre dentro do pressuposto de combinar e reaproveitar os sistemas de informação legados. A lógica de orquestração dos diversos sistemas de informação possíveis de serem acionados é introduzida pelos softwares de orquestração de processos disponíveis nos softwares BPM. Nesse momento de análise e definição da lógica do novo processo de negócio, muitos aprimoramentos podem ser obtidos por ações como:

» Deixar de realizar um procedimento, pela não execução de determinado software ou pela redução e simplificação de seu algoritmo.

» Passar a executar um novo procedimento, pela inclusão de um novo software ou adaptações em softwares já existentes.

» Implementar uma sequência mais apropriada para a integração entre sistemas de informação, seja pela revisão da técnica de integração utilizada ou pela diferenciação dos eventos e das regras de negócio que acionam a integração.

» Fornecer recursos para acompanhamento eficaz da execução de instâncias do processo de negócios, analisando de forma ampla e integrada os disparos de uma instância de negócio dentro do processo, ou seja, perante os diversos sistemas de informação envolvidos. Para melhor entendimento desse conceito,

ao analisar a Figura 9.1 observa-se em destaque a base de dados de eventos que registra todos os fatos elementares de interesse sobre o processo de negócios. Esses fatos são capturados por sistemas de informação que estão automatizando atividades ou parte delas, bem como por sistemas que servem de interação para atividades humanas, como aqueles utilizados para análises e pareceres humanos.

Dessa maneira, o software de orquestração de processos de negócios (solução BPM) proporciona ganhos ao processo sem necessitar de grandes alterações na estrutura de softwares já existentes nas corporações envolvidas. O fator diferencial está em habilitar uma camada adicional de software, o ambiente de orquestração de processos de negócios, que permite atribuir uma forma diferencial e mais apropriada à execução e ao gerenciamento dos atuais processos de negócios.

Como resultado dessa fase, deve-se ter bem definido e especificado no ambiente BPM os fluxos de trabalho e as regras de encadeamento desses fluxos. Outra informação importante é o cruzamento de cada transação de negócio com as entidades/coleções de dados por meio da matriz CRUD.

19.6 Adaptações necessárias nas tecnologias de integração e nos sistemas de informação

Conforme apresentado no Capítulo 14, há diversas tecnologias possíveis de serem empregadas para a integração entre sistemas de informação. A abordagem sistemática para a integração entre sistemas de informação considera as diversas opções e busca a melhor opção de integração para cada necessidade. Essa abordagem implica a existência de um ambiente/camada de integração, que deve estar previamente estruturado e operante antes de ter início qualquer iniciativa de gestão por processos por meio de uma solução BPM.

No que diz respeito às ações tecnológicas, a fluência do processo de negócios envolve não apenas a revisão das soluções de integração, mas também diversas outras iniciativas, como o desmembramento de algoritmo, extraindo parte, ou partes, de softwares extensos e que devem ser reutilizados na nova proposta do processo de negócios. Essa prática se aplica principalmente às organizações que têm antigos sistemas legados em uso — cuja lógica foi sendo depurada e aprimorada ao longo dos anos, representando um capital intelectual explícito na forma de software.

Por ser um processo fundamentado na conservação de softwares e sistemas de informação já existentes na organização, a prototipagem torna-se mais fácil e natural de acontecer, uma vez que boa parte do processo de negócios já é conhecida pela organização. Ela é fundamental para averiguar a consistência do sequenciamento de atividades, suas regras e a qualidade das integrações.

TEXTOS COMPLEMENTARES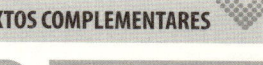

Os textos de Hammer e Davenport, sobre reengenharia e melhoria de processos, trazem muitas informações relativas ao processo de implementação da gestão por processos. Davenport trabalha com três grandes habilitadores da mudança: processos, fatores humanos e organizacionais e tecnologia da informação. Desses três, o que mais evoluiu e se alterou ao longo dos últimos dez anos foi a tecnologia da informação. O estudo de tópicos relacionados aos temas BPM e BPI colaboram para o entendimento e a atualização do leitor quanto às possíveis formas da tecnologia da informação em colaborar com a gestão por processos.

QUESTÕES PARA REFLEXÃO

1. Qual é a importância de desenvolver a cultura de processo de negócios na organização antes de se implementar a gestão por processos?

2. Qual é o conceito que está por trás da ideia de orquestrar diversos softwares em torno de um propósito comum?

3. Qual é a relação existente entre a abordagem para gestão por processos e as ferramentas BPMS?

Capítulo 20

Percepção dos executivos de informática (CIOs)

Neste capítulo, apresentaremos os resultados de uma pesquisa realizada em 2004 que teve como objetivo identificar o entendimento e as atitudes gerenciais das grandes corporações brasileiras com relação ao ambiente de integração entre sistemas de informação.[1]

A pesquisa utilizou o questionário como instrumento primário, estruturado em dez questões fechadas, que foi encaminhado ao principal executivo da área de informática, o *chief information officer* (CIO), de um universo de 500 empresas selecionadas a partir do ranking das maiores e melhores empresas brasileiras segundo a revista *Exame*. Cientes do pouco conhecimento e discussão do tema "ambiente de integração", os pesquisadores desenvolveram um algoritmo bastante criterioso para analisar as respostas recebidas. Os questionários com respostas conflitantes ou incompletas identificados pelo algoritmo tiveram seus problemas de preenchimento devidamente analisados e documentados. Em seguida, fez-se contato com os respondentes por meio de e-mails e ligações telefônicas, cujo objetivo era resolver os problemas mais simples, como o não preenchimento de alguma resposta ou mesmo o preenchimento realizado de forma incorreta. O trabalho de validação da qualidade dos questionários resultou em uma amostra final de 31 respondentes, que foram efetivamente tabulados e utilizados na pesquisa.

As análises desenvolvidas a partir dos dados coletados estão descritas a seguir, por meio de quatro seções: profissionais e estrutura organizacional dedicados à integração entre sistemas de informação, tecnologias de integração utilizadas pelas organizações, atitudes predominantes nas organizações quanto à integração e percepção dos CIOs no que diz respeito à importância do ambiente de integração.

20.1 Profissionais e estrutura organizacional dedicados à integração entre sistemas de informação

A pesquisa questionou os CIOs quanto aos recursos humanos da organização e de terceiros envolvidos nas atividades de operação, manutenção e desenvolvimento de integrações entre SI. Foi solicitado que os CIOs informassem os nomes dos profissionais especializados envolvidos, a quantidade desses profissionais, a área ou departamento a que eles pertenciam, bem como o total de horas mensais de dedicação. Esses dados foram discriminados individualmente para as atividades de integração de aplicações internas (A2A), assim como para as atividades de integração externas (B2B).

A primeira análise feita a partir desses dados foi identificar a percepção das empresas quanto aos seus esforços de integração, se limitados aos SI da própria empresa (A2A) ou também aos SI externos à organização (B2B). Eis os resultados obtidos:

> » 58% das empresas informaram dedicar-se tanto a A2A quanto a B2B.

---

[1] DE SORDI, J. O.; MARINHO, B. L. A percepção das corporações brasileiras do ambiente de integração de sistemas de informação: componente estratégico ou operacional? In: Congresso de Inovação Tecnológica, 23, 2004. Curitiba, PR. *Anais...* Curitiba: Inovação Tecnológica, 2004.

» 23% das empresas informaram dedicar-se somente a A2A.

» 3% das empresas informaram dedicar-se somente a B2B.

» 16% das empresas informaram não se dedicar à integração, seja ela interna ou externa.

As quantidades de homens-hora identificadas para os profissionais foram convertidas em números de profissionais com dedicação em tempo integral, o que resultou em aproximadamente 4,2 funcionários dedicados às atividades de A2A e 1,6 funcionário, às atividades de B2B. Os cinco profissionais identificados com o maior tempo de dedicação às atividades de A2A e B2B são descritos na Tabela 20.1. Quanto às atividades desempenhadas por esses profissionais, a pesquisa apontou que 35% do tempo deles estão voltados à manutenção das integrações já existentes, e 65%, para o desenvolvimento de novas integrações.

Tabela 20.1 Profissionais envolvidos nas atividades de integração das corporações

Atividades de A2A	Atividades de B2B
Analista de sistemas: 62%	Analista de sistemas: 39%
Analista de negócios: 16%	Arquiteto de integração: 10,5%
Usuário: 7%	Consultor: 10,5%
Programador: 5,5%	Analista de negócios: 9%
Consultor: 1,5%	Programador: 6,5%
Outros profissionais: 8%	Outros profissionais: 24,5%

Fonte: Elaborado pelo autor.

As horas de usuários finais relatadas em atividades de integração entre SI devem ser muito superiores às apontadas em função de o CIO, respondente da pesquisa, ter maior visibilidade dos procedimentos e das operações técnicas de integração que ocorrem em sua área. Atividades que ocorrem nas áreas usuárias, como redigitação de dados de um sistema para outro, são menos perceptíveis para o CIO. Esse viés não interfere na análise do método de integração praticado pelas organizações brasileiras, se sistemático ou tradicional, uma vez que essa análise se concentra nas especialidades dos profissionais das áreas técnicas de TI; no entanto, para os pesquisadores que se concentram na análise de custos das integrações, é fundamental identificar também os esforços de integração realizados nas áreas usuárias.

Esses profissionais que atuam em atividades de integração entre SI estão lotados em divisões ou áreas diversas de TI. Essas não são dedicadas à integração entre SI e costumam ser chamadas, em sua grande maioria, como área de TI, gerência de TI, desenvolvimento de sistemas, *e-business* e administração de dados. Alguns nomes de áreas operacionais e gerenciais também foram citados: vendas, financeiro, logística, recursos humanos, entre outras áreas. Esses nomes surgiram em função da citação a analistas de negócios e usuários finais que cooperam com as atividades de integração.

Quando questionados quanto à estrutura organizacional de suas empresas, se a ela declaram e evidenciam os esforços de integração entre SI, seja como um departamento dentro da área de TI ou mesmo fora dela, constituída por profissionais especializados em integração e que desempenham o papel de arquiteto/engenheiro de integração, a resposta foi que 65% dos CIOs afirmaram não ter uma área específica para gerir o ambiente de integração entre SI. Os nomes dos profissionais envolvidos nas atividades de integração e, principalmente, os nomes de departamentos e áreas em que eles estão lotados permitem-nos concluir que as áreas específicas de integração declarada pelos demais 35% dos CIOs respondentes são, em sua grande maioria, áreas matriciais, não declaradas formalmente no organograma das empresas e compostas por profissionais lotados em outras áreas.

20.2 Tecnologias de integração utilizadas pelas organizações

A pesquisa levantou os dados relativos às tecnologias aplicadas nas organizações para integrar os SI, empregadas tanto para a integração interna (A2A) quanto para a externa (B2B). Solicitou-se também que os CIOs informassem sua percepção sobre o futuro dessas tecnologias, indicando quais eles acreditavam ter alto potencial de aplicação futura, além das com baixo potencial. A opinião sobre essas perspectivas tecnológicas também foi solicitada distintivamente para os ambientes de integração interno (A2A) e externo (B2B). A tabulação desses dados é descrita na Tabela 20.2.

Tabela 20.2 Recursos de TI empregados para a integração entre sistemas de informação nas organizações e a percepção dos CIOs quanto ao futuro dessas tecnologias

Tecnologias da informação (TI) aplicadas à integração entre os sistemas de informação	% das organizações que utilizam tais TI	Percepção dos CIOs quanto à aplicação futura dessas tecnologias			
	Uso atual	Potencial futuro	A2A		B2B	
	A2A	B2B	Alto	Baixo	Alto	Baixo
A. Troca de arquivos						
Tradicional (*flat file*, TXT)	97%	79%	14%	50%	7%	54%
Electronic data interchange (EDI)	31%	75%	7%	61%	26%	42%
Extensible mark-up language (XML)	31%	50%	43%	7%	48%	12%
B. Banco de dados						
Replicação do banco de dados	66%	38%	29%	32%	22%	42%
Compartilhamento do banco de dados	86%	38%	50%	11%	15%	31%
C. Chamada a programas						
Remote procedure call (RPC/*call interface*)	62%	13%	7%	46%	0%	58%
Componentes e adaptadores para conexão	38%	33%	4%	29%	0%	27%
Web services (XML, SOAP)	34%	41%	29%	7%	41%	8%
D. Sistema de mensagem						
Arquitetura de barramento/*message bus*	10%	4%	4%	50%	7%	42%

Fonte: Elaborado pelo autor.

20.3 Atitudes predominantes nas organizações quanto à integração

Uma das questões apresentadas solicitava a descrição do histórico de citações e priorização de projetos relacionados à integração entre SI em atividades de planejamento da empresa, mais especificamente nos planos estratégicos de tecnologia da informação e nos planos de negócios da organização. Sessenta por cento dos entrevistados afirmaram que a organização planejou algum projeto pertinente e relacionado ao tema "camada ou ambiente de integração". Para esses casos em que se afirmou ter algum projeto-alvo de planejamento, solicitou-se a descrição do projeto. A Tabela 20.3 apresenta um resumo da natureza dos projetos descritos.

Há diferentes classificações para as ações de integração, desde as mais elaboradas, que trabalham com várias camadas, como a apresentada pelo Butler Group[2] — camada de transporte, camada de transação, camada de transformação, camada de tempo e camada de processos —, até interpretações mais simplistas, como a apresentada por Binstock[3] — camada de infraestrutura, camada de dados e camada de processos. As soluções de integração podem ser desde bastante abrangentes, que tratam de aspectos pertinentes às diferentes camadas, até pontuais, voltadas para uma camada específica. As soluções indicadas pelos CIOs brasileiros como objeto de planejamento corporativo são todas bastante específicas, como as soluções C e H citadas na Tabela 20.3, que tratam especificamente da camada de infraestrutura ou transporte, a solução F, voltada para a camada de processo, e a solução G, voltada para as camadas de transformação ou de dados.

Tabela 20.3 Projetos relacionados à camada ou ao ambiente de integração e que constam de alguma atividade de planejamento

Projetos citados pelos CIOs		
A	Compra e implementação de sistemas de informação integrados (ERP, CRM, SCM), o que permite a integração via banco de dados.	33%
B	Construção de mecanismos para integração entre dois importantes sistemas de informação da organização.	16%
C	Definição de estratégia e montagem de plataforma-padrão para a integração entre os sistemas de informação (projeto EAI).	11%
D	Integração de fornecedores da empresa (projeto B2B).	11%
E	Montagem de base de dados corporativa.	11%
F	Redesenho de processo de negócios, considerando inclusive os aspectos tecnológicos, entre os quais a integração entre sistemas (projeto BPR).	6%
G	Sistemas de informação gerenciais que se atêm aos aspectos de transformação e formatação da informação (projeto de análise multidimensional, EIS).	6%
H	Definição de protocolo de comunicação entre dois ambientes computacionais, cujo objetivo é compor uma rede VPN via internet.	6%

Fonte: Elaborado pelo autor.

---

[2] BUTLER GROUP. Application integration management guide, 1999. Disponível em: <http://www.butlergroup.com>. Acesso em: ago. 2017.

[3] BINSTOCK, A. The many levels of business integration. Business integration tying IT together, *SD Times*, pp. 4–5, mar. 2004.

Entre as ações relacionadas à integração entre SI, apontadas pelos CIOs como objeto de planejamento, não se identificou nenhuma iniciativa organizacional abrangente para realizar uma gestão efetiva do ambiente de integração entre os SI. Os projetos descritos na Tabela 20.3 não demonstram uma preocupação perene com os objetos, os componentes, as metodologias, as técnicas, as ferramentas, os profissionais e demais recursos importantes para a gestão da camada ou ambiente de integração a partir de uma abordagem sistemática. Resumindo, um número limitado de organizações, 60% das pesquisadas, considerou algum projeto de integração entre SI em seus planejamentos, projetos estes com escopo bastante distinto e limitado com relação à abordagem sistemática de integração entre SI.

Outras informações levantadas na pesquisa apontam para uma predominância da percepção meramente operacional dos ambientes de integração entre SI. A pergunta mais direta nesse propósito foi: "Como a integração entre SI é entendida em sua organização?" Sessenta e dois por cento selecionaram duas das três respostas que caracterizam fortemente a abordagem tradicional:

> » Cinquenta e dois por cento responderam: "Como parte do trabalho técnico de desenvolvimento ou implementação de SI, em que o analista responsável pelo novo SI analisa, especifica e gerencia o desenvolvimento das integrações requeridas. A integração é entendida como parte de um produto principal que é o SI."

> » Outros 10% assinalaram uma resposta que também retrata uma percepção operacional, no entanto, mais bem estruturada do ponto de vista técnico: "Como uma entidade ou recurso tecnológico que deve ser gerenciado independentemente dos SI, há uma camada/ambiente específico para a integração entre SI. Há em nossa organização uma equipe voltada exclusivamente para o ambiente de integração, cada nova demanda de integração tem de ser discutida com essa equipe."

Ainda que os 38% dos respondentes restantes tenham assinalado a alternativa correspondente à abordagem sistemática, é presumível que esse valor seja bem menor em função do cruzamento de outros dados coletados pela pesquisa e por algum viés do próprio instrumento da pesquisa. Entre outros dados que corroboram com essa análise, temos que 65% dos respondentes informaram que suas organizações não têm uma área voltada especificamente para a integração entre SI, com profissionais especializados que desempenhem o papel de arquiteto/engenheiro de integração.

20.4 Percepção dos CIOs quanto à importância do ambiente de integração

Outras questões foram introduzidas com o objetivo de identificar a percepção dos CIOs brasileiros quanto à importância do ambiente de integração entre SI para o ambiente de negócios. Foi apresentada aos respondentes uma lista de benefícios para o negócio com os quais, supostamente, as soluções de integração poderiam colaborar efetivamente para seu alcance; esses estão descritos na primeira coluna da Tabela 20.4. Foram solicitadas ao respondente duas análises: primeiro, o grau de dependência desses benefícios em relação a ambientes eficazes para a integração entre SI, sendo atribuído um valor no limite de zero a quatro, em que zero significa "não há dependência", e quatro, "totalmente dependente"; segundo, o grau de importância desses benefícios para o ambiente de negócios das empresas, sendo o valor um correspondente a "baixa importância", dois, a "média", e três, a "alta". As respostas dos CIOs a essas perguntas estão consolidadas e são apresentadas nas duas últimas colunas da Tabela 20.4.

Tabela 20.4 Percepção dos CIOs quanto aos possíveis benefícios obtidos a partir da correta gestão da integração entre SI

Benefícios apresentados para análise dos CIOs	Dependência do ambiente de integração	Importância para o negócio
Melhora o relacionamento com nossos principais fornecedores, dando-lhes mais opções e facilidades para integrar seus sistemas com os nossos.	2,8	2,4
Melhora o relacionamento com nossos grandes clientes, atendendo de forma mais ágil, com mais qualidade e flexibilidade, as necessidades de integração entre os sistemas de informação dessas empresas e nossos sistemas de informação.	3	2,7
Reduz a dependência entre as novas tecnologias e os sistemas legados, reduzindo a dificuldade de substituir antigos sistemas de informação (evita a perpetuação dos sistemas legados).	2,9	2,3
Facilita a composição de diferentes softwares internos e externos à empresa, de forma que se componha um sistema de informação que seja capaz de atender aos desafios de automação e gerenciamento de processos de negócios da empresa.	2,9	2,3
Reduz custo e tempo do desenvolvimento/manutenção das integrações entre sistemas de informação, bem como aprimora a qualidade dessas integrações.	2,9	2,5
Torna a organização apta a desenvolver uma arquitetura de software mais moderna e eficiente, ou seja, com menos restrições ou problemas futuros para a incorporação de novas tecnologias.	3	2,6
Proporciona meios eficientes para a composição de softwares, o que evita a dependência da organização dos grandes fornecedores de sistemas monolíticos, ou seja, habilita mais alternativas viáveis para a entrega de um sistema de informação para a organização.	2,7	2,1

Fonte: Elaborado pelo autor.

A análise das respostas aponta que os CIOs consideram o ambiente de integração muito importante para o alcance dos benefícios apresentados. A média dos sete valores apresentados para o "grau de dependência do ambiente de integração" é de 2,91. Quanto ao questionamento sobre a importância dos sete benefícios apresentados para o ambiente de negócios, a opinião dos CIOs é a deque eles são de média importância para o negócio (nota média de 2,39). Esses números ajudam a compreender uma das razões pelas quais há pouco investimento das empresas brasileiras em ambientes de integração. O CIO, como principal responsável não só pela concepção do projeto do ambiente de integração dentro de uma abordagem sistemática, mas também pela sensibilização da organização quanto à sua importância, não o considera um componente estratégico, ou mesmo importante, para o ambiente de negócios da empresa. Essa percepção dos CIOs, aliada ao momento econômico recessivo, em que as principais metas estão voltadas à otimização dos recursos de TI já disponíveis, não favorece a implementação da abordagem sistemática para a integração entre SI.

Na pesquisa também se identificou a avaliação dos CIOs quanto aos esforços e investimentos realizados pelas suas organizações no que se refere à integração entre SI. Utilizando a escala classificatória de Likert, os respondentes apontaram sua percepção dos esforços realizados pela organização ao escolher um número entre zero e dez, representando, respectivamente, "esforço inexpressivo, muito aquém do que deveria ser feito" e "esforço magnífico, atendendo tanto à demanda do negócio quanto às perspectivas tecnológicas". A Figura 20.1 apresenta a consolidação das avaliações dos CIOs. Sessenta e quatro por cento dos respondentes atribuíram uma nota maior ou igual a seis aos esforços de suas organizações.

Figura 20.1 Avaliação dos esforços e investimentos das organizações na integração entre SI segundo os CIOs

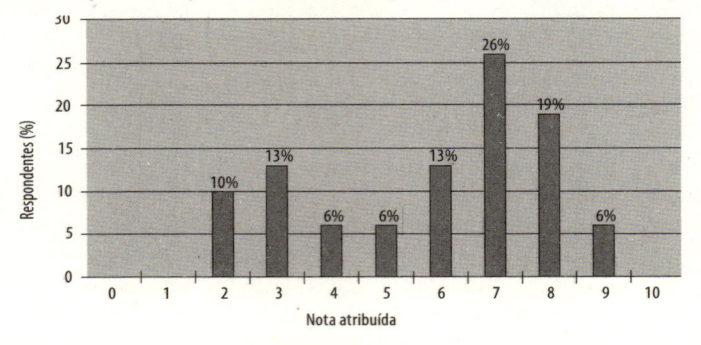

Fonte: Elaborado pelo autor.

Como complemento à classificação dos esforços realizados pela organização, com relação à integração entre os SI, solicitou-se àqueles que os julgassem insuficientes, independentemente da avaliação atribuída, que apontassem os fatores inibidores para a realização dos investimentos necessários. Apresentou-se uma questão de múltipla escolha, com cinco alternativas de fatores inibidores predefinidos, com a possibilidade de se incluir um sexto fator se o respondente julgasse necessário. Cinquenta e cinco por cento dos CIOs que participaram da pesquisa afirmaram que foram insuficientes os esforços de suas organizações. As razões apontadas para tal e o percentual desses respondentes que as indicaram estão descritas a seguir:

- » 63%: Falta de recurso financeiro.
- » 50%: Falta de compreensão da importância das integrações entre sistemas para o negócio.
- » 44%: Direcionamento excessivo da organização para outros recursos de TI, como aquisição de hardware, novos SI, segurança e mobilidade.
- » 19%: Falta de competência tecnológica para desenvolver soluções de integração mais eficientes.
- » 19%: Falta de comprometimento, interesse e respaldo do comitê diretivo da organização.
- » 6%: Organização atribui pouco valor aos recursos de TI.

20.5 Análise dos dados levantados

A pesquisa revelou que as corporações brasileiras apresentam uma percepção estritamente operacional do ambiente ou camada de integração entre SI. Nesses ambientes, há o predomínio da abordagem tradicional para a integração entre SI, utilizando conexões pontuais, sistema a sistema (*point to point connections*) e, mais recentemente, o compartilhamento de dados por meio do compartilhamento da base de dados (integração via banco de dados). Os trabalhos relativos às integrações são executados e gerenciados como parte dos trabalhos da equipe de desenvolvimento, implementação e gerenciamento de SI por meio de uma etapa específica do projeto denominada desenvolvimento das integrações necessárias ao novo SI, que é o objeto principal do projeto.

Os trabalhos de integração desenvolvidos hoje nas organizações brasileiras são, em sua grande maioria, voltados para SI internos: *application-to-application* (A2A). A pouca ênfase no ambiente de integração externo à empresa, *business-to-business* (B2B), fica evidente nos dados tabulados na Tabela 20.4, na qual os CIOs apontam o ambiente de integração como muito importante para a obtenção de diversos benefícios relacionados à comunicação entre empresas, atribuindo a esses benefícios média 3 (aproximação de 2,91), que corresponde a dizer que "o ambiente de integração pode colaborar muito para o alcance dos benefícios", mas os mesmos CIOs não apontam tais benefícios como requeridos e importantes para o ambiente de negócio atual, avaliando-os como "média importância", pela aproximação da média 2,39 ao valor 2.

A economia mundial recessiva, que perdura desde o início deste século, reduz os investimentos nas áreas de TI das organizações e fortalece a tendência dessas áreas em buscar a maximização do retorno dos investimentos já realizados nos últimos anos. Entre esses investimentos, destacam-se principalmente a harmonização e a integração entre os diversos SI que foram introduzidos nas organizações nos três últimos anos do século passado com o propósito de reduzir os riscos do "bug do milênio". Esse cenário explica o porquê de já terem ocorrido algumas ações mais estruturadas no campo da integração interna entre SI (A2A).

Embora a atenção das empresas esteja voltada para a integração interna (A2A), que está ainda por acontecer ou em desenvolvimento na maioria das organizações brasileiras, tal fato não reduz o valor e a importância das integrações externas (B2B). As quatro razões de negócios apresentadas para descrever a crescente demanda por soluções de integração tornam-se cada vez mais intensas e requeridas aos ambientes de negócios, uma vez que todas, em maior ou menor grau, requerem integrações externas à organização:

» Aumento das entidades que necessitam trocar informações com a organização devido à tendência pelo trabalho organizado de forma intensiva.

» Busca de vantagens competitivas que implicam melhor gestão da informação.

» Exigências de órgãos reguladores por maior agilidade no trâmite das informações.

» Aumento da diversidade e da quantidade dos SI nas organizações.

Conforme apontado na Figura 20.1, 64% dos respondentes atribuíram uma nota maior ou igual a seis aos esforços de integração entre SI que ocorrem atualmente em suas organizações, e 45% afirmaram serem suficientes tais esforços. Esses números indicam que há pouco discernimento dos CIOs sobre a demanda já existente nas organizações por ambientes mais eficazes para a integração externa (B2B), o que requer novas tecnologias, metodologias, técnicas, conceitos e profissionais especializados na abordagem sistemática de integração entre SI.

O contexto atual, que requer ambientes eficazes para a integração entre SI tanto internos quanto externos às empresas, abre oportunidades significativas à academia, sobretudo para administração, mais especificamente à área de concentração em SI. Entre as atitudes altamente requeridas pela academia nesse momento estão:

» A conscientização dos CIOs quanto ao tema: pela estruturação e apresentação dos conhecimentos relativos aos diversos recursos e práticas operacionais e gerenciais requeridas para a montagem de um eficaz ambiente de integração entre SI dentro de uma abordagem sistemática.

» A apresentação do valor agregado aos negócios: pelo desenvolvimento de pesquisas que geram conhecimentos que auxiliam o CIO e os demais executivos da organização a identificar oportunidades e reconhecer o valor agregado para a adoção dos ambientes de integração dentro da abordagem sistemática.

TEXTOS COMPLEMENTARES

 Infelizmente, não há pesquisas relacionadas ao tema "ambiente de integração entre sistemas de informação" no Brasil. Mesmo em outros países, são poucas as pesquisas que tratam do assunto de forma ampla, ou seja, da montagem de um ambiente/camada para a integração entre sistemas de informação. Os textos disponíveis discutem a adoção de tecnologias específicas, como o uso de ambientes de troca de mensagens.

QUESTÕES PARA REFLEXÃO

1. Como as empresas brasileiras e seus profissionais estão agindo com relação ao tema "integração entre sistemas de informação"?

2. Como as empresas brasileiras e seus profissionais estão agindo com relação ao tema "gestão por processos de negócios"?

Capítulo 21

Percepção da academia (pesquisadores)

Os temas "gestão por processos de negócios" e "ambiente de integração entre sistemas de informação" têm recebido atenção crescente por parte das academias internacionais. Esse fato pode ser observado ao compararmos a evolução das publicações relacionadas a esses dois temas com a de outros tópicos de reconhecido interesse das academias, como: *enterprise resource planning* (ERP), *customer relationship management* (CRM) e *supply chain management* (SCM). Para evidenciar esse fato, realizou-se uma pesquisa na base de dados do sistema Pro-Quest, que armazena artigos e matérias publicadas em 2.459 revistas e jornais predominantemente acadêmicos. A pesquisa inicialmente considerou apenas as mídias acadêmicas e, mais tarde, repetiu os mesmos critérios da pesquisa para todas as publicações da base, ou seja, tanto acadêmicas quanto não acadêmicas. A investigação foi feita individualmente para cada ano e para cada um dos termos selecionados para a pesquisa, os quais deveriam ser citados no título ou no resumo do artigo ou da matéria. A Tabela 21.1 apresenta o resultado da pesquisa considerando-se apenas as bases de dados acadêmicas, enquanto a Tabela 21.2 mostra o resultado considerando-se todas as bases de dados.

Com relação ao tema "integração entre sistemas", representado na Tabela 21.1 pelo termo de pesquisa *system integration*, pode-se afirmar que as academias internacionais apresentam, em termos quantitativos, uma produção bastante próxima à dedicada ao tema ERP. Quanto ao tema "gestão por processos", representado na Tabela 21.1 pelo termo *business process management*, pode-se afirmar que as academias internacionais apresentam uma produção quantitativa equivalente à metade da produzida para o tema CRM. É relevante observar que os temas "gestão por processos de negócios" e "ambiente de integração entre sistemas de informação" estão sendo amplamente discutidos pelas academias internacionais, tanto quanto, ou até mais, temas de notório interesse dessas academias, como o CRM, o SCM e o ERP.

Tabela 21.1 Total de artigos relacionados aos termos, considerando as mídias acadêmicas do sistema Pro-Quest

Termos pesquisados	2001	2002	2003	2004*
business process management	49	47	62	25
system integration	81	99	89	41
enterprise resource planning	69	63	92	56
customer relationship management	78	134	127	61
supply chain management	165	180	208	118

* Considerando as publicações do período de janeiro a agosto de 2004.
Fonte: Elaborado pelo autor.

Quando se analisa a produção levando em consideração todas as publicações, tanto acadêmicas quanto não acadêmicas, fica evidente o forte interesse do ambiente de negócios pela integração entre sistemas, o que supera amplamente as produções relacionadas aos temas ERP e SCM, conforme mostra a Tabela 21.2. Outro aspecto possível de ser inferido pelas quantidades obtidas aponta para "gestão por processos" como um tema de interesse crescente para o ambiente de negócios.

Ao comparar os dados das duas tabelas com base na realidade brasileira, pode-se realizar diversas análises, algumas delas muito intrigantes, que serviram de inspiração para identificar várias hipóteses e objetivos de pesquisas relacionadas aos temas. Neste capítulo é apresentado o resultado de uma pesquisa orientada para testar a seguinte hipótese substantiva: "As academias brasileiras não correlacionam os temas 'gestão por processos de negócios' e 'ambiente de integração entre sistemas de informação.'" Assim, o objetivo da pesquisa apresentada neste capítulo foi definido como: identificar o nível de compreensão das academias brasileiras de administração e de ciência da computação, com relação ao desafio de integrar sistemas de informação, e se o consideram elemento crítico à gestão por processos de negócios.

Tabela 21.2 Total de artigos e matérias relacionados aos termos, considerando as mídias acadêmicas e não acadêmicas do sistema Pro-Quest

Termos pesquisados	2001	2002	2003	2004*
business process management	62	79	110	71
system integration	712	839	653	326
enterprise resource planning	442	365	361	193
customer relationship management	1145	859	732	476
supply chain management	571	476	532	353

* Considerando as publicações do período de janeiro a agosto de 2004.
Fonte: Elaborado pelo autor.

21.1 Metodologia da pesquisa

A pesquisa concentrou-se na produção das academias brasileiras das áreas de administração e de ciência da computação. As publicações pesquisadas foram os artigos publicados em revistas acadêmicas e nos anais de congressos, levando-se em consideração apenas as revistas e os congressos classificados com "conceito A" e assinalados como "circulação nacional" pela Coordenação de Aperfeiçoamento de Pessoal de Nível Superior.[1] A partir da aplicação desses critérios, encontrou-se uma primeira seleção de revistas e congressos a serem pesquisados, dos quais foram excluídos aqueles que não tinham como objeto central de estudo a administração ou a ciência da computação. Por exemplo, excluiu-se da lista final as revistas *Matemática Contemporânea* e *Psicologia em Estudo*, que constavam, respectivamente, da primeira lista de revistas que atendiam aos critérios definidos para as áreas de ciência da computação ou administração.

Com o objetivo de obter maior representatividade do universo das fontes de pesquisas com a realidade das academias, foram incluídas algumas revistas e congressos à lista inicialmente obtida. Apresentamos a seguir as inserções realizadas e as justificativas para tal:

» Embora o documento da Capes para a área de ciência da computação não apresente nominalmente seus principais congressos, há o consenso, entre os pesquisadores dessa área, de que o Congresso da Sociedade Brasileira de Computação (CSBC) é o principal evento brasileiro da academia de ciência da computação, o qual foi incluído à lista de congressos a serem pesquisados.

» Como os documentos de avaliações da Capes sempre se referem às revistas e aos congressos avaliados no ano anterior, decidiu-se incluir os novos congressos, que tiveram sua primeira edição em 2004 e que

---

[1] CAPES. Disponível em: <http://www.capes.gov.br>. Acesso em: ago. 2017.

tinham como foco central a administração dos sistemas de informação e/ou tecnologia da informação. Assim, incluíram-se os anais do Congresso Anual de Tecnologia da Informação (Cati), organizado pela FGV/Eaesp, e os anais do Congresso Internacional de Gestão de Tecnologia e Sistemas de Informação (Contecsi), organizado pela FEA-USP.

A lista final de revistas e congressos das áreas de administração e ciência da computação utilizada para definir o escopo das mídias a serem pesquisadas está descrita na Tabela 21.3. Dessas fontes, pesquisaram-se todas as suas edições de revistas ou anais de congressos publicadas durante o período de quatro anos decorridos entre 2001 e 2004.

As palavras-chave para a pesquisa foram definidas a partir dos dois temas centrais da pesquisa: "gestão por processos de negócios" e "ambiente de integração entre sistemas de informação". Dessa forma, a primeira parte da pesquisa concentrou-se em pesquisar nos artigos, mais especificamente nos textos dos campos "título" e "resumo", a existência de alguma das palavras-chave descritas a seguir:

» Processo/*process*.

» Processo de negócios/*business process*.

» Reengenharia/*business process reengineering* (BPR).

» Integração de processos/*process integration*.

» Integração entre sistemas/*system integration*.

» *Enterprise application integration* (EAI).

» *Middleware*.

Tabela 21.3 Revistas e anais de congressos identificados como fontes da pesquisa

Revistas de Ciência da Computação
Journal of the Brazilian Computer Society (JBCS)
Revistas de Administração
Revista de Administração (RA-USP)
Revista de Administração de Empresas (RAE)
Revista de Administração Contemporânea (RAC)
Revista de Administração Pública (RAP)
Congressos de Ciência da Computação
Congresso da Sociedade Brasileira de Computação (CSBC)
Congressos de Administração
Encontro da Associação Nacional de Pós-Graduação e Pesquisa em Administração (EnANPAD)
Congressos de Administração de Sistemas de Informação e/ou Tecnologia da Informação
Congresso Anual de Tecnologia da Informação (Cati)
Congresso Internacional de Gestão de Tecnologia e Sistemas de Informação (Contecsi)

Fonte: Elaborado pelo autor.

Observa-se que a pesquisa considerou palavras-chave tanto em português quanto em inglês, uma vez que a maioria dos congressos e das revistas pesquisados aceita artigos nos dois idiomas. Como uma delas era encontrada no título ou no resumo do artigo, procedia-se à leitura do artigo, verificando sua concordância com um dos temas relacionados à "gestão por processos de negócios" e ao "ambiente de integração entre sistemas de informação". No caso de haver aderência, o artigo era selecionado para análise posterior. Na seção a seguir, é desenvolvida uma análise da produção das duas academias com relação aos dois temas e assuntos correlatos, considerando-se a seleção final de artigos selecionados pela pesquisa bibliográfica.

21.2 Resultados da pesquisa bibliográfica

A partir da pesquisa bibliográfica, identificou-se, no período de janeiro de 2001 a agosto de 2004, nove publicações relacionadas à gestão por processos de negócios e/ou ao ambiente de integração entre sistemas de informação. A apresentação e a análise desses artigos ocorrem segundo três agrupamentos de artigos:

» Quatro artigos que analisam a gestão por processos de negócios.

» Um artigo que analisa o ambiente de integração entre sistemas de informação.

» Quatro artigos que, embora não estejam totalmente direcionados à "gestão por processos de negócios" ou ao "ambiente de integração entre sistemas de informação", mostram-se pertinentes ao contexto da pesquisa para evidenciar a importância desses temas ao atual ambiente de negócios.

21.2.1 Artigos que evidenciam a importância da integração entre processos e/ou sistemas de informação para o ambiente de negócios

No artigo *Sistema de gestão para o setor elétrico brasileiro*, de Fábio Takase, Thomaz Sasaki e Vinícius Souza,[2] discute-se a importância da integração entre sistemas de informação para o segmento de empresas que atuam no segmento de energia elétrica brasileira. Embora o artigo não abranja a questão dos ambientes de integração entre sistemas de informação ou mesmo o ambiente para a gestão por processos de negócios, ele identifica e analisa as diversas necessidades críticas de integração de dados e, consequentemente, de integrações entre os principais sistemas de informação das empresas desse segmento. As demandas críticas de integração são apontadas por meio da análise das resoluções do órgão regulamentador do segmento, a Agência Nacional de Energia Elétrica (Aneel). Na seção de conclusões, os autores enfatizam o desafio:

> A necessidade de integração de informação em uma empresa do setor elétrico é incontestável devido não somente à necessidade de aumento de eficiência para sobreviver a um mercado competitivo, mas também às exigências dos órgãos reguladores do mercado de energia.[3]

No artigo de Marcelo Bronzo, é desenvolvida uma discussão sobre a evolução e a otimização da coordenação logística, fundamentada, entre outros aspectos, nas práticas de transações colaborativas entre as entidades envolvidas. O artigo descreve vários problemas administrativos relacionados à falta ou à inadequação dos fluxos informacionais entre os processos comuns nas diversas entidades que compõem as cadeias colaborativas:

---

[2] TAKASE, F. K.; SASAKI, T. M.; SOUZA, V. M. Sistema de gestão para o setor elétrico brasileiro. In: Congresso Internacional de Gestão de Tecnologia e Sistemas de Informação, 1, 2004, São Paulo, SP. *Anais...* São Paulo, Universidade de São Paulo, FEA-USP, 2004.

[3] TAKASE; SASAKI; SOUZA, 2004.

A busca pela antecipação do ponto de penetração do pedido, a partir da coleta e do tratamento de informações atualizadas sobre a demanda. A partir de tal procedimento, o que as empresas parecem querer evitar é o efeito chicote, em que, por conta da baixa integração dos fluxos informacionais sobre a demanda, pequenas variações na demanda final provocam amplificações indesejadas ao montante da cadeia de suprimentos.

A desverticalização produtiva veio acompanhada nas empresas, em muitos casos, pela desintegração vertical progressiva também das atividades de inovação, exigindo das organizações uma participação crescente em projetos conjuntos de P&D e em alianças estratégicas orientadas para a redução do *lead time* da inovação, para as práticas de produção conjunta (*co-makership*) e para o compartilhamento de informações relativas aos produtos e à demanda.[4]

O autor também salienta a falta de atitude administrativa na busca de soluções para os desafios da falta de integração entre processos:

Por lógica, parece ser uma missão impossível para a gerência logística buscar a integração sistêmica de seus processos com fornecedores e clientes em um cenário de baixa intensidade de investimentos em ativos específicos ou de ausência de tais investimentos.[5]

Teresa Carneiro, Claudia Araújo e Patrícia Cardoso também discutiram os temas a partir da análise da gestão das cadeias colaborativas. Da mesma forma que Bronzo, as autoras desenvolveram amplo referencial teórico sobre a importância do fluxo informacional entre os participantes da cadeia de suprimentos e do papel dos recursos de tecnologia da informação nesse sentido. A discussão adicional desse trabalho foi analisar a importância da revisão dos processos de negócios da cadeia logística a partir da prática de reengenharia:

A partir da análise dos dois casos e da literatura sobre o assunto, observa-se que, entre os elementos-chave internos às empresas que merecem atenção para o sucesso da implantação do SCM, podem ser destacados: visão estratégica de longo prazo por parte da empresa, compreensão do grau de mudanças necessário e consequente reengenharia dos processos.

O SCM não deve ser visto como uma solução de curto prazo e exige uma reengenharia dos processos antes de ser implantado. As empresas devem ter em mente que os retornos desse processo não são imediatos e que exigem planejamento e um trabalho contínuo de acompanhamento ao longo da implementação.[6]

Outro artigo identificado pela pesquisa aborda exclusivamente o aspecto da demanda por integração entre sistemas no contexto interno da organização, ou seja, a integração *application-to-application* (A2A). A análise foi desenvolvida a partir das necessidades de

[4] BRONZO, M. Relacionamentos colaborativos em redes de suprimentos, *Revista de Administração de Empresas*, São Paulo, v. 44, edição especial, pp. 61–73, 2004.

[5] BRONZO, 2004.

[6] CARNEIRO, T. C. J.; ARAÚJO, C. A. S.; CARDOSO, P. A. Processo de implantação do *supply chain management*: a experiência de duas empresas atuantes no Brasil. In: Encontro da Associação Nacional de Pós-graduação e Pesquisa em Administração, 27, 2003, Atibaia, SP. *Anais...* Atibaia, Anpad, 2003.

integração entre os sistemas de informação de contabilidade de custos, de apoio à decisão e de informação executiva.[7]

21.2.2 Artigos que analisam a gestão por processos de negócios

Como a reengenharia sempre esteve muito relacionada à prática de gestão por processos, muitos autores estabelecem um forte vínculo entre os conceitos:

> A análise do caso apresenta evidências de que a reengenharia é um conceito, ou uma ferramenta de gestão, que continua sendo utilizado e valorizado pelas empresas. Entretanto, a complexidade e o desafio de compreender e implantar *a reengenharia, ou a organização por processos*, persiste.[8]

Por essa razão, os termos *business process reengineering*, reengenharia de processos e BPR compuseram o conjunto de palavras-chave relativas aos temas de interesses a serem pesquisados: "gestão por processos de negócios" e "ambiente de integração entre sistemas de informação".

O último trecho de artigo citado, cujo título é "Revisitando o conceito de reengenharia: o caso Aventis Pharma", é um alerta às organizações e à academia de administração sobre a pouca atenção e dedicação às práticas de gestão por processos de negócios. O artigo conclama organizações e pesquisadores a retomar o foco nessas práticas:

> Para concluir, pode-se afirmar que a reengenharia não deve ser totalmente abandonada pelas empresas, mas sim aprimorada e estudada para aplicação em cada caso. A análise do caso que descreve o processo de reengenharia empreendido pela Aventis na operação industrial no Brasil apresenta evidências de que a reengenharia é uma ferramenta de gestão, que continua sendo utilizada e valorizada pelas empresas.[9]

Três outros artigos encontrados analisam os processos de negócios não quanto à sua importância ou validade, mas abordam aspectos práticos de sua implementação. O primeiro, de Belmiro e Reche, analisa a importância e a dificuldade de definir os processos de negócios da organização; o segundo, de Campos e Santos, destaca técnicas de especificação de processos de negócios; e o terceiro, de Torres e De Sordi, discute ferramentas para a implementação de todos os ciclos da gestão por processos de negócios. Descreveremos a seguir esses três artigos.

Em 2003, Belmiro e Reche publicam um artigo que analisa a implementação da gestão por processos de negócios em uma empresa do setor de telecomunicações. O artigo salienta a importância e a dificuldade de definir os processos de negócios de uma organização, condição preponderante para o sucesso da gestão por processos.

[7] PEREIRA, E.; ARIMA, C. H.; SOUZA, M. A.; KOBAYASHI, A. A integração do sistema de contabilidade de custos ao sistema de apoio à decisão e ao sistema de informação executiva. In: Encontro da Associação Nacional de Pós-graduação e Pesquisa em Administração, 25, 2001, Campinas, SP. *Anais...* Campinas, Anpad, 2001.

[8] CSILLAG, J. M.; PEREIRA, S. O.; DUARTE, A. L. "Re-visitando" o conceito de reengenharia: o caso Aventis Pharma. In: Encontro da Associação Nacional de Pós-Graduação e Pesquisa em Administração, 26, 2002, Salvador, BA. *Anais...* Salvador: Anpad, 2002.

[9] CSILLAG; PEREIRA; DUARTE, 2002.

> Um dos pontos relevantes observados como resultado preliminar de implantação de uma gestão orientada por processos demonstra uma necessidade muito grande do negócio em estabelecer uma estrutura clara para definir quais são os processos-chave da empresa, para assim poder gestioná-los melhor, à luz de fatos e dados.[10]

Encontrou-se uma publicação de Campos e Santos que enfatiza estudos relativos à modelagem de processos de negócios, além de fazer menção ao problema da integração entre sistemas de informação, conforme pode-se observar no segundo parágrafo:

> [...] geralmente a atenção às reais necessidades dos processos de negócios não é suficiente em função da falsa impressão de que apenas a Tecnologia de Informação garante o sucesso dos negócios. Esse artigo destaca a necessidade de se modelar os processos para a definição mais precisa dos requisitos dos negócios de empresa.
>
> A Infraestrutura de Integração CIMOSA consiste em um conjunto de serviços básicos de Tecnologia da Informação usado para possibilitar a integração, a comunicação e a interoperabilidade de sistemas multifornecedores por meio da definição de linguagens-padrão para a comunicação, a apresentação e o acesso a dados.[11]

Das pesquisas realizadas, encontrou-se um artigo que discute a solução de *business process management* (BPM). De Sordi e Torres apresentaram o histórico evolutivo e os conceitos da solução BPM, tendo como tema central as questões tecnológicas, conforme descrito no parágrafo final do resumo:

> Nesse artigo, são discutidas as origens da solução BPM, os desafios tecnológicos para sua completa implementação, as iniciativas em andamento na indústria de software, o impacto de sua implementação nas organizações e, como conclusão, as recomendações às empresas que pretendam dar os primeiros passos para a implementação da solução BPM.[12]

21.2.3 Artigos que analisam o ambiente para integração entre sistemas de informação

Dos artigos pesquisados, uma quantidade muito pequena mencionava alguma das palavras técnicas pesquisadas, como: *enterprise application integration*, EAI, *system integration*, integração entre sistemas e *middleware*. Desses poucos, nenhum tratava de questões relacionadas à integração entre sistemas de informação em ambientes colaborativos por meio de camadas de integração ou mesmo na abordagem tradicional, sistema a sistema, por meio de soluções "ponto a ponto". Não se encontraram discussões e análises sobre desafios, técnicas empregadas, custos, competências, ferramentas ou qualquer outra forma de análise sobre questões relacionadas à integração entre sistemas de informação.

Entre os poucos artigos que citavam alguma das palavras pesquisadas, as análises e os estudos encontrados eram bastante pontuais e específicos de alguma característica

---

[10] BELMIRO, T. R.; RECHE, J. R. O desafio de uma gestão por processos sob a ótica de uma telecom, *Revista de Administração* (RA-USP), v. 38, nº 3, pp. 260, jul–set. 2003.

[11] CAMPOS, R.; SANTOS, L. R. Modelagem de processos e definição de requisitos para sistemas de informações para a precisão de demanda. In: Encontro da Associação Nacional de Pós-Graduação e Pesquisa em Administração, 25, 2001. Campinas, SP. *Anais...* Campinas: Anpad, 2001.

[12] DE SORDI, J. O.; TORRES, N. A. *Business Process Management* (BPM): uma nova solução de software para integração de cadeias colaborativas. In: Encontro da Associação Nacional de Pós-Graduação e Pesquisa em Administração, 26, 2002. Salvador, BA. *Anais...* Salvador: Anpad, 2002.

ou recurso técnico. O artigo de Baldochi, Cattelan e Pimentel[13] é um exemplo disso; nele são discutidos alguns aspectos técnicos para que as soluções de *middleware* sejam mais eficientes no acesso e na captura de aplicações.

21.3 Análise dos dados levantados

A produção da academia brasileira, em especial a da administração, relacionada à gestão por processos de negócios, foi bastante significativa em termos de quantidade e qualidade, sobretudo em meados da década de 1990, por ocasião das intensas discussões e da análise de projetos de reengenharia (BPR), de melhoria contínua (BPI) e de implementação de sistemas ERP.[14] Como foi constatado pela pesquisa, há pouca produção relacionada ao tema: apenas quatro artigos que analisam a gestão por processos de negócios. Apesar da pequena produção, ela aponta e sugere a importância da retomada das pesquisas relacionadas à gestão por processos.

O primeiro conjunto de artigos analisados é o daqueles que, embora não estejam totalmente direcionados à "gestão por processos de negócios" ou ao "ambiente de integração entre sistemas de informação", evidenciam diversas características do ambiente de negócios atual, que demandam a utilização integrada dessas duas abordagens. Eles são importantes para o contexto da pesquisa por ilustrarem com diversos exemplos do cenário nacional as principais razões do ambiente de negócios, pela crescente demanda por soluções de integração entre sistemas de informação:[15]

> » Aumento da diversidade e quantidade dos SI nas organizações.

> » Busca de vantagens competitivas que implicam melhor gestão da informação.

> » Exigências de órgãos reguladores por maior agilidade no trâmite das informações.

> » Aumento das entidades que necessitam trocar informações com a organização devido à tendência pelo trabalho organizado de forma intensiva.

Quanto à produção brasileira relacionada ao tema "ambiente de integração entre sistemas de informação", pode-se afirmar que ela é muito limitada. Os poucos estudos encontrados são de escopo bastante tecnológico, voltados a aspectos muito pontuais e específicos, os quais estão muito distantes de poder atender às demandas atuais do ambiente de negócios por soluções mais eficientes para a integração entre sistemas de informação. Das publicações pesquisadas, não se encontrou, por exemplo, nenhuma publicação que discutisse temas como:

> » Categorias de tecnologias disponíveis para a integração entre sistemas de informação: Seu estágio de adoção pelas empresas brasileiras, o grau de domínio e de discussão das academias com relação a essas tecnologias.

13 BALDOCHI, L.; CATTELAN, R.; PIMENTEL, M. G. Building a middleware infrastructure for capture and access applications. In: Congresso da Sociedade Brasileira de Computação, 23, 2003. Campinas, SP. *Anais...* Campinas: SBC, 2003.

14 CSILLAG; PEREIRA; DUARTE, 2002.

15 RUH, W.; MAGINNIS, F. X.; BROWN, W. J. *Enterprise application integration*. Nova York: John Wiley & Sons, 2001, p. 12; BELL, B.; KOZLOWSKI, S. J. A typology of virtual teams: implications for effective leadership, *Group & Organization Management*, Thousand Oaks, v. 27, nº 1, pp. 14–49, mar. 2002.

» Habilidades técnicas requeridas para a implementação de um centro de competência em integração de sistemas de informação que envolva as diversas tecnologias de integração entre os sistemas de informação.

» Análise dos recursos técnicos essenciais às soluções EAI: Potenciais, aspectos críticos e serviços possíveis de serem entregues.

» Habilidades ou perfil técnico necessário para a implementação de sistemas de troca de mensagens.

» Análise de custos e problemas da integração tradicional "ponto a ponto".

A partir da análise das produções encontradas pela pesquisa bibliográfica, pode-se afirmar que há produções e, consequentemente, pesquisadores que reconhecem a importância e a tendência a ambientes de negócios cada vez mais colaborativos; há um sério problema para a formação desses ambientes colaborativos, que é o desafio tecnológico da integração entre sistemas de informação; e, de uma forma menos intensa, discute-se a importância da gestão por meio de processos de negócios, salientando seu papel fundamental para a execução e a gestão de trabalhos colaborativos.

Há pouquíssima produção; foi encontrado apenas um artigo da academia de administração brasileira relacionado ao estudo e à análise de soluções que integrem a "gestão por processos" com o "ambiente de integração entre sistemas de informação", as soluções denominadas BPM. Esse é um cenário bastante preocupante, uma vez que são esses temas e soluções que provocam discussões direcionadas a uma importante questão da administração contemporânea: como habilitar práticas de negócios, predominantemente colaborativas, como as propostas por soluções SCM, CRM e PLM, que demandam das empresas participantes com forte capacidade de gestão integrada de processos e, consequentemente, entre seus sistemas de informação, dos quais essas mesmas empresas ainda não conseguem integrar de forma satisfatória seus próprios sistemas de informação internos?

Com a pesquisa, identificou-se também que há pouco direcionamento e interesse das academias de administração e de ciência da computação para os temas "gestão por processos de negócios" e "ambiente de integração entre sistemas de informação". Conselhos editoriais de revistas acadêmicas e comitês organizadores de congressos não os sugerem ou os recomendam entre os assuntos e áreas temáticas de interesse de suas revistas e congressos. A exceção encontrada foi o Congresso Internacional de Gestão de Tecnologia e Sistemas de Informação (Contecsi), realizado pela FEA-USP em 2004. Das 45 áreas temáticas previamente indicadas pelo comitê organizador, uma estava diretamente relacionada à questão do ambiente de integração, *systems interfacing and integration*", além de outra área que, embora não totalmente direcionada à gestão por processos de negócios, poderia proporcionar algum trabalho correlato: "mapeamento e desenho de processos". Dos artigos aprovados para a apresentação no congresso, formaram-se 24 seções das 45 inicialmente sugeridas pelo comitê organizador, e não houve nenhum artigo apresentado nas duas áreas temáticas citadas anteriormente.

Finalmente, podemos responder à questão inicial, representada pelo próprio título do artigo: "Compreendemos o desafio da integração entre sistemas de informação como elemento crítico à gestão por processos de negócios?" Considerando-se os resultados da pesquisa bibliográfica realizada a partir das principais mídias acadêmicas eleitas pelas próprias academias, pode-se afirmar que as academias brasileiras de administração e ciência da computação não associam, em termos de pesquisas produzidas, alta competência na integração entre sistemas de informação com a viabilização da gestão por processos em ambientes altamente colaborativos.

TEXTOS COMPLEMENTARES

 Não há pesquisas que analisem a produção das academias relacionadas à gestão por processos e ao ambiente de integração entre sistemas de informação. Essa foi uma das necessidades que motivaram o desenvolvimento deste livro.

QUESTÕES PARA REFLEXÃO

1. Há pesquisas na academia brasileira na área de administração que analisam o desafio da gestão por processos de negócios?

2. Há pesquisas na academia brasileira na área de ciência da computação ou na de engenharia de software que analisam o desafio tecnológico de estabelecer uma arquitetura de integração entre sistemas de informação?

3. Pesquisadores e profissionais brasileiros correlacionam o "ambiente de integração entre sistemas de informação" com a "gestão por processos de negócios"?

Apêndice A

Artigos que abordam a multifuncionalidade

Publicações internacionais:

BEUKEL, A. L.; MOLLEMAN, E. Too little, too much: Downsides of multifunctionality in team-based work. *Personnel Review*, v. 31, nº 4, pp. 482–495, 2002.

HUANG, X.; KRISTAL, M. M.; SCHROEDER, R. G. The Impact of Organizational Structure on Mass Customization Capability: A Contingency View. *Production & Operations Management*, v. 19, nº 5, pp. 515–530, 2010.

IRAVANI, S. R.; KOLFAL, B.; VAN OYEN, M. P. Call-Center Labor Cross-Training: It's a Small World After All. *Management Science*, v. 53, nº 7, pp. 1.102–1.112, 2007.

MOLLEMAN, E.; SLOMP, J. Functional flexibility and team performance. *International Journal of Production Research*, v. 37, nº 8, pp. 1.837–1.858, 1999.

NEMBHARD, D. A.; BENTEFOUET, F. Selection policies for a multifunctional workforce. *International Journal of Production Research*, v. 52, nº 16, pp. 4.785–4.802, 2014.

RASKAS, D. F.; HAMBRICK, D. C. Multifunctional Managerial Development: A Framework for Evaluating the Options. *Organizational Dynamics*, v. 21, nº 2, pp. 4–17, 1992.

Publicações nacionais:

AGRA, C. Análise das ações mediadoras existentes em um processo de reestruturação da produção na indústria petroquímica. *Revista Gestão & Planejamento*, v. 1, nº 2, pp. 1–15, 2000.

CARRION, R. M. Reestruturação econômica, relações do trabalho e qualificação na indústria petroquímica no Rio Grande do Sul. *Organizações & Sociedade*, v. 9, nº 23, pp. 1–31, 2002.

LOMBARDI, M. R. Reestruturação produtiva e condições de trabalho: percepções dos trabalhadores. *Educação & Sociedade*, v. 18, nº 61, pp. 64–87, 1997.

LONGHI, J. *et al.* Os benefícios da multifuncionalidade. *Revista de Carreiras e Pessoas*, v. 5, pp. 2–16, 2015.

REIS, G. F.; GUTIERREZ, A. Desenvolvimento de competências multifuncionais na hotelaria. *Revista Acadêmica do Observatório de Inovação do Turismo*, v. 3, nº 2, pp. 1–24, 2008.

ROBERTT, P. Reestruturação negociada e flexibilização em uma empresa industrial uruguaia. *Caderno CRH*, v. 20, nº 51, pp. 479–495, 2007.

RODRIGUES, M. B. Trajetórias de vida e de trabalho flexíveis: o processo de trabalho pós-Braverman. *Cadernos EBAPE.BR*, v. 12, nº 4, pp. 770–788, 2014.

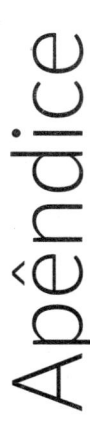

Apêndice B

Artigos que abordam a polivalência

FERREIRA, L. L. Escravos de Jó, Kanban e L.E.R. *Produção*, v. 8, n° 2, pp. 151–167, 1998.

GÓES, A. O. S.; SOUZA, M. E. A. A transformação da prática do bancário e a exigência de múltiplas competências. *RAC-Eletrônica*, v. 2, pp. 123–140, 2008.

MOREIRA, K. D.; OLIVO, L. C. C. O profissional de secretariado executivo como mediador de conflitos. *Revista de Gestão e Secretariado*, v. 3, pp. 30–53, 2012.

PEREIRA, K. A.; SILVA, M. R. A atuação do secretário executivo no terceiro setor na cidade de Aracaju. *Revista de Gestão e Secretariado*, v. 5, pp. 104–130, 2014.

RABELO, F. M.; BRESCIANI FILHO, E.; OLIVEIRA, C. A. B. Treinamento e gestão da qualidade. *Revista de Administração de Empresas*, v. 35, n° 3, pp. 13–19, 1995.

RACHID, A.; BRESCIANI FILHO, E.; GITAHY, L. Relações entre grandes e pequenas empresas de autopeças e a difusão de práticas de gestão da produção. *Gestão & Produção*, v. 8, n° 3, pp. 319–333, 2001.

ROESCH, S. M. A.; ANTUNES, E. D. O just-in-time e a emergência de um novo cargo: o operador multifuncional. *Revista de Administração*, v. 25, n° 4, pp. 44–53, 1990.

Definições para os termos multifuncionalidade e polivalência presentes nos artigos nacionais

Autoria do artigo	Conceituação do termo	
	Multifuncionalidade	Polivalência
Agra (2000)	Múltiplos significados (multifuncional + polivalente): "Propõe-se neste estudo o uso da palavra multifuncional para designar o trabalho reformulado a partir de outros já existentes, da mesma especialidade ou não, que concebem de forma aditiva (intensificadora do trabalho), integrativa (define o papel do trabalhador, e não tarefas específicas) ou ambas." (p. 3)	NÃO CONCEITUA POLIVALÊNCIA
Carrion (2002)	Múltiplos significados (multifuncional + polivalente): "Quando o tema é a multifuncionalidade, a polissemia não é menos intensa. [...] a multifuncionalidade pode dar origem tanto à multiqualificação, ilustrativa do trabalhador *multiskill*, como à *multitask* que corresponde à imagem do trabalhador 'multitarefeiro'." (p. 9)	NÃO CONCEITUA POLIVALÊNCIA
Lombardi (1997)	Tautológica: "A multifuncionalidade — entendida como a situação em que um mesmo profissional executa diversas funções relativas à sua área de trabalho [...]." (p. 79)	NÃO CONCEITUA POLIVALÊNCIA
Longhi *et al.* (2015)	Tautológica: "[...] que a multifuncionalidade/polivalência é a capacidade do trabalhador de ocupar diferentes posições no processo produtivo." (p. 3)	CONSIDERARAM COMO SINÔNIMO: "... que a multifuncionalidade/ polivalência é a capacidade do trabalhador de ocupar diferentes posições no processo produtivo." (p. 3)
Reis e Gutierrez (2008)	Diferenciadora: "A multifuncionalidade é a capacidade de os colaboradores exercerem as atividades de forma ampla, abrangendo uma diversidade de tarefas. [...] uma ATIVIDADE que envolve três tipos de natureza da TAREFA: padronização, especialização e complexidade." (p. 5)	Abrange apenas atribuições: "A polivalência é a capacidade de o profissional exercer atribuições que extrapolam os limites de sua ocupação." (p. 5)
Rodrigues (2014)	Equivocada (= polivalente): Apresenta-a como sinônimo de multitarefa: "... e introduz conceitos como multifuncionalidade (*multitasking*), [...]." (p. 777)	NÃO CONCEITUA POLIVALÊNCIA
Robertt (2007)	Equivocada (= polivalente): "O conceito de multifuncionalidade (igual ao de competência) é aqui utilizado de acordo com o proposto por Gorgeu, Mathieu e Pialoux (2003). Para esses autores, a multifuncionalidade indica aumento no número de tarefas realizadas por cada trabalhador e implica capacidade de uma pessoa para conhecer e ocupar vários postos de trabalho." (p. 488)	NÃO CONCEITUA POLIVALÊNCIA

Nota lateral: Artigos de multifuncionalidade

(Continua) ⇨

Autoria do artigo	Conceituação do termo	
	Multifuncionalidade	Polivalência
Agra (2000)	NÃO CONCEITUA MULTIFUNCIONALIDE	NÃO CONCEITUA POLIVALÊNCIA
Góes e Souza (2008)	CONSIDERARAM COMO SINÔNIMO: "Termo em voga, o trabalhador polivalente/multifuncional." (p. 129)	"... a polivalência, uma vez que esta [...] designa a capacidade que tem um assalariado de ocupar vários postos, o que lhe permite passar de um posto a outro de acordo com as necessidades (Zarifian, 2001, p. 102)". (p. 136)
Moreira e Olivo (2012)	NÃO CONCEITUARAM MULTIFUNCIONALIDADE	"Polivalente — executa diversas etapas de uma mesma tarefa." (p. 48)
Pereira e Silva (2014)	NÃO CONCEITUARAM MULTIFUNCIONALIDADE	Confundem com mobilidade, ao comentarem de secretárias que trabalham para vários setores: "Possuem um perfil polivalente ao atuar em vários setores na organização." (p. 128)
Rabelo, Bresciani e Oliveira (1995)	NÃO CONCEITUARAM MULTIFUNCIONALIDADE	Voltam-se para tarefa: "Pode-se definir polivalência como uma forma de trabalhar que busca promover a troca, partilha e propriedade comum das tarefas." (p. 16)
Rachid, Resciani e Gitahy (2001)	NÃO CONCEITUARAM MULTIFUNCIONALIDADE	NÃO CONCEITUARAM POLIVALÊNCIA
Roesch e Antunes (1990)	NÃO CONCEITUARAM MULTIFUNCIONALIDADE	NÃO CONCEITUARAM POLIVALÊNCIA

Artigos de polivalência

Requisitos de especificação para projeto, operação e gerenciamento dos processos de negócios

Os atuais processos de negócios são poucos dentro das organizações; são amplos, complexos e dinâmicos, envolvem diversos intervenientes e são críticos para elas. Por essas características, requerem um modelo de especificação que seja capaz de atender aos requisitos das fases de projeto e operação, subentendendo-se o gerenciamento incluso em sua operação. Os modelos empregados até então para entender os processos de negócios tinham duas procedências:

> » Os provenientes da área de informática, cobrindo um escopo amplo de características de processos modelada a partir de diferentes linhas de raciocínio, como a orientada a objetos ou a centrada em processos. Essas abordagens, para serem abrangentes em termos de cobrir os diversos aspectos dos processos de negócios, requerem a utilização de diversas técnicas e diagramas, tornando-se difícil de serem aplicadas com eficiência.

> » Aqueles provenientes das áreas administrativas, como os modelos aplicados em projetos de melhoria ou redesenho de processos. Essas técnicas, embora bastante simples e práticas, são muito limitadas em termos de semântica requerida para os atuais processos de negócios.

Recentemente, a BPMI.org divulgou uma proposta para a especificação de processos de negócios denominada *business process modeling notation* (BPMN). Comparando-a com as alternativas anteriores, é uma proposta muito interessante, uma vez que consegue ser abrangente o suficiente para atender aos requisitos dos processos de negócios atuais e apresenta um grau moderado de complexidade e praticidade que permite uma boa interação entre profissionais da área de negócios e profissionais responsáveis pela implementação dos processos de negócios.

D.1 Introdução à BPMN

A BPMI.org disponibilizou na internet, em 25 de agosto de 2003, a primeira versão de um documento para consulta pública (*working draft*) que descreve sua notação para modelagem de processos de negócios, denominada *business process modeling notation* (BPMN). O objetivo da BPMN é ser um padrão de comunicação entre todos os envolvidos com o processo de negócios: os analistas de negócios que projetam a versão inicial do processo, os profissionais de negócios que operam no seu dia a dia as atividades de gerenciamento do gestor do processo e os desenvolvedores técnicos responsáveis por implementar as tecnologias que o apoiarão. A notação deve fornecer uma comunicação intuitiva entre esses grupos, sendo capaz de representar toda a complexa semântica dos atuais processos de negócios.

A BPMN realiza a especificação do processo de negócios por meio de gráficos que representam sua lógica; para isso, ela emprega apenas um modelo denominado diagrama de processo de negócios (DPN) ou *business process diagram*. A proposta da BPMI.org é fazer com que as notações da BPMN, mais especificamente o DPN, sejam utilizadas como referência por todos os sistemas de *business process management system* (BPMS). Além de ser o modelo empregado pelos profissionais que projetam, operam e gerenciam o processo de negócios, o DPN é o mapa formal para conectar a arquitetura lógica da solução BPMS com as linguagens que o implementam fisicamente. As linguagens selecionadas como prioridades da BPMI.org para implementação física da solução BPM são as orientadas a serviços digitais (*web services*) acionadas via tecnologia XML. Para facilitar o desenvolvimento de tais linguagens, a BPMI.org desenvolveu uma especificação para modelos de linguagem para solução BPM. Esse padrão está definido pelo documento *business process modeling language* (BPML). A linguagem BPEL4WS (*business process execution language for web services*), desenvolvida conjuntamente por IBM, BEA e Microsoft, é uma das primeiras linguagens desenvolvidas para conexão direta dos modelos e das regras de negócio especificados no DPN das soluções BPMS com os *web services* que o executam fisicamente.[1]

O objetivo principal da BPMI.org ao desenvolver a BPMN foi criar meios para reduzir as barreiras e as perdas atuais na interatividade entre projeto lógico e projeto físico, problema histórico da área de engenharia de software e que se repete no âmbito dos processos de negócios. Na seção a seguir, são analisados os aspectos críticos de serem apoiados pelos modelos aplicados à especificação, à operação e ao gerenciamento de processos de negócios, e as principais técnicas diferenciais da BPMN no atendimento dessas exigências. Os estudos desses novos recursos de notação nos auxiliam a compreender melhor a natureza dos atuais processos de negócios e a incapacidade técnica das abordagens tradicionais em atender a seus requisitos.

D.2 Aspectos críticos da gestão por processos de negócios apoiados pela BPMN

Um aspecto bastante positivo da BPMN é que ela define especificações bastante abrangentes, intuitivas e fáceis de serem trabalhadas. O que fortalece muito a questão da praticidade é ser capaz de trabalhar toda a especificação apenas com um diagrama, o DPN, que, embora único, permite trabalhar com níveis hierárquicos ou níveis de detalhamento do processo. Em algumas especificações de alta complexidade pode haver o risco de especificações gráficas muito carregadas de figuras e textos terem a totalidade de informações representadas em apenas um diagrama, mas é muito mais prático do que gerenciar diversos diagramas distintos, cuja conexão nem sempre é tão compreensível. A representação gráfica adotada pela BPMI.org utiliza muitos padrões já difundidos e bastante aplicados nas principais técnicas antecessoras. Quanto aos novos objetos inclusos na especificação BPMN, optou-se por ícones bastante sugestivos e de fácil compreensão. Essa praticidade, bem como a abrangência dos assuntos cobertos pela especificação BPMN, pode ser observada nos parágrafos a seguir, utilizados para comentar os principais objetos dessa especificação.

Apresentamos a seguir os principais conceitos de processo de negócios que podem ser descritos por meio da BPMN.

D.2.1 Eventos de negócio

Um evento é qualquer coisa que acontece durante um processo de negócios. Esses eventos afetam o fluxo operacional do processo e geralmente têm uma causa (acionador) ou um

---

[1] BPMI.ORG. Business process modeling notation: working draft 1.0, ago. 2003. Disponível em: <http://www.bpmi.org/bpmn-spec.htm>. Acesso em: 23 set. 2003.

impacto (resultado) atrelado a eles. Na notação da BPMI.org, os eventos de negócio são categorizados e diferenciados graficamente em três grupos: aqueles que podem iniciar um processo, aqueles que podem concluir o processo e os eventos intermediários, que, embora não iniciem ou concluam o processo, podem afetar o fluxo de sua operação. Os eventos iniciadores e intermediários têm a descrição de "acionadores" que definem a causa do evento, enquanto os eventos terminais descrevem "resultados" que são consequência do encerramento do fluxo.

Conforme descrito na Tabela D.1, os principais eventos iniciadores de um processo são mensagem, tempo e regra; os eventos terminais do processo encerram o processo apontando a última ação a ser realizada: envio de mensagem, cancelamento de transação, o que indica a ocorrência de um erro/exceção, ou solicitação de uma ação compensatória, como o cancelamento de algumas ações já realizadas pelo processo. Os eventos intermediários são categorizados em mensagem, tempo, regra, tratamento de exceção, solicitação de cancelamento ou compensação. Há outras representações de eventos na especificação BPMN, mas de menor valor semântico do ponto de vista do negócio, utilizadas para especificar o retorno ou o acionamento de diferentes níveis de detalhamento do DPN.

O conjunto de eventos possíveis de serem tratados dá uma ideia da ampla abrangência de situações a serem especificadas e tratadas nos atuais ambientes de trabalho colaborativos, demandando especificações de processos de negócios capazes de retratar toda a complexidade desses ambientes.

Tabela D.1 Notação dos tipos de eventos relacionados à operação do processo

Evento	Descrição	Ícone
Iniciador com base em tempo	Uma data ou hora específica é alcançada, dando início ao processo.	
Iniciador com base em mensagem	Uma mensagem chega de um dos participantes do processo, dando início ao processo.	
Iniciador com base em regra	Uma condição lógica para uma regra torna-se verdadeira, o que requer o acionamento do processo.	
Intermediário com base em tempo	Um período de tempo pode ser assinalado para acionar um evento. É utilizado no nível principal do processo como um mecanismo para tratamento de atrasos.	
Intermediário com base em mensagem	A chegada de uma mensagem de um dos participantes do processo aciona o evento, fazendo com que o processo siga seu fluxo normal, caso esteja no aguardo dessa mensagem; caso contrário, o fluxo será encaminhado para o tratamento de exceção.	
Intermediário com base em regra	Esse tipo de evento é acionado quando uma regra torna-se verdadeira. Quando colocada ao longo do processo, ou seja, no nível intermediário, ela só se justifica para o tratamento de exceção.	

(Continua) ⇨

Evento	Descrição	Ícone
Intermediário com base em compensação	Utilizado para acionar operações compensatórias que desfaçam trabalhos já executados, seja por motivo de falha ou de solicitação de cancelamento durante a operação do processo.	
Intermediário com base em exceção	É empregado para tratar ocorrência de exceções.	
Intermediário com base em cancelamento	Utilizado para responder a uma solicitação de cancelamento de transação.	
Término com base em mensagem	Esse tipo de término indica que uma mensagem é enviada a um dos participantes na conclusão do processo.	
Término com base em cancelamento	Esse tipo de término indica que uma transação de negócio deve ser cancelada. Utilizada na especificação de subprocesso para indicar o disparo do evento de encerramento da transação no nível imediatamente superior.	
Término com base em compensação	Esse tipo de término indica que uma ação compensatória é requerida, que será inicializada por um evento intermediário em outra especificação de processo.	
Término com base em exceção/erro	Esse tipo de término indica que uma mensagem de erro deve ser gerada para ser tratada por um evento intermediário.	

Fonte: BPMI.org (2003).

D.2.2 Processos de negócios

A BPMN trabalha com níveis hierárquicos para representar a complexidade do processo de negócios que empregue os nomes: *processo* para as especificações de mais alto nível, ou seja, aquelas que não têm nenhuma abstração de nível superior; *subprocesso* para todas as especificações que são consolidadas em níveis superiores e que também são decompostas em níveis inferiores de decomposição; e *atividade* para o último nível da decomposição, isto é, aqueles processos elementares que não são decompostos. A todos esses elementos, nos referiremos apenas como processos, que podem ser classificados como repetitivo/*loop*, múltipla instância, aleatório/*ad hoc* e compensatório. A representação gráfica do processo se dá por meio de um retângulo de bordas arredondadas, pois sua classificação é dada por um ícone adicionado ao centro da base inferior do retângulo, conforme descrito na Figura D.1.

A diferenciação entre processos classificados como repetitivo/*loop* ou múltipla instância é bastante sutil, ambos têm seu fluxo de atividades executado diversas vezes, mas, no processo repetitivo, a execução ocorre uma de cada vez, de forma serial; no processo classificado como múltipla instância ocorrem diversas execuções em paralelo, ou seja, o mesmo fluxo com várias execuções que ocorrem ao mesmo tempo com o tratamento de diferentes instâncias. Os processos classificados como aleatórios são aqueles que apresentam um grupo de atividades que não têm uma sequência predefinida; essas podem ser executadas em diferentes ordens e em diferentes números de vezes, dependendo de seu operador, ou melhor, de seu cliente. Os processos compensatórios normalmente existem para tratar falhas no processo ou solicitações de cancelamento que possam ocorrer durante a execução do processo, requerendo que trabalhos processados nos passos anteriores sejam desfeitos. Na terminologia de especificação de software, seria algo similar ao trabalho realizado pela função *undo*, porém, em termos de atividades do processo de negócios.

Figura D.1 Diferentes notações para classificação de processos segundo a BPMN

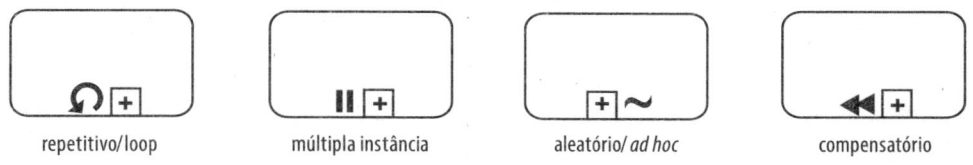

| repetitivo/loop | múltipla instância | aleatório/ *ad hoc* | compensatório |

Fonte: Elaborado pelo autor.

D.2.3 Fluxos de execução

Um conjunto de fluxos é utilizado para descrever a sequência de execução dos processos que compõem um processo de negócios, do evento iniciador do processo, passando por meio dos diversos processos via roteiros sequenciais, em paralelo ou alternativos. Um fluxo pode ser classificado de diferentes formas. Na Figura D.2, há a representação gráfica desses fluxos e, a seguir, a descrição de cada um deles:

» **Condicional**: Tem uma expressão ou regra condicional que é avaliada no tempo de execução, verificando se o fluxo será utilizado ou não pelo processo de negócios.

» **Sequencial**: É o fluxo que sempre é executado, não dependendo de nenhuma regra condicional ou conector. Estudaremos mais adiante os conectores.

» **Default**: Esse fluxo é utilizado somente quando os diversos fluxos condicionais não forem verdadeiros, isto é, não forem apontados para uso em tempo de execução. Na prática, funciona dentro do princípio "se nenhum outro fluxo for utilizado, esse será o caminho-padrão a ser seguido".

» **Exceção**: Esse fluxo ocorre fora do processamento normal do processo, sendo acionado a partir da ocorrência de um evento intermediário com base em exceção que possa ocorrer durante a execução do processo.

Figura D.2 Notações empregadas pela BPMN para a representação de fluxos de execução

Fonte: Elaborado pelo autor.

D.2.4 Associações

A ocorrência de falha ou cancelamento do processo não é uma situação que faz parte do processo de negócios, é mais uma questão de salvaguarda da integridade do ambiente de operações do que de continuidade à operação do processo. Assim, a BPMN não considera a conexão entre um processo e seus procedimentos compensatórios um fluxo, mas uma associação. A leitura correta em termos de negócios seria: "Tal processo tem procedimentos compensatórios associados a ele."

Outra forma de associação é o vínculo de um objeto de dado com um processo, fluxo ou mensagem. Os objetos de dados na BPMN são considerados artefatos, por não terem nenhuma influência na operação do processo na sequência do fluxo ou da mensagem. Os objetos de dados simplesmente fornecem informação sobre o que o processo faz, não alterando seu comportamento. Um objeto de dado, apontado para fora do processo, desempenha o papel de descritivo das saídas geradas pelo processo, não devendo ser confundido com as próprias saídas geradas pelo processo. Quando conectado a um fluxo, não devemos entender como um fluxo de informação, como ocorria nos diagramas de fluxo de dados (DFD) utilizado para especificar sistemas de informação, mas como informações adicionais para que a equipe de gestão por processos possa melhor entender o comportamento do processo.

A Figura D.3 retrata os dois tipos de associações citadas na BPMN: os processos compensatórios e os objetos de dados. O processo compensatório sempre aponta para o procedimento de compensação, enquanto o objeto de dados pode associar diferentes objetos da especificação, conforme já citado. Na Figura D.3 há dois exemplos de objeto de dados: um associado a um fluxo, e outro associado às saídas de um processo.

Figura D.3 Tipos de associações existentes na BPMN

Fonte: Elaborado pelo autor.

D.2.5 Entidades participantes e mensagens

As entidades participantes são retratadas no DPN por meio de um grande retângulo, no interior do qual estão contidos os ícones que representam os processos sob sua responsabilidade. Essa notação é muito requerida para processos colaborativos em que há diversas organizações colaborando. Cada grande retângulo representa uma entidade e pode ser dividido vertical ou horizontalmente, formando linhas ou colunas, de modo a facilitar a categorização e a organização dos processos sob sua competência. O valor semântico de cada linha ou coluna é definido pelo modelador e pode representar as áreas internas da empresa (finanças, controladoria e contabilidade), o papel interno de seus executores (diretor, gerente e operacional), a tecnologia empregada (*web services*, *web application* e legado) etc.

No ambiente atual de negócios, há um fluxo cada vez maior de troca de informações entre as entidades que cooperam nos ambientes colaborativos. Para representar essa comunicação entre empresas, a BPMN utiliza o conceito de mensagem. Um fluxo de mensagem é utilizado entre duas entidades preparadas para enviar e receber informações.

Na Figura D.4 há a descrição de três entidades e três fluxos de mensagens; observe que a entidade "B" está decomposta nos departamentos "1" e "2". A entidade "C" é apenas notificada pelo departamento "B2", por meio de um fluxo de mensagem; ela não participa do processo de negócios, é apenas um cliente informacional do processo, por isso o fluxo de mensagem termina na borda do ícone da entidade, sem que seja necessário descrever o tratamento dado pela entidade a essa mensagem.

Figura D.4 Representação de entidades e fluxos de mensagem segundo a BPMN

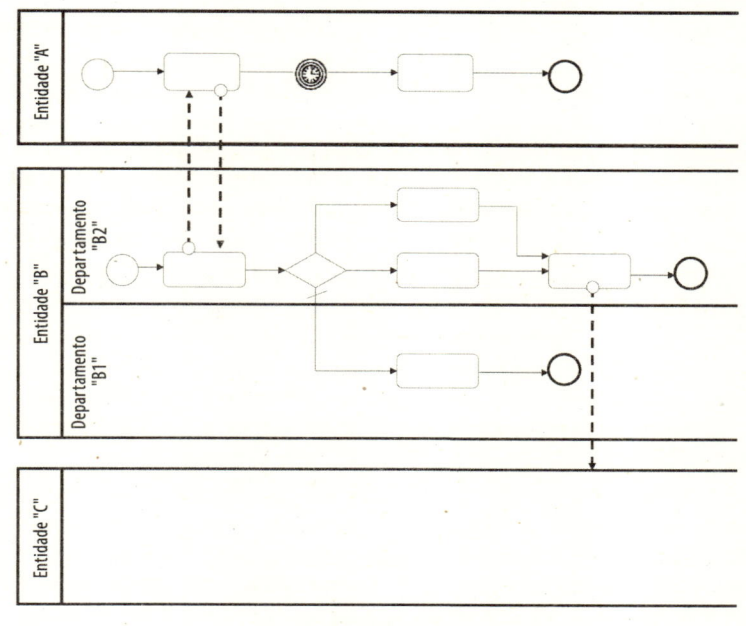

Fonte: Elaborado pelo autor.

D.2.6 Conectores de fluxos de execução

Os conectores são elementos de modelagem que representam o controle lógico da interação dos fluxos de execução e indicam as possibilidades e as razões para que esses fluxos convirjam ou divirjam durante a operação de um processo de negócios. Se um fluxo de processos não precisa ser controlado, não há a necessidade de conectores; caso contrário, é necessário utilizar conector. O pressuposto do conector é o de que há um mecanismo que habilita ou não a passagem do fluxo de execução por meio de um ou mais fluxos de saída. A seguir, são descritas as situações mais comuns da operação dos processos de negócios que requerem o uso do conector:

» Convergência de dois ou mais fluxos paralelos que entram no conector, gerando apenas um fluxo de saída, em que o conector controla a exigência da situação verdadeira para todos os seus fluxos de entrada para disparar a saída única. Essa representação lógica é denominada AND-*join* ou "sincronização", por disparar a saída apenas quando todas as entradas forem verdadeiras.

» Convergência de dois ou mais fluxos paralelos que entram no conector, gerando apenas um fluxo de saída, em que o conector controla a exigência da situação verdadeira de pelo menos dois fluxos de entrada para disparar a saída única. Essa representação lógica é denominada OR-*join*; esses conectores autorizam a sequência do processo a partir da ocorrência de dois acontecimentos verdadeiros independentemente dos outros.

» Divergência do fluxo que entra no conector em dois ou mais caminhos, que passam a ser executados concomitantemente, ou seja, estabelecem uma operação em paralelo. Essa representação lógica é denominada AND-*split*.

» Divergência do fluxo que entra no conector em dois ou mais caminhos, de modo que um, dois ou mesmo todos os fluxos de saída possam ser considerados verdadeiros e, portanto, ativados. Essa representação lógica é denominada OR.

» Divergência do fluxo que entra no conector em dois ou mais caminhos, de modo que apenas um seja ativado pelo conector conforme expressão condicional definida no próprio conector. Essa representação lógica é denominada XOR. A decisão sobre qual caminho ou fluxo seguir pode ser tomada utilizando-se o processamento comparativo entre os dados fornecidos pelo fluxo de entrada e as regras contidas no conector para cada um dos fluxos possíveis. Outra forma de decidir o caminho é observar a ocorrência de um evento, como a chegada de uma mensagem de autorização. Assim, o processo de decisão de um caminho exclusivo pode ser com base em dados (XOR *data-based*) ou eventos (XOR *event-based*).

Há algumas situações que não são facilmente modeladas a partir das notações descritas anteriormente. O recurso de conector complexo existente na BPMN é útil para representar regras de divergência ou convergência que não podem ser facilmente representadas pelos demais tipos de conectores. O conector complexo permite que o modelador forneça a descrição de uma expressão lógica complexa para especificar essas situações. Na Figura D.5 pode-se observar os diferentes tipos de conectores fornecidos pela BPMN, inclusive os complexos.

A alta complexidade dos processos de negócios atuais, retratada pela grande quantidade de intervenientes e pela necessidade de responder a eventos de negócio diversos, via de regra no momento de sua ocorrência, e das tomadas de decisão complexas ao longo do processo, torna as abordagens tradicionais de especificação de processos ineficientes. O estudo das facilidades da abordagem BPMN proposta pela BPMI.org é um bom caminho para entendermos a complexidade, os objetos e as formas requeridas para a especificação dos atuais processos de negócios. O escopo abrangente de objetos relacionados ao processo de negócios possíveis de serem especificados pela BPMN, adicionado às facilidades de manuseio e especificação desses objetos por meio de apenas um diagrama, torna a abordagem BPMN bastante atrativa aos gestores do processo.

Figura D.5 Representação dos conectores de fluxo de execução segundo a BPMN

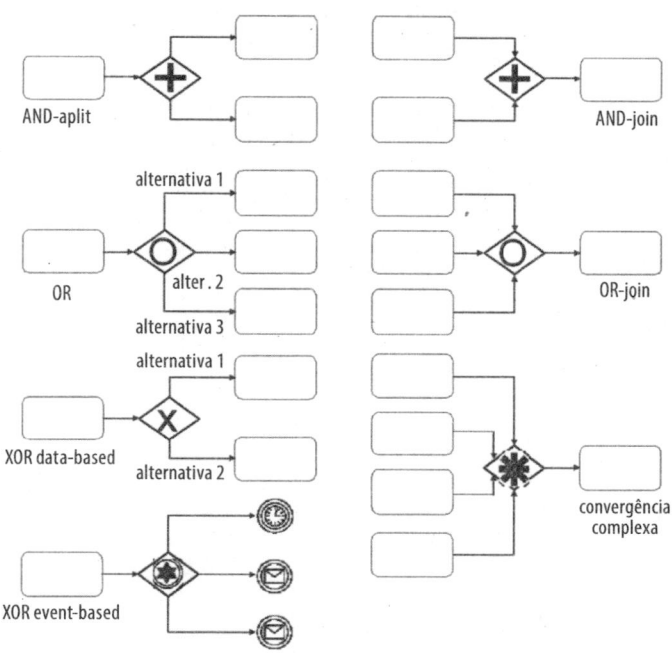

Fonte: Elaborado pelo autor.

D.2.7 Transação de negócio

Há múltiplas formas de analisarmos um processo de negócios: uma delas é por meio de suas transações de negócio. Uma transação é composta por um conjunto de atividades apoiadas por um protocolo especial de comunicação, que assegura que todas as atividades foram executadas com sucesso ou foram canceladas. O gerenciamento das transações de negócio é muito importante na gestão por processos de negócios; sem a compreensão delas, a lógica do processo não pode ser discutida na íntegra. Em ambientes colaborativos, nos quais as transações executadas estão sujeitas a eventos em diferentes empresas e ambientes computacionais, é imprescindível analisarmos o processo no âmbito de suas transações de negócio.

Na notação BPMN, a transação de negócio é representada por um retângulo cuja borda é definida por uma linha dupla, conforme podemos observar na Figura D.6. No seu interior estão descritas as atividades executadas pela transação e nos seus limites (borda), os eventos a serem considerados e tratados. Normalmente há pelo menos três tipos de eventos a serem considerados:

» Sucesso da execução de todas as atividades que compõem a transação, o que implica continuar o fluxo normal de execução do processo. Não há a necessidade de especificar um evento, pois esse é o caminho natural a ser percorrido pelo processo. As demais condições devem ser retratadas como eventos.

» Cancelamento ou ocorrência de falha em alguma atividade, o que requer atividades compensatórias para se desfazer de atividades da transação que já tenham sido executadas.

» Situação de perigo que não permite o término normal da transação. Nesse caso, utiliza-se a simbologia de evento de exceção, as atividades são interrompidas, e não canceladas ou desfeitas, e o controle é passado para a atividade indicada pelo evento de exceção.

Figura D.6 Representação gráfica de transação de negócio segundo a BPMN

Fonte: Elaborado pelo autor.

D.3 Nosso entendimento sobre a especificação de processos por meio da BPMN

Trata-se de uma especificação bastante apropriada para processos de negócios, pois não há nenhuma alternativa similar que tenha o mesmo nível de adequação. É importante lembrar que ela se aplica a todos os ciclos de gestão por processos de negócios, sendo o principal meio de interação das pessoas com o processo. Clientes, funcionários, gestor e demais atores do processo interagem com a especificação em diferentes momentos, níveis de intensidade, objetos da especificação e propósitos. Vejamos alguns exemplos de utilização da especificação BPMN:

» Como ferramenta para o gestor do processo e demais analistas de negócios realizarem a especificação inicial da arquitetura do processo e para proceder as alterações necessárias à constante evolução desse processo.

» Como ambiente facilitador para a intervenção diária das pessoas que necessitam operacionalizar alguma atividade do processo, como também para o trabalho de gerenciamento do processo pelo seu gestor.

» Como meio para fornecer informações sobre os processos aos parceiros, clientes e funcionários e para atender à finalidade de um manual do usuário ou operador, seja como meio de atendimento e apoio ao cliente, seja como material de treinamento a clientes ou funcionários, entre outras finalidades que possam ser de interesse e ter representações gráficas do processo que estejam dinamicamente atualizadas, refletindo a operação atual do processo e podendo levar seu leitor a interagir com os softwares que implementam os passos do processo.

O grande objetivo de uma especificação de processos de negócios é tê-las com qualidade, ou seja, não redundantes, íntegras e disponíveis, utilizadas no apoio às diversas atividades relacionadas à gestão por processos, fazendo que seus leitores estejam aptos a interagir dinamicamente com a operação do processo de negócios, seja para operacionalizar uma transação de negócio ou para monitorar e acompanhar seu desempenho.

D.4 Evoluções e adaptações da BPMN

Adições às notações propostas pelo BPMI.org podem ocorrer com diferentes propósitos, cabe aos analistas de processos estar atentos a esses adendos e adaptações propostas, bem como o julgamento por incluir ou não na sua abordagem BPM. A título de exemplo, apresentamos algumas notações inclusas no BPMN com o propósito de atender à iniciativa denominada Green BPM, que é voltada à sustentabilidade ambiental dos processos de negócio. Segundo Couckuyt e Van Looy (2020, p.435), o "Green BPM se preocupa com a modelagem, implantação, otimização e gerenciamento de processos de negócios considerando as suas consequências ambientais".

Para atender à discussão proposta pelo Green BPM, temos uma extensão às notações BPMN, com a intenção de atender a dois constructos essenciais da sustentabilidade: a) atividade que consome combustível, e b) atividade que consome papel. Para esses dois constructos, duas novas notações icônicas foram criadas, conforme apresentado na Tabela D.2. Os consumos são considerados eventos importantes ao Green BPM, daí os seus ícones serem inseridos dentro de círculos que retratam os eventos no BPMN, conforme descrito na Tabela D.2. O consumo de papel é descrito por uma página dentro de um círculo, enquanto o consumo de combustível é retratado por um barril dentro de um círculo. No Green BPM há outros dois ícones inseridos na notação para apuração das emissões globais de gases de efeito estufa (GEE): o ícone do retângulo com uma folha, contendo um número abaixo dela, que indica o total de GEE emitido pela atividade; e a seta com a linha ondulada, indicando o GEE emitido por cada atividade, bem como o sequenciamento de gases emitidos ao longo do processo.

Tabela D.2 Extensão da notação BPMN para o atendimento das demandas do Green BPM

NOTAÇÃO	CONSTRUCTO	NOTAÇÃO	CONSTRUCTO
🛢️	atividade que consome combustível	🍃 123	indicação de GEE emitido
📄	atividade que consome papel	～～➤	fluxo de GEE emitido

GEE = gases do efeito estufa

Fonte: adaptado de Recker et al. (2012).

As ações de consumo do Green BPM são sempre associadas às atividades, por isso, são inseridas dentro do ícone da atividade, no canto superior direito do ícone (do retângulo) de cada atividade que apresenta consumo de combustível e/ou papel, conforme descrito no processo exemplo descrito na Figura D.7. Destaca-se que o cálculo do GEE é importante, inclusive, para atividades administrativas, considerando-se que os recursos de tecnologia da informação e comunicação (TIC) são responsáveis pelo menos por 2% dos GEE (Webb, 2008).

Figura D.7 Exemplo de notação BPMN para o Green BPM

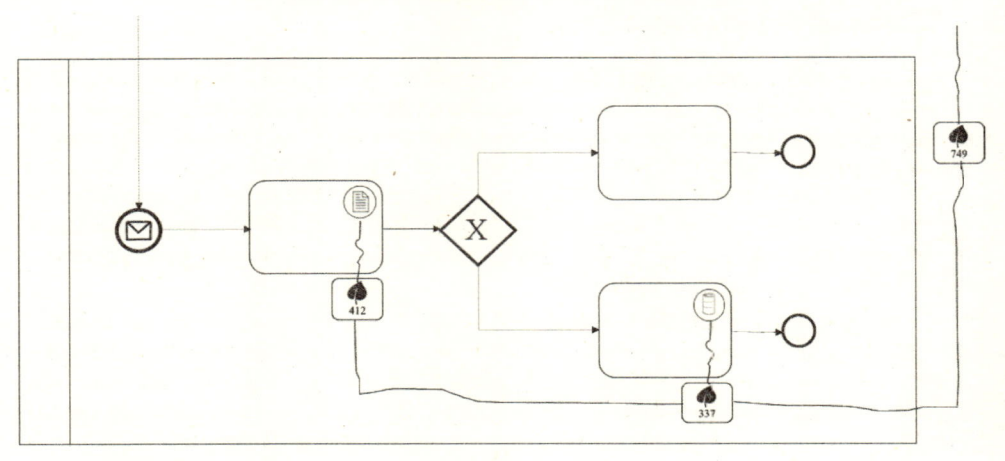

AAKER, D. A. *Strategic Marketing Management*. 7ª ed. Hoboken (NJ): Wiley, 2005.

AALST, W. M. P. Business process management: a personal view. *Business Process Management Journal*, Bradford, v. 10, nº 2, 2004.

ABU ELANAIN, H. Job characteristics, work attitudes and behaviors in a non-western context. *The Journal of Management Development*, v. 28, nº 5, 2009.

AGRA, C. Análise das ações mediadoras existentes em um processo de reestruturação da produção na indústria petroquímica. *Revista Gestão & Planejamento*, v. 1, nº 2, 2000.

AKABANE, G. K. *Enfoque japonês na administração da tecnologia*. São Paulo: Fundação Getulio Vargas/Escola de Administração de Empresas de São Paulo, 1990. Dissertação de mestrado.

ARMISTEAD, C.; HARRISON, A.; ROWLANDS, P. Business process re-engineering: lessons from operations management. *International Journal of Operations & Production Management*, Bradford, v. 15, nº 12, 1995.

_____; LLEWELLYN, N. Business process management: exploring social capital within processes. *International Journal of Service Industry Management*, Bradford, v. 11, nº 3, 2000.

BAARTMAN, L. K. J.; DE BRUIJN, E. Integrating knowledge, skills and attitudes: Conceptualising learning processes towards vocational competence. *Educational Research Review*, v. 6, nº 2, pp. 125–134, 2011.

BAKER, G. The effects of synchronous collaborative technologies on decision making: a study of virtual teams. *Information Resources Management Journal*, Hershey, v. 15, nº 4, out./dez. 2002.

BAKKEN, T.; HERNES, T. Organizing is Both a Verb and a Noun: Weick Meets Whitehead. *Organization Studies*, v. 27, nº 11, pp. 1.599–1.616, 2006.

BALDOCHI, L., CATTELAN, R.; PIMENTEL, M. G. Building a middleware infrastructure for capture and access applications. In: Congresso da Sociedade Brasileira de Computação, 23, 2003. Campinas, SP. *Anais...* Campinas: SBC, 2003.

BALZAROVA, M. A. *et al.* M. Key success factors in implementation of process-based management: A UK housing association experience. *Business Process Management Journal*, Bradford, v. 10, nº 4, 2004.

BARDOEL, E. A.; HASLETT, T. Exploring ethical dilemmas using the "drifting goals" archetype. *Journal of Management Education*, v. 30, nº 1, 2006.

BECHERER, R. R. The job characteristics of industrial salespersons: Relationship to motivation and satisfaction. *Journal of Marketing*, v. 46, nº 4, 1982.

BELL, B.; KOZLOWSKI, S. J. A typology of virtual teams: implications for effective leadership. *Group & Organization Management*, Thousand Oaks, v. 27, nº 1, mar. 2002.

BELMIRO, T. R.; RECHE, J. R. O desafio de uma gestão por processos sob a ótica de uma tele-com. *Revista de Administração* (RA-USP), v. 38, nº 3, jul./set. 2003.

BENAMATTI, J.; LEDERER, A. L. Rapid change: nine information technology management challenges, *Infor*, Ottawa, v. 38, nº 4, nov. 2000.

BERETTA, S. Unleashing the integration potential of ERP system. *Business Process Management Journal*, Bradford, v. 8, nº 3, 2002.

BERTALANFFY, L. V. *Teoria geral dos sistemas*. 4ª ed. Petrópolis: Editora Vozes, 2008.

BINSTOCK, A. The many levels of business integration. Business integration tying IT together, *SD Times*, mar. 2004.

BITITCI, U. S. Business process definition: a bottom-up approach. *International Journal of Operations & Production Management*, Bradford, v. 17, nº 4, 1997.

BPMI.ORG. Business process modeling notation: working draft 1.0, ago. 2003. Disponível em: <http://www.bpmi.org/bpmn-spec.htm>. Acesso em: 23 set. 2003.

BRASIL. Lei da regulamentação da profissão de Radialista, nº 6.615, de 16 de dezembro de 1978. *Diário Oficial da União*, 1978. Disponível em: <http://www.planalto.gov.br/ccivil_03/leis/L6615.htm>. Acesso em: 14 jul. 2017.

_____. Lei dos Portos, nº 12.815, de 5 de junho de 2013. *Diário Oficial da União*. Seção 1, edição Extra, 2013. Disponível em: <http://www.planalto.gov.br/ccivil_03/_ato2011-2014/2013/Lei/L12815.htm>. Acesso em: 14 jul. 2017.

_____. *Projeto de Lei do Senado nº 190*, de 3 de maio de 2016. Acrescenta o art. 442-B à Consolidação das Leis do Trabalho e altera seu art. 468 para dispor sobre o trabalho multifuncional, Brasília, DF, 2016. Disponível em: <http://www.senado.leg.br/atividade/rotinas/materia/getPDF.asp?t=192271&tp=1>. Acesso em: 14 jul. 2016.

BRONZO, M. Relacionamentos colaborativos em redes de suprimentos. *Revista de Administração de Empresas*, São Paulo, v. 44, edição especial, 2004.

BUGON, M.; WEICK, K.; BINKHORST, D. Cognition in organizations: An analysis of the Utrecht Jazz Orchestra. *Administrative Science Quarterly*, v. 22, nº 4, 1977.

BURLTON, R. *Business Process Management: profiting from process*. Indianapolis: SAMS, 2001.

BUTLER GROUP. Application integration management guide. Butler Group, 1999. Disponível em: <http://www.butlergroup.com>. Acesso em: 6 jan. 2004.

CAMARGOS, M. A.; CAMARGOS, M. C. S.; MACHADO, C. J. Análise das preferências de ensino de alunos de um curso superior de administração de Minas Gerais. *Revista de Gestão USP*, v. 13, nº 2, 2006.

CAMPION, M.; MEDSKER, G.; HIGGS, A. Relations between work group characteristics and effectiveness: Implications for designing effective work groups. *Personnel Psychology*, v. 46, nº 4, 1993.

CAMPOS, R.; SANTOS, L. R. Modelagem de processos e definição de requisitos para sistemas de informações para a previsão de demanda. In: Encontro da Associação Nacional de Pós-Graduação e Pesquisa em Administração, 25, 2001. Campinas, SP. *Anais...* Campinas: Anpad, 2001.

CAPES (Coordenação de Aperfeiçoamento de Pessoal de Nível Superior). Disponível em: <http://www.capes.gov.br/>. Acesso em: 21 ago. 2004.

CAPPELLI, P.; ROGOVSKY, N. New work systems and skill requirements. *International Labour Review*, v. 133, nº 2, 1994.

CARBONE, P. P.; BRANDÃO, H. P.; LEITE, J. B. D.; VILHENA, R. M. P. *Gestão por competências e Gestão do conhecimento*. Rio de Janeiro: FGV, 2007.

CARNEIRO, T. C. J.; ARAÚJO, C. A. S.; CARDOSO, P. A. Processo de implantação do *supply chain management*: a experiência de duas empresas atuantes no Brasil. In: Encontro da Associação Nacional de Pós-Graduação e Pesquisa em Administração, 27, 2003. Atibaia, SP. *Anais...* Atibaia: Anpad, 2003.

CARR, N. G. IT doesn't matter. *Harvard Business Review*, Boston, v. 81, nº 5, maio 2003.

CHAPPELL, D. A. *Enterprise Service Bus*. Sebastopol: O'Reilly Media Inc, 2004.

CHEN, P. P. The entity-relationship model: toward a unified view of data. *ACM Transactional Database Systems*, v. 1, nº 1, pp. 9–36, 1976.

CHIA, R.; LANGLEY, A.; VAN DE VEN, A. H. The First Organization Studies Summer Workshop: "Theorizing Process in Organizational Research". *Organization Studies*, v. 25, nº 8, pp. 1.466–1.468, 2004.

CHOUNTALAS, P. T.; LAGODIMOS, A. G. Paradigms in business process management specifications: a critical overview. *Business Process Management Journal*, v. 25, n. 5, pp. 1040-1069, 2019.

CHRISSIS, M. B.; KONRAD, M.; SHRUM, S. *CMMI*: guidelines for process integration and product improvement. Nova York (EUA): Addison-Wesley Professional, 2003.

CHUBB DO BRASIL. Conheça a Chubb. Disponível em: <http://www.chubb.com/international/brasil/>. Acesso em: 11 out. 2005.

_____. Seis Sigma: métricas do projeto de recuperação de resseguro. 2005b. São Paulo, SP (documento interno da empresa).

CONALLEN, J. Modeling web application architectures with UML. *Association for Computing Machinery*, New York, v. 42, nº 10, out. 1999.

COUCKUYT, D.; VAN LOOY, A. A systematic review of Green Business Process Management. *Business Process Management Journal*, v. 26, nº 2, pp. 421–446, 2020.

CRESWELL, J. *Projeto de pesquisa: métodos qualitativo, quantitativo e misto*. 2ª ed. Porto Alegre: Bookman, 2007.

CSILLAG, J. M.; PEREIRA, S. C.; DUARTE, A. L. "Re-visitando" o conceito de reengenharia: o caso Aventis Pharma. In: Encontro da Associação Nacional de Pós-Graduação e Pesquisa em Administração, 26, 2002. Salvador, BA. *Anais...* Salvador: Anpad, 2002.

DABAGHKASHANI, A.; HAJIHEYDARI, B.; HAGHIGHINASAB, C. A success model for business process management implementation. *International Journal of Information and Electronics Engineering*, v. 2, nº 5, pp. 725–729, 2012.

DAVENPORT, T. H. *Process inovation*. Boston: Harvard Business School Press, 1993.

_____. *Reengenharia de processos: como inovar na empresa através da tecnologia de informação*. 5ª ed. Rio de Janeiro: Campus, 1994.

_____. *Ecologia da Informação*. São Paulo: Editora Futura, 2002.

DEMING, W. E. *The new economics*: for industry, government, education. 2ª ed., Cambridge, EUA: Center for Advanced Educational Services, 1994.

DE SORDI, J. O. *Modelagem de dados*: estudos de caso abrangentes da concepção lógica à implementação. São Paulo: Editora Érica, 2019.

DE SORDI, J. O. *Elaboração de pesquisa científica: seleção, leitura e redação*. São Paulo: Editora Saraiva, 2013.

_____; TORRES, N. A. Business Process Management (BPM): uma nova solução de software para integração de cadeias colaborativas. In: Encontro da Associação Nacional de Pós-Graduação e Pesquisa em Administração, 26, 2002. Salvador, BA. *Anais...* Salvador: Anpad, 2002.

_____; AZEVEDO, M. C. Análise de competências individuais e organizacionais associadas à prática de gestão do conhecimento. *Revista Brasileira de Gestão de Negócios*, São Paulo, v. 10, nº 29, 2008. Disponível em: <http://200.169.97.104/seer/index.php/RBGN/article/viewFile/173/424>. Acesso em: 21 abr. 2010.

_____; MARINHO, B. L. A percepção das corporações brasileiras do ambiente de integração de sistemas de informação: componente estratégico ou operacional? In: Congresso de Inovação Tecnológica, 23, 2004. Curitiba, PR. *Anais...* Curitiba: Inovação Tecnológica, 2004.

_____; _____; NAGY, M. Benefícios da arquitetura de software orientada a serviços para as empresas: análise da experiência do ABN AMRO Brasil. *Revista de Gestão da Tecnologia e Sistemas de Informação*, São Paulo, v. 3, nº 1, 2006.

DEJONG, J. Playing with the pure plays. *Software Development Times*, Nova York, 15 out. 2003.

DELPHI GROUP. BPM 2003: Market Milestone Report, 2003. Disponível em: <http://www.delphigroup.com>. Acesso em: 10 jan. 2004.

DeTORO, I.; McCABE, T. How to stay flexible and elude fads. Milwaukee: *Quality Progress;* v. 30, nº 3, 1997.

DODD, N.; GANSTER, D. The interactive effects of variety, autonomy, and feedback on attitudes and performance. *Journal of Organizational Behavior*, v. 17, nº 4, 1996.

DIAS, J. *et al*. Data-centric iteration in dynamic workflows. Future Generation Computer Systems, v. 46, pp. 114–126, 2015.

DONALDSON, L. Teoria da Contingência Estrutural. In: CLEGG, S. R.; HARDY, C.; NORD, W. (Orgs.). *Handbook de Estudos Organizacionais*, v. 1, São Paulo: Atlas, 1999.

DRAZIN, R.; VAN DE VEN, A. H. Alternative forms of fit in contingency Theory. *Administrative Science Quarterly*, v. 30, nº 4, 1985.

DRUCKER, P. F. *Administrando em tempos de grandes mudanças*. São Paulo: Pioneira Thomson Learning, 2002.

_____. O advento da nova organização. In: *Harvard Business Review. Aprendizagem organizacional: os melhores artigos da Harvard Business Review*. São Paulo: Campus, 2006.

DUMAS, M. *et al*. *Fundamentals of business process management*. 2ª ed. Berlim: Springer-Verlag, 2018.

FERREIRA, A. B. H. *Médio dicionário Aurélio*. São Paulo: Nova Fronteira, 1980.

FLEURY, A.; FLEURY, M. T. L. *Estratégias empresariais e formação de competências*. São Paulo: Atlas, 2000.

FOLLETT, M. P. *Mary Parker Follet*: profeta do gerenciamento. Org. Pauline Graham. Trad. Eliana Hiocheti; Maria Luiza de Abreu Lima. Rio de Janeiro: Qualitymark, 1997.

GARTNER GROUP. Going beyond IT ROI: estimating the business value of process integration solutions. Gartner Group, fev. 2003.

GASKIN, J. *et al.* Toward generalizable sociomaterial inquiry: A computational approach for zooming in and out of sociomaterial routines. *MIS Quarterly*, v. 38, nº 3, 2014.

GERGULL, A. W. Uma reflexão acerca do núcleo fundamental da teoria contábil. *Caderno de Estudos*, v. 9, nº 15, 1997.

GODOY, D. L. A Lei Geral das Micro e Pequenas Empresas e a flexibilização da legislação trabalhista — o que falta avançar. *Âmbito Jurídico*, Rio Grande, v. 84, Jan. 2011. Disponível em: <http://www.ambito-juridico.com.br/site/index.php?n_link=revista_artigosleitura&artigo_id=8889>. Acesso em: 10 jul. 2007.

GONÇALVES, J. E. L. As empresas são grandes coleções de processos. *Revista de Administração de Empresas*, v. 40, nº 1, 2000a.

_____. Processo, que processo? *Revista de Administração de Empresas*, v. 40, nº 4, 2000b.

GOREY, R. M.; DOBAT, D. R. Managing in the knowledge Era. *The systems thinker*, Waltham, v. 7, nº 8, out. 1996.

GRAYSON, D. *Job evaluation and changing technology.* Londres: Work Research Unit — Department of Employment, 1982.

HABERMAS, J. *Communication and the evolution of society.* Boston: Beacon Press, 1979.

HACKMAN, J. R.; OLDHAM, G. R. Motivation through the design of work: test of a theory. *Organizational Behavior and Human Performance*, v. 16, ago. 1976.

_____. Development of the job diagnostic s urvey. *Journal of Applied Psychology*, v. 60, 1975.

HAMMER, M. *Além da reengenharia: como organizações orientadas para processos estão mudando nosso trabalho e nossas vidas.* 3ª ed. São Paulo: Campus, 1997.

_____. How process enterprises really work. Hammer and Company, 1999. Disponível em: <http://www.hammerandco.com/>. Acesso em: 15 mar. 2008.

_____; CHAMPY, J. *Reengenharia revolucionando a empresa.* 15ª ed. Rio de Janeiro: Campus, 1994.

_____. *Reengineering the corporation.* Londres: Nicholas Brealey Publishing, 1997.

_____; STANTON, S. How process enterprises really work. *Harvard Business Review*, v. 77, nº 6, nov./dez. 1999.

HARMON, P. *Business process change*: a manager's guide to improving, redesigning, and automating processes. EUA: Morgan Kaufmann Publishers, 2003.

HARRINGTON, J. H. *Business process improvement.* New York: McGraw-Hill, 1991.

HEDGE III, A. J. Business Process Management: Management Tools. *AIIM E — Doc Magazine*, Silver Spring, v. 19, nº 4, jul./ago. 2005.

HERNES, T. Understanding organization as process: theory for a tangled world. New York, NY: Routledge, 2008.

_____. A process theory of organization. Oxford, UK: Oxford University Press, 2014.

HERZBERG, F. *The motivation to work.* New York: Wiley, 1959.

HOHPE, G.; WOOLF, B. *Enterprise integration patterns*: designing, building, and deploying messaging solutions. Addison Wesley, out. 2003.

HOLANDA, V. B. Contabilidade: a cibernética empresarial. *Revista Contabilidade & Finanças*, v. 12, nº 25, 2001.

HURWITZ, J. From application integration to business integration, *CIO Magazine*, 22 abr. 2003. Disponível em: <http://www2.cio.com/analyst/report1270.html>. Acesso em: 20 jan. 2004.

HUSSENOT, A.; MISSONIER, S. Encompassing Stability and Novelty in Organization Studies: An Events-based Approach. *Organization Studies*, v. 37, nº 4, pp. 523–546, 2015.

JONES, G.R. *Organizational theory, design, and change.* 7ª ed. Londres: Pearson Education, 2013.

KAST, F. E.; ROSENZWEIG, J. E. *Organização e administração*: um enfoque sistêmico. São Paulo: Pioneira, 1976.

KETTINGER, W. J.; TENG, J. T. C.; GUHA, S. Business process change: A study of methodologies, techniques, and tools. *MIS Quarterly*, v. 21, nº 1, 1997.

KICH, J. I. D. F. *et al.* Planejamento estratégico: uma abordagem sistêmica. *Reuna*, v. 15, nº 2, 2010.

KRAFZIG, D.; BANKE, K.; SLAMA, D. *Enterprise SOA: Service-Oriented Architecture best practices.* Indianapolis: Prentice Hall, 2004.

LACHAL, L. The technology maze. *KM World*, Camden, v. 13, nº 5, mai. 2004.

LAMBERT, D. M. *et al.* The supply chain management processes, *International Journal of Logistics Management*, Ponte Vedra Beach, v. 12, nº 2, 2001.

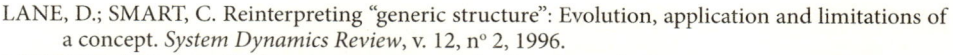

LANE, D.; SMART, C. Reinterpreting "generic structure": Evolution, application and limitations of a concept. *System Dynamics Review*, v. 12, n° 2, 1996.

LANGLEY, A. Process thinking in strategic organization. *Strategic Organization*, v. 5, n° 3, pp. 271–282, 2007.

LANGLEY, A. Strategies for theorizing from process data. *Academy of Management Review*, v. 24, n° 4, 1999.

LE BOTERF, G. *Desenvolvendo a competência dos profissionais*. São Paulo: Artmed e Bookman, 2003.

LEE, R.; DALE, B. Business process management: a review and evaluation. *Business Process Management Journal*, Bradford, v. 4, n° 3, 1998.

LEYMANN, F.; ROLLER, D. Web services and business process management, *IBM Systems Journal*, Armonk, v. 41, n° 2, 2002.

LOBO, H. A. S. Princípios de incerteza, estado estacionário e evolução espaço-temporal na análise sistêmica das relações socioambientais no turismo. *Revista Brasileira de Pesquisa em Turismo*, v. 6, n° 1, 2012.

LOCKE, K.; GOLDEN-BIDDLE, K. Constructing opportunities for contribution: Structuring intertextual coherence and "problematizing" in organizational studies. *Academy of Management Journal*, v. 40, n° 5, 1997.

LOCKE, E. A.; LATHAM, G. P. *A theory of goal setting and task performance*. Englewood Cliffs (NJ): Prentice Hall, 1990.

MALONE, T. W. *The future of work*: how the new order of business will shape your organization, your management style, and your life. Boston: Harvard Business School Press, 2004.

MARTIN, J. Information Engineering. Englewood Cliffs (USA): Prentice-Hall, 1990.

_____. *Information engineering*. New York: Prentice Hall, 1991.

MASLOW, A. H. A theory of human motivation. *Psychological Review*, n° 50, 1943. Disponível em: <http://psychclassics.yorku.ca/Maslow/motivation.htm>. Acesso em: 6 mar. 2011.

MAXIMIANO, A. C. A. *Teoria geral da administração: da escola científica à competitividade em economia globalizada*. São Paulo: Atlas, 1997.

McADAM, R. Fragmenting the function-process interface: the role of process benchmar-king, *Benchmarking an International Journal*, Bradford, v. 8, n° 4, 2001.

McCLELLAND, D. C. *Power*: the inner experience. New York: Irvington Publishers, 1975.

McGREGOR, D. The human side of enterprise. *Proceedings of the Fifth Anniversary Convocation of the School of Industrial Management*, Massachusetts Institute of Technology, abr. 1957.

MEEHAN, M. IT managers make EAI projects a top priority, *Computer World*, v. 36, n° 6, fev. 2002.

MELLALIEU, S. D.; HANTON, S.; O'BRIEN, M. The effects of goal setting on rugby performance. *Journal of Applied Behavior Analysis*, v. 39, n° 2, verão 2006.

MILLER, D.; FRIESEN, P. Archetypes of Organizational Transition. *Administrative Science Quarterly*, v. 25, n° 2, 1980.

MINTZBERG, H. Structure in 5'S. *Management Science*, v. 26, n° 3, 1980.

_____. *Mintzberg on management*: inside our strange world of organizations. Nova York: The Free Press, 1989.

MOLLEMAN, E.; SLOMP, J. Functional flexibility and team performance. *International Journal of Production Research*, v. 37, n° 8, 1999.

MONGELUZZO, B. A battle with time. *Traffic World*, Newark, jan. 2003.

MONTEIRO, J. M. Da organização vertical para a organização horizontal. 2005. Dissertação (Mestrado em Gestão de Negócios) — Universidade Católica de Santos, Santos, 2005.

MORGANSON, V. *et al.* Comparing tele-work locations and traditional work arrangements. *Journal of Managerial Psychology*, v. 25, n° 6, 2010.

MORIN, E. *Ciência com consciência*. 8ª ed. Rio de Janeiro: Bertrand Brasil, 2005.

NELSON, R. E. *Organizational troubleshooting*. New Haven: Quorum, 1997.

_____.; MATHEWS, K. M. Cause Maps and Social Network Analysis in Organizational Diagnosis. *The Journal of Applied Behavioral Science*, v. 27, n° 3, 1991.

NEMBHARD, D. A.; BENTEFOUET, F. Selection policies for a multifunctional workforce. *International Journal of Production Research*, v. 52, n° 16, 2014.

NONAKA, I.; KONNO, N. The concept of "ba": building a foundation for knowledge creation. *California Management Review*, Berkeley, v. 40, n° 3, primavera 1998.

_____; TAKEUCHI H. *The knowledge-creating company: how Japanese companies create the dynamics of innovation*. Oxford: Oxford University Press, 1995.

NORONHA, J.; MAGALHÃES, R.; VIEIRA, F. Da gestão por funções à gestão por competências. *Agora, economia, política, sociedade*, Maputo, n° 10, maio 2001. Disponível em: <http://www.agora.co.mz/assinantes/mai01/gestao.htm>. Acesso em: out. 2003.

OASIS (Organization for the Advancement of Structured Information Standards). Glossary: technical architecture team, Organization for the Advancement of Structured Information Standards, maio 2001. Disponível em: <http://www.ebxml.org/specs/ebGLOSS_print.pdf>. Acesso em: 5 out. 2003.

OFFICIAL PORTAL FOR NORTH DAKOTA STATE GOVERNMENT. Disponível em: <http://www.state.nd.us/ea/teams/dt/ait/index.html>. Acesso em: 24 jul. 2017.

OMG. Business process maturity model (BPMM) version 1. Milford (EUA): Object Management Group, 2008. Disponível em: www.omg.org/spec/BPMM/1.0/PDF/

ONGENA, G.; RAVESTEYN, P. Business process management maturity and performance. *Business Process Management Journal*, v. 26, n° 1, pp. 132–149, 2020.

OPINION. Integration is not easy. *Software Development Times*, Nova York, 15 out. 2003.

ORLIKOWSKI, W. J.; SCOTT, S. V. Sociomateriality: Challenging the Separation of Technology, Work and Organization. *The Academy of Management Annals*, v. 2, n° 1, 2008.

OSTERWALDER, A. The Business Model Ontology — A Proposition In A Design Science Approach. 169 f. Tese (Escola de Ciências Políticas) University of Lausanne, Suíça, 2004.

OSTROFF, F. *The horizontal organization: what the organization of the future actually looks like and how it delivers value to customers*. Nova York: Oxford University Press, 1999.

OSWICK, C.; FLEMING, P.; HANLON, G. From borrowing to blending: rethinking the processes of organizational theory building. *Academy of Management Review*, v. 36, n° 2, 2011.

PEREIRA, E. *et al*. A integração do sistema de contabilidade de custos ao sistema de apoio à decisão e ao sistema de informação executiva. In: Encontro da Associação Nacional de Pós-Graduação e Pesquisa em Administração, 25, 2001. Campinas, SP. *Anais...* Campinas: Anpad, 2001.

PIRES, R. Compatibilizando direitos sociais com competitividade: fiscais do trabalho e implementação da legislação trabalhista no Brasil. *Instituto de Pesquisa Econômica Aplicada*, Rio de Janeiro, Texto para Discussão n° 1354, ago. 2008. Disponível em: <http://desafios2.ipea.gov.br/sites/000/2/publicacoes/tds/td_1354.pdf>. Acesso em: 1° jul. 2011.

PORTER, M. E. (1985). *Competitive advantage*: creating and sustaining superior performance. Nova York (EUA): The Free Press, 1985.

PRAHALAD, C. K.; HAMEL, G. The core competence of the corporation. *Harvard Business Review*, v. 68, n° 3, maio/jun., 1990.

PRASAD, B. Hybrid re-engineering strategies for process improvement. *Business Process Management Journal*, v. 5, n° 2, 1999.

PRESSMAN, R. S. *Software engineering: a practitioner's approach*. 5ª ed. McGraw-Hill, 2001.

PROBST, G.; RAUB, S.; ROMHARDT, K. *Gestão do conhecimento*: os elementos construtivos do sucesso. Porto Alegre: Bookman, 2002.

PUSCHMANN, T.; ALT, R. Enterprise application integration: the case of Robert Bosch Group. In: International Conference on System Sciences, 34, 2001. Hawaii. *Proceedings...* Hawaii: IEEE, 2001.

QIU, J.; DONALDSON, L.; LUO, B. The Benefits of Persisting with Paradigms in Organizational Research. *Academy of Management Perspective*, v. 26, 2012.

RACZYŃSKA, M.; KRUKOWSKI, K. Organisational Culture as a Determinant of Business Process Management in the Community Offices in Poland. *Administrative Sciences*, v. 9, n° 4, pp. 96–108, 2019.

RECKER, J. *et al*. Modeling and analyzing the carbono footprint of business processes. In: VOM BROCKE, J.; SEIDEL, S.; RECKER, J. (Eds.) *Green business process management*: towards the sustainable enterprise. Berlin (DE): Springer, 2012. pp. 93–109.

ROBBINS, S. P.; JUDGE, T. A.; SOBRAL, F. *Comportamento organizacional*. 14ª ed. São Paulo: Pearson, 2010.

ROSEMANN, M.; VOM BROCKE, J. The six core elements of business process management. IN: VOM BROCKE, J.; ROSEMANN, M. (Eds.) *Handbook on business process management* 1. International Handbooks on Information Systems, Springer, Berlin and Heidelberg, 2015. pp. 105–122.

ROSS, R. G. *Principles of the business rule approach.* Boston: Addison Wesley, 2003.

RUAS, R. Desenvolvimento de competências gerenciais e contribuição da aprendizagem organizacional. In: FLEURY, M. T. L.; OLIVEIRA Jr., M. M. (Orgs.). *Gestão estratégica do conhecimento: integrando aprendizagem, conhecimento e competências.* São Paulo: Atlas, 2001.

RUH, W.; MAGINNIS, F. X.; BROWN, W. J. *Enterprise application integration.* New York: John Wiley & Sons, 2001.

RUMMLER, G.; BRACHE, A. *Improving performance.* San Francisco: Jossey-Bass, 1995.

SADLER-SMITH, E.; EL-KOT, G.; LEAT, M. Differentiating work autonomy facets in a non-western context. *Journal of Organizational Behavior,* v. 24, n° 6, 2003.

SALERNO, M. S. *Trabalho e organização na empresa industrial integrada e flexível.* In: FERRETI, C. J. *et al. Novas tecnologias, trabalho e educação:* um trabalho multidisciplinar. Petrópolis, Rio de Janeiro: Vozes, 1994.

SAMPAIO, A. M. *Dicionário de direito do trabalho.* São Paulo: LTR, 1993.

SANCHEZ, E.; PATEL, K.; FENNER, J. Integration powered by e-business. *Information Week,* Manhasset, v. 839, mai. 2001.

SCHICK, S. Edmonton power company rewrites billing system. *Computing Canada,* Willowdale, v. 32, n° 3, mar. 2006.

SCHMIEDEL, T.; VOM BROCKE, J.; RECKER, J. Which cultural values matter to business process management? *Business Process Management Journal,* v. 19, n° 2, pp. 292–317, 2013.

SEIDL, D. Understanding Organization as Process: Theory for a Tangled World. *Organization Studies,* v. 30, n° 1, pp. 124–128, 2009.

SENGE, P. M. *A quinta disciplina — Arte, teoria e prática da organização de aprendizagem.* 4ª ed. São Paulo: Best Seller, 1990.

SENGE, P. M. *et al. The fifth discipline fieldbook.* New York: Bantam Doubleday Dell, 1994.

SHAO, J.; POUND, C. Extracting business rules from information systems. *BT Technology Journal,* Londres, v. 17, n° 4, out. 1999.

SHAO-LUNG, L.; AN-TEIN H. Constraints of task identity on organizational commitment. *International Journal of Manpower,* v. 23, n° 2, 2002.

SIMS, H. P.; SZILAGYI, A. D.; KELLER, R. T. The measurement of job characteristics. *Academy of Management Journal,* v. 19, n° 2, 1976.

SMITH, A. *Riqueza das nações.* Lisboa: Fundação Calouste Gulbenkian, 1993.

SMITH, H. Computer Sciences Corporation. The Emergence of Business Process Mana-gement, jan. 2002. Disponível em: <http://alarcos.inf-cr.uclm.es/doc/psgc/doc/lec/parte4b/csc-emergencebpm.pdf>. Acesso em: 10 ago. 2007.

_____; FINGAR, P.; SCOTT, K. A new path to business process management. *Optimize,* Manhasset, out. 2002.

SZELAGOWSKI, M.; BERNIAK-WOZNY, J. The adaptation of business process management maturity models to the context of the knowledge economy. *Business Process Management Journal,* v. 26, n° 1, pp. 212–238, 2020.

TAKASE, F. K.; SASAKI, T. M.; SOUZA, V. M. Sistema de gestão para o setor elétrico brasileiro. In: Congresso Internacional de Gestão de Tecnologia e Sistemas de Informação, 1, 2004, São Paulo, SP. *Anais...* São Paulo: Universidade de São Paulo, FEA-USP, 2004.

TARGOWSKI, A. S; CAREY, T. A. Shifting paradigms: the new informated business architecture. *Journal of End User Computing,* Hershey, v. 12, n° 1, jan./mar. 2000.

TARHAN, A.; TURETKEN, O.; REIJERS, H. A. Business process maturity models: A systematic literature review. *Information and Software Technology,* v. 75, pp. 122–134, 2016.

TERAI, K.; SAWAI, M. Business process semi-automation based on business model management. *International Journal of Intelligent Systems in Accounting, Finance and Management,* Chichester, v. 11, n° 4, 2002.

THENNAKOON, D. *et al.* What do we know about business process management training? Current status of related research and a way forward. *Business Process Management Journal*, v. 24, nº 2, pp. 478–500, 2018.

THOMPSEN, J. A. Effective leadership of virtual project teams. *Futurics*, St. Paul, v. 24, nº 3/4, 2000.

THOMPSON, J. Managing a successful integration project, EbizQ. Apresentação do webinar de 28 de outubro de 2003. Disponível em: <http://www.ebizq.net/webinars/2932.html>. Acesso em: 28 out. 2003.

TORRES, J. B. Um modelo dinâmico de apoio à gestão organizacional baseado na modelagem de processos utilizando componentes de software. 2002. Tese (doutorado em engenharia da produção) — Universidade Federal de Santa Catarina (UFSC), Florianópolis, 2002.

VAN AKEN, J.; ROMME, G. Reinventing the future: adding design science to the repertoire of organization and management studies. *Organization Management Journal*, v. 6, 2009.

VAN DE VEN, A. H.; DRAZIN, R. The concept of fit in contingency theory. In: CUMMINGS, L. L.; STAW, B. M. *Research in organizational behavior*. Greenwich, CT: JAI Press, 1985.

VAN LOOY, A.; DE BACKER, M.; POELS, G. A conceptual framework and classification of capability areas for business process maturity. *Enterprise Information Systems*, v. 8, nº 2, pp. 188–224, 2014.

_____ *et al.* Choosing the right business process maturity model. *Information & Management*, v. 50, nº 7, pp. 466–488, 2013.

_____; POELS, G.; SNOECK, M. Evaluating Business Process Maturity Models. *Journal of the Association for Information Systems*, v. 18, nº 6, pp. 461–486, 2017.

_____. Capabilities for managing business processes: a measurement instrument. *Business Process Management Journal*, v. 26, nº 1, pp. 287–311, 2020.

VENKATRAMAN, N. IT induced business reconfiguration. In: *The corporation of the 1990s*. New York: Oxford University Press, 1993.

VILELA, A. L. M. Os sentidos: visão, audição, paladar e olfato. Disponível em: <http://www.afh.bio.br/sentidos/sentidos1.asp#olho>. Acesso em: ago. 2006.

VOM BROCKE, J.; SINNL, T. Culture in business process management: a literature review. *Business Process Management Journal*, v. 17, nº 2, pp. 357–378, 2011.

VON ROSING, M.; SCHEER, A.-W.; VON SCHEEL, H. (Orgs.) *The complete business process handbook*: Body of knowledge from process modeling to BPM. Waltham (EUA): Morgan Kaufmann, 2014.

VOYER, J. J.; FAULKNER, R. R. Cognition and leadership in an artistic organization. In: PEARCE II, J. A.; ROBINSON, R. B. (OrgS.). *Academy of Management Best Paper Proceedings*, 1986.

WASSERMAN, S.; FAUST, K. *Social Network Analysis*. Cambridge: Cambridge University Press, 1994.

WEBB, M. Enabling the low carbon economy in the information age: The climate group. Disponível em: <http://www.smart2020.org/_assets/files/02_Smart2020Report>. Acesso em: 5 jan. 2021.

WELLMAN, J. Leadership behaviours in matrix environments. *Project Management Journal*, v. 38, pp. 62-74, 2007.

WOLSTENHOLME, E. F. Towards the definition and use of a core set of archetypal structures in system dynamics. *System Dynamics Review*, v. 19, nº 1, 2003.

WORTHEN, B. A new glue or the old soft shoe? *CIO*, Framingham, v. 18, nº 4, nov. 2004.

YIN, R. K. *Estudo de caso:* planejamento e métodos. São Paulo: Bookman, 2001.

ZAIRI, M. Business process management: A boundaryless approach to modern competitiveness. *Business Process Management Journal*, v. 3, pp. 64–80, 1997

_____. Business process management: a boundaryless approach to modern competitiveness. *Business Process Management*, Bradford, v. 3, nº 1, 1997.

ZARIFIAN, P. *Objetivo competência: por uma nova lógica*. São Paulo: Atlas, 2001.

ZEICHICK, A. Development managers confused about "BI". *Software Development Times*, Nova York, 15 nov. 2003.

ZHANG, L. *et al.* Adaptive integration activity management for on demand business process collaboration. *Information Systems and eBusiness Management*, Heidelberg, v. 2, nº 1, abr. 2004.

Índice